"十二五"普通高等教育本科国家级规划教材

全国优秀畅销书　　　　　　　　　　　配套教材

东北财经大学会计学系列

国家重点学科
国家级特色专业 / 国家级一流本科专业

8th Edition

第8版

Advanced Financial Accounting： Exercises and Cases

高级财务会计
习题与案例

傅荣　孙光国　主编

东北财经大学出版社
Dongbei University of Finance & Economics Press
大连

图书在版编目（CIP）数据

高级财务会计习题与案例 / 傅荣，孙光国主编 . —8 版 .
—大连：东北财经大学出版社，2024.7
（东北财经大学会计学系列配套教材）
ISBN 978-7-5654-5295-6

Ⅰ.F234.4

中国国家版本馆 CIP 数据核字（2024）第 2024N23S90 号

东北财经大学出版社出版
（大连市黑石礁尖山街 217 号　邮政编码　116025）
网　　址：http://www.dufep.cn
读者信箱：dufep@dufe.edu.cn

辽宁新华印务有限公司印刷　　　东北财经大学出版社发行

幅面尺寸：148mm×210mm　　字数：228 千字　　印张：7.625
2024 年 7 月第 8 版　　　　　　2024 年 7 月第 1 次印刷

责任编辑：李　彬　王　丽　王芃南　　责任校对：一　心
　　　　　吴　茜　高　铭
封面设计：张智波　　　　　　　　　　版式设计：原　皓

定价：29.00 元

教学支持　售后服务　联系电话：（0411）84710309
版权所有　侵权必究　举报电话：（0411）84710523
如有印装质量问题，请联系营销部：（0411）84710711

第8版前言

本书作为与主教材《高级财务会计》（第8版）相配套的辅助教材，随着主教材第8版的推出，也进行了相应的修订。

《高级财务会计习题与案例》（第8版）根据主教材的修订情况，一方面删减了衍生金融工具会计和特殊行业会计两章内容；另一方面对习题、案例和模拟试题进行了必要的更新、补充与完善。

本书既可与主教材配套使用，也可为学习相关专题的读者提供参考。

参与本书第8版修订工作的编者与第7版基本相同，主要是东北财经大学会计学院"高级财务会计"课程组的相关老师，具体分工为：第一章、第二章由傅荣老师负责；第三章由解维敏老师负责；第四章、第六章、第七章由梁爽老师负责；第五章由孙光国老师负责；第八章由陈玉媛老师负责。值得一提的是，本书中的部分案例摘自部分老师带领研究生编写的《财务会计教学案例》，在此一并向相关案例的编写者致谢。本书由傅荣教授、孙光国教授担任主编，负责对全书进行总纂。

书中如果存在不足之处，敬请读者不吝指正。

编　者

2024年5月

目 录

第一章 企业合并会计

一、学习目的与要求

通过本章学习，了解企业合并的含义与分类，掌握企业合并会计处理的购买法与权益结合法的基本原理，掌握同一控制下企业合并、非同一控制下企业合并的会计处理要点，了解业务合并的会计处理思路。

二、预习要览

（一）关键概念

1.企业合并   2.吸收合并

3.创立合并   4.控股合并

5.同一控制下企业合并   6.非同一控制下企业合并

7.购买法   8.权益结合法

9.业务合并   10.商誉

（二）关键问题

1.什么是企业合并？企业合并的意义是什么？

2.什么是同一控制下企业合并？

3.什么是非同一控制下企业合并？

4.企业合并的方式有哪些？

5.什么是购买法？什么是权益结合法？

6.如何理解购买法与权益结合法对会计信息的不同影响？

7.我国企业会计准则对企业合并的会计处理是如何规定的？

三、本章重点与难点

☐ 同一控制下企业合并与非同一控制下企业合并的划分

☐ 会计意义上的企业合并与公司法所界定的企业合并的区别

□ 购买法和权益结合法的原理与应用
□ 合并商誉的确认与计量
□ 同一控制下企业合并合并方对合并事项的确认与计量
□ 非同一控制下企业合并购买方对合并交易的确认与计量

（一）同一控制下企业合并与非同一控制下企业合并的划分

按合并双方合并前、后是否均受同一方或相同的多方最终控制，企业合并分为同一控制下企业合并和非同一控制下企业合并两类。

同一控制下企业合并，是指参与合并的企业在合并前、后均受同一方或相同的多方最终控制且该控制并非暂时性的。非同一控制下企业合并，是指参与合并的各方在合并前、后不受同一方或相同的多方最终控制。换句话说，同一控制下企业合并，参与合并的各方在合并前与合并后均属于相同的最终控制方；非同一控制下企业合并，参与合并的各方在合并前与合并后分属于不同的最终控制方。

为了正确理解这两类企业合并的定义，至少应当搞清以下几个问题：

（1）"同一方""相同的多方"的含义；

（2）"控制""最终控制"的含义以及控制的"暂时性"与"非暂时性"的划分标准；

（3）两类合并的参与方称谓的比较；

（4）合并日或购买日的确定；

（5）两类合并的合并对价形式比较等。

尤其值得注意的是，两类合并的经济实质不同。同一控制下企业合并，其实质上是一个对合并各方资产、负债进行重新组合的经济事项；非同一控制下企业合并，其实质上是一种交易——合并各方自愿进行的交易，其结果是合并方购买了被合并方的控制权。

两类企业合并的实质不同，也就决定了相应的会计处理上的区别。同一控制下企业合并，合并方基本上按照账面价值进行相应的会计计量；而非同一控制下企业合并，购买方则遵循交易规则，以自愿交易的双方都能够接受的价值——公允价值为计量基础。

（二）会计意义上的企业合并与公司法所界定的企业合并的区别

会计意义上的企业合并，强调的是合并后形成一个报告主体。无论是同一控制下企业合并，还是非同一控制下企业合并，从合并后主体的法律地位上看，都有可能产生两种结果：一种结果是合并不形成母子公司关系；另一种结果是合并形成母子公司关系。不形成母子公司关系的企业合并，合并后形成的一个报告主体恰恰也是一个法律主体；形成母子公司关系的企业合并，参与合并的各法律主体仍然存在，只不过作为经济意义上的整体，从提供合并报表的角度来看，母子公司构成一个报告主体。

公司法所界定的企业合并，强调的是合并后形成一个法律主体，包括吸收合并和新设合并。吸收合并的结果是主并企业作为保留下来的单一经济主体和法律主体处理其会计事务，接受参与合并的各企业的资产并承担其债务，而已解散的各被并企业的股东则成为主并企业的股东。新设合并的结果是新设企业作为保留下来的单一经济主体和法律主体处理会计事务，拥有已丧失法人地位的各被并企业的资产并承担其债务。

可以说，除了吸收合并、新设合并之外，会计意义上的企业合并还包括控股合并——形成母子公司关系的企业合并。

（三）购买法和权益结合法的原理与应用

购买法与权益结合法在合并的实质、合并成本与合并费用的处理、合并商誉的确认及合并当年损益的确定等方面，存在着明显的差异；两者对合并当年及以后各年资产的计价、收益的确定等财务会计信息有着不同的影响。

目前，国际会计界比较倾向于限制权益结合法的应用，但我国对同一控制下企业合并采用的基本上是权益结合法。

（四）合并商誉的确认与计量

采用购买法实施的股权合并业务中，购并方支付的购买成本超过其在被购并方可辨认净资产的公允价值中所占份额的部分，就构成合并商誉。一方面，合并商誉在某种程度上是被购并方内在商誉的市场外化，因而是在其长期的经营活动中产生的、因企业购并业务而确认的；另一方面，合并商誉不完全是被购并方内在商誉的市场外化，它从某种意义上说，也体现了购并方对企业合并的协同效应的合理预期。

确认合并商誉的前提是企业合并采用购买法，也就是说，采用购买法实施的企业合并，应按购并方支付的购买成本高于其在被购并方可辨认资产和负债的公允价值中所占份额的部分，确认合并商誉。

合并商誉的计量要解决合并商誉的金额确定问题。原则上，合并商誉在金额上应等于购并方支付的购买成本与被购并方净资产公允价值之差，但不同的合并理念下合并商誉的计量结果不尽相同。

合并商誉如何记录，即是否按确定的金额确认为具体会计要素，直接关系到合并商誉在期末会计报表中的报告情况。合并商誉的账务处理通常包括以下三种方法：确认为一项永久性资产并不予以摊销、确认为一项资产并分期摊销和直接在购并当期调整股东权益并不确认为资产。根据我国企业合并准则，吸收合并和新设合并产生的商誉应单独确认，不分期摊销而是期末进行减值测试并确认减值损失；控股合并的合并商誉则计入长期股权投资的初始入账价值，并在合并资产负债表中列作商誉。

（五）同一控制下企业合并合并方对合并事项的确认与计量

1. 合并方取得的净资产（或股权）——按被合并方净资产的账面价值（或账面价值份额）入账。

2. 合并方支付的合并对价——按其账面价值计量。

3. 股东权益的调整——合并方取得的净资产或长期股权投资的账面价值与所支付的合并对价的账面价值（或发行股份面值总额）之间如有差额，应当调整资本公积（股本溢价）；需要调整减少资本公积时，资本公积（股本溢价）不足冲减的，调整减少留存收益。

4. 合并费用的处理——直接相关费用，应当于发生时计入当期损益；其他费用计入所发行债券或其他债务的初始计量金额或抵减权益性证券溢价收入，溢价收入不足抵减的，抵减留存收益。

（六）非同一控制下企业合并购买方对合并交易的确认与计量

1. 购买方取得的可辨认净资产按其公允价值入账，取得的长期股权投资按合并成本作为初始投资成本。

2. 购买方的合并成本包括：购买日为取得对被购买方的控制权而付出的资产、发生的负债以及发行的权益性证券的公允价值。

3. 购买方为进行企业合并发生的各项直接相关费用以及与发行债券或承担债务有关的手续费和与发行权益性证券相关的费用的处理，与同一控制下企业合并的处理原则相同。

4.合并成本大于取得的可辨认净资产或股权的公允价值份额的差额，确认为合并商誉；合并成本小于取得的被购买方可辨认净资产的公允价值的差额，计入当期损益。

四、练习题

(一) 单项选择题

1.下列有关企业合并的说法中，正确的是（　　）。

A.企业合并必然形成长期股权投资

B.同一控制下企业合并就是吸收合并

C.控股合并的结果是形成母子公司关系

D.企业合并的结果是取得被合并方净资产

2.下列各项企业合并示例中，属于同一控制下企业合并的是（　　）。

A.合并双方合并前分属于不同的主管单位

B.合并双方合并前分属于不同的母公司

C.合并双方合并后不形成母子公司关系

D.合并双方合并后仍同属于原企业集团

3.假定甲公司与乙公司合并，则下列有关此项合并的阐述中，不正确的是（　　）。

A.通过合并，甲公司有可能取得乙公司的有关资产和负债

B.通过合并，甲公司有可能取得乙公司的大部分股权

C.通过合并，甲公司有可能需要确认长期股权投资

D.通过合并，甲公司必然成为乙公司的母公司

4.同一控制下企业合并中所称的"控制非暂时性"是指，参与合并各方在合并前、后较长的时间内受同一方或多方控制的时间通常在（　　）。

A.3个月以上　　　　　　　　B.6个月以上

C.12个月以上　　　　　　　　D.12个月以上（含12个月）

5.下列有关合并商誉的各种阐述中，正确的是（　　）。

A.只要采用购买法实施合并，就一定要确认合并商誉

B.确认合并商誉的前提是采用购买法实施企业合并

C.合并商誉完全是被购并企业自创商誉的市场外化

D.合并商誉与被购并企业的净资产毫无关联

6.对于吸收合并，合并方对合并商誉的下列账务处理方法当中，符合我国现行会计准则的是（　　）。

A.单独确认为商誉，不予以摊销

B.确认为一项无形资产并分期摊销

C.记入"长期股权投资"的账面价值

D.调整减少吸收合并当期的股东权益

（二）多项选择题

1.按照企业合并后主体法律形式的不同，企业合并的方式包括（　　）。

A.吸收合并　　　　　　　　　　B.新设合并

C.控股合并　　　　　　　　　　D.同一控制下的合并

E.非同一控制下的合并

2.以下关于购买法的说法中，正确的有（　　）。

A.购买法将一企业合并另一企业的行为视作一项交易

B.购买方合并当年净收益仅指其自身当年实现的净收益

C.购买法下购买方必然确认合并商誉

D.购买法仅适用于控股合并的情形

E.与购买法相对应的是权益结合法

3.将合并商誉确认为资产并且不予以摊销，但要进行减值测试。这种处理方法（　　）。

A.符合谨慎性原则的要求

B.与自创商誉的处理原则有相同之处

C.符合商誉不能脱离会计主体而独立存在这一特性

D.是国际财务报告准则中提倡的关于合并商誉的会计处理方法

E.是我国现行会计准则中确定的合并商誉的处理方法

4.下列有关企业合并与长期股权投资两者之间的关系的表述中，正确的有（　　）。

A.甲企业控股合并丙企业，导致甲拥有对丙的长期股权投资

B.甲企业吸收合并丙企业，不会形成甲对丙的长期股权投资

C.甲企业与乙企业合营丙企业，则甲对丙形成长期股权投资

D.甲企业是丙企业的联营方之一，则甲对丙形成长期股权投资

E.甲企业取得丙企业15%的股权，则甲需确认长期股权投资

5.甲企业与乙企业合并前分属于两个不同的企业集团。甲企业在与乙企业的吸收合并交易中确定的合并成本为1 150万元，乙企业当时的可辨认净资产的账面价值为1 300万元，公允价值为1 200万元。下列有关说法中正确的有（　　）。

A.甲企业确认合并业务时，应单独确认50万元的负商誉

B.甲企业确认合并业务时，应单独确认150万元的负商誉

C.甲企业确认合并业务时，应将50万元计入当期收益

D.甲企业确认合并业务时，应将150万元计入当期收益

E.甲企业在对合并业务进行确认之前，应首先对合并中涉及的合并
成本和公允价值进行复核

（三）判断题

1.就非同一控制下企业合并而言，会计处理采用的是购买法。购买法下"购买日"的确定很重要。但有时候"购买日"与"交易日"可能不一致。　　　　　　　　　　　　　　　　　　　　　　　　（　　）

2.就分步实现的非同一控制下控股合并而言，购买股权的交易日是各单项投资在投资方财务报表中确认之日，购买日则是购买方获得控制权之日。　　　　　　　　　　　　　　　　　　　　　　　　（　　）

3.如果企业合并业务中合并方确认了长期股权投资，则该合并必然是控股合并。　　　　　　　　　　　　　　　　　　　　　　　　（　　）

4.如果企业合并业务中合并方确认了取得的有关资产和负债，则该合并必然是吸收合并或新设合并。　　　　　　　　　　　　　　（　　）

5.购买法下，购买方在吸收合并中取得的被购买方的各项可辨认资产、负债，应当按其在合并日的公允价值入账。　　　　　　　（　　）

6.购买法下实施的控股合并中，购买方应当按所确定的合并成本对取得的对被购买方的长期股权投资进行初始计量。　　　　　　（　　）

7.购买法下，购买方在吸收合并中支付的各项合并对价，应按其公允价值入账。　　　　　　　　　　　　　　　　　　　　　　（　　）

8.根据我国企业合并准则，购买法实施的吸收合并中，购买方确认

企业合并的会计处理中如果涉及损益的确认，则所确认的损益既有可能是出让资产损益，又有可能是合并成本低于取得的可辨认净资产公允价值的差额。 （　　）

9.同一控制下企业合并，合并方在吸收合并中取得的被合并方的各项可辨认资产、负债，应当按其账面价值入账。 （　　）

10.同一控制下企业合并的控股合并中，合并方应当按所支付的合并对价的账面价值对取得的对被合并方的长期股权投资进行初始计量。 （　　）

11.同一控制下企业合并，合并方在吸收合并中支付的各项合并对价，应按其账面价值转出。 （　　）

12.根据我国企业合并准则，同一控制下企业合并的吸收合并中，合并方确认企业合并的账务处理中，不会涉及损益的确认。 （　　）

13.合并商誉的后续计量，是指期末的摊销与减值损失确认。根据我国现行会计准则，企业不需要对商誉进行摊销，只需要按期（至少应当在每年年度终了时）对合并商誉进行减值测试，并确认相应的减值损失，然后按其成本扣除累计减值损失后的金额予以计量。 （　　）

（四）计算与账务处理题

1.表1-1、表1-2分别是甲公司、乙公司2×23年12月31日的资产负债表（简表）。

表1-1　　　　　　　　　**资产负债表（简表）**

编制单位：甲公司　　　　　　2×23年12月31日　　　　　　单位：万元

资产（期末余额）		负债及所有者权益（期末余额）	
流动资产：		流动负债：	
货币资金	1 000	短期借款	280
应收票据及应收账款	50	应付票据及应付账款	180
存货	350	其他应付款	140
固定资产	3 400	非流动负债：	
无形资产	80	长期借款	2 000

续表

资产（期末余额）		负债及所有者权益（期末余额）	
		所有者权益：	
		股本	1 600
		资本公积	430
		（其中：股本溢价100）	
		留存收益	250
资产总计	4 880	负债及所有者权益总计	4 880

表1-2　　　　　　　　　**资产负债表（简表）**

编制单位：乙公司　　　　　　2×23年12月31日　　　　　　单位：万元

资产（期末余额）		负债及所有者权益（期末余额）	
流动资产：		流动负债：	
货币资金	600	短期借款	80
应收票据及应收账款	150	应付票据及应付账款	300
存货	250	其他应付款	120
固定资产	2 000	非流动负债：	
无形资产	0	长期借款	1 500
		所有者权益：	
		股本	600
		资本公积	100
		留存收益	300
资产总计	3 000	负债及所有者权益总计	3 000

2×24年1月初，甲公司对乙公司进行吸收合并。合并日，经评估乙公司固定资产的公允价值为2 050万元，其他各项可辨认资产和负债的公允价值等于账面价值。甲公司支付的合并对价资料见表1-3。

表1-3　　　　　　　　　甲公司支付的合并对价资料　　　　　　单位：万元

项目	货币额	账面价值	面值	公允价值
1.银行存款	700			
2.发行股票			200	260
3.发行股票手续费等	1			
4.无形资产		300		400

要求：

（1）假定此项合并为同一控制下企业合并，进行甲公司吸收合并乙公司的账务处理；

（2）假定此项合并为非同一控制下企业合并，进行甲公司吸收合并乙公司的账务处理。

2.同上述第1题，合并方式改为控股合并，控股比例为90%。

要求：

（1）假定此项合并为同一控制下企业合并，进行甲公司控股合并乙公司的账务处理；

（2）假定此项合并为非同一控制下企业合并，进行甲公司控股合并乙公司的账务处理。

3.A、B公司均为甲公司两年以前就拥有60%控股权的子公司。2×24年2月，A公司增发股份1 500万股，每股面值1元。A公司用增发股份中的1 080万股与甲公司换取其持有的B公司的全部股权，另420万股按每股1.5元的价格出售。当时，B公司净资产的账面价值为2 000万元（其中，股本1 800万元，资本公积100万元，盈余公积和未分配利润分别为40万元和60万元），经评估公允价值为2 300万元（300万元为固定资产的评估增值）。A公司增发股份的有关费用中与合并B公司有关的部分为9万元，以银行存款支付。此项企业合并之前，A、B两公司之间没有发生任何交易。其他因素略。

要求：

（1）判断A公司合并B公司属于同一控制下企业合并还是非同一控制下企业合并；

（2）编制A公司合并B公司的会计分录（金额单位：万元）。

4.A、B公司均为甲公司两年以前就拥有100%控股权的子公司。2×24年2月，A公司增发股份1 500万股，每股面值1元。A公司用增发股份中的1 080万股吸收合并B公司，另420万股按每股1.5元的价格对外出售。当时，B公司净资产的账面价值为2 000万元（其中，固定资产等各项资产7 000万元，应付账款等负债5 000万元；股本1 800万元，资本公积100万元，盈余公积和未分配利润分别为40万元和60万元），经评估公允价值为2 300万元（300万元为固定资产的评估增值）。A公司增发股份的有关费用中与合并B公司有关的部分为9万元，以银行存款支付。此项企业合并之前，A、B两公司之间没有发生任何交易。其他因素略。

要求：

（1）判断A公司吸收合并B公司属于同一控制下企业合并还是非同一控制下企业合并；

（2）编制A公司吸收合并B公司的会计分录（金额单位：万元，以下同）；

（3）假设A、B合并前为非同一控制下的两个公司，请编制A公司吸收合并B公司的会计分录；

（4）假设A、B合并前为非同一控制下的两个公司，而且A公司吸收合并B公司时另加付800万元的银行存款，请编制A公司吸收合并B公司的会计分录。

5.A公司和B公司为非同一控制下的两家公司。有关资料如下：

（1）2×24年1月1日，A公司将一套生产线转让给C公司，作为C公司转让其持有的B公司60%的股权的合并对价。该套生产线原值为300万元，已提折旧为120万元，未计提减值准备，其公允价值为160万元。为进行合并发生直接评估费、律师咨询费等2万元，已用银行存款支付。

股权受让日，B公司资产账面价值为420万元，负债账面价值为200万元，净资产账面价值为220万元，经确认的B公司可辨认资产的公允价值为450万元，负债公允价值为200万元，可辨认净资产公允价值为250万元。不考虑其他相关税费。

（2）2×24年3月6日，B公司宣告2×23年度的现金股利为100万元。

要求：

（1）计算合并成本和资产转让损益金额；

（2）编制 2×24 年 1 月 1 日有关企业合并的会计分录（金额单位：万元，以下同）；

（3）编制 2×24 年 3 月 6 日有关现金股利的会计分录。

6.甲公司和乙公司是不具有关联方关系的两个独立的公司。有关企业合并资料如下：

（1）甲公司于 2×23 年 7 月 1 日取得乙公司 30% 的股份，成本为 2 000 万元，当日乙公司可辨认净资产账面价值等于公允价值，为 6 000 万元，取得投资后甲公司派人参与乙公司的生产经营决策。2×23 年，乙公司实现净利润 600 万元（上半年为 300 万元）。在此期间，乙公司未宣告发放现金股利或利润，不考虑相关税费的影响。

（2）2×24 年 1 月 1 日，甲公司以一项固定资产、无形资产取得乙公司 40% 的股份。该固定资产原值为 3 000 万元，已计提折旧 500 万元，公允价值为 2 600 万元；无形资产原值为 1 000 万元，已摊销 100 万元，公允价值为 800 万元；发生的直接相关费用为 60 万元；乙公司可辨认净资产的公允价值为 7 000 万元，公允价值超过账面价值的 700 万元为固定资产评估增值。

要求：

（1）确定企业合并中的购买方、购买日；

（2）编制甲公司 2×23 年 7 月 1 日取得乙公司 30% 的股份时的会计分录（金额单位：万元，以下同）；

（3）编制甲公司 2×23 年 12 月 31 日确认损益的会计分录；

（4）计算甲公司固定资产和无形资产的处置损益；

（5）编制甲公司 2×24 年 1 月 1 日购买日进一步取得股份的会计分录。

五、案例

案例1-1：从中国外运控股合并达名公司和海宝公司看非同一控制下企业合并会计处理的基本要点

1.案例资料

中国外运股份有限公司（H 股股票代码：00598，A 股股票代码：601598；公司简称：中国外运）在 2023 年年度报告中披露了 2023 年取得达名投资有限公司100%股权和海宝投资有限公司100%股权的相关信息。

（1）企业合并双方简介

合并方：中国外运集团的子公司中外运物流投资控股有限公司。

被合并方：达名投资有限公司（以下简称达名公司）、海宝投资有限公司（以下简称海宝公司）。

达名公司和海宝公司均为中国物流仓储（控股）有限公司的全资子公司。达名公司与海南逊达洪通仓储有限责任公司（以下简称海南逊达仓储公司）共同持有海南达通仓储有限责任公司（以下简称海南达通仓储公司）100%股权（达名公司持股80%，海南逊达仓储公司持股20%），海南达通仓储公司实际持有并运营京东（海南）运营中心项目。海宝公司与自然人张一帆、周洪林、王凯平、李文平、沈斌（以下合称五位自然人股东）共同持有厦门逊达洪通仓储有限责任公司（以下简称厦门逊达仓储公司）100%股权（海宝公司持股80%，五位自然人股东持股20%），厦门逊达仓储公司实际持有并运营厦门电子商务物流产业园项目。被合并方与其母公司、相关子公司的上述股权关系如图1-1所示。

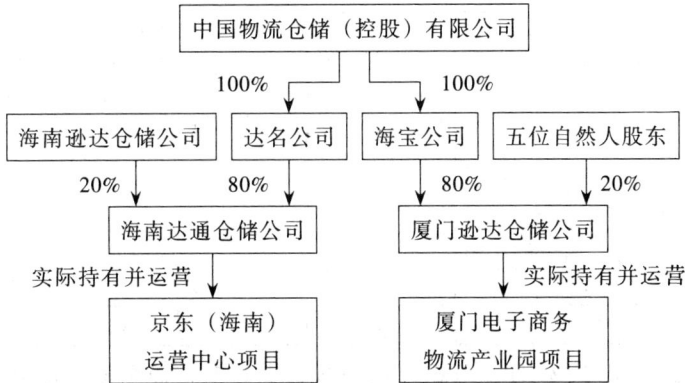

图1-1 达名公司、海宝公司与其母、子公司股权关系图

（2）企业合并交易简介

为取得京东（海南）运营中心项目、厦门电子商务物流产业园项目100%产权，中国外运的子公司中外运物流投资控股有限公司与中国物流仓储（控股）有限公司于2023年4月28日分别签订了购买达名公司

100% 股权、海宝公司 100% 股权的产权交易合同，与海南逊达仓储公司及五位自然人股东于 2023 年 9 月 15 日分别签订了《海南达通仓储有限责任公司 20% 股权之股权转让合同》《厦门逊达洪通仓储有限责任公司 20% 股权之股权转让合同》。

在上述交易中，中国外运集团的最终目的是实现对海南达通仓储公司、厦门逊达仓储公司的完全控股，交易各方均认可此交易目的并以此设计相关交易安排。因此，集团将取得达名公司 100% 股权及海南达通仓储公司 20% 股权交易与取得海宝公司 100% 股权及厦门逊达仓储公司 20% 股权交易分别作为一项取得控制权的整体交易进行处理，而不将其作为取得控制权与收购少数股权两项交易进行处理。

2023 年 9 月 30 日，中国外运集团已完成购买达名公司 100% 股权、海宝公司 100% 股权价款支付，交易各方已完成管理权交接。中国外运集团自 2023 年 9 月 30 日起能够主导达名公司、海宝公司的相关活动并享有可变回报，因此将 2023 年 9 月 30 日确定为购买日。

（3）合并成本见表 1-4

表 1-4   **合并成本**   单位：元

合并成本	达名投资有限公司（包含海南达通仓储有限责任公司 100% 权益）	海宝投资有限公司（包含厦门逊达洪通仓储有限责任公司 100% 权益）
现金	142 033 029.22	362 741 616.17
发行或承担的债务的公允价值	—	—
或有对价的公允价值	—	—
购买日之前持有的股权于购买日的公允价值	—	—
合并成本合计	142 033 029.22	362 741 616.17

2023 年 12 月 31 日，根据交易安排，上述对价尚余 15 543 403.29 元未支付。中国外运集团出于保护自身权益的考量，在上述企业合并交易中约定了若干针对潜在诉讼、税务、合规等事项的保护性补偿安排，在特定风险实际发生时由出让方承担相关损失，中国外运集团认为前述安排不构成企业合并中的或有对价。

（4）被合并方合并日可辨认资产、负债情况见表 1-5

表1-5   被合并方合并日可辨认资产、负债情况

单位：元

项目	达名投资有限公司（包含海南达通仓储有限责任公司100%权益）		海宝投资有限公司（包含厦门迅达洪通仓储有限责任公司100%权益）	
	合并日公允价值	合并日账面价值	合并日公允价值	合并日账面价值
资产：				
货币资金	171 868 167.64	104 251 653.31	392 944 664.97	192 921 287.41
应收账款	964 369.37	964 369.37	3 658 432.68	3 658 432.68
预付款项	397 214.18	397 214.18	603 717.93	603 717.93
其他流动资产	—	—	90 324.64	90 324.64
投资性房地产	79 467.09	79 467.09	102 605.72	102 605.72
固定资产	161 789 687.57	99 864 226.24	382 837 872.37	186 133 857.90
无形资产	8 637 429.43	2 946 376.43	5 651 711.63	2 332 348.54
负债：				
应付款项	37 001 754.19	26 859 277.04	74 645 142.60	24 639 298.21
合同负债	552 333.83	552 333.83	1 247 961.48	1 247 961.48
其他应付款	—	—	1 842 361.87	1 842 361.87
应交税费	296 330.02	296 330.02	1 074 938.72	1 074 938.72

项目	达名投资有限公司（包含海南达通仓储有限责任公司100%权益）		海宝投资有限公司（包含厦门逊达洪达通仓储有限责任公司100%权益）	
	合并日公允价值	合并日账面价值	合并日公允价值	合并日账面价值
其他应付款	2 885 613.19	2 885 613.19	5 584 036.14	5 584 036.14
一年到期非流动负债	8 125 000.00	8 125 000.00	6 000 000.00	6 000 000.00
长期应付款	15 000 000.00	15 000 000.00	8 900 000.00	8 900 000.00
递延所得税负债	10 142 477.15	—	50 005 844.39	—
净资产	134 866 413.45	77 392 376.27	318 299 522.37	168 281 989.20
减：少数股东权益	—	—	—	—
取得的净资产	134 866 413.45	77 392 376.27	318 299 522.37	168 281 989.20

注：达名公司、海宝公司于购买日可辨认资产、负债的公允价值分别根据北京中同华资产评估有限公司出具的基准日为2023年9月15日，编号为中同华评报字2023第022785号、中同华评报字2023第022784号的资产评估报告（合并对价分摊）并考虑基准日至购买日的净资产变动确定。

资料来源：中国外运股份有限公司.中国外运股份有限公司2023年度报告[EB/OL].[2024-03-25].http://www.sse.com.cn/disclosure/bond/announcement/company/c/new/2024-03-25/18446_20240325_RVJU.pdf.

2.要求

请根据上述资料，思考下列问题：

（1）中国外运2023年年度报告中将中外运物流投资控股有限公司取得达名公司100%股权及取得海宝公司100%股权的企业合并归类为非同一控制下企业合并。请说明这样分类是否正确？为什么？

（2）合并方（中外运物流投资控股有限公司）如何编制取得达名公司100%股权和海宝公司100%股权的会计分录？

（3）如何计算合并商誉？

（4）此项企业合并交易的合并商誉在财务报表中应如何列报？

3.分析提示

（1）判断一项企业合并属于同一控制下企业合并还是非同一控制下企业合并，要从同一控制下企业合并和非同一控制下企业合并的概念及其代表的本质含义进行分析。

具体到本案例，为什么将此项控股合并定性为非同一控制下的企业合并，需要根据中国外运2023年年度报告披露的信息及其他信息，判断作为合并方的中外运物流投资控股有限公司与作为被合并方的达名公司和海宝公司，双方合并前是否归属于同一个最终控制方。

（2）合并方确认企业合并时的账务处理参考思路为：

借：长期股权投资　　　　　　　504 774 645.39
　　贷：银行存款等　　　　　　　　　　489 231 242.10
　　　　其他应付款　　　　　　　　　　　15 543 403.29

（3）根据上述资料，这次企业合并应确认的合并商誉为51 608 709.57元，具体计算过程如下：

控股合并的
合并商誉 ＝合并成本−取得的可辨认净资产公允价值份额

＝（142 033 029.22−134 866 413.45）＋（362 741 616.17−318 299 522.37）

＝7 166 615.77＋44 442 093.80

＝51 608 709.57（元）

（4）此项企业合并交易是控股合并，所以合并方在账务处理时要确认长期股权投资。其所确认的长期股权投资价值504 774 645.39元中就含有51 608 709.57元的合并商誉。在合并方中外运物流投资控股有限公司的资产负债表中，该商誉金额包含在"长期股权投资"项目的报告价值中。而在包括中外运物流投资控股有限公司在内的中国外运的合并资产负债表中，这部分合并商誉金额则将在"商誉"项目里列报。（注：合并财务报表的原理及编制方法请见第二章）

案例1-2：从中交集团的案例看新设合并及其会计处理[①]

1.案例资料

1）背景简介

背景1：央企改革的大势所趋。在国资委颁布的《关于推进国有资本调整和国有企业重组的指导意见》中，提出到2010年要培育出30~50家具有国际竞争力的大型企业集团。央企成为世界级的大型企业集团是未来的一大趋势。在这样一个大背景下，中国交通建设集团有限公司（以下简称中交集团）的横空出世本身就是央企改革的一个标志性符号。中交集团是第一家以新设合并方式完成央企重组的国有企业，是第一家涉及资产最多的国企整合、第一家完成整体上市的大型国有企业；是中国最大的港口设计及制造公司，中国领先的公路、桥梁建设及设计企业，中国最大和全球第三大疏浚公司，全球最大港口集装箱起重机制造商。它的目标是成为国际化的大公司，成为世界500强企业。中交集团是新设合并和央企海外整体上市的典型案例，它的成功对今后的央企整合具有指导意义。

背景2：新会计规范的出台。2006年2月，我国颁布实施新的企业会计准则。根据企业合并准则，对不同类型的企业合并交易（或事项）应分别采取不同的会计处理方法予以确认、计量和报告。在此之前及至今日的有关企业合并案例的研究中，人们主要的关注点是企业合并的会计处理采用权益结合法还是购买法，合并类型是同一控制下企业合并还是非同一控制下企业合并，合并方式是吸收合并还是控股合并，而很少关注新设合并方式、相应的会计处理方法及其后果。无论是国际会计界，还是国内企业合并实务，关于新设合并的相关理论与实务，目前尚有许多问题值得关注。中交集团的出现为我们提供了一个研究新设合并相关问题的案例。

---

① 本案例为MPAcc教学案例库中的示范案例。本案例编写者为傅荣、李宇。

2）参与合并企业概况

中国港湾建设（集团）总公司（以下简称中国港湾建设集团）和中国路桥（集团）总公司（以下简称中国路桥集团）是本案例中实现企业合并的两个参与方。合并前双方有关资料见表1-6。

表1-6　　　　　中国港湾建设集团和中国路桥集团概况[①]

公司 项目	中国港湾建设（集团）总公司	中国路桥（集团）总公司
公司前身	中国港湾工程公司	中国路桥工程总公司
成立时间	1980年	1979年
经营业务	水运建设、路桥建设、重工制造、外经外贸	工程承包、施工、设计、监理、咨询以及国际贸易等
施工资质	具有港口与航道工程、公路工程施工总承包特级资质和多项工程总承包一级资质	具有施工总承包资质、专业承包资质和公路工程施工总承包特级资质
2004年总资产	331亿元	近40亿元
2004年营业额	440亿元	近180亿元
2004年新签合同	495亿元	
国内排名	国内企业500强第60名，交通百强企业排名第3位，全国外经贸企业营业额排名第2位，2004年中国进出口额最大500家企业排名第109位，中国出口额最大200家企业排名第92位	国内企业500强第100位
国际排名	入选2004年世界最大200家国际工程公司排行榜；自1992年起连续13年入选美国《工程新闻记录》杂志评选的最大225家国际工程承包商（ENR）排行榜，2004年排名第36位	ENR排名第71位
技术力量	拥有以工程院院士为首的各类工程技术人员、管理人员17 000人，拥有各类现代化大型设备和工程船舶3 800台（艘）	
控股上市公司	振华重工（A股600320）	路桥建设（A股600263）

---

① 表1-6的资料来源：海通证券研究所——公司研究。

通过表 1-6 可以看出，如果中国港湾建设集团和中国路桥集团实施合并，无疑可以减少同业竞争，实现强强联合。合并后公司凭借已有的绝对市场垄断地位和多年积累的技术和管理优势，将会得到新的大股东更多的资金、技术和政策支持。

2005 年，肩负着在最短的时间内将中国港湾建设集团和中国路桥集团合并组建成中国交通基建领域的水路两栖王牌军的使命，由双方高层人员对等参与的 6 人"合并筹备小组"成立了。当时，他们面临的难点之一就是如何实现新设合并。

3）合并过程

（1）"一杆进洞"的合并方案

中国港湾建设集团和中国路桥集团合并组成中交集团，由于两家集团实力地位相当，要实现强强联合、采用新设合并方式成立中交集团，首先面临两个难题：

难题 1：按照法律规定，新设成立中国交通建设集团有限公司之前必须注销中国路桥集团和中国港湾建设集团，这就导致无法保留数十亿元的品牌价值。解决办法只有一个：由中交集团成立两家子公司——中国路桥工程有限责任公司和中国港湾工程有限责任公司，分别由其接收中国路桥集团和中国港湾建设集团包括商标在内的无形资产。也就是说，在同一天成立母公司和准备接收参与合并公司的子公司。

难题 2：要想实现注销和新设同时进行，一个必要的条件是在同一天成立母公司和准备接收参与合并公司的子公司。而按照法律规定，母公司和子公司不能同一天成立。

为了避免由于注销两个集团而导致数十亿元的品牌价值流失，筹备组以集团利益最大化为导向，精心策划并促使国家相关部委认可了一个通过"移花接木"和"暗度陈仓"实现新设合并的方案：

在 2005 年 12 月 8 日，同一天成立了母公司中交集团和子公司中国路桥工程有限责任公司和中国港湾工程有限责任公司；并在同一天由中交集团的这两家子公司分别接收"中国路桥"和"中国港湾"两个品牌。然后，按照事先的计划和人随业务走的原则，把被合并的两家集团下面的海外事业部的业务、资产以及人员并入中国路桥工程有限责任公司和中国港湾工程有限责任公司。中交集团设立了。

（2）合并及上市进程描述

2005年12月8日至2006年12月，中国港湾建设集团和中国路桥集团合并组成中交集团，中交集团又发起设立中交股份并推动上市。有关合并及上市进程见表1-7[①]。

表1-7 合并及上市进程

时间	合并及上市事项	信息披露
12/08/2005	根据国务院国资委《关于中国港湾建设（集团）总公司与中国路桥（集团）总公司重组的通知》（国资改革〔2005〕703号），中国交通建设集团在国家工商行政管理总局注册成立，同时注销中国港湾建设（集团）总公司和中国路桥（集团）总公司的法人资格。中交集团是经批准新设合并成立的国有独资公司，总资产近730亿元，法定代表人为周纪昌	2006年3月3日公布的《上海振华港口机械（集团）股份有限公司收购报告书》和《路桥集团国际建设股份有限公司收购报告书》
1/17/2006	根据国资委下发的《关于上海振华港口机械（集团）股份有限公司等6家上市公司国有股持有单位变更及国有股转让有关问题的批复》，中交集团继承原中港集团持有的上海振华港口机械（集团）股份有限公司31.26%的股份，同时，振华港机境外法人股（占总股本的19.07%）因继承关系由中交集团实际控制。中交集团成为振华港机的控股股东	2006年3月29日公布的上海振华港口机械（集团）股份有限公司2005年年度报告"四、股东变动及股东情况"部分

---

① 表1-7资料分别来源于2006年3月3日公布的《上海振华港口机械（集团）股份有限公司收购报告书》和《路桥集团国际建设股份有限公司收购报告书》、路桥集团国际建设股份有限公司2005年年度报告、上海振华港口机械（集团）股份有限公司2005年年度报告、中国交通建设股份有限公司2006年年度报告。

时间	合并及上市事项	信息披露
1/19/2006	中交集团签署《路桥集团国际建设股份有限公司收购报告书》，中交集团继承原中国路桥（集团）总公司及其全资子公司持有的路桥集团国际建设股份有限公司73.77%的股份，成为其股份的实际控制人	2006年4月公布的路桥国际建设股份有限公司2005年年度报告"十、重大事项"部分
10/08/2006	中国交通建设股份有限公司（简称中交股份）成立。该公司是经国务院批准，由中国交通建设集团有限公司整体重组改制并独家发起设立的股份有限公司，中交集团将其所持振华港机和路桥建设全部股权投入中交股份	中国交通建设股份有限公司2006年年度报告"公司信息"及"财务资料附注"部分
12/15/2006	中交股份在中国香港联合交易所主板挂牌上市交易，成为中国第一家实现境外整体上市的特大型国有交通基建企业，股票代码为HK1800	中国交通建设股份有限公司2006年年度报告"公司信息"部分

2006年10月10日，路桥集团国际建设股份有限公司收到中国交通建设集团有限公司转来的国务院国有资产监督管理委员会有关批复文件。根据文件的精神，中国交通建设股份有限公司将成为公司的控股股东，将持有公司股份26 007.1064万股（包括24 919.3887万股限售股份及1 087.7177万股无限售流通A股），占总股本的63.72%。

根据振华港机2006年10月11日公告，中交集团将所持振华港机的股权投入拟设立的中交股份，重组完成之后，中交股份直接持有公司74 562.6万股限售流通A股，并通过获得原中交集团所持有的子公司中国香港振华工程有限公司和中国澳门振华海湾工程公司的股权而间接持有公司58 766.4万股的将转为流通B股的境外法人股，合计控制公司股权133 329万股，控制比例达到公司总股本的43.26%，成为其实质上的控股股东。

（3）合并后控制关系描述

合并前、后各有关企业的关系整理如图1-2所示，合并后控股比例情况如图1-3所示。

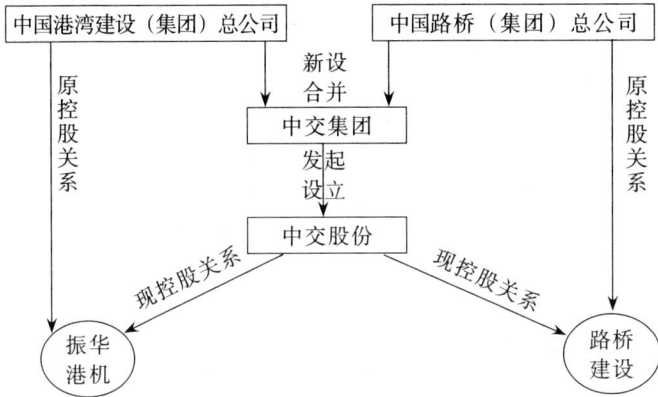

图1-2　合并前、后各有关企业的关系图

（截至2006年12月31日）

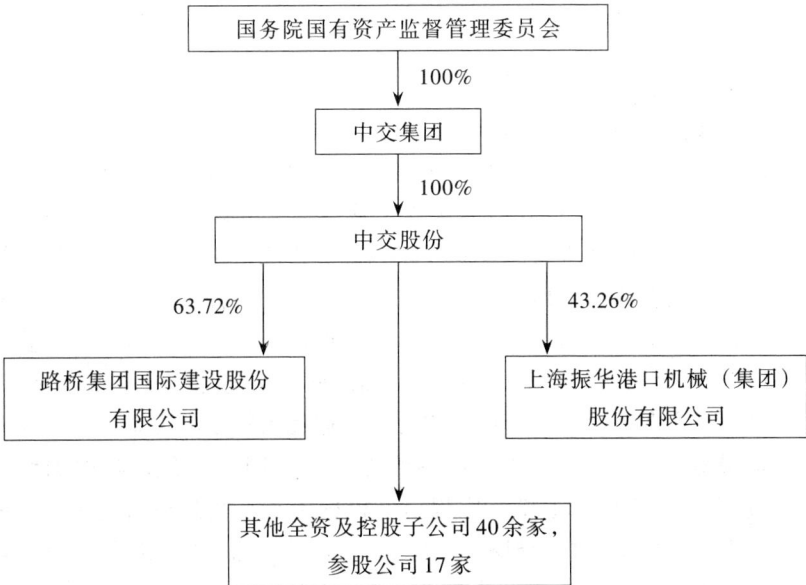

图1-3　合并后控股比例图

4）参考资料

本案例除了前面案例正文中提供的背景资料以外，可资参考的其他主要资料目录见表1-8。

表1-8　　　　　　　　　其他主要参考资料目录

资料序号	资料名称
1	上海振华港口机械（集团）股份有限公司收购报告书（2006年3月3日）
2	路桥集团国际建设股份有限公司收购报告书（2006年1月17日）
3	路桥集团国际建设股份有限公司收购报告书（2006年1月19日）
4	路桥集团国际建设股份有限公司2005年年度报告
5	路桥集团国际建设股份有限公司2006年年度报告
6	路桥集团国际建设股份有限公司2007年半年度报告（摘要）
7	中交股份2006年合并报表
8	中交股份2007年中期报告

2.要求

（1）如何判断本案例的合并方式及合并类型？

（2）如何确定本案例实际采用的企业合并会计处理方法？

（3）本案例是否可以采用新起点法进行会计处理？为什么？

3.分析提示

（1）如何判断本案例的合并方式及合并类型？

首先，来看合并方式。中交集团的成立属于新设合并方式。

《公司法》规定，公司合并可以采取新设合并和吸收合并。通过对目前我国企业间合并方式的观察发现，证券市场上更多的企业采用了吸收合并。吸收合并一般用于强弱悬殊的公司之间，强者并购弱者，一般比较好处理并购中的问题。而新设合并一般用于实力、地位相当的公司之间，中国港湾建设集团和中国路桥集团同属交通部管辖，实力相近，地位相当，为在最短的时间里完成合并，避免大规模的现金流出，新设合并是最好的选择。《关于中国港湾建设（集团）总公司与中国路桥（集团）总公司重组的通知》中提道：根据中华人民共和国法律，原中国港湾建设（集团）总公司和中国路桥（集团）总公司的债权、债务均由中国交通建设集团有限公司承继，其全资及控股子企业（公司）成建制划转至中国交通建设集团有限公司，对外投资所形成的股权、所有者权益等由中国交通建设集团有限公司持有。这进一步证实了中交集团属于新设合并。

其次，来看合并类型。中交集团的成立是否属于同一控制下企业合并，是这里的分析重点。

根据现有资料判断，中交集团的成立更多的是政府推动的结果，并不具备明显的"交易"性质。从这个意义上说，其应该属于同一控制下企业合并。如果从中交集团产生于港湾集团和路桥集团两个集团的角度来看，其又不完全符合企业会计准则关于同一控制下企业合并的界定。本案例正是希望学员进一步思考：如何将企业会计准则关于企业合并类型的划分标准尤其是同一控制下企业合并的界定标准应用于我国的会计实务，正确判断企业合并类型？

（2）如何确定本案例实际采用的企业合并会计处理方法？

从企业合并会计体系来看，处理企业合并的会计方法主要有购买法和权益结合法，新起点法尚未得到普遍应用。2004年美国财务会计准则委员会和国际会计准则理事会分别颁布了《财务会计准则公告第141号》（SFAS 141）和《国际财务报告准则第3号》（IFRS 3），宣布取消权益结合法，只保留购买法。我国2006年发布的新企业会计准则规定：企业合并分为同一控制下企业合并和非同一控制下企业合并；同一控制下企业合并采用的基本上是权益结合法，非同一控制下企业合并采用的就是购买法。FASB和IASB目前正在致力于新起点法的应用研究。

中交集团的新设合并采用的是什么会计处理方法呢？由于港湾建设集团和路桥集团都是国有非上市公司，相关数据较难获得，也没有公开披露采取的合并会计方法，因此，我们对其采取的会计处理方法进行了理论上的推断，认为采用的不可能是购买法。其原因主要有以下几点：

第一，此项合并不具有明确的购买方。中国港湾建设（集团）总公司和中国路桥（集团）总公司都是交通部下属企业，文化相似，规模相近，盈利情况也差不多，在合并中无法辨明哪一个是购买方，哪一个是被购买方，而且合并后中交集团实际上分担着合并后主体的风险和利益，因此不应当采用购买法。

第二，此项合并不具备"交易"性质。中交集团的成立更多的是政府推动的结果。2005年，正值我国央企改革的兴起之年，在国资委的大力推动下，中交集团合并筹备小组悄然成立。当时只有6名成员，而这6名成员均为双方的高层人员，并没有专业评估机构的人员参加。他们肩负的任务是在最短的时间内完成对中国港湾和中国路桥的合并重组。合并后的中交集团是国有独资企业，隶属于国资委。可以说中交集团的成立更多的是国家重组大型国有企业方针下的一个政府推动的结果，仅掺杂着一部分的市场因素，并非以市场因素为主导。而且，国资委有关通知中表明的资产债务承继关系保证了权益结合法的使用。《关于中国港湾建设（集团）总公司与中国路桥（集团）总公司重组的通知》中提道：根据中华人民共和国法律，原中国港湾建设（集团）总公司和中国路桥（集团）总公司的债权、债务均由中国交通建设集团有限公司承继，其全资及控股子企业（公司）成建制划转至中国交通建设集团有限公司，对外投资所形成的股权、所有者权益等由中国交通建设集团有限公司持有。可以看出，中交集团与中国港湾建设（集团）总公司、中国路桥（集团）总公司在资产债务方面是承继关系，体现着国资委强制划转的色彩。这种情况下，合并后主体按原账面价值确认合并取得的资产、负债，是比较合理的选择。

既然采用的不是购买法，此项合并采用的是权益结合法就应该是合理的推断。实际上，在处于转型经济时期的我国，采用权益结合法在特定情况下是必要的。

（3）本案例是否可以采用新起点法进行会计处理？为什么？

新起点法的基本思想是将企业合并形成的主体视为一个新的持续经营起点上的主体，因此合并进来的每一主体的资产和负债，均应在合并形成的新主体的报表里按这些资产和负债的公允价值加以确认。相对于吸收合并和控股合并而言，新设合并更适合采用新起点法。

那么本案例是否具有采用新起点法的可能呢？

从我国现行会计准则体系来看，并没有关于新起点法的规范。如果将中交集团的成立视为同一控制下企业合并，应该采用相当于权益结合法的企业合并处理方法；如果抛开同一控制下企业合并这一前提，假设本合并属于一项市场行为，二者并非属于同一控制，或未获准使用权益结合法，那么就只能采用购买法。

本案例可否采用新起点法？要回答这个问题，首先，必须有一个假定条件：企业会计准则允许采用新起点法。然后，在此基础上，至少还需要思考以下几个问题：

第一，新设合并对于合并主体而言，与吸收合并和控股合并相比，其本质特征如何？

第二，新设合并方式是否更适合采用新起点法？

第三，如果新设合并适合采用新起点法，是否还有必要区分同一控制下企业合并和非同一控制下企业合并？

第四，与购买法、权益结合法相比，新起点法有哪些特征？

第五，如果采用新起点法，是否可以避免品牌价值流失问题？这时，如何设计中交集团的新设合并方案？

案例1-3：中信证券分步投资实现企业合并

1.案例资料

中信证券2015年、2016年、2017年的年度报告中，分别披露了若干项通过多次投资实现企业合并的交易或事项。下面是从其年报中摘录的部分相关信息。

（1）2015年：分步投资实现对华夏基金的控股合并

中信证券从2008年开始陆续增持华夏基金，并于2009年全资持有华夏基金。由于违反了当时"内资基金公司的持股比例不得高于49%，合资基金的持股比例不得高于75%"的规定，中信证券不得不在2013年出售华夏基金51%的股权，其中无锡国联受让华夏基金10%的股权。在2015年9月30日之前，中信证券已持有华夏基金49%的股权。2015年8月，中信证券从无锡国联回购华夏基金10%的股权，至此对华夏基金的持股比例达到59%，华夏基金成为中信证券的子公司。

中信证券2015年年度报告中披露的相关资料如下：

①中信证券于2015年8月19日收到中国证监会《关于核准华夏基金管理有限公司变更股权的批复》（证监许可〔2015〕1089号），核准本集团收购无锡市国联发展（集团）有限公司持有的华夏基金10%的股权。本次股权取得时点为2015年9月30日。该股权收购以2014年12月31日为评估基准日，确定对华夏基金10%的股权的收购价格为人民币16亿元，并按据此计算的最终交易对价重新计量原持有的华夏基金49%的股权的公允价值，59%的股权的公允价值为9 282 532 105.56元，与59%的股权应享有的华夏基金截至2015年9月30日净资产的差额

7 418 586 708.87 元确认为商誉。

②原持有股权在购买日的账面价值为 7 720 753 874.56 元，公允价值为 7 709 221 579.19 元。按照公允价值重新计量的利得为 11 532 295.37 元，原持有股权其他综合收益转入投资收益的金额为 51 516 252.07 元。

③华夏基金的可辨认资产和负债在购买日的公允价值和账面价值资料：资产的公允价值为 4 059 447 466.43 元，账面价值为 4 059 447 466.43 元；负债的公允价值为 873 044 397.24 元，账面价值为 873 044 397.24 元。

（2）2016 年分步投资实现对 ChinaAMC Capital Management Limited 的控股合并

本集团的子公司华夏基金（香港）有限公司于 2016 年 5 月 30 日收购 PGI Management Limited 持有的 ChinaAMC Capital Management Limited 50% 的股权，对其持股比例由 50% 增加至 100%。该股权收购以 2016 年 5 月 30 日为评估基准日。确定收购价格折合人民币 8 036 774.49 元。2016 年 5 月 30 日，ChinaAMC Capital Management Limited 可辨认净资产的公允价值折合人民币 30 053 566.21 元，50% 股权的公允价值折合人民币 15 026 783.11 元。收购价格与 50% 股权应享有的 ChinaAMC Capital Management Limited 截至 2016 年 5 月 30 日可辨认净资产的差额 6 990 008.62 元确认为营业外收入。

ChinaAMC Capital Management Limited 的可辨认资产和负债于购买日的公允价值和账面价值资料（未经审计）：资产的公允价值为 34 569 933.23 元，账面价值为 34 569 933.23 元；负债的公允价值为 4 516 367.02 元，账面价值为 4 516 367.02 元。

2.要求

（1）计算中信证券控股合并华夏基金时应确认的合并商誉金额；

（2）计算中信证券控股合并 ChinaAMC Capital Management Limited 时应确认的合并商誉金额，并解释合并方为什么要将其确认为营业外收入。

3.分析提示

（1）合并商誉 =（1 600 000 000+9 282 532 105.56÷59×49）−（4 059 447 466.43−
873 044 397.24）×59%

=7 429 243 768.37（元）

（2）合并商誉= 8 036 774.49+ 30 053 566.21÷2- 30 053 566.21

$\qquad$ =-6 990 008.62（元）

因为6 990 008.62元是合并成本，低于合并方应享有被合并方可辨认净资产公允价值份额的差额，所以不能将其确认为商誉，而是要记入营业外收入。

第二章 合并财务报表

一、学习目的与要求

通过本章学习，一方面，要了解合并财务报表的种类及合并财务报表的局限性，了解合并财务报表与投资的关系，明确合并财务报表的特点，掌握合并财务报表范围的确定方法，理解合并财务报表的编制原则和编制合并财务报表的一般程序，掌握股权取得日合并财务报表的编制方法；另一方面，要掌握股权取得日后各期末合并财务报表的编制原理，掌握依据我国现行合并财务报表准则编制合并资产负债表、合并利润表的方法，掌握合并现金流量表的编制方法，了解我国与其他国家或地区在编制合并财务报表的具体方法上的异同，培养根据合并财务报表编制原理解决出现在合并财务报表实务中的新问题的能力。

二、预习要览

（一）关键概念

1. 合并财务报表
2. 合并资产负债表
3. 合并利润表
4. 合并现金流量表
5. 合并所有者权益变动表
6. 合并范围
7. 控制
8. 潜在表决权
9. 母公司
10. 子公司
11. 内部交易的抵销
12. 少数股东损益
13. 少数股东权益

（二）关键问题

1. 什么是合并财务报表？
2. 合并财务报表与个别财务报表相比有哪些特点？
3. 合并财务报表与各类企业合并之间存在什么样的关系？

4. 如何确定纳入合并财务报表的成员企业范围？

5. 合并财务报表的编制应遵循哪些原则？为什么？

6. 合并财务报表包括哪些种类？

7. 合并财务报表的一般编制程序是什么？

8. 同一控制下的股权取得日，合并财务报表有哪些？为什么？如何编制？

9. 非同一控制下的股权取得日，合并财务报表有哪些？为什么？如何编制？

10. 少数股东权益和少数股东损益在合并报表中应如何列示？为什么？

11. 与合并资产负债表有关的抵销与调整分录主要有哪些？

12. 为什么要将母公司对子公司（纳入合并范围的子公司，以下同）的权益性资本投资数额与子公司股东权益中母公司持有的份额相抵销？

13. 合并资产负债表中的少数股东权益是如何确定的？

14. 为什么要抵销内部应收款项计提的坏账准备？如何抵销？

15. 在抵销内部应收款项计提的坏账准备时，为什么要贷记"期初未分配利润"项目？

16. 怎样编制内部存货交易的有关抵销分录？

17. 怎样编制内部固定资产交易的有关抵销分录？

18. 怎样编制内部无形资产交易的有关抵销分录？

19. 编制合并财务报表时是否需要抵销内部交易资产的已提减值准备？如何抵销？

20. 如何理解债券的推定赎回？推定赎回债券的有关抵销分录应如何编制？

21. 母公司对子公司的股权投资收益应如何抵销？

22. 如何理解合并利润表中"净利润"项目反映的内容？

23. 为什么要对子公司的可供分配利润数额和利润分配情况予以抵销？

24. 怎样编制合并现金流量表？

三、本章重点与难点

☐ 合并范围的确定

☐ 合并财务报表的种类

☐ 合并财务报表的编制原则

☐ 合并财务报表的基础工作和编制程序

☐ 股权取得日合并财务报表的种类与编制方法

☐ 合并商誉的含义及初始确认与计量

☐ 少数股东权益和少数股东损益的列报方法

☐ 与合并资产负债表项目有关的各类抵销与调整分录的编制原理与方法

☐ 与合并利润表项目有关的各类抵销与调整分录的编制原理与方法

☐ 与合并现金流量表有关的各类抵销分录的编制原理与方法

☐ 各类抵销与调整分录对重要的合并财务报表项目的影响

☐ 少数股东权益与少数股东损益的关系

☐ 少数股东权益与少数股东损益的列报方法

(一) 合并范围的确定

合并范围的确定直接关系到合并财务报表提供的会计信息的相关性。

目前国际上对合并财务报表范围的界定，比较一致的做法是将能够被母公司实施有效控制的子公司纳入合并范围。这里应注意正确理解的问题主要有：

1.母公司投资并控制的被投资公司就是子公司。

2.子公司全部被纳入合并范围，而无论其规模大小、性质是否与母公司相同、是否属于特殊目的实体。

3."控制"的含义、直接控制与间接控制的区别、实施控制的具体途径、实质重于形式原则与"有效控制"的确定。

4.投资单位在确定能否控制被投资单位时，还要考虑潜在表决权因素。这里应该注意解决三个问题：什么是潜在表决权？谁持有潜在表决权？何时拥有潜在表决权才能影响到对控制关系的判断？

（二）合并财务报表的种类

合并财务报表按编制时间及目的的不同，分为股权取得日合并财务报表和股权取得日后合并财务报表两大类。

合并财务报表按其反映具体内容的不同，分为合并资产负债表、合并利润表、合并现金流量表、合并所有者权益变动表等。

（三）合并财务报表的编制原则

编制合并财务报表应遵循以个别财务报表为基础原则、一体性原则和重要性原则。其中，以个别财务报表为基础原则，既保证了合并财务报表资料来源的真实性，又解释了为什么在合并日后各期末需要在合并财务报表工作底稿中就以前曾经抵销的影响未分配利润项目的内部交易或事项对本期"期初未分配利润"的影响数进行调整；而一体性原则却是对纳入合并范围成员企业之间内部交易或事项产生的未实现损益和损益重复计价进行抵销处理的原则依据，同时也反映了合并财务报表对提供企业集团整体财务会计信息的本质要求。

（四）合并财务报表的基础工作和编制程序

合并财务报表的编制，必须做好以下基础工作：第一，统一母子公司的会计政策；第二，统一母子公司的会计期间；第三，子公司除了应当向母公司提供财务报表以外，还应当向母公司提供有关资料。

合并财务报表的数据，是在合并财务报表工作底稿中进行整理产生的。在合并财务报表编制过程中，需要编制一系列抵销分录，而这些抵销分录正是在工作底稿中编制的。所以，合并财务报表工作底稿的设置和运用是非常重要的。

（五）股权取得日合并财务报表的种类与编制方法

同一控制下企业合并形成母子公司关系的，母公司应当编制合并日的合并资产负债表、合并利润表及合并现金流量表。之所以在编制合并日合并资产负债表的同时，还要编制截至合并日的合并利润表和合并现金流量表（如果是期中合并），正是基于合并前双方已经属于同一最终控制方这一前提；同样，视同被合并方在合并以前就一直在合并范围之内这一点也决定了合并当期资产负债表日编制的合并报表中，应当对比较报表有关项目的期初数进行调整。

非同一控制下控股合并，母公司在购买日只编制合并资产负债表。

与股权取得日后各期末编制的合并资产负债表相比，编制股权取得日的合并资产负债表时，只需在将控股公司（母公司）和被控股子公司的个别资产负债表加总的基础上，将母公司对该子公司的股权投资余额与子公司股东权益予以抵销，即只对因取得股权这一会计事项而产生的对个别报表的影响数予以抵销。

（六）合并商誉的含义及初始确认与计量

1.采用购买法实施的股权合并业务中，购并方支付的购买成本超过其在被购并方可辨认资产和负债的公允价值中所占股权份额的部分，构成合并商誉。从某种意义上说，合并商誉是被购并方内在商誉的市场外化和对并购协同效应的合理预期。

合并商誉与我国曾经在合并报表中确认的合并价差相比，两者有一定的联系，更有明显的区别。合并价差包括合并商誉和被购并方可辨认净资产的评估增值，所以合并商誉是合并价差的组成部分之一；但是合并商誉与合并价差两者的产生原因、计量基础、确认条件和包括的内容等各方面，却又存在差异。

2.确认合并商誉的前提是企业合并采用购买法，也就是说，购买法实施的企业合并，应按购并方支付的购买成本高于其在被购并方可辨认资产和负债的公允价值中所占股权份额的部分，确认合并商誉（购并方支付的购买成本小于其在被购并方可辨认资产和负债的公允价值中所占股权份额的部分，计入当期损益）。

合并商誉的初始计量要解决合并商誉的金额确定问题。原则上合并商誉在金额上应等于购并方支付的购买成本与被购并方净资产公允价值之差，但不同的合并理论下合并商誉的计量结果不尽相同。

这里的"合并理论"是关于"合并报表编制程序的概念依据"（常勋，1999）。不同的合并理论，代表了对合并报表的服务对象、少数股东权益的性质以及合并商誉的确认与计量等关于合并报表根本问题的不同观点。合并理论主要有母公司理论（parent company theory）、实体理论（economic entity theory）、当代理论（contemporary theory）[①]和所有权理论（ownership theory）。

---

① 王松年，等. 国际会计前沿［M］. 上海：上海财经大学出版社，2001：143.

根据美国财务会计准则委员会（FASB）的解释，母公司理论侧重于母公司股东的利益，认为合并资产负债表、合并利润表是对母公司资产负债表、利润表的修正或延伸，是以子公司的资产和负债代替母公司对子公司的股权投资，以子公司的收入、费用、利得和损失代替母公司从子公司获得的投资收益。实体理论将母公司与子公司的集合作为一个单一的个体，认为合并财务报表应以母公司股东及企业集团少数股东的观点来编制，以便为其提供集团个体的经营活动信息。当代理论可以说是母公司理论和实体理论的综合。所有权理论与母公司理论、实体理论不同的是，它既不强调企业集团中存在的法定控制关系，也不强调各成员企业构成的企业集团的经济一体性，它强调的是编制合并财务报表的企业"通过拥有的所有权的足够份额能对另一企业的经济和财务决策实行控制或产生重大影响，即向母公司的股东报告其所拥有的资源，不反映少数股东权益和少数股东应享有的损益"[①]。

以上四种理论在合并财务报表中的主要特征的比较，见表2-1。

表2-1 四种合并理论主要特征比较

合并理论名称	母公司理论	实体理论	当代理论	所有权理论
1.对子公司净资产的计价	母公司股权部分按公允价值计价；少数股权部分按账面价值计价	全部按公允价值计价	母公司股权部分按公允价值计价；少数股权部分按账面价值计价	母公司股权部分按公允价值计价；少数股权部分不予列示
2.对合并商誉的计量与列示	按母公司持股比例计算，与少数股权无关	按子公司净资产全部公允价值确定，属于全体股东	按母公司持股比例计算，与少数股权无关	按母公司持股比例计算，与少数股权无关
3.对子公司各会计要素的合并	全部合并	全部合并	全部合并	按持股比例合并
4.对未实现内部交易损益的抵销	逆销按持股比例抵销；顺销百分之百抵销	百分之百抵销	百分之百抵销	按持股比例抵销

---

① 林钟高，等. 新编高等会计学［M］. 上海：立信会计出版社，2000：28.

合并理论名称	母公司理论	实体理论	当代理论	所有权理论
5.对少数股东权益的列示	在负债部分单项列示	列示于股东权益部分	在负债部分单项列示，或在股东权益部分单项列示，列示于负债与股东权益之间	不予列示
6.对少数股东损益的列示	在合并净收益前列作减项	列作合并净收益的组成部分	在合并净收益前列作减项	不予列示

2006年企业会计准则颁布之前，我国基本采用当代理论。该准则颁布之后，基本采用实体理论，但对合并商誉的计量并不是按子公司可辨认净资产的全部公允价值确定。

3.合并商誉的处理方法通常包括以下三种：

一是确认为一项永久性资产并不予以摊销。

二是确认为一项资产并分期摊销。

三是直接在购并当期调整股东权益并不确认为资产。

根据我国企业会计准则，吸收合并的合并商誉在单独资产负债表中确认为商誉，不摊销。控股合并的合并商誉在投资时并未单独予以记账，而是先计入长期股权投资的账面价值，在合并资产负债表中再以商誉项目单独列报。

（七）少数股东权益和少数股东损益的列报方法

少数股东权益和少数股东损益在合并报表中如何列报，取决于合并理论的规范。值得一提的是，我国新的企业会计准则对少数股东权益和少数股东损益的列报，采用的是实体理论。

（八）与合并资产负债表项目有关的各类抵销分录的编制原理与方法

编制股权取得日后各期末合并资产负债表时，关键是要抵销（与调整，以下同）有关内部事项和交易对个别资产负债表期末余额的影响数。抵销分录的编制方法有两种：一种是先抵销内部事项与交易对个别资产负债表有关项目期初余额的影响，再抵销内部事项与交易对个别资产负债表有关项目本期发生额的影响；另一种是直接抵销内部事项与交易对个别资产负债表有关项目期末余额的影响。

按照上述第二种方法，与合并资产负债表项目有关的抵销与调整分录主要包括五类：将母公司对子公司权益性资本投资数额与子公司股东权益中母公司持有的份额相抵销，同时确认少数股东权益的会计分录；内部债权、债务的抵销以及对内部应收款项计提坏账准备的抵销分录；与内部存货交易有关的抵销分录；与内部固定资产交易、内部无形资产交易有关的抵销分录；对盈余公积的调整分录。

（九）与合并利润表和合并利润分配项目有关的各类抵销与调整分录的编制原理与方法

编制合并利润表和合并所有者权益变动表时，应对以下项目进行抵销：内部应收款项计提坏账准备而确认的坏账损失的抵销，与内部资产交易有关的抵销，内部成员企业之间相互持有债券所发生的当年投资方利息收益与筹资方利息费用的抵销，赎回债券推定损益的分摊，对子公司的可供分配利润和利润分配情况的抵销以及对盈余公积的调整。其中，大部分内容与前述合并资产负债表有关抵销与调整分录有关，而对子公司的可供分配利润和利润分配情况的抵销及盈余公积的调整，将成为这一部分的难点问题。

（十）几个难点问题

上述各类抵销分录中，值得一提的难点问题是：

1.关于少数股东权益的确认问题

在被纳入合并范围的子公司是母公司的非全资子公司的情况下，当母公司对子公司的股权投资余额与来自母公司的子公司股东权益份额相抵销之后，应将子公司股东权益中少数股东拥有的份额确认为企业集团的少数股东权益并予以单独报告。

2.关于子公司可辨认净资产的报告价值问题

如果是同一控制下企业合并形成的母子公司关系，合并资产负债表中子公司可辨认净资产按其账面价值报告；如果是非同一控制下企业合并形成的母子公司关系，在编制第一类抵销分录之后，合并资产负债表中对子公司各项可辨认资产、负债及预计负债，应全部按其合并日确定的公允价值报告。

3.关于合并商誉的报告问题

如果是同一控制下企业合并形成的母子公司关系，合并资产负债表中不存在合并商誉的报告问题；如果是非同一控制下企业合并形成的母子公司关系，在编制第一类抵销分录之后，合并资产负债表中应单项报告商誉。

4.关于内部应收款项计提的坏账准备的抵销问题

在这个抵销分录中，一方面因为抵销了内部应收款项已计提的坏账准备期末余额而涉及合并资产负债表有关项目，另一方面因为抵销了该坏账准备对当年损益和以前年度损益的影响而涉及合并利润表和合并所有者权益变动表有关项目。而对内部应收款项计提的坏账准备年初余额（以前年度计提数）对以前年度损益的影响的抵销，需要通过对年初"未分配利润"项目相应金额的抵销来实现，以便满足本年合并所有者权益变动表年初"未分配利润"项目的合并数与上年合并所有者权益变动表年末"未分配利润"项目的合并数相等的需要。这是正确理解合并财务报表抵销与调整分录的关键之一。

5.关于内部资产交易的未实现损益的抵销问题

合并利润表的合并净利润和合并所有者权益变动表中的年初未分配利润合并数中，均需剔除纳入合并范围的成员企业之间资产交易未实现损益的影响数。因此，对内部资产交易的未实现损益的抵销，既包括对交易当年个别利润表损益影响数的抵销，也包括对以前年度内部资产交易的未实现损益对期初未分配利润的影响数的抵销，后者使得本年合并所有者权益变动表年初"未分配利润"项目的合并数与上年合并所有者权益变动表年末"未分配利润"项目的合并数相等。

6.关于内部交易资产已提跌价准备（或减值准备）的调整问题

同上述几个问题一样，这里既要回答为什么要调整的问题，也要解决如何调整的问题。

内部交易资产的已提跌价准备（或减值准备）是由内部交易的买方根据相关资产的账面价值与可变现净值（或可收回金额）孰低原则来计提的。根据一体性原则，应假设该资产由还在内部交易的卖方来确定其在合并资产负债表中的报告价值和合并利润表中的跌价损失（或减值损失）。所以要根据这个假设对个别财务报表中的已提跌价准备进行调整。

7.关于子公司可供分配利润和利润分配情况的抵销问题

这一类抵销分录是现行合并财务报表实务中最难以把握的。一方面，这里抵销的子公司可供分配利润包括当年净利润和年初未分配利润，抵销的当年净利润是指抵销子公司当年实现的净利润数额，而不是净利润的实现过程——因为权益法使得这个净利润数额在合并前的母、子公司个别利润表中得以"复制"，所以应将"复制"数额予以抵销；即使母公司为子公司的非全资母公司，也不能全额抵销子公司当年实现净利润数额，但由于子公司当年实现净利润中少数股东应享有的份额（少数股东收益）需作为企业集团合并净收益的减项处理，所以也应对子公司当年实现净利润数额予以抵销。另一方面，对子公司的利润分配情况予以抵销的结果，将反映在合并所有者权益变动表相关项目中。

（十一）少数股东权益与少数股东损益

企业集团少数股东权益是指子公司股东权益中非属母公司所拥有的那部分股权，是相对于多数股权——母公司股权份额而言的。少数股东权益显然产生于子公司非母公司全资投资的场合，而少数股东权益的报告也只与合并财务报表有关。少数股东损益是子公司当年实现净损益中少数股东应享有的份额，在金额上相当于子公司当年净损益与少数股东持股比例的乘积。

1.少数股东权益的确认与计量

少数股东权益应如何确认？少数股东权益金额应如何确定？这些都取决于合并财务报表的不同理论，具体见前表2-1。

2.少数股东权益与少数股东损益的关系

少数股东损益是子公司当年净利润（或亏损）中不属于母公司的部分，是按少数股东持股比例和子公司当年净利润计算而来的，是在编制合并利润表中确认的；少数股东权益是在编制合并资产负债表中确认的。同净收益将增加公司股东权益一样，少数股东损益无疑将增加（或减少）企业集团少数股东权益。

3.影响少数股东权益变动的因素

报告期内子公司股东权益的任何变化都会引起少数股东权益的变动。

四、练习题

(一) 单项选择题

1.企业集团合并财务报表的编制者是（   ）。

A.母公司   B.子公司

C.企业集团   D.以上答案均正确

2.下列关于合并财务报表与企业合并方式之间关系的表述中，不正确的是（   ）。

A.企业合并必然要求编制合并报表

B.控股合并的情况下，必须编制合并财务报表

C.创立合并的情况下，不涉及合并财务报表的编制

D.吸收合并的情况下，不涉及合并财务报表的编制

3.根据我国现行会计准则，合并范围应该以"控制"为基础来确定。这里的"控制"（   ）。

A.仅指投资公司对被投资公司的直接控制

B.不包括投资各方对被投资公司的共同控制

C.仅指投资公司有从被投资公司获取经济利益的权利

D.仅指投资公司能够决定被投资公司的财务和经营政策

4.根据企业会计准则，母公司应当将其全部子公司纳入合并报表的合并范围。这里的"全部子公司"（   ）。

A.不包括小规模的子公司

B.不包括与母公司经营性质不同的非同质子公司

C.不包括母公司为特殊目的设立的特殊目的实体

D.应该涵盖所有被母公司控制的被投资单位

5.甲企业直接拥有乙企业80%的表决权、直接拥有丙企业10%的表决权，乙企业直接拥有丙企业55%的表决权，则以下说法中不正确的是（   ）。

A.甲企业拥有乙企业50%以上的表决权

B.甲、乙双方最终都要提供合并报表

C.甲企业应将乙企业纳入合并范围

D.甲企业应把丙企业纳入合并范围

6.在合并报表工作底稿中,"合并数"一栏提供的数字将构成合并报表所填列的数据。在计算以下项目的"合并数"时,须用工作底稿中相关项目的"合计数"栏数字加上"抵销分录"栏的借方数字(减去贷方数字)的项目是( )。

A."营业收入"　　　　　　　　B."应付账款"

C."固定资产"　　　　　　　　D."年初未分配利润"

7.非同一控制下企业合并,控股合并的母公司在合并日应当编制的合并报表是( )。

A.合并利润表　　　　　　　　B.合并资产负债表

C.合并现金流量表　　　　　　D.合并所有者权益变动表

8.甲企业与乙企业合并前没有任何经济联系。甲企业以账面价值200万元的库存商品(增值税税率13%,计税价格300万元)和300万元的货币资金购入乙企业80%的股权,从而成为乙企业的母公司。该项股权购买事项发生之前,乙企业的股东权益为800万元,甲企业的股东权益为2 000万元。股权取得日的合并资产负债表中,"股东权益"总额应( )。

A.大于2 800万元

B.等于2 800万元

C.等于2 000万元

D.小于2 800万元,大于2 000万元

9.2×24年年初,甲企业以460万元的合并成本购买非同一控制下的乙企业的全部股权,乙企业被并购时可辨认净资产账面价值为400万元,公允价值为420万元,所得税税率为25%。2×24年年末,甲企业各资产及资产组未发生减值,则年末合并资产负债表中"商誉"的报告价值为( )。

A.60万元　　　　　　　　　　B.45万元

C.40万元　　　　　　　　　　D.20万元

10.2×24年年初,甲企业用银行存款460万元购买非同一控制下的乙企业的全部净资产,乙企业被吸收合并时可辨认净资产账面价值为400万元,公允价值为420万元。甲企业2×24年年末各资产及资产组未发生减值,则2×24年年末个别资产负债表中"商誉"的报告价

值为（　　）。

    A.60万元   B.45万元

    C.40万元   D.20万元

11.某企业集团母公司将其生产的成本为 60 000 元的产品按 80 000 元的价格出售给子公司，后者将其作为固定资产使用。在固定资产交易的当年，合并财务报表工作底稿中关于固定资产原价中包含的未实现内部销售利润的抵销分录为（　　）。

    A.借：营业外收入   20 000

       贷：固定资产   20 000

    B.借：主营业务收入   80 000

       贷：主营业务成本   80 000

    C.借：营业外收入   60 000

       贷：固定资产   60 000

    D.借：主营业务收入   80 000

       贷：主营业务成本   60 000

           固定资产   20 000

12.下列抵销分录中属于抵销企业集团内部债权债务业务的有（　　）。

    A.借：预付账款

       贷：预收账款

    B.借：应收账款

       贷：预收账款

    C.借：应付债券

       贷：债权投资

    D.借：投资收益

       贷：其他应收款

13.在编制合并财务报表时，关于企业集团内部存货交易的下列说法中，正确的是（　　）。

    A.内部存货销售不必抵销

    B.内部存货销售产生的未实现利润应抵销

    C.该交易在合并利润表中没有相应的抵销分录

    D.该交易在合并现金流量表中没有相应的抵销分录

14.在连续编制合并财务报表时，对内部应收账款和应付账款予以抵销以后，编制将上期已抵销的资产减值损失中坏账损失对本年年初未分配利润的影响予以抵销时的分录，应（　　）。

A.借记"资产减值损失"项目

B.借记"未分配利润"项目

C.贷记"年初未分配利润"项目

D.借记或贷记"应收账款"项目

15.在连续编制合并财务报表的情况下，上年编制合并财务报表时已抵销的存货价值中包含的未实现内部销售利润，本年经抵销后对本年的年初未分配利润合并数（　　）。

A.没有影响

B.还有影响

C.不一定有影响

D.是否有影响取决于本年是否实现销售

16.在连续编制合并财务报表时，如果上期存在未实现内部销售损益，本期合并财务报表工作底稿中"年末未分配利润"项目合计数与上期合并财务报表中"年末未分配利润"项目合并数，（　　）。

A.两者相等　　　　　　　　B.前者大于后者

C.前者小于后者　　　　　　D.B、C均有可能

17.上期存在未实现内部销售利润，本期编制合并财务报表时，在合并财务报表工作底稿中需编制这样的抵销分录：（　　）。

A.借记"年初未分配利润"项目，贷记"存货"项目

B.借记"年初未分配利润"项目，贷记"主营业务成本"项目

C.借记"年初未分配利润"项目，贷记"固定资产"项目

D.A、B、C均有可能

18.企业集团内部交易的固定资产，在报废清理的会计期末，不编制与该固定资产有关的任何抵销分录。这种情况发生在（　　）。

A.期满报废　　　　　　　　B.超期报废

C.提前报废　　　　　　　　D.A、B、C三种场合

19.甲企业拥有乙企业60%的股权，从而将乙企业纳入合并财务报表的编制范围。2×24年9月，甲企业将账面价值为80 000元、计税价

格为 100 000 元的一批库存商品，以 100 000 元的价格出售给乙企业，后者将其作为库存材料核算，相关税费略。年末，该批存货尚有 40% 在库，另 60% 已经计入乙企业当年销售成本。该在库存货的年末可变现净值为 31 000 元，乙企业因此计提存货跌价准备 9 000 元。年末甲企业和乙企业个别资产负债表中"存货"项目年末数分别为 900 000 元和 500 000 元。甲企业编制的合并资产负债表中"存货"项目的报告价值应为（　　　）元。

A.1 400 000

B.1 392 000

C.1 391 000

D.1 000 000

20.甲企业拥有乙企业 60% 的股权，从而将乙企业纳入合并财务报表的编制范围。2×24 年 9 月，甲企业将账面价值为 80 000 元、计税价格为 100 000 元（相关税费略）的一批库存商品，以 100 000 元的价格出售给乙企业，后者将其作为库存材料核算。年末，该批存货尚有 40% 在库，25% 已经计入乙企业当年销售成本，35% 则包括在乙企业期末在产品成本中（该在产品总成本 90 000 元，可变现净值 93 000 元）。该在库存货的年末可变现净值为 31 000 元，乙企业因此计提存货跌价准备 9 000 元。甲企业年末编制合并财务报表时，对"营业成本"项目的抵销金额应为（　　　）元。

A.100 000

B.92 000

C.85 000

D.8 000

（二）多项选择题

1.合并财务报表与个别财务报表相比，两者不同之处主要有（　　　）。

A.反映的对象不同

B.编制主体不同

C.编制基础不同

D.编制方法不同

E.编制时间不同

2.下列关于合并财务报表与投资之间关系的表述中，你认为正确的有（　　　）。

A.投资与合并财务报表的编制必然相关

B.交易性投资不涉及合并财务报表的编制

C.持有至到期的债券投资不要求编制合并财务报表

D.投资方对其长期股权投资采用成本法进行后续计量时一律不编

制合并财务报表

E.合并财务报表的编制与否取决于股权投资方与被投资方是否存在控制与被控制关系

3.根据我国企业会计准则，合并财务报表的种类包括（　　）。

A.合并利润表　　　　　　　　B.合并资产负债表

C.合并利润分配表　　　　　　D.合并现金流量表

E.合并所有者权益变动表

4.非同一控制下企业合并，控股合并的母公司在合并日应当编制的合并报表种类不包括（　　）。

A.合并利润表　　　　　　　　B.合并资产负债表

C.合并现金流量表　　　　　　D.合并所有者权益变动表

5.企业在确定能否对被投资公司进行控制时，应当考虑潜在表决权因素。这里需要考虑的"潜在表决权"（　　）。

A.既包括本期可转换或可执行的，也包括以后期间将要转换或执行的

B.将增加或减少本企业本期对被投资公司的表决权比例

C.实际上与本期资产负债表日表决权比例的计算无关

D.既包括可转换公司债券，也包括可执行的认股权证

E.既包括本企业持有的，也包括其他企业持有的

6.如果投资公司对被投资公司的持股比例与拥有的表决权比例一致，则（　　）。

A.甲公司对乙公司的持股比例在50%以上，甲控制乙

B.甲公司与丙公司对乙公司的持股比例分别为50%，甲与丙共同控制乙

C.甲公司对乙公司的持股比例在50%或以下、20%以上，甲对乙有重大影响

D.甲公司对乙公司的持股比例在20%以下，甲对乙不控制或不共同控制也无重大影响

E.被控制公司是实施控制的投资公司的子公司，全部子公司应纳入母公司合并财务报表的合并范围

7.下列关于股权取得日合并资产负债表的阐述中，不正确的

是（　　）。

　　A.需要抵销合并前发生的成员企业之间的内部交易影响数

　　B.合并报表工作底稿中一般只需编制一个抵销分录

　　C.对子公司的股东权益要予以抵销

　　D.必然涉及对合并商誉的确认

　　E.必然涉及对少数股东权益的确认

　　8.对于企业集团内部固定资产交易，在该固定资产使用期间内每期编制合并财务报表时都要编制的有关抵销分录中包括（　　）。

　　A.抵销该固定资产当期多计提的折旧额

　　B.抵销固定资产原价中包含的未实现利润

　　C.抵销未实现利润对年初未分配利润的影响

　　D.抵销该固定资产以前年度累计多计提的折旧

　　E.抵销与该项交易有关的营业外收入或营业外支出

　　9.在内部交易的固定资产提前报废或期满报废清理期，合并财务报表工作底稿中，（　　）。

　　A.不一定编制抵销分录

　　B.必须编制调整期初未分配利润的分录

　　C.必须编制抵销当年多计提的折旧的分录

　　D.必须编制抵销以前年度累计多计提的折旧的分录

　　E.不必编制抵销固定资产原价中包含的未实现利润的有关分录

　　10.在连续编制合并财务报表的情况下，在合并财务报表工作底稿中编制抵销分录时借记"年初未分配利润"项目的含义包括（　　）。

　　A.抵销上期未实现的存货内部销售利润

　　B.抵销上期未实现的固定资产内部销售利润

　　C.抵销按内部应收账款计提的坏账准备期初余额

　　D.抵销内部交易的固定资产累计多提的折旧额

　　E.同纳入合并范围的子公司当年实现净利润一道，与其本期利润分配项目相抵销

　　11.下列项目在编制合并利润表时必应予以抵销的有（　　）。

　　A.母子公司间权益性投资收益　　B.母公司的债权投资收益

　　C.母公司计提的坏账准备　　D.子公司的利润分配项目

E.子公司的财务费用

12.在编制合并资产负债表时，合并财务报表工作底稿中编制的抵销分录中，将母公司权益性资本投资项目与全资子公司所有者权益项目相抵销时有可能（　　）。

A.借记或贷记"商誉"项目

B.借记或贷记"少数股东权益"项目

C.借记"商誉"项目

D.贷记"少数股东权益"项目

E.贷记"营业外收入"项目

13.如果母公司应收账款年末余额中有对子公司的应收账款，在年末编制合并财务报表时，应（　　）。

A.将母公司的应收账款抵销

B.抵销母公司计提的坏账准备

C.抵销该子公司的应付账款

D.抵销该子公司对母公司的应付账款

E.将母公司应收账款中相当于该子公司应付母公司的部分予以抵销

14.母公司对子公司报告期末有应收账款的情况下，合并当年编制合并财务报表时，必须（　　）。

A.抵销母公司坏账准备期初余额

B.抵销母公司坏账准备期末余额

C.抵销母公司坏账准备当期提取数

D.抵销与该项应收账款有关的应付账款

E.抵销该项应收账款

15.在编制合并财务报表时，下列有关合并财务报表工作底稿中的抵销分录的说法中不正确的有（　　）。

A.应将子公司的所有者权益与母公司的股权投资百分之百予以抵销

B.应抵销母公司的应收账款及按该应收账款计提的坏账准备

C.应抵销纳入合并范围的子公司对母公司的预付账款

D.应抵销内部交易的固定资产价值

E.应抵销母公司的投资收益

16.甲企业拥有乙企业60%的股权，从而将乙企业纳入合并财务报表的编制范围。2×24年9月，甲企业将账面价值为80 000元、计税价格为100 000元、增值税税率为13%、消费税税率为10%的一批库存商品，以100 000元的价格出售给乙企业，后者将其作为库存材料核算。年末，该批存货尚有40%在库，另60%已经计入乙企业当年销售成本。该在库存货的年末可变现净值为31 000元，乙企业因此计提存货跌价准备9 000元。年末甲企业和乙企业个别资产负债表中"存货"项目年末数分别为900 000元和500 000元。根据现行会计准则，甲企业编制合并财务报表时，与该业务有关的抵销分录涉及的报表项目包括（　　）。

A."存货"　　　　　　　B."营业收入"

C."营业成本"　　　　　D."管理费用"

E."存货跌价准备"

（三）判断题

1.虽然甲企业对乙企业的持股比例在50%以下，但也有可能控制乙企业。　　　　　　　　　　　　　　　　　　　　　　　　（　　）

2.甲企业对乙企业的持股比例在50%以上，并不意味着乙企业一定被甲企业控制。　　　　　　　　　　　　　　　　　　　　　　（　　）

3.编制合并报表，要遵循以个别报表为基础的原则，是指合并报表仅以母公司和其子公司的财务报表为编制依据。　　　　　　　（　　）

4.出于编制合并报表的需要，母公司应当统一母、子公司所采用的会计政策，使子公司采用的会计政策与母公司保持一致。　（　　）

5.出于编制合并报表的需要，母公司应当统一母、子公司所采用的会计期间，使子公司的会计期间与母公司保持一致。　（　　）

6.出于编制合并报表的需要，如果子公司的会计期间与母公司的不一致，应当按照母公司的会计期间对子公司财务报表进行调整；或者要求子公司按照母公司的会计期间另行编报财务报表。　　（　　）

7.出于编制合并报表的需要，子公司除了向母公司提供本公司的财务报表以外，还应提供编制合并报表所需要的相关资料。　（　　）

8.编制合并财务报表时，需要对纳入合并财务报表范围的各成员企

业之间的内部交易事项对个别财务报表的影响予以抵销，这是一体性原则的要求。 （ ）

9.在合并财务报表工作底稿中编制的有关抵销分录，并不能作为记账的依据。 （ ）

10.甲、乙两个企业均属同一企业集团。甲企业以560万元的货币资金取得乙企业80%的股权，股权取得日的合并资产负债表中，"固定资产"项目的合并数应为甲企业与乙企业合并当日"固定资产"账面价值之和。 （ ）

11.甲、乙两个企业分属不同的企业集团。甲企业以560万元的货币资金取得乙企业80%的股权，股权取得日的合并资产负债表中，"固定资产"项目的合并数必定等于甲企业与乙企业合并当日"固定资产"账面价值之和。 （ ）

12.甲企业以560万元的货币资金取得乙企业80%的股权，股权取得日的合并资产负债表中，"长期股权投资"项目的合并数应为甲企业与乙企业当日长期股权投资账面价值之和。 （ ）

13.甲企业以560万元的货币资金取得乙企业80%的股权，股权取得日的合并资产负债表中，"货币资金"项目的合并数应为甲企业与乙企业当日单独资产负债表"货币资金"项目金额之和。 （ ）

14.甲企业与乙企业合并前分属于不同的企业集团。甲企业以账面价值200万元的库存商品（增值税税率13%，计税价格300万元）和300万元的货币资金购入乙企业80%的股权，从而成为乙企业的母公司。该项股权购买事项发生之前，乙企业的可辨认净资产账面价值为800万元，公允价值为810万元，甲企业的股东权益为2 000万元。股权取得日的合并资产负债表中，"少数股东权益"数额应为160万元。
（ ）

15.编制合并资产负债表时，不仅母公司与子公司之间的债权债务要抵销，子公司之间的债权债务也要抵销。 （ ）

16.在母公司对子公司有应收账款期末余额的情况下，在合并财务报表工作底稿中编制抵销分录时，应按母公司当年计提的坏账准备数额借记"应收账款"项目，贷记"管理费用"项目。 （ ）

17.企业集团母公司将存货出售给子公司的情况下，如果后者将

该存货销售出企业集团，则年末编制合并财务报表时不需要编制抵销分录。 （　　）

18.企业集团子公司将存货按成本价出售给母公司，后者将其作为固定资产使用，则年末编制合并财务报表时不需要编制抵销分录。 （　　）

19.某企业集团的母公司报告期内向子公司销售商品，收到货款200 000元，后者将其作为固定资产使用。根据母公司和该子公司的个别现金流量表编制合并现金流量表时，有关的抵销分录为：

借：经营活动产生的现金流量

　　——购买商品、接受劳务支付的现金　　200 000

　　贷：经营活动产生的现金流量

　　　　——销售商品、提供劳务收到的现金　　　　200 000

（　　）

20.少数股东增加对子公司的权益性资本投资，在合并现金流量表中应在"筹资活动产生的现金流量"部分报告。 （　　）

21.在连续编制合并财务报表的情况下，对于上期内部购进商品全部实现对外销售的情况，本期不再涉及有关的抵销处理。 （　　）

22.抵销内部交易的固定资产当期多计提的折旧费，实际上就是抵销该固定资产当期按内部固定资产交易的未实现利润计提的折旧费。

（　　）

23.企业集团内部交易的固定资产，在超期使用的情况下，超期使用各期间和报废期间合并财务报表工作底稿中不需要编制有关的抵销分录。 （　　）

24.子公司当年实现净收益中属于少数股东应享有的份额，即少数股东收益，必将增加企业集团的少数股东权益。 （　　）

25.根据企业会计准则，合并利润表中的合并净利润中，包括少数股东损益。 （　　）

（四）计算与账务处理题

1.丙公司现有可辨认净资产1 000万元（账面价值），甲公司支付现金购入丙公司90%的股份。表2-2是三种假定情况。为简化起见，不考虑递延所得税。

表2-2	三种假定情况		单位：万元
项目	情况1：无商誉	情况2：正商誉	情况3：负商誉
1.甲支付合并成本	900	950	950
2.丙可辨认净资产公允价值	1 000	1 050	1 100
3.丙可辨认净资产账面价值	1 000	1 000	1 000

要求：

（1）计算母公司理论下的合并商誉、少数股东权益（计算过程与计算结果填入表2-3）；

表2-3	母公司理论		单位：万元
项目	情况1：无商誉	情况2：正商誉	情况3：负商誉
1.甲支付合并成本			
2.丙可辨认净资产公允价值			
3.丙可辨认净资产账面价值			
4.丙可辨认净资产中90%部分的增值			
5.合并商誉			
6.少数股东权益			

（2）计算实体理论下合并商誉和少数股东权益（计算过程与计算结果填入表2-4）；

表2-4	实体理论		单位：万元
项目	情况1：无商誉	情况2：正商誉	情况3：负商誉
1.甲支付合并成本			
2.丙可辨认净资产公允价值			
3.丙可辨认净资产账面价值			
4.丙全部可辨认净资产的增值			
5.按甲投资成本换算的丙总价值			
6.合并商誉			
7.少数股东权益			

（3）计算现行会计准则下合并商誉（不含少数股东拥有的部分）和少数股东权益（计算过程和计算结果填入表2-5）。

表2-5　　　　　　　　　　　现行准则　　　　　　　　单位：万元

项目	情况1：无商誉	情况2：正商誉	情况3：负商誉
1.甲支付合并成本			
2.丙可辨认净资产公允价值			
3.丙可辨认净资产账面价值			
4.丙全部可辨认净资产的增值			
5.合并商誉（不含少数股东拥有的部分）			
6.少数股东权益			

2.A、B两个公司合并前分属不同的母公司。B公司可辨认净资产账面价值为500万元，公允价值为520万元（增值20万元为固定资产评估增值）；A公司支付450万元购入B公司80%的股权。购买日双方可辨认净资产账面价值资料（包括A公司购买B公司股权导致的资产变化）见表2-6中的"个别财务报表"栏目。为简化起见，不考虑递延所得税。

表2-6　　　　　　　股权取得日合并财务报表工作底稿　　　　　单位：万元

项目	个别财务报表		抵销分录		合并数
	A公司	B公司	借	贷	
流动资产	400	200			
固定资产	800	600			
长期股权投资	450	0			
商誉	—	—			
负债	600	300			
股东权益	1 050	500			
少数股东权益	—	—			

要求：

（1）编制母公司理论下的股权取得日合并报表工作底稿；

（2）编制实体理论下的股权取得日合并报表工作底稿；

（3）编制现行会计准则下的股权取得日合并报表工作底稿。

3.甲公司以账面价值200万元的库存商品（增值税税率13%，消费税税率10%，计税价格300万元）和312万元的货币资金购入乙公司80%的股权，从而成为乙公司的母公司。该项股权购买事项发生之前，乙公司的股东权益为800万元（其中股本500万元，资本公积200万元，盈余公积和未分配利润各50万元），甲公司的股东权益为2 000万元，假定股权购买日乙公司可辨认净资产公允价值为810万元（增值部分是由于存货评估价值大于账面价值而产生的）。所得税税率为25%。

要求：

（1）假设合并前甲、乙公司不属于同一控制方，请进行甲公司取得乙公司股权的账务处理，并编制股权取得日合并报表工作底稿中的有关抵销分录（如果涉及合并商誉，只按母公司拥有份额计量）；

（2）假设合并前甲、乙公司同属一个企业集团，请进行甲公司取得乙公司股权的账务处理，并编制股权取得日合并报表工作底稿中的有关抵销分录（如果涉及合并商誉，只按母公司拥有份额计量）。

4.AS公司与甲公司是同一控制下的两个企业。2×24年1月1日，AS公司合并甲公司。AS公司支付的合并对价为一项账面余额为6 000万元、未计提减值准备、已摊销800万元、公允价值为5 500万元的无形资产，以及4 500万元的银行存款。经评估甲公司2×24年1月1日的固定资产公允价值比账面价值高250万元，其他资产和负债的公允价值等于账面价值，甲公司合并前有关资产、负债和所有者权益的账面价值资料如下：流动资产为5 000万元，固定资产等非流动资产为10 000万元，负债为6 000万元，所有者权益为9 000万元，其中，股本为7 000万元，资本公积为800万元，留存收益为1 200万元。合并前AS公司的资本公积（股本溢价）为4 000万元。其他资料略。以万元为金额单位对下列事项进行会计处理。

要求：

（1）假定此项合并属于吸收合并，编制AS公司合并日确认企业合并事项的有关会计分录；

（2）假定此项合并属于 100% 控股合并，编制 AS 公司合并日确认企业合并事项的有关会计分录；

（3）假定此项合并属于 100% 控股合并，编制 AS 公司合并日合并报表工作底稿中的有关调整与抵销分录；

（4）假定此项合并属于 80% 控股合并，编制 AS 公司合并日确认企业合并事项的有关会计分录；

（5）假定此项合并属于 80% 控股合并，编制 AS 公司合并日合并报表工作底稿中的有关调整与抵销分录。

5.AS 公司与甲公司是非同一控制下的两个企业，其他资料与上题（"计算与账务处理题"第 4 题）相同，以万元为金额单位对下列事项进行会计处理。

要求：

（1）假定此项合并属于吸收合并，编制 AS 公司合并日确认企业合并交易的有关会计分录；

（2）假定此项合并属于 100% 控股合并，编制 AS 公司合并日确认企业合并交易的有关会计分录；

（3）假定此项合并属于 100% 控股合并，编制 AS 公司合并日合并报表工作底稿中的有关调整与抵销分录；

（4）假定此项合并属于 80% 控股合并，编制 AS 公司合并日确认企业合并交易的有关会计分录；

（5）假定此项合并属于 80% 控股合并，编制 AS 公司合并日合并报表工作底稿中的有关调整与抵销分录。

6.2×23 年年末，甲公司取得乙公司、丙公司两个子公司 100% 的有表决权股份。2×24 年 7 月初，甲公司又取得丁公司 80% 的有表决权股份。各公司 2×24 年利润表资料见表 2-7。

乙公司分别有 100 万元的营业收入和 60 万元的营业成本产生于向甲公司销售货物（甲公司当年已经实现对外销售）；其他交易或事项均略。根据上述资料，分别假设甲、丁为同一控制下和非同一控制下企业合并两种情况，为甲公司计算 2×24 年度以下指标。

表2-7   **2×24年度利润表的有关资料**   单位：万元

项目	本年累计数（各月均匀实现）			
	甲公司	乙公司	丙公司	丁公司
营业收入	4 000	3 000	2 000	1 000
营业成本	2 500	2 200	1 100	600
其他各项费用或损失	500	400	300	200
投资收益	300	0	200	10
利润总额	1 300	400	800	210
所得税	390	120	240	63
净利润	910	280	560	147

要求：

（1）甲公司按权益法调整后的投资收益；

（2）合并营业收入；

（3）合并营业成本；

（4）合并净利润；

（5）少数股东收益。

7.资料见第一章"计算与账务处理题"第6题。

要求：编制购买日合并财务报表工作底稿中的相关调整与抵销分录。

五、案例

案例2-1：编制合并报表工作底稿

1.案例资料

永怡电器公司（以下简称永怡公司）是一家家电产品制造企业。近年来，随着家电市场竞争的加剧，永怡公司的市场份额受到很大的影响。经过调查研究，永怡公司意识到，不仅要用拳头产品开拓更多更大的市场，还应该开发新的迎合市场需要的小家电产品，才能在激烈的市场竞争中不断取胜。青江公司也是一家家电生产企业，近年来已陆续推出若干便携式小家电，很受市场青睐。但企业的资金有限，限制了公司的长远发展，公司准备增资扩股，将资本由原来的400万元增至1 000万元。经过多轮谈判和协商，两家企业决定由永怡公司在2×24年4月1日发行面值400万元（市场价格500万元）的普通股换得青江公司70%的股权份额。合并前双方的科目余额见表2-8。办理完过户手续后，永怡公司编制了合并日合并资产负债表。

表2-8

科目余额表

2×24年3月31日 　　　　　　　　　单位：万元

资产类			负债及所有者权益类		
会计科目	永怡公司	青江公司	会计科目	永怡公司	青江公司
货币资金	900	100	短期借款	300	100
应收账款	300	20	应付账款	100	10
原材料	200	70	其他应付款	100	22
库存商品	600	80	长期借款	1 500	108
长期股权投资	800	40	实收资本	2 000	400
固定资产原价	3 000	500	资本公积	700	0
累计折旧	800	140	盈余公积	200	10
			利润分配	100	20

2.要求

（1）假定永怡公司和青江公司合并前同属一家企业集团。请你编制2×24年4月1日永怡公司的合并财务报表工作底稿。

（2）假定永怡公司和青江公司合并前不属于同一企业集团，且青江公司合并时可辨认净资产的公允价值等于账面价值。请你编制2×24年4月1日永怡公司的合并财务报表工作底稿。

3.分析提示

（1）同一控制下企业合并合并日合并财务报表工作底稿见表2-9。

表2-9 合并财务报表工作底稿

2×24年4月1日 单位：万元

项目	个别资产负债表		调整与抵销分录		合并数
	永怡公司	青江公司	借	贷	
货币资金	900	100			1 000
应收账款	300	20			320
存货	800	150			950
固定资产	2 200	360			2 560
长期股权投资	1 101	40		301	840
商誉	0	0			0
短期借款	300	100			400
应付账款	100	10			110
其他应付款	100	22			122
长期借款	1 500	108			1 608
股本	2 400	400	400		2 400
资本公积	601	0			601
留存收益	300	30	30		300
少数股东权益				129	129

（2）非同一控制下企业合并合并日合并财务报表工作底稿见表
2-10。

表2-10　　　　　　　　　合并财务报表工作底稿

2×24年4月1日　　　　　　　　单位：万元

项目	个别资产负债表		调整与抵销分录		合并数
	永怡公司	青江公司	借	贷	
货币资金	900	100			1 000
应收账款	300	20			320
存货	800	150			950
固定资产	2 200	360			2 560
长期股权投资	1 300	40		500	840
商誉	0	0	199		199
短期借款	300	100			400
应付账款	100	10			110
其他应付款	100	22			122
长期借款	1 500	108			1 608
股本	2 400	400	400		2 400
资本公积	800	0			800
留存收益	300	30	30		300
少数股东权益	—	—		129	129

案例2-2：合并报表有关项目的计算

1.案例资料

在长钢集团公司的招聘现场，该公司招聘人员交给一位意欲进入本
公司的会计专业的本科毕业生一张与合并财务报表有关的问卷，该问卷
的有关资料是：

甲公司为乙公司的母公司。

（1）2×24年年初双方有关资料：

①乙公司股本为800 000元、资本公积为100 000元、未分配利润为100 000元（盈余公积资料略，以下同）；

②甲公司长期股权投资余额为700 000元，其中对乙公司的股权投资余额为600 000元，甲公司拥有乙公司60%的股权；

③甲公司的期初未分配利润为80 000元；

④甲、乙双方的应收账款分别为40 000元、3 000元，其中应收对方的金额分别为2 000元、1 000元；

⑤甲、乙双方的存货分别为50 000元、35 000元，乙公司的存货中有10%是上年从甲公司购入的。

（2）甲、乙公司按应收账款余额的5%计提坏账准备（假定税法允许税前扣除计提的坏账损失也为应收账款余额的5%）；所得税税率均为25%；增值税税率为13%；甲公司的毛利率为10%，乙公司的毛利率为20%。

（3）本年甲、乙双方利润表的有关资料见表2-11。

表2-11　　　　　　　　　　2×24年度利润表的有关资料　　　　　　　　单位：元

项目	本年累计数	
	甲公司	乙公司
营业收入	2 000 000	1 000 000
营业成本	1 600 000	700 000
税金及附加	188 000	95 000
管理费用	10 000	6 000
财务费用	6 000	6 000
销售费用	4 000	2 000
资产减值损失	12 000	5 000
投资收益	3 000	0
营业外收入	2 000	4 000
营业外支出	1 000	10 000

（4）甲公司应收丙公司的 20 000 元货款年末经确认确实无法收回；上年末确认无法收回的 30 000 元应收丁公司的货款今年 12 月初又收回。

（5）甲公司当年营业收入的 5% 来自向乙公司销售商品所得；乙公司当年未向甲公司销售商品。

（6）甲、乙公司营业收入的赊销比例分别为 30%、20%；本年末应收账款余额分别为 240 000 元、100 000 元，甲公司应收账款余额中应收乙公司的货款占年末余额的 2%，乙公司没有对甲公司的应收账款。

（7）乙公司当年营业成本的 10% 是销售自甲公司购入的商品。

（8）甲、乙公司分别宣告分派现金股利 60 000 元、40 000 元。

（9）甲、乙公司个别现金流量表中"购买商品、接受劳务支付的现金"项目分别为 1 200 000 元、800 000 元。

2. 要求

（1）计算确定本年度甲、乙公司的个别财务报表中的净利润金额；

（2）计算确定甲公司本年末个别财务报表中"长期股权投资"项目的报告价值以及为编制合并报表而按权益法调整后的价值；

（3）编制以甲公司为母公司、以乙公司为子公司的 2×24 年度合并财务报表工作底稿中有关的调整与抵销分录；

（4）计算本年度合并资产负债表中"期末余额"栏"应收账款"项目的合并数；

（5）计算本年度合并利润表"净利润"项目的合并数；

（6）计算本年度合并所有者权益变动表中"年初未分配利润"项目、"年末未分配利润"项目的合并数；

（7）计算本年度合并现金流量表中"销售商品、提供劳务收到的现金"项目、"购买商品、接受劳务支付的现金"项目的合并数。

3. 分析提示

（1）本年度个别财务报表中的净利润金额：

①甲公司净利润=（2 000 000-1 600 000-188 000-10 000-6 000-4 000-12 000+
　　　　　　　3 000+2 000-1 000）×（1-25%）

　　　　　　=138 000（元）

②乙公司净利润=（1 000 000-700 000-95 000-6 000-6 000-2 000-5 000+
　　　　　　　　4 000-10 000）×（1-25%）
　　　　　　　　=135 000（元）

（2）甲公司本年末"长期股权投资"项目的价值：

①个别财务报表中"长期股权投资"项目的报告价值=600 000元

②为编制合并报表而按权益法调整后的价值=600 000+135 000×60%-40 000×60%
　　　　　　　　　　　　　　　　　　　　=657 000（元）

（3）有关调整与抵销分录：

①将母公司对子公司长期股权投资价值由成本法调整到权益法。

借：长期股权投资　　　　　　　　　　　　　　　　57 000
　　贷：投资收益　　　　　　　　　　　　　　　　　　　57 000

②将母公司对子公司的长期股权投资与子公司股东权益中由母公司拥有的份额相抵销，并确认少数股东权益。

借：股本　　　　　　　　　　　　　　　　　　　　800 000
　　资本公积　　　　　　　　　　　　　　　　　　100 000
　　未分配利润（年末）　　　　　　　　　　　　　195 000
　　贷：长期股权投资　　　　　　　　　　　　　　　　657 000
　　　　少数股东权益（（800 000+100 000+195 000）×40%）438 000

③抵销内部债权、债务。

借：应付账款　　　　　　　　　　　　　　　　　　4 800
　　贷：应收账款（240 000×2%）　　　　　　　　　　　4 800

④抵销对内部债权计提的坏账准备及确认的相关坏账损失。

借：应收账款（4 800×5%）　　　　　　　　　　　　240
　　贷：未分配利润（年初）（（2 000+1 000）×5%）　　150
　　　　管理费用（240-150）　　　　　　　　　　　　　90

⑤抵销以前年度未实现的内部存货交易损益对期初未分配利润的影响。

借：未分配利润（年初）（35 000×10%×10%）　　　350
　　贷：主营业务成本　　　　　　　　　　　　　　　　350

⑥抵销本年度发生的内部存货交易及年末存货价值中包含的未实现利润。

借：主营业务收入（2 000 000×5%）　　　　　　　100 000

贷：主营业务成本　　　　　　　　　　　　　　　　　　　　100 000

　借：主营业务成本　　　　　　　　　　　　　　　　3 350

　　贷：存货（（350+2 000 000×5%×10%）–700 000×10%×10%）　3 350

　　⑦抵销子公司（乙公司）当年可供分配利润及利润分配情况和对母公司股权投资收益的影响。

　　借：投资收益（135 000×60%）　　　　　　　　　81 000

　　　未分配利润（年初）　　　　　　　　　　　　100 000

　　　少数股东权益（180 000×40%×75%）　　　　　 54 000

　　　贷：应付普通股股利　　　　　　　　　　　　　　40 000

　　　　未分配利润（年末）　　　　　　　　　　　　195 000

　　⑧抵销内部现金流动。

　借：经营活动现金流量——购买商品、接受劳务支付的现金

　　　　　　　　　　　　　　　　　　　　　　　　　111 200

　　贷：经营活动现金流量——销售商品、提供劳务收到的现金

　　　　　　　　　　　　　　　　　　　　　　　　　111 200*

　　*乙公司从甲公司收到的现金=年初应收款–年末应收款

　　　　　　　　　　　　=1 000–0

　　　　　　　　　　　　=1 000（元）

$$\frac{甲公司从乙公司}{收到的现金}=\frac{对乙公司销售}{收入及增值税}-\left(\frac{年末}{应收款}-\frac{年初}{应收款}\right)$$

　　　　　　　=113 000–（4 800–2 000）=110 200（元）

　　　　　本年度合并资产负债表中

（4）　　　"期末余额"栏　　　=240 000×95%+100 000×95%–4 800+240

　　　　"应收账款"项目的合并数

　　　　　　　　　　　　　=318 440（元）

　　　　　本年度合并利润表中

（5）　　"净利润"项目的合并数　=138 000+81 000+135 000+90+350–3 350–81 000

　　　　　　　　　　　　　=270 090（元）

　　　　　本年度合并所有者权益

（6）变动表中"年初未分配　=80 000+100 000+150–350–100 000

　　　利润"项目的合并数

　　　　　　　　　　　　　=79 800（元）

本年度合并所有者权益
变动表中"年末未分配 =79 800+90+350-3 350
利润"项目的合并数
=76 890（元）

（7）本年度合并现金流量表中有关项目合并数的计算：

①母公司当年销货收现=2 000 000+2 000 000×13%-（240 000-40 000）-
20 000+30 000=2 070 000（元）

子公司当年销货收现=1 000 000+1 000 000×13%-（100 000-3 000）
=1 033 000（元）

应抵销的内部收现=111 200元

销货收现合并数=2 070 000+1 033 000-111 200=2 991 800（元）

②购货付现合并数=1 200 000+800 000-111 200=1 888 800（元）

案例2-3：合并日合并报表中与内部股权投资的抵销有关的处理

1.案例资料

见案例1-3的资料。

2.要求

根据案例资料，尝试编制合并日合并财务报表工作底稿中的有关调整与抵销分录。

3.分析提示

分步投资实现对华夏基金的控股合并（金额单位：元）

合并报表工作底稿中的有关调整与抵销分录如下：

首先，要将原持有股权在购买日按照公允价值重新计量的损失 11 532 295.37元通过如下调整分录记入"投资收益"项目：

借：投资收益　　　　　　　　　　　11 532 295.37
　　贷：长期股权投资　　　　　　　　　　　　　　　11 532 295.37

其次，对华夏基金的长期股权投资与华夏基金股东权益进行抵销并确认商誉和少数股东权益。

借：股本等股东权益项目　　　3 186 403 069.19*
　　商誉　　　　　　　　　　7 429 243 768.37**
　　贷：长期股权投资　　　　　　　　　　9 309 221 579.19***
　　　　少数股东权益　　　　　　　　　　1 306 425 258.37****

*3 186 403 069.19=4 059 447 466.43-873 044 397.24

**7 429 243 768.37=（1 600 000 000+9 282 532 105.56÷59×49）－（4 059 447 466.43
－873 044 397.24）×59%

***9 309 221 579.19=7 720 753 874.56－11 532 295.37+1 600 000 000

****1 306 425 258.37=3 186 403 069.19×41%

最后，需将原持有股权投资采用权益法确认的其他综合收益 51 516 252.07元通过编制如下抵销分录转入投资收益：

借：其他综合收益　　　　　　　　　51 516 252.07

贷：投资收益　　　　　　　　　　　　　　51 516 252.07

案例2-4：中国外运合并达名公司和海宝公司的交易对合并财务报表的影响

1.案例资料

相关案例资料参见案例1-1。

2.要求

请根据相关案例资料，思考下列问题：

（1）合并报表中如何确认合并商誉？

（2）合并报表中如何报告取得的净资产？

（3）此项合并交易对中国外运集团2023年合并报表的合并范围有何影响？

3.分析提示

（1）首先思考非同一控制下企业合并的吸收合并与控股合并两种类型中，合并商誉在个别资产负债表和合并资产负债表中的列报有何不同？在此基础上，再结合本案例，思考在编制合并报表过程中通过编制怎样的抵销分录来确认个别报表中相关长期股权投资价值中所包含的合并商誉价值？

（2）这里主要注意两条线索：

一条线索是：吸收合并取得的被并方净资产是在合并方个别资产负债表里各相关资产负债项目里报告的，从而进入合并资产负债表有关项目进行列报；控股合并取得的被并方净资产，在合并方的个别资产负债表里是包含在"长期股权投资"项目的金额里的，只有在合并资产负债表中才能将其并入有关资产、负债项目进行列报。

另一条线索是：同一控制下企业合并取得的净资产在合并方个别资

产负债表（吸收合并）和合并资产负债表（控股合并）中是按其合并时的账面价值报告的，非同一控制下企业合并取得的净资产在合并方个别资产负债表（吸收合并）和合并资产负债表（控股合并）中是按其合并时的公允价值为基础进行报告的。

（3）此项企业合并，达名公司、海宝公司成为中国外运的全资子公司，从而达名公司、海宝公司及其子公司都应纳入合并方2023年合并报表的范围。

第三章　外币业务会计

一、学习目的与要求

通过本章学习，了解外币业务的基本知识，掌握外币业务会计的基本方法与实务以及外币会计报表的折算方法等内容。

二、预习要览

（一）关键概念

1.外币　　　　　　　　2.外汇

3.记账本位币　　　　　4.外汇汇率

5.即期汇率　　　　　　6.汇兑损益

7.单一交易观点　　　　8.两项交易观点

9.统账制　　　　　　　10.分账制

11.流动与非流动项目法　12.货币与非货币项目法

13.时态法　　　　　　　14.现行汇率法

15.外币报表折算差额

（二）关键问题

1.什么是外币业务？外币业务有哪几种类型？

2.何为记账本位币？何为列报货币？企业在选定记账本位币时应考虑哪些因素？

3.记账本位币变动时应根据哪些规定进行处理？

4.什么是外币业务？外币业务有哪几种类型？

5.外汇汇率的基本标价方法有几种？各自的特点是什么？

6.什么是汇兑损益？它有几种类型？如何对其进行确认？

7.我国企业会计准则对汇兑损益的处理有哪些规定？

8.外币交易的基本会计处理方法有哪些？各自有哪些特点？

9.会计期末对外币货币性项目应如何折算？

10.会计期末对外币非货币性项目应如何折算？

11.外币财务报表折算的基本方法有哪些？各种方法的适用范围和优缺点是什么？

12.对外币财务报表折算差额应如何处理？

13.我国企业会计准则对外币财务报表的折算有哪些规定？

14.如何对恶性通货膨胀下合并境外经营进行处理？

15.在处置境外经营时如何进行会计处理？

16.在财务报表附注中，怎样披露折算信息？

三、本章重点与难点

□ 记账本位币的确定

□ 汇兑损益的种类、确认与处理

□ 外币交易会计处理的基本方法

□ 外币业务的记账方法的统账制与分账制

□ 外币会计报表折算的基本方法

□ 外币报表折算差额的基本处理方法

□ 我国会计准则有关外币财务报表折算的规定

□ 恶性通货膨胀下合并境外经营问题

□ 处置境外经营问题

□ 外币折算信息的披露

（一）记账本位币的确定

1.企业选定记账本位币的因素

企业应当根据经营所处的主要经济环境选定记账本位币，在选定记账本位币时，应当考虑下列因素：

（1）该货币主要影响商品和劳务的销售价格的，通常以该种货币进行商品和劳务的计价和结算；

（2）该货币主要影响商品和劳务所需人工、材料和其他费用的，通常以该货币进行上述费用的计价和结算；

（3）融资活动获得的货币以及保存从经营活动中收取款项所使用的货币。

应当指出，在确定企业记账本位币时，上述因素的重要程度因企业具体情况的不同而不同，需要企业管理当局根据实际情况进行判断，但这并不是说企业管理当局可以根据需要随意选择记账本位币，而根据实际情况确定的记账本位币只能为一种货币。

2.企业境外经营记账本位币的确定

所谓境外经营，是指企业在境外的子公司、合营企业、联营企业、分支机构的经营；在境内的子公司、合营企业、联营企业、分支机构，采用不同于本企业的记账本位币的，也视同境外经营。

企业在选定境外经营的记账本位币时，还应当考虑下列因素：

（1）境外经营对其所从事的活动是否拥有很强的自主性；

（2）境外经营活动中与企业的交易是否占有较大比重；

（3）境外经营活动产生的现金流量是否直接影响企业的现金流量，是否可以随时汇回；

（4）境外经营活动产生的现金流量是否足以偿还其现有债务和可预期的债务。

（二）汇兑损益的种类、确认与处理

1.汇兑损益的种类

汇兑损益是指发生的外币业务折算为记账本位币记账时，由于业务发生的时间不同、所采用的汇率不同而产生的记账本位币的差额，或者是不同货币兑换，由于两种货币采用的汇率不同而产生的折算为记账本位币的差额。

汇兑损益根据其业务划分，一般可分为如下四种经常性汇兑损益：

（1）交易损益，是指在发生以外币计价或结算的商品交易中，因收回或偿付债权债务而产生的交易汇兑损益。

（2）兑换损益，是指在发生外币与记账本位币，或一种外币与另一种外币进行兑换时产生的兑换汇兑损益。

（3）调整损益，是指在会计期末将所有外币债权、债务和外币货币资金账户，按规定的汇率进行调整时而产生的汇兑损益。

（4）折算损益，是指在会计期末，为了编制合并财务报表或为了重新表述会计记录和财务报表金额，在把按外币计量的金额转化为按记账本位币计量的金额的过程中产生的折算汇兑损益。

汇兑损益按其是否已经在本期实现，可分为：

（1）已实现的汇兑损益，是指产生汇兑损益的外币业务在本期内已经全部完成所产生的汇兑损益，例如，收到的外币存款在实际支付时；应收的外币债权在实际收回时；应付的外币债务在实际偿还时；不同货币在实际兑换时。一般来说，交易损益和兑换损益属于已实现的汇兑损益。

（2）未实现的汇兑损益，是指产生汇兑损益的外币业务尚未完成，例如，收到的外币存款尚未实际支付；应收的外币债权尚未实际收回；应付的外币债务尚未实际偿还；一种货币尚未兑换为另一种货币。一般来说，调整损益和折算损益属于未实现的汇兑损益。

另外，对于交易损益，还可以将其划分为已结算交易损益和未结算交易损益两种。已结算交易损益是在记录原始交易日与记录结算日所应用的汇率不同而产生的汇兑损益；未结算交易损益是在原始交易日与结算日跨越了两个会计期间的情况下，为了满足在会计期末编制财务报表的需要，对于尚未结算的债权债务按照编表日的汇率加以表述，我们将这种在交易结算日之前为编制报表所产生的损益，称作未结算交易损益。

2.汇兑损益的确认

对于汇兑损益的确认，存在着两种不同的观点：

一种观点认为，要划分已实现和未实现汇兑损益。这种观点认为本期汇兑损益的确认，应以实现为准，即只有已实现的汇兑损益才能作为本期的汇兑损益登记入账。未实现的汇兑损益不能确认入账，待以后实现时才能予以确认。按照这种观点，除已实现的汇兑损益可以入账外，不管外部实际汇率发生多大变化，对于企业外币性资产和负债项目，一般不能因汇率变动而调整其账面的记账本位币金额。即使调整也应区分已实现汇兑损益和未实现汇兑损益，对于未实现汇兑损益要递延到以后会计期间，待实际业务发生或已结算完成后，再计入该期损益。

另一种观点认为，不必划分已实现汇兑损益和未实现汇兑损益。这种观点主张将本期已实现和未实现汇兑损益全部计入当期损益，即只要汇率发生变动，就应确认其汇兑损益已经实现。因此，期末对于各项外币货币性项目均应将规定的汇率作为折算汇率，重新调整所有外币账户的余额。产生的汇兑损益不论是否在本期内已经实现，全部计入当期损益。这种观点在运用中又可以分为两种做法：一种是每年调整一次，即在年末根据规定的汇率调整外币账户；另一种是每月调整一次，即在月末根据规定的汇率调整外币账户。

目前，在我国会计实务中，对于调整损益，大多数企业采用的是第二种观点；而对于外币报表折算损益，则先作递延处理，待处置境外经营时再计入当期损益。

3.汇兑损益的处理

我国企业会计准则规定，对汇兑损益应当按照下列规定进行处理：

（1）外币货币性项目，采用资产负债表日即期汇率折算。因资产负债表日即期汇率与初始确认或者前一资产负债表日即期汇率不同而产生的汇兑损益，计入当期损益。

（2）以历史成本计量的外币非货币性项目，仍采用交易发生日的即期汇率折算，不改变其记账本位币金额，由于已在交易发生日按当日即期汇率折算，资产负债表日不应改变其原记账本位币金额，不产生汇兑差额。

（3）以公允价值计量的外币非货币性项目，如交易性金融资产（股票、基金等），采用公允价值确定日的即期汇率折算，折算后的记账本位币金额与原记账本位币金额的差额，作为公允价值变动（含汇率变动）处理，计入当期损益。

（4）企业收到投资者以外币投入的资本，应当采用交易发生日即期汇率折算。不得采用合同约定汇率和即期汇率的近似汇率折算，外币投入资本与相应的货币性项目的记账本位币金额之间不产生外币资本折算差额。

（5）企业编制合并财务报表涉及境外经营的，如有实质上构成对外经营净投资的外币货币性项目，因汇率变动而产生的汇兑差额，应列入所有者权益"外币报表折算差额"项目；处置境外经营时，计入处置当期损益。

（三）外币交易会计处理的两种基本方法

关于外币交易会计处理基本方法有两种观点：

1.单一交易观点是指企业将发生的购销货业务和以后的账款结算业

务看作一项交易的两个阶段。采用这种观点，将汇率变动的影响作为对原入账销售收入或购货成本的调整，即按记账本位币计量的销售收入和购货成本，最终取决于结算日的汇率。这种方法的要点是：

（1）在交易发生日，按当日汇率将交易发生的外币金额折算为记账本位币入账；

（2）在资产负债表日，如果交易尚未结算，应按资产负债表日规定的汇率将交易发生额折算为记账本位币金额，并对有关外币资产、负债、收入、成本账户进行调整；

（3）在交易结算日，应按结算日汇率将交易发生额折算为记账本位币金额，并对有关外币资产、负债、收入、成本账户进行调整。

2.两项交易观点是指对企业发生的购货或销货业务，将交易的发生和以后的货款结算看作两项交易。在这种观点下，购货成本或者销售收入均按照交易日的汇率确定，而与结算日的汇率无关，在交易过程中所形成的外币债权债务将承受汇率变动风险，即确认的购货成本或销售收入取决于交易日的汇率。

在两项交易观点下，对结算日前的汇兑损益有两种处理方法：一种方法是作为已实现的损益，列入当期利润表；另一种方法是作为未实现损益作递延处理，列入资产负债表，待到结算日再作为已实现的汇兑损益入账。

（四）外币业务的记账方法的统账制与分账制

1.统账制

外币统账制，是指企业发生外币业务时，即折算为记账本位币入账。采用外币统账制进行外币核算，将外币折算为记账本位币时，有当日汇率法和期初汇率法两种方法可供选择。

（1）当日汇率法，是指对每笔外币业务均按业务发生当天的市场汇率折算为记账本位币。除了外币兑换业务外，平时不确认汇兑损益，月末再将各外币账户的外币余额按月末汇率折合为记账本位币金额，折合后的记账本位币金额与账面记账本位币金额的差额，确认为汇兑损益。采用当日汇率法，需要了解每日的市场汇率信息，增加了会计工作量，这种方法一般适用于外币种类较少、外币业务量较小的企业。

（2）期初汇率法，是指对每笔外币业务均在发生时按当期期初（即当月1日）的市场汇率折合为记账本位币。除了外币兑换业务外，平时不确认汇兑损益，月末再将各外币账户的外币余额按月末汇率折合为记账本位币金额，并将其与账面记账本位币金额的差额，确认为汇兑损益。这种方法与前一种方法相比，只需掌握每月1日的市场汇率信息，减少了会计工作量，这种方法适用于外币业务较多的企业。

2.分账制

外币分账制，是指企业在外币业务发生时，直接按照原币记账，不需要按一定的汇率折算成记账本位币，月末再将所有原币的发生额按一定的市场汇率折算为记账本位币，并确认汇兑损益。采用这种方法，需要按币种分设账户，分币种核算损益。这种方法减少了日常会计核算的工作量，又可及时、准确地反映外币业务情况，一般适用于外币业务繁多的企业。

（五）外币财务报表折算的基本方法

世界各国对外币财务报表折算所采用的方法主要有以下四种：

1.流动与非流动项目法

这种方法是将资产负债表项目按其流动性划分为流动项目和非流动项目两类。流动项目包括流动资产和流动负债。流动资产项目主要有库存现金、银行存款、应收账款和存货等；流动负债项目主要有应付账款、应付票据等。非流动项目是指除了流动项目以外的资产负债表项目，主要有长期投资、固定资产、无形资产、递延资产、长期负债和所有者权益等。具体折算方法是：对于流动资产和流动负债项目按报表编制日的现行汇率折算；对于非流动项目按资产取得或负债发生时的历史汇率折算；对于利润表项目，除了折旧费用和摊销费用按其相关资产取得时的历史汇率折算外，其他收入和费用项目，均按会计报告期内的平均汇率折算。

2.货币与非货币项目法

这种方法是将资产负债表项目划分为货币性项目和非货币性项目两类。货币性项目是指货币性资产和负债。货币性资产主要有库存现金、银行存款、应收账款、应收票据等；货币性负债主要有应付账款、应付票据和长期借款等。非货币性项目，是指除了货币性项目以外的资产、负债和所有者权益项目。具体折算方法是：对于货币性资产和负债项目，按现行汇率折算；对于非货币性项目，按其取得或发生时的历史汇率折算；对于利润表项目，除了折旧费用和摊销费用按其相关资产取得时的历史汇率折算外，其他收入和费用项目，均按会计报告期内的平均汇率折算。

3.时态法

这种方法是针对资产负债表项目计量方法的不同而选择不同汇率进行折算的一种方法。具体折算方法是：对于现金、应收和应付项目，不论是按原始成本，还是按现行成本计价，均按现行汇率折算；对于其他资产负债表项目，如果在子公司报表上以历史成本计价，则按历史汇率折算，如果在子公司报表上以现行成本计价，则按现行汇率折算；对于所有者权益项目，按发生时的历史汇率折算；对于利润表项目，除了折旧费用和摊销费用按历史汇率折算外，其他项目均按平均汇率折算。外币资产负债表和利润表项目在折算过程中形成的折算损益均应确认为当期损益。

4.现行汇率法

这种方法是对外币资产负债表中的所有资产负债表项目均按现行汇率折算。这种方法的具体折算方法是：对于所有的资产负债均按现行汇率折算；对于收入和费用项目，均按平均汇率折算；对于实收资本项目，按发生时的历史汇率折算。

对于上述四种方法，按照国际会计准则委员会的要求，各国可从后两种方法中选择一种应用。我国采用的是现行汇率法。

（六）外币报表折算差额的基本处理方法

外币报表折算差额，是指外币报表折算时，由于不同项目所采用的汇率不同而产生的差额。关于外币报表折算差额的会计处理，目前尚存在一些不同意见，但其基本处理方法有两种：

1.作递延处理，这种方法是将外币报表折算差额以单独项目列示在资产负债表的股东权益项目中，不予摊销，作递延处理。采用现行汇率法可作递延处理。

2.作当期损益处理，这种方法是将外币报表折算差额作当期损益处理，以"折算损益"项目列示在利润表中。采用时态法应将折算差额作为当期损益处理。

（七）我国会计准则有关外币财务报表折算的规定

根据我国《企业会计准则第19号——外币折算》的规定，企业将境外经营的财务报表并入本企业财务报表时，应遵循下列规定进行折算：

1. 资产负债表中的资产负债项目，采用资产负债表日的即期汇率折算，所有者权益项目除"未分配利润"项目外，其他项目采用发生时的即期汇率折算。也就是说，将资产和负债项目全部按照资产负债表日的现行汇率折算；对于所有者权益项目（"未分配利润"除外）均按照权益发生时的历史汇率折算。

2. 利润表中的收入和费用项目采用交易发生日的即期汇率折算，也可以采用按照系统合理的方法确定的与交易日即期汇率近似的汇率折算。新准则所倡导的方法是对损益类项目采用交易发生日的即期汇率即历史汇率进行折算。此外，也可以采用与交易日即期汇率近似的汇率进行折算，但是这种汇率的确定方法应该是系统合理的，具有一惯性，不能随意变更。

3. 按照上述两步折算所产生的外币财务报表折算差额应当在并入后的资产负债表中作为所有者权益单独列示，其中属于少数股东权益的部分，应列入少数股东权益项目。

（八）恶性通货膨胀下合并境外经营问题

当企业合并处于恶性通货膨胀经济环境中的境外经营的财务报表时，应当按照下列规定进行折算：

先对资产负债表项目运用一般物价指数予以重述，对利润表项目运用一般物价指数变动予以重述；再按照最近资产负债表日的即期汇率进行折算，即采取先消除恶性通货膨胀的影响，再进行折算的办法。

当境外经营不再处于恶性通货膨胀经济环境中时，应当停止重述，按照停止之日的价格水平重述的财务报表进行折算。

根据我国《企业会计准则第19号——外币折算》应用指南的解释，恶性通货膨胀经济通常按照以下特征进行判断：

1. 最近3年累计通货膨胀率接近或超过100%。

2. 利率、工资和物价与物价指数挂钩。

3. 公众不是以当地货币，而是以相对稳定的外币为单位作为衡量货币金额的基础。

4.公众倾向于以非货币资产或相对稳定的外币来保存自己的财富，持有的当地货币立即用于投资以保持购买力。

5.即使信用期限很短，赊销、赊购交易仍按补偿信用期预计购买力损失的价格成交。

（九）处置境外经营问题

企业在处置境外经营时，应当将资产负债表中所有者权益项目下列示的、与境外经营相关的外币财务报表折算差额，自所有者权益项目转入处置当期损益；部分处置境外经营的，应当按处置的比例计算处置部分的外币财务报表折算差额，转入处置当期损益。

（十）外币折算信息的披露

根据我国《企业会计准则第19号——外币折算》的要求，企业应在报表附注中披露与外币折算有关的如下信息：

1.企业及其境外经营选定的记账本位币及选定的原因；记账本位币发生变更的，说明变更的理由。

2.采用近似汇率的，说明近似汇率的确定方法。

3.计入当期损益的汇兑差额。

4.处置境外经营对外币财务报表折算差额的影响。

四、练习题

（一）单项选择题

1.将一种货币兑换为另一种货币的业务是（　　　）。

A.外币交易　　　　　　　　B.外币兑换

C.外币信贷　　　　　　　　D.外币折算

2.资产负债表日本国货币与外币之间的比率是（　　　）。

A.现行汇率　　　　　　　　B.历史汇率

C.即期汇率　　　　　　　　D.远期汇率

3.属于已实现汇兑损益的是（　　　）。

A.交易损益　　　　　　　　B.调整损益

C.换算损益　　　　　　　　D.折算损益

4.企业在资产负债表日将所有外币货币性账户按期末即期汇率进行

调整时而产生的汇兑损益是（　　）。

　　A.交易损益　　　　　　　　B.折算损益

　　C.调整损益　　　　　　　　D.兑换损益

5.按照两项交易观点，确认的购货成本或销售收入取决于（　　）的汇率。

　　A.交易日　　　　　　　　　B.结算日

　　C.决算日　　　　　　　　　D.成交日

6.对于投入外币资本业务，应当采用交易发生日即期汇率折算。不得采用合同约定汇率和即期汇率的近似汇率折算，外币投入资本与相应的货币性项目的记账本位币金额之间不产生（　　）。

　　A.盈余公积　　　　　　　　B.资本折算差额

　　C.汇兑损益　　　　　　　　D.财务费用

7.企业应将借入的外币按交易发生（　　）的即期汇率折合为记账本位币记账。

　　A.当日　　　　　　　　　　B.当年

　　C.年末　　　　　　　　　　D.月末

8.在编制合并报表前，需要对（　　）的外币报表进行折算。

　　A.母公司　　　　　　　　　B.子公司

　　C.关联方　　　　　　　　　D.债权方

9.在采用流动与非流动项目法时，对于非流动资产应按（　　）进行折算。

　　A.现行汇率　　　　　　　　B.历史汇率

　　C.即期汇率　　　　　　　　D.远期汇率

10.美国财务会计准则委员会在第6号财务会计准则公告中，将（　　）确立为外币报表折算的唯一公认原则。

　　A.流动与非流动项目法　　　B.货币与非货币项目法

　　C.现行汇率法　　　　　　　D.时态法

11.按照两项交易观点，我国普遍采用的方法是将汇率变动的影响确认为（　　）。

　　A.收入调整　　　　　　　　B.权益调整

　　C.已实现损益　　　　　　　D.未实现损益

12.以下属于外币非货币性项目的是（　　）。

A.应收账款　　　　　　　　B.长期股权投资

C.长期应收款　　　　　　　D.长期借款

13.一般情况下，利润表中的收入和费用项目采用（　　）折算。

A.交易发生日的即期汇率　　B.资产负债表日的即期汇率

C.平均汇率　　　　　　　　D.历史汇率

14.在我国，外币报表折算差额在合并资产负债表中作为（　　）列示。

A.资产　　　　　　　　　　B.负债

C.所有者权益　　　　　　　D.附注

15.以公允价值计量且其变动计入当期损益的外币非货币性项目，折算后的记账本位币金额与原记账本位币金额的差额，作为（　　）处理。

A.资本公积　　　　　　　　B.财务费用

C.递延汇兑损益　　　　　　D.公允价值变动损益

16.A公司以人民币为记账本位币，对外币交易采用交易日的即期汇率折算。2×23年6月1日，以人民币购汇100 000美元，当日银行的美元买入价为1美元=6.50元人民币，中间价为1美元=6.60元人民币，卖出价为1美元=6.70元人民币。将人民币兑换成外币时所产生的汇兑收益是（　　）。

A.-10 000元人民币　　　　B.20 000美元

C.30 000美元　　　　　　　D.-10 000美元

17.不论采用流动项目与非流动项目法，还是采用货币性与非货币性项目法折算外币报表，折算后的数值都无差异的是（　　）。

A.长期借款　　　　　　　　B.应收账款

C.固定资产　　　　　　　　D.营业收入

（二）多项选择题

1.按照我国外汇管理条例规定，下列项目中属于外汇的项目有（　　）。

A.外国货币　　　　　　　　B.外币有价证券

C.外汇收支凭证　　　　　　D.外国纸币

E.外国铸币

2.下列项目中属于外币业务类型的有（　　　）。

A.外币兑换　　　　　　　　B.外币信贷

C.外币标价　　　　　　　　D.外币交易

E.外币折算

3.外汇汇率的标价方法有（　　　）。

A.直接标价法　　　　　　　B.现行汇率法

C.历史汇率法　　　　　　　D.间接标价法

E.时态法

4.下列项目中属于经常性汇兑损益的有（　　　）。

A.交易损益　　　　　　　　B.兑换损益

C.调整损益　　　　　　　　D.折算损益

E.核算损益

5.企业的外币货币性项目有（　　　）。

A.外币现金　　　　　　　　B.外币银行存款

C.外币债权　　　　　　　　D.外币债务

E.存货

6.对外币报表进行折算所采用的汇率有（　　　）。

A.现行汇率　　　　　　　　B.平均汇率

C.历史汇率　　　　　　　　D.远期汇率

E.浮动汇率

7.目前世界各国对外币报表进行折算的方法通常有（　　　）。

A.平均汇率法　　　　　　　B.现行汇率法

C.历史汇率法　　　　　　　D.时态法

E.货币与非货币项目法

8.在流动与非流动项目法下，下列项目中属于流动项目的有（　　　）。

A.库存现金　　　　　　　　B.银行存款

C.应收账款　　　　　　　　D.存货

E.短期借款

9.在流动与非流动项目法下，下列项目中属于非流动项目的
有（　　　）。

A.长期股权投资   B.长期借款

C.实收资本   D.存货

E.固定资产

10.在货币与非货币项目法下，下列项目中属于货币性项目的有（   ）。

A.银行存款   B.应收票据

C.长期借款   D.应付账款

E.存货

11.采用外币统账制进行外币核算，将外币折算为记账本位币时，通常可以选用的方法有（   ）。

A.当日汇率法   B.期末汇率法

C.期初汇率法   D.平均汇率法

E.历史汇率法

12.以下报表项目中，采用发生时的即期汇率折算的有（   ）。

A.实收资本   B.股本

C.资本公积   D.盈余公积

E.未分配利润

13.在两项交易观点中，汇兑损益可以记入的会计科目有（   ）。

A."资本公积"   B."主营业务收入"

C."财务费用"   D."存货"

E."递延汇兑损益"

14.单一交易观点下，在资产负债表日，应对（   ）账户进行调整。

A."汇兑损益"   B.收入类

C.资产类   D.负债类

E.成本类

15.会计期末外币项目余额调整时，汇率变动的影响可能记入的会计科目有（   ）。

A."财务费用"   B."公允价值变动损益"

C."资产减值损失"   D."固定资产"

E."无形资产"

16.下列交易中，属于外币交易的有（　　）。

A.借出外币资金

B.买入以外币计价的商品或劳务

C.向国外销售以记账本位币计价和结算的商品

D.借入外币资金

E.向国外子公司员工支付薪酬

17.下列各项关于企业选择记账本位币的表述中，正确的有（　　）。

A.该货币主要影响商品和劳务的销售价格，通常以该货币进行商品和劳务的计价和结算

B.该货币主要影响商品和劳务所需人工、材料和其他费用，通常以该货币进行计价和结算

C.融资活动获得的货币以及保存从经营活动中收取款项所使用的货币

D.企业记账本位币一经确定，不得更改

E.如果境外经营与企业的交易占境外经营活动的比例较高，那么境外经营应当选择与企业记账本位币相同的货币作为记账本位币

（三）判断题

1.根据我国《企业会计准则第19号——外币折算》的有关规定，企业必须以人民币作为记账本位币。（　　）

2.汇率是将一国货币换算成另一国货币的比率。（　　）

3.外币交易应当在初始确认时，采用交易发生日的即期汇率将外币金额折算为记账本位币，也可以采用按照系统合理的方法确定的、与交易日即期汇率近似汇率折算。（　　）

4.一般来说，交易损益属于未实现损益。（　　）

5.单一交易观点在理论上虽然符合在取得时确认资产价值，但在实务中却不可行。（　　）

6.在两项交易观点下，购货成本与销售收入的确定，与交易日的汇率无关。（　　）

7.在外币报表折算中，只需处理好对外币报表中的各个项目选择什么汇率进行折算的问题。（　　）

8.现行汇率法假设所有的外币资产都将受汇率变动的影响，这与实际情况是不符的。（　　）

9.采用时态法，对于存货项目，如果在子公司报表上以历史成本计价，则按历史汇率折算；如果在子公司报表上以现行成本计价，则按现行汇率折算。对于所有者权益项目也是这样。（　　）

10.外币报表折算差额，是指在外币报表折算时，由于不同项目所采用的汇率不同而产生的差额，它是一种未实现汇兑损益。（　　）

11.我国外币财务报表的折算实质上采用的是现行汇率法。（　　）

12.外币折算损益的大小，与所选用的折算方法无关。（　　）

13.企业经营所处的主要经济环境发生重大变化时，可以变更企业的记账本位币。（　　）

14.以历史成本计量的外币非货币性项目，应采用资产负债表日即期汇率折算。（　　）

15.在单一交易观点下，销售方的外汇交易损益作为销售收入调整处理。（　　）

16.在两项交易观点中，在资产负债表日和账款结算日由于汇率变动而产生的外币折算差额，应作为汇兑损益处理，不再调整销售收入或购货成本。（　　）

17.只有以人民币以外的币种进行的交易才能称为外币交易。（　　）

（四）计算与账务处理题

1.练习外币交易会计处理的基本方法

（1）中国某公司2×22年12月15日以赊销方式向美国某公司出口商品一批，计10 000美元，当天的汇率为￥6.37=$1；12月31日的汇率为￥6.30=$1；结算日为2×23年1月30日，当天的即期汇率为￥6.32=$1。买卖双方约定货款以美元结算，该公司所选择的记账本位币为人民币。

（2）中国某外贸进出口公司于2×22年12月15日从美国某公司进口商品一批，计10 000美元，当天的汇率为￥6.37=$1；12月31日的汇率为￥6.30=$1；结算日为2×23年1月30日，当天的即期汇率为￥6.32=$1。买卖双方约定货款以美元结算，该公司所选择的记账本位币为人民币。

要求：

根据（1）和（2），分别采用单一交易观点和两项交易观点进行会计处理。

2.练习外币业务的会计处理

（1）某公司将其所持有的2 000美元卖给银行，当天银行买入价为￥6.32=$1，实收人民币12 640元。该公司按当月1日汇率￥6.30=$1作为折合汇率。

要求：

编制会计分录。

（2）某公司从银行买入美元20 000元，当天银行卖出价为￥6.32=$1，实付人民币126 400元；该公司按当月1日汇率作为折合汇率，月初汇率为￥6.30=$1。

要求：

编制会计分录。

（3）某公司2×22年7月1日从银行借入1年期贷款10 000美元，年利率为5%，借款当天的即期汇率为￥6.78=$1；2×22年12月31日的即期汇率为￥6.60=$1；2×23年7月1日偿还贷款本金，还款当天的即期汇率为￥6.47=$1。

要求：

计算贷款利息，并编制会计分录。

（4）某公司以人民币作为记账本位币，2×22年12月3以每股1.5美元的价格购入A公司B股1 000股作为交易性金融资产，当日即期汇率为￥6.67=$1，款项已付清；2×22年12月31日，由于股市价格变动，当月3日购入A公司B股的市价为每股2美元，当日即期汇率为￥6.60=$1；2×23年4月8日，该公司将所购B股股票以每股2.3美元全部售出，当日即期汇率为￥6.53=$1。

要求：

编制会计分录。

（5）某公司收到某外商的外币资本投资20 000美元，收到出资款当天的即期汇率为￥6.80=$1。

要求：

编制会计分录。

3.练习期末外币货币性项目调整的计算和会计处理

要求：

根据表3-1中的数据计算填列表格空白处，并编制调整外币账户余额的会计分录。

表3-1 期末外币货币性项目调整计算表

外币账户名称	美元余额（美元）	期末即期汇率	调整前人民币余额（人民币元）	调整后人民币余额（人民币元）	差额（人民币元）
银行存款	1 000	6.30	9 000		
应收账款	0	6.30	300		
应付账款	300	6.30	2 200		
短期借款	2 000	6.30	18 000		
合计					

4.练习期末外币非货币性项目调整的会计处理

（1）某公司以人民币为记账本位币，2×22年12月15日进口设备一台，该设备的价款为500万美元，设备价款已支付，当天的即期汇率为￥6.37=$1。2×22年12月31日的汇率为￥6.30=$1。

要求：

编制会计分录。

（2）某公司以人民币为记账本位币，2×22年7月1日进口A商品10件，每件1 000美元，货款以美元支付，当天的即期汇率为￥6.47=$1。2×22年12月31日尚有A商品存货5件，当天的即期汇率为￥6.30=$1，国内市场仍无A商品供货，但在国际市场上该种商品价格已降至每件900美元。

要求：

编制会计分录。

（3）某公司以人民币作为记账本位币，2×22年3月1日以每股2美元的价格购入G公司B股1 000股作为交易性金融资产，当日即期汇率为￥6.58=$1，款项已付清；2×22年12月31日，由于股市价格变动，G公司B股的市价为每股2.5美元，当日即期汇率为￥6.30=$1；2×23年2月1日，该公司将所购G公司B股股票以每股2.7美元全部售出，当日即期汇率为￥6.31=$1。

要求：

编制会计分录。

5.练习外币交易会计处理的基本方法

资料：

1）ZT公司简介

ZT股份有限公司于2×22年12月7日上市，经营业务属于土木工程建筑类。以基础设施建设、勘察设计与咨询服务、工业设备和零部件制造、房地产开发为主业，在保持行业领先地位的同时，延伸产业链条，扩展增值服务，开展了物资贸易、高速公路运营、PPP项目投资、矿产资源开发及金融服务等相关多元业务。

2）ZT公司外币交易核算示例

ZT股份有限公司采用人民币为记账本位币。2×22年6月30日，各外币科目余额见表3-2：

表3-2 　　　　　　　2×22年6月30日各外币科目余额

账户名称	原币（万美元/万欧元）	即期汇率	人民币（万元）
银行存款（美元户）	93 059.9	6.77	630 015.523
银行存款（欧元户）	2 994.5	7.75	23 207.375
应收账款（美元户）	47 227.7	6.77	319 731.529
应付账款（美元户）	27 723.5	6.77	187 688.095
短期借款（美元户）	19 705.6	6.77	133 406.912

若ZT公司2×22年7月发生如下经济业务（不考虑相关税费）：

（1）7月3日，将100万美元存款兑换为人民币存款，兑换当日买入价为6.73，卖出价为6.82，即期汇率为6.78。

（2）7月10日，700万美元短期借款到期，并同时支付利息50万美元，当日即期汇率为6.8。

（3）7月12日，收回某客户前欠账款200万美元存入银行，当日即期汇率为6.79。

（4）7月22日，向国外某公司购进一台价值550万欧元的设备，付给银行支票，当日即期汇率为7.84。

（5）7月18日，用银行存款1 500万美元偿还应付账款，当日即期汇率为6.76。

2×22年7月31日，国家公布的美元即期汇率为6.73，欧元为7.91。

要求：

（1）对于会计期末外币项目货币性项目及非货币性项目，应如何分别进行调整？

（2）针对上述经济业务，为ZT公司逐笔进行账务处理。

（3）对ZT公司2×22年7月末的汇兑损益进行等值调整账务处理。

五、案例

案例3-1：外币报表折算

1.案例资料

某母公司的境外子公司M公司的外币报表需要进行折算，资产负债表日的即期汇率为￥6.00=$1，期初汇率为￥6.20=$1，本年平均汇率为￥6.10=$1。母公司对M公司进行资本投资时的即期汇率为￥6.80=$1。该子公司外币会计报表的有关数据见表3-3和表3-4。

表3-3　　　　　　　　　　　　资产负债表　　　　　　　　　单位：万美元

项目	金额
速动资产	400
存货	450
固定资产	1 100
折旧	210
流动负债	150
非流动负债	161
实收资本	400
公积金	154
未分配利润	875

表3-4 **利润表及所有者权益变动表** 单位：万美元

项目	金额
销售收入	3 138
销售成本	1 584
销售利润	1 554
期间费用	430
营业利润	1 124
营业外净损益	65
税前利润	1 189
所得税费用	392
净利润	797
年初未分配利润	557
提取公积金	80
应付股利	399
年末未分配利润	875

2.要求

采用现行汇率法，编制M公司折算后的财务报表。

3.分析提示

编制的M公司折算后的财务报表见表3-5和表3-6。

表3-5 **M公司折算后的资产负债表** 单位：万元

项目	金额（美元）	折算汇率	金额（人民币）
流动资产			
速动资产	400	6.00	2 400
存货	450	6.00	2 700
固定资产	1 100	6.00	6 600
减：累计折旧	210	6.00	1 260
资产总计	1 740	6.00	10 440
负债			
流动负债	150	6.00	900

项目	金额（美元）	折算汇率	金额（人民币）
非流动负债	161	6.00	966
负债总计	311		1 866
所有者权益			
实收资本	400	6.80	2 720
公积金	154		1 072①
未分配利润	875		5 838.8②
报表折算差额			-1 056.8
所有者权益总计	1 429		8 574

注：①公积金1 072万元是按业务发生时的汇率折算的，年初资产负债表上的该项目为584万元，本年提取的是：80×6.10=488（万元）。两者合计1 072万元。

②未分配利润5 838.8万元系按照折算后利润表中未分配利润的数额列示。

表3-6 **M公司折算后利润表及所有者权益变动表**

（按平均汇率折算） 单位：万元

项目	金额（美元）	折算汇率	金额（人民币）
销售收入	3 138	6.10	19 141.8
减：销售成本	1 584	6.10	9 662.4
销售利润	1 554	6.10	9 479.4
减：期间费用	430	6.10	2 623
营业利润	1 124	6.10	6 856.4
加：营业外净损益	65	6.10	396.5
税前利润	1 189	6.10	7 252.9
减：所得税费用	392	6.10	2 391.2
净利润	797	6.10	4 861.7
加：年初未分配利润	557		3 899*
可供分配利润	1 354		8 760.7
减：提取公积金	80	6.10	488
应付股利	399	6.10	2 433.9
年末未分配利润	875		5 838.8

*年初未分配利润3 899万元系上年所有者权益变动表折算后的未分配利润的数额。

案例3-2：外币报表折算

1.案例资料

TG集团成立于1987年7月，其经营业务广泛，范围遍及五大洲，核心业务分属五个营业部门：地产、航空、饮料、海洋服务和贸易及实业。TG集团法人股于1993年在全国证券交易自动报价系统挂牌交易，公开上市的TG公司总部设于中国香港。1995年6月，TG集团成功兼并了海外药业股份有限公司，控股60%。由于该公司绝大多数业务发生在美国，因此该公司采用美元为记账本位币，外币报表需要折算。

TG集团公司依照《企业会计准则第19号——外币折算》和《企业会计准则第33号——合并财务报表》的规定，在境外子公司个别会计报表的基础上，对境外子公司2×22年度的会计报表进行折算，该子公司以美元表示的2×22年12月31日资产负债表及2×22年度利润表见表3-7和表3-8（按照当地会计准则进行编制），有关的汇率资料如下：

2×22年1月1日的即期汇率为￥6.50=$1.00

2×22年12月31日的即期汇率为￥6.95=$1.00

2×22年平均汇率为￥6.75=$1.00

公司成立时的汇率为￥7.20=$1.00

固定资产、存货取得时的汇率为￥6.98=$1.00

长期投资、非流动负债取得时的汇率为￥7.00=$1.00

利润支付日的汇率为￥6.80=$1.00

表3-7　　　　　　　　海外药业股份有限公司资产负债表

2×22年12月31日　　　　　　　　　　单位：万美元

项目	金额
资产	
货币资金	3 000
应收账款	5 000
存货	12 000
长期投资	8 000

项目	金额
固定资产	36 000
资产总计	64 000
负债及所有者权益	
应付账款	9 000
非流动负债	14 000
实收资本	28 000
未分配利润	13 000
负债及所有者权益总计	64 000

表3-8 **海外药业股份有限公司利润表**

2×22年度 单位：万美元

项目	金额
营业收入	80 000
减：营业成本	64 000
税金及附加	1 000
折旧费	4 000
管理费用	1 700
财务费用	1 300
营业利润	8 000
减：所得税费用	2 000
净利润	6 000
加：年初未分配利润	10 800
减：股利分配	3 800
期末未分配利润	13 000

2.要求

（1）我国《企业会计准则第19号——外币折算》中对外币报表折算的规定是什么？

（2）根据我国准则的规定对该外币报表进行折算。

（3）试采用时态法对该外币报表进行折算，并说明两种方法有何差异。

3.分析提示

（1）我国外币报表折算采用的是现行汇率法，根据我国现行准则的规定：企业对境外经营的财务报表进行折算时，资产负债表中的资产和负债项目，采用资产负债表日的即期汇率折算，所有者权益项目除"未分配利润"项目外，其他项目采用发生时的即期汇率折算；利润表中的收入和费用项目，采用交易发生日的即期汇率折算；也可采用按照系统合理的方法确定的、与交易发生日即期汇率近似的汇率折算。产生的外币报表折算差额在资产负债表中所有者权益项目下单独列示。

（2）在现行汇率法下，折算程序如下：

利润表的折算见表3-9。

表3-9　　　　　　海外药业股份有限公司折算利润表

2×22年度

项目	外币（万美元）	折算汇率	折合本位币（万元人民币）
营业收入	80 000	6.75	540 000
减：营业成本	64 000	6.75	432 000
税金及附加	1 000	6.75	6 750
折旧费	4 000	6.75	27 000
管理费用	1 700	6.75	11 475
财务费用	1 300	6.75	8 775
营业利润	8 000		54 000
减：所得税费用	2 000	6.75	13 500
净利润	6 000		40 500
加：年初未分配利润	10 800	6.50	70 200
减：股利分配	3 800	6.80	25 840
期末未分配利润	13 000		84 860

根据折算利润表得出折算后 2×22 年度期末未分配利润为 84 860 万元。

折算后的资产负债表见表 3-10。

表3-10　　　　　**海外药业股份有限公司折算资产负债表**

2×22年12月31日

项目	外币（万美元）	折算汇率	折合本位币（万元人民币）
资产			
货币资金	3 000	6.95	20 850
应收账款	5 000	6.95	34 750
存货	12 000	6.95	83 400
长期投资	8 000	6.95	55 600
固定资产	36 000	6.95	250 200
资产总计	64 000		444 800
负债及所有者权益			
应付账款	9 000	6.95	62 550
非流动负债	14 000	6.95	97 300
实收资本	28 000	7.20	201 600
未分配利润	13 000		84 860
报表折算差额			-278 100
负债及所有者权益总计	64 000		444 800

根据折算资产负债表得出 ＝444 800-（62 550+97 300+201 600+84 860）
外币报表折算差额

＝-278 100（万元）

（3）时态法是国际上广泛采用的一种方法。具体核算方法是：外币会计报表的现金、应收项目和应付项目采用现行汇率折算。对于其他资产负债项目，如果在子公司财务报表上以历史成本计价，则按历史汇率折算；如果在子公司财务报表上以现行成本计价，则按现行汇率折算；对于所有者权益项目，按发生时的历史汇率折算。对于利润表项目，除折旧和摊销费用按历史汇率折算外，其他项目均按平均汇率折算。

在此方法下，折算的资产负债表和利润表结果见表3-11和表3-12。

表3-11　　　　海外药业股份有限公司折算资产负债表

2×22年12月31日

项目	外币（万美元）	折算汇率	折合本位币（万元人民币）
资产			
货币资金	3 000	6.95	20 850
应收账款	5 000	6.95	34 750
存货	12 000	6.98	83 760
长期投资	8 000	7.00	56 000
固定资产	36 000	6.98	251 280
资产总计	64 000		446 640
负债及所有者权益			
应付账款	9 000	6.95	62 550
非流动负债	14 000	7.00	98 000
实收资本	28 000	7.20	201 600
未分配利润	13 000		84 490
负债及所有者权益总计	64 000		446 640

表3-12 **海外药业股份有限公司折算利润表**

2×22年度

项目	外币（万美元）	折算汇率	折合本位币（万元人民币）
营业收入	80 000	6.75	540 000
减：营业成本	64 000	6.75	432 000
税金及附加	1 000	6.75	6 750
折旧费	4 000	6.98	27 920
管理费用	1 700	6.75	11 475
财务费用	1 300	6.75	8 775
营业利润	8 000		53 080
减：所得税费用	2 000	6.75	13 500
折算损益			550
净利润	6 000		40 130
加：年初未分配利润	10 800	6.50	70 200
减：股利分配	3 800	6.80	25 840
期末未分配利润	13 000		84 490

其中，期末未分配利润=446 640-（62 550+98 000+201 600）=84 490（万元），折算损益是倒挤得出的轧差数，金额为550万元。

可以看出，时态法下，将外币报表折算差额作为当期损益处理，以"折算损益"项目列示在利润表中；而在现行汇率法下，则将外币报表折算差额在资产负债表的股东权益中以"报表折算差额"项目单独列示，不予摊销，做递延处理。具体来说，现行汇率法和时态法存在以下差异：

第一，对资产的影响。由于项目要素选取的折算汇率不同，导致折算后的总资产、总负债和所有者权益不同。按照现行汇率法折算的报表资产总额为444 800万元，按照时态法折算的资产总额为446 640万元。

第二，对所有者权益的影响。从以上折算结果可以看出，折算后的损益及股东权益留存收益也不一致。现行汇率法下折算的所有者权益总额为 284 950 万元，时态法下折算的所有者权益总额为 286 090 万元。

第三，对利润的影响。从以上折算结果可以看出，两种方法下的利润也不相同。现行汇率法下折算的税后利润为 40 500 万元，时态法下折算的税后利润为 40 130 万元。

案例 3-3：外币报表折算

1.案例资料

A 公司于 2×22 年 1 月 1 日投资 100 万美元在美国设立一全资子公司——B 公司，当日 B 公司购入 40 万美元固定资产。

每当月末，B 公司财务部门以美元为本位币，按照当地会计准则和本公司的财务管理制度的业务流程准备会计报表，然后根据母公司 A 公司财务部对海外公司财务报表的规定，上报母公司。A 公司根据我国的《企业会计准则第 19 号——外币折算》，采用现行汇率法对境外子公司的外币报表进行折算和合并。

在日常经营过程中，B 公司按先进先出法进行存货核算，期末存货 70 万美元则是在 2×22 年第四季度一次购入的，存货购置日汇率为 1 美元=6.81 元人民币。2×22 年 1 月 1 日的汇率为 1 美元=6.79 元人民币，2×22 年 12 月 31 日的汇率为 1 美元=6.90 元人民币。2×22 年平均汇率为 1 美元=6.83 元人民币。B 公司股利支付日汇率为 1 美元=6.85 元人民币。

已知该公司适用的所得税税率为 25%。

折算前 B 公司的资产负债表和利润表见表 3-13 和表 3-14（按照当地会计准则编制会计报表）。

表3-13

资产负债表

2×22年12月31日

单位：万美元

项目	年初数	年末数
资产		
货币资金	60	50
应收账款	0	50
存货	0	70
固定资产原价	40	40
减：累计折旧	0	10

项目	年初数	年末数
固定资产净值	40	30
资产总计	100	200
负债及所有者权益		
短期借款	0	30
应付账款	0	30
实收资本	100	100
未分配利润	0	40
负债及所有者权益总计	100	200

表3-14　　　　　　　　　　　**利润表**

2×22年度　　　　　　　　　　　　　　　　单位：万美元

项目	金额
营业收入	600
减：营业成本	400
税金及附加	15
折旧费	10
销售费用	40
管理费用	20
财务费用	25
营业利润	90
加：营业外收入	35
减：营业外支出	25
利润总额	100
减：所得税费用	25
净利润	75
减：股利分配	35
期末未分配利润	40

2.要求

（1）外币财务报表折算的基本方法有哪些？我国采用的是哪一种？

（2）以该公司为例，分别采用现行汇率法和时态法对报表进行折算。

（3）以该公司为例，分析比较这两种方法的异同，并谈一下你的感想。

3.分析提示

（1）现行汇率法是一种以现行汇率为主要折算汇率的外币报表折算方法。这种方法的基本内容是：资产负债表上各资产与负债项目均按编表日现行汇率进行折算。利润表上的收入和费用项目，按现行汇率折算，或者按编表期内的平均汇率折算。所有者权益项目中除留存收益或未分配利润项目外，均按发生时的当日汇率折算。

流动与非流动项目法是将资产与负债项目区分为流动性项目与非流动性项目两大类，将流动性项目按现行汇率折算，非流动性项目按历史汇率折算的一种外币报表折算方法。利润表上的折旧费用、摊销费用项目，按有关资产取得时的历史汇率折算；其他项目，按编表期的平均汇率折算。

货币与非货币项目法是将资产与负债项目分为货币性项目与非货币性项目，将货币性项目按现行汇率折算，非货币性项目按历史汇率折算的一种外币报表折算方法。利润表上的折旧费用、摊销费用项目，按有关资产取得时的历史汇率折算；其他项目，按编表期的平均汇率折算。

时态法又称为时间度量法，是一种以资产、负债项目的计量属性作为选择折算汇率依据的一种外币报表折算方法。时态法和货币与非货币项目法相比较，绝大部分内容相同，不同之处表现如下：资产负债表上按历史成本计价的各项非货币性资产（如按成本计价的存货及投资、固定资产、无形资产等），按取得这些资产时的历史汇率折算。资产负债表上按现行市价计价的非货币性资产项目（如按市价计价的存货、投资等），按编表日的现行汇率折算。

根据我国的《企业会计准则第19号——外币折算》，我国采用现行汇率法进行外币报表折算和合并。

（2）有关汇率情况如下：

存货购置日汇率为1美元=6.81元人民币

2×22年1月1日的汇率为1美元=6.79元人民币

2×22年12月31日的汇率为1美元=6.90元人民币

2×22年平均汇率为1美元=6.83元人民币

B公司股利支付日汇率为1美元=6.85元人民币

按现行汇率法折算的利润表和资产负债表，具体结果分别见表3-15、表3-16。

表3-15　　　　　　按现行汇率法折算的利润表

项目	万美元	汇率	万元人民币
营业收入	600	6.83	4 098
减：营业成本	400	6.83	2 732
税金及附加	15	6.83	102.45
折旧费	10	6.83	68.3
销售费用	40	6.83	273.2
管理费用	20	6.83	136.6
财务费用	25	6.83	170.75
营业利润	90		614.7
加：营业外收入	35	6.83	239.05
减：营业外支出	25	6.83	170.75
利润总额	100		683
减：所得税费用	25	6.83	170.75
净利润	75		512.25
减：股利分配	35	6.85	239.75
期末未分配利润	40		272.5

根据折算利润表,得出折算后2×22年未分配利润为272.5万元。

表3-16 　　　　　　按现行汇率法折算的资产负债表

项目	万美元（年末数）	汇率	万元人民币
资产			
货币资金	50	6.9	345
应收账款	50	6.9	345
存货	70	6.9	483
固定资产原价	40	6.9	276
减：累计折旧	10	6.9	69
固定资产净值	30	6.9	207
资产总计	200	6.9	1 380
负债及所有者权益			
短期借款	30	6.9	207
应付账款	30	6.9	207
实收资本	100	6.79	679
未分配利润	40		272.5
外币报表折算差额			14.5
负债及所有者权益总计	200		1 380

根据折算资产负债表,得出外币报表折算差额=1 380-（207+207+679+272.5）=14.5（万元）。

按时态法折算的资产负债表和利润表,具体结果分别见表3-17、表3-18。

表3-17　　　　　　　　　　按时态法折算的资产负债表

项目	万美元（年末数）	汇率	万元人民币
资产			
货币资金	50	6.9	345
应收账款	50	6.9	345
存货	70	6.81	476.7
固定资产原价	40	6.79	271.6
减：累计折旧	10	6.79	67.9
固定资产净值	30	6.79	203.7
资产总计	200		1 370.4
负债及所有者权益			
短期借款	30	6.9	207
应付账款	30	6.9	207
实收资本	100	6.79	679
未分配利润	40		277.4
负债及所有者权益总计	200		1 370.4

根据折算资产负债表，得出未分配利润=1 370.4-（207+207+679）=277.4（万元）。

表3-18　　　　　　　　　　按时态法折算的利润表

项目	万美元	汇率	万元人民币
营业收入	600	6.83	4 098
减：营业成本	400	6.83	2 732
税金及附加	15	6.83	102.45
折旧费	10	6.79	67.9

项目	万美元	汇率	万元人民币
销售费用	40	6.83	273.2
管理费用	20	6.83	136.6
财务费用	25	6.83	170.75
营业利润	90		615.1
加：营业外收入	35	6.83	239.05
减：营业外支出	25	6.83	170.75
利润总额	100		683.4
减：所得税费用	25	6.83	170.75
折算差额			4.5
净利润	75		517.15
减：股利分配	35	6.85	239.75
期末未分配利润	40		277.4

根据折算利润表，倒挤得出外币报表折算差额为4.5万元。

（3）通过以上两种不同的折算方法可以得出以下结论：

第一，无论哪种方法，利润表各收入费用项目均采用2×22年平均汇率6.83折算，"股利分配"项目按股利支付日汇率6.85折算，实收资本按收到A公司投资日汇率6.79折算。

第二，现行汇率法下，资产负债表的资产、负债项目均按2×22年12月31日汇率6.90折算，"未分配利润"根据利润表的"期末未分配利润"项目折算数填列，并将"外币报表折算差额"列示于折算资产负债表中。

第三，时态法下，现金、应收账款、短期借款和应付账款按2×22年12月31日汇率6.90折算，存货和固定资产分别按照购置日的汇率进行折算。利润表中的"期末未分配利润"根据资产负债表的"未分配利润"项目折算数填列，并将"折算差额"列示于折算利润表中。

第四章　租赁会计

一、学习目的与要求

通过本章的学习，了解企业租赁的含义与方式；了解租赁的种类及作用；掌握企业租赁的基本分类；掌握出租业务与承租业务在财务报告中的列报内容；掌握售后租回业务的会计处理方法及其在财务报告中的披露内容。

二、预习要览

（一）关键概念

1.已识别资产　　　　　　　2.租赁付款额

3.租赁收款额　　　　　　　4.使用权资产

5.租赁期开始日　　　　　　6.初始直接费用

7.租赁投资总额　　　　　　8.租赁内含利率

9.租赁投资净额　　　　　　10.担保余值及未担保余值

（二）关键问题

1.租赁合同应具备的特征。

2.租赁收款额和租赁付款额的构成及差别。

3.租赁投资总额、租赁投资净额及未实现融资收益的关系。

4.使用权资产成本的构成及相关账户核算要点。

5.租赁负债账户的设置及核算要点。

6.承租人会计处理要点。

7.出租人融资租赁的会计处理要点。

8.售后租回会计处理要点。

三、本章重点与难点

☐ 租赁合同的识别
☐ 承租人折现率的确定及相关会计处理
☐ 出租人融资租赁的分类标准及会计处理
☐ 承租人售后租回的会计处理

（一）租赁合同的识别

在合同开始日，企业应当评估合同是否为租赁或者包含租赁。租赁，是指在一定期间内，出租人将资产的使用权让与承租人以获取对价的合同。如果合同一方让渡了在一定期间内控制一项或多项已识别资产使用的权利以换取对价，则该合同为租赁或者包含租赁。一项合同要被分类为租赁，必须满足三个要素：一是存在一定期间；二是存在已识别资产；三是资产供应方向客户转移对已识别资产使用权的控制。

已识别资产的特点：（1）物理上可明确区分。（2）由合同明确指定或隐性指定。（3）出租人没有实质性替换权。一般来讲，同时符合下列条件时，表明资产供应方拥有资产的实质性替换权：（1）资产供应方拥有在整个使用期间替换资产的实际能力。例如，客户无法阻止供应方替换资产，且用于替换的资产对于资产供应方而言易于获得或者可以在合理期间内取得。（2）资产供应方通过行使替换资产的权利将获得经济利益。即替换资产的预期经济利益将超过替换资产所需成本。

客户是否控制已识别资产使用权的判断：

1.客户是否有权获得因使用资产所产生的几乎全部经济利益。在评估客户是否有权获得因使用已识别资产所产生的几乎全部经济利益时，企业应当在约定的客户权利范围内考虑其所产生的经济利益。为了控制已识别资产的使用，客户应当有权获得整个使用期间使用该资产所产生的几乎全部经济利益（例如，在整个使用期间独家使用该资产）。客户可以通过多种方式直接或间接获得使用资产所产生的经济利益，例如，通过使用、持有或转租资产。

使用资产所产生的经济利益包括资产的主要产出和副产品（包括来源于这些项目的潜在现金流量）以及通过与第三方之间的商业交易实现的其他经济利益。如果合同规定客户应向资产供应方或另一方支付因使用资产所产生的部分现金流量作为对价，该现金流量仍应视为客户因使用资产而获得的经济利益的一部分。例如，如果客户因使用零售区域需向供应方支付零售收入的一定比例作为对价，该条款本身并不妨碍客户拥有获得使用零售区域所产生的几乎全部经济利益的权利。因为零售收入所产生的现金流量是客户使用零售区域而获得的经济利益，而客户支付给零售区域供应方的部分现金流量是使用零售区域的权利的对价。

2.客户是否有权主导资产的使用。存在下列情形之一的，可视为客户有权主导对已识别资产在整个使用期间的使用：（1）客户有权在整个使用期间主导已识别资产的使用目的和使用方式；（2）已识别资产的使用目的和使用方式在使用期间前已预先确定，并且客户有权在整个使用期间自行或主导他人按照其确定的方式运营该资产，或者客户设计了已识别资产（或资产的特定方面）并在设计时已预先确定了该资产在整个使用期间的使用目的和使用方式。

（二）承租人折现率的确定及相关会计处理

租赁负债应当按照租赁期开始日尚未支付的租赁付款额的现值进行初始计量。在计算租赁付款额的现值时，承租人应当采用租赁内含利率作为折现率；无法确定租赁内含利率的，应当采用承租人增量借款利率作为折现率。

租赁内含利率，是指使出租人的租赁收款额的现值与未担保余值的现值之和等于租赁资产公允价值与出租人的初始直接费用之和的利率。未担保余值是指租赁资产余值中，出租人无法保证能够实现或仅由与出租人有关的一方予以担保的部分。初始直接费用，是指为达成租赁所发生的增量成本。增量成本是指若企业不取得该租赁，则不会发生的成本，如佣金、印花税等。无论是否实际取得租赁都会发生的支出，不属于初始直接费用，例如为评估是否签订租赁合同而发生的差旅费、法律费用等，此类费用应当在发生时计入当期损益。

承租人增量借款利率，是指承租人在类似经济环境下为获得与使用权资产价值接近的资产，在类似期间以类似抵押条件借入资金须支付的利率。该利率与下列事项相关：（1）承租人自身情况，即承租人的偿债能力和信用状况；（2）"借款"的期限，即租赁期；（3）"借入"资金的金额，即租赁负债的金额；（4）"抵押条件"，即租赁资产的性质和质量；（5）经济环境，包括承租人所处的司法管辖区、计价货币、合同签订时间等。

在具体操作时，承租人可以先根据所处经济环境，以可观察的利率作为确定增量借款利率的参考基础，然后根据承租人自身情况、标的资产情况、租赁期和租赁负债金额等租赁业务具体情况对参考基础进行调整，得出适用的承租人增量借款利率。企业应当对确定承租人增量借款利率的依据和过程做好记录。在实务中，承租人增量借款利率常见的参考基础包括承租人同期银行贷款利率、相关租赁合同利率、承租人最近一期类似资产抵押贷款利率、与承租人信用状况相似的企业发行的同期债券利率等，但承租人还需根据上述事项对参考基础进行相应调整。

承租人的会计处理主要包括：（1）一般租赁业务的会计处理，具体包括租赁期开始日的会计处理和租赁期间的会计处理；（2）租赁合同变更的会计处理。

（三）出租人融资租赁的分类标准及会计处理

一项租赁存在下列一种或多种情形的，通常分类为融资租赁：

（1）在租赁期届满时，租赁资产的所有权转移给承租人，即如果在租赁协议中已经约定，或者根据其他条件，在租赁开始日就可以合理地判断，租赁期届满时出租人会将资产的所有权转移给承租人，那么该项租赁通常分类为融资租赁。

（2）承租人有购买租赁资产的选择权，所订立的购买价款预计将远低于行使选择权时租赁资产的公允价值，因而在租赁开始日就可以合理确定承租人将行使该选择权。

（3）资产的所有权虽然不转移，但租赁期占租赁资产使用寿命的大部分。在实务中，这里的"大部分"一般指租赁期占租赁开始日租赁资产使用寿命的75%以上（含75%）。需要说明的是，这里的量化标准只是指导性标准，企业在具体运用时，必须以准则规定的相关条件进行综合判断。这条标准强调的是租赁期占租赁资产使用寿命的比例，而非租赁期占该项资产全部可使用年限的比例。如果租赁资产是旧资产，在租赁前已使用年限超过资产自全新时起算可使用年限的75%以上时，则这条判断标准不适用，不能使用这条标准确定租赁的分类。

（4）在租赁开始日，租赁收款额的现值几乎相当于租赁资产的公允价值。在实务中，这里的"几乎相当于"，通常掌握在90%以上。需要说明的是，这里的量化标准只是指导性标准，企业在具体运用时，必须以准则规定的相关条件进行综合判断。

（5）租赁资产性质特殊，如果不作较大改造，只有承租人才能使用。租赁资产是由出租人根据承租人对资产型号、规格等方面的特殊要求专门购买或建造的，具有专购、专用性质。这些租赁资产如果不作较大的重新改制，其他企业通常难以使用。这种情况通常也分类为融资租赁。

出租人融资租赁的会计处理主要包括：（1）一般融资租赁的会计处理，包括租赁期开始日的会计处理和租赁期间的会计处理；（2）租赁合同变更的会计处理。

（四）承租人售后租回的会计处理

售后租回的难点在于销售方（承租人）的会计处理。销售方（承租人）首先应判断租赁类型，如果属于租赁业务，还应区分属于额外融资售后租回（卖价大于标的资产公允价值）还是预付租金售后租回（卖价低于标的资产公允价值）；其次，应按照现行租赁准则的规定，正确计算售后租回业务形成的使用权资产成本、租赁负债金额以及转让资产使用权所产生的损益等。

四、练习题

（一）单项选择题

1.A公司向B公司融资租赁设备，设备的成本为50万元，租期5年，经计算年租金为123 709元，租赁合同期满时，租赁资产退回出租人，承租方担保残值为5万元，则租赁付款额为（   ）元。

A.668 545　　　　　　　　　B.618 550

C.623 709　　　　　　　　　D.500 000

2.下列各项中，不应计入初始直接费用的是（   ）。

A.佣金　　　　　　　　　　B.保险费

C.差旅费　　　　　　　　　D.租赁合同的印花税

3.甲公司于2024年1月1日采用经营租赁方式从乙公司租入机器设备一台，租期为4年，设备价值为200万元，预计使用年限为12年。

租赁合同规定：第1年免租金，第2、3、4年的租金均为32万元，并于每年年初支付。根据上述资料，2021年甲公司应确认的租金费用为（　　）万元。

A.0　　　　　　　　　　　　B.24

C.32　　　　　　　　　　　　D.50

4.融资租入固定资产的入账价值应该是（　　）。

A.应付租赁款　　　　　　　　B.评估确认价

C.应付租赁款加运杂费　　　　D.租赁负债加初始直接费用

5.对于下列融资租赁事项，出租人无需在财务报告中披露的内容是（　　）。

A.未实现融资收益的余额

B.分配未实现融资收益所采用的方法

C.融资租赁资产的未担保余值

D.资产负债表日后连续3个会计年度内每年收到的租赁收款额及以后年度将收到的租赁收款额的总额

6.某企业外币业务采用发生日的即期汇率核算。本月从境外融资租入1台设备，融资租赁合同中规定的应付价款现值为5万美元。取得该设备日的即期汇率为1美元=6.84元人民币，设备运输中发生境内运输费用2万元、保险费用1万元，另发生安装调试费用1.8万元，则该融资租赁设备在租赁开始日的入账价值应为（　　）万元。

A.39　　　　　　　　　　　　B.38

C.36　　　　　　　　　　　　D.34.2

7.某企业以融资租赁方式租入固定资产1台，应付融资租赁费现值为180万元，另发生运杂费8万元，安装调试费用10万元，租赁业务人员发生的差旅费用为2万元，该固定资产的租赁期为9年，同类固定资产折旧年限为10年，无残值。按照我国会计准则的规定，在采用平均年限法下，该固定资产应计提的年折旧额约为（　　）万元。

A.19.8　　　　　　　　　　　B.20

C.22　　　　　　　　　　　　D.25

8.某公司融资租入1台设备，租赁期5年，入账价值为90万元，担保余值为10万元。该承租人在租赁开始日无法确定租赁期届满时能否取得该租赁资产的所有权。已知该公司对同类固定资产预计的折旧年限为 8 年，则该固定资产应计提的年折旧额为（　　）万元。

A.10　　　　　　　　　　B.11.25

C.16　　　　　　　　　　D.18

9.A 企业融资租入 1 台设备，租金共 80 万元，分 4 年支付，于每年年底支付租金 20 万元。该租赁资产在租赁开始日的公允价值为 60 万元。假设该资产适用的年金现值系数为 3.312，则该融资租入固定资产的入账价值为（　　）元。

A.600 000　　　　　　　　B.730 000

C.700 000　　　　　　　　D.662 400

10.2024 年 12 月 31 日，某企业融资租入一台设备，租赁开始日租赁资产公允价值为 300 万元，租赁付款额为 420 万元，按出租人的租赁内含利率折成的现值为 320 万元，则在租赁开始日，租赁资产的入账价值、未确认融资费用和租赁付款额分别是（　　）万元。

A.320、100、420　　　　　B.300、120、420

C.420、0、420　　　　　　D.320、0、320

（二）多项选择题

1.出租人在对租赁进行分类时，应考虑（　　）。

A.承租人是否有租赁资产的优惠购买选择权

B.租赁期占租赁资产使用寿命的比例

C.租赁期届满时，租赁资产所有权是否转移给承租人

D.租赁开始日租赁付款额或收款额与租赁资产公允价值的比率

2.下列固定资产应计提折旧的有（　　）。

A.经营租出的固定资产　　　B.融资租出的固定资产

C.经营租入的固定资产　　　D.融资租入的固定资产

3.融资租入固定资产的入账价值包括（　　）。

A.租赁开始日租赁付款额

B.租赁开始日初始直接费用

C.租赁开始日租赁收款额的现值

D.租赁开始日租赁付款额的现值

4.构成租赁付款额的内容有（　　）。

A.可变租赁付款额　　　　　B.初始直接费用

C.承租人担保的资产余值　　D.未担保余值

5.融资租入固定资产时，核算发生的修理费、保险费等费用的科目有（　　　）。

A."长期待摊费用"　　　　　B."固定资产"

C."制造费用"　　　　　　　D."管理费用"

6.承租人应披露的有关融资租赁的信息是（　　　）。

A.每类租入资产在资产负债表日的账面原值、累计折旧及账面净值

B.资产负债表日后连续三个会计年度每年将支付的租赁付款额，以及以后年度将支付的租赁付款额总额

C.未确认融资费用的余额

D.分摊未确认融资费用所采用的方法

7.在租赁合同没有规定优惠购买选择权时，下列属于承租人在租赁期内应支付或可能被要求支付的各种款项是（　　　）。

A.租赁期内承租人每期支付的租金

B.租赁期届满时，由承租人或与其有关的第三方担保的资产余值

C.租赁期届满时，承租人未能续约或延期续约而造成的任何应由承租人支付的款项

D.在租赁期内为租赁资产支付的修理费

8.下列关于经营租赁的特点，描述正确的是（　　　）。

A.租赁资产性质特殊，如不作较大修整，只有承租人才能使用

B.出租人一般需要经过多次出租，才能收回对租赁资产的投资

C.承租人只是为了经营上的临时需要

D.租赁期满后，承租人有购买租赁资产的选择权

9.可变租赁付款额支付时，可以记入的会计科目包括（　　　）。

A."管理费用"　　　　　　　B."在建工程"

C."销售费用"　　　　　　　D."财务费用"

10.构成租赁收款额的项目主要包括（　　　）。

A.可变租赁付款额

B.初始直接费用

C.独立于承租人和出租人的第三方担保余值

D.固定租赁付款额

（三）判断题

1.从出租人的角度来看，融资租赁是指实质上转移了与资产所有权相关的主要风险和报酬的租赁。（　　）

2.承租人对租入的固定资产，应计提折旧。（　　）

3.租入固定资产的改良支出均作为"长期待摊费用"核算，然后在其租赁期内平均摊销。（　　）

4.承租人租赁资产不需要区分租赁类型，出租人租出资产仍需区分租赁类型核算。（　　）

5.出租人至少应当于每年年度终了，对未担保余值进行复核。未担保余值增加的，不作调整。（　　）

6.从承租人角度来看，如果租入的资产没有达到预定的可使用状态，承租人应将分摊的未确认融资费用予以资本化，计入租入资产的价值。（　　）

7.在售后租回交易下，发生的销售收益应予以递延，发生的销售损失应根据谨慎性原则的要求，全部确认为当期损失。（　　）

8.在经营租赁下，虽然出租人可能承担了承租人某些费用，但是这并不影响承租人在租赁期内的租金费用总额。（　　）

9.在经营租赁下，如果出租人向承租人提供了免租期，由于在免租期内承租人不需支付租金，因此也不必确认租金费用。（　　）

10.在融资租赁下，如果未担保余值发生了减值，出租人应根据谨慎性原则，将由此而产生的租赁投资净额的减少确认为当期损失。

（　　）

（四）计算与账务处理题

1.练习租赁合同的识别。

（1）甲咖啡厅和机场签订了使用机场某处空间销售商品的5年期合同。合同规定了空间的大小，在使用期间，机场有权随时变更咖啡厅的位置，而且变更空间的成本极低，因为该咖啡厅使用了易于移动的售货亭销售其商品。机场有很多符合合同规定的空间可安置咖啡厅的售货亭。

（2）乙客户与一家公用设施公司（供应商）签订了一份为期15年的合同，取得连接客户所在地与另一地区的光缆中三条明确指定的直驳光纤的使用权。乙客户通过将这些光纤的两端连接至其电子设备的方式来决定光纤的使用（即客户"点亮"光纤并决定这些光纤将传输的数据内容和数据量）。若光纤损坏，供应商应负责修理和维护。供应商拥有额外的光纤，但仅可因修理、维护或故障原因替换客户的光纤。

（3）丙客户与一家房地产公司（供应商）签订了一份使用其零售单元A的5年期合同，丙客户可以决定单元A所销售的商品、商品的价格和存货量。单元A是某较大零售空间的一部分，其包含许多零售单元。合同规定，供应商可要求丙客户搬至另一零售单元。在这种情况下，供应商应向客户提供与零售单元A质量和规格类似的零售单元，并向客户支付搬迁费用。仅当有大的新租户决定租用较大零售空间，并支付足够涵盖丙客户及其他租户的搬迁费用时，供应商方能因客户的搬迁获得经济利益。尽管这种情况有可能发生，但在合同开始时，合同双方一致认为不大可能出现这种情况。

（4）丁客户与飞机所有者（供应商）签订了使用被明确指定的一架飞机的2年期合同。合同详细规定了飞机的内部和外部规格。合同中存在对飞机飞行区域的合同和法律限制；合同规定由客户决定飞机飞行的地点、时间，以及搭载的乘客和货物，但需遵守这些限制条件。供应商负责飞机的操作，并使用自己的机组人员。合同期内，客户不得雇用其他人员操作飞机或自行操作。在2年期间内，允许供应商随时替换飞机，且在飞机出现故障时必须替换飞机。替换的飞机须符合合同中规定的内部和外部规格。在供应商的机队中配备符合客户要求规格的飞机涉及高昂的成本。

要求：判断上述几种情形是否属于租赁。简单说明理由。

2.华美设备租赁公司2×24年10月以银行存款购入经营租赁资产400台，总计金额为1 000万元，资产使用寿命为10年，预计残值为零，采用直线折旧法，年折旧率为12%，11月出租其中60台设备，计150万元，租期2个月，按月收取租金22 000元存入银行，并计提折旧，期满后收回该项资产。

要求：

根据上述各项业务编制会计分录。

3.2×23 年 12 月 28 日，新世纪有限责任公司（以下简称"新世纪公司"）与西部开发租赁公司（以下简称"西部公司"）签订了一份租赁合同，租赁合同的主要条款以及新世纪公司和西部公司对此项租赁业务的会计处理原则分别如下：

（1）租赁合同主要条款：

①租赁标的物：程控生产线。

②起租日：租赁物运抵新世纪公司生产车间之日（即 2×24 年 1 月 1 日）。

③租赁期：从起租日算起 36 个月（即 2×24 年 1 月 1 日—2×26 年 12 月 31 日）。

④租金支付方式：自起租日起每年年末支付租金 100 万元。

⑤该生产线在 2×24 年 1 月 1 日西部公司的账面价值为 250 万元，公允价值为 260 万元。

⑥租赁合同规定的利率为 8%（年利率）。

⑦该生产线为全新设备，不需要安装，预计使用寿命为 5 年。

⑧2×25 年和 2×26 年两年，新世纪公司每年按该生产线所生产的产品——微波炉的年销售收入的 1% 向西部公司支付经营分享收入。

⑨2×26 年 12 月 31 日，新世纪公司将该生产线退还西部公司。

（2）新世纪公司会计处理原则：

①采用实际利率法确认本期应分摊的未确认融资费用。

②采用年限平均法计提固定资产折旧。

③2×25 年、2×26 年根据微波炉销售收入向西部公司支付的经营分享收入作为可变租赁付款额处理。

（3）西部公司会计处理原则：

①采用实际利率法确认本期应分配的未实现融资收益。

②2×25 年、2×26 年新世纪公司支付的经营分享收入作为租金收益处理。

已知 2×25 年、2×26 年新世纪公司实现的微波炉销售收入分别为 1 000 万元和 1 500 万元。

要求：

根据以上资料，分别就新世纪公司和西部公司的租赁业务进行会计处理。

4.甲公司拥有一幢B建筑物，账面原值为2 400万元，累计折旧为400万元，账面净值为2 000万元，公允价值为3 600万元，剩余使用年限为40年。

2×24年1月1日，甲公司以4 000万元的价格将B建筑物出售给乙公司。与此同时，甲公司与乙公司签订了租赁B建筑物的合同，取得了B建筑物18年的使用权，合同付款额为240万元/年，于租赁期内每年年末支付。假设甲、乙公司均使用4.5%的内含利率作为折现率，不考虑初始直接费用和其他各项税费因素的影响。

要求：分析该业务类型，编制与甲公司相关的会计分录。

5.A公司于2×24年12月10日与B租赁公司签订一份设备租赁合同。合同主要条款如下：

（1）租赁标的物：甲生产设备。

（2）起租日：2×24年12月31日。

（3）租赁期：2×24年12月31日至2×26年12月31日。

（4）租金支付方式：2×25年和2×26年每年年末支付租金1 000万元。

（5）租赁期满时，甲生产设备的估计余值为100万元，其中A公司的担保余值为100万元。

（6）甲生产设备2×24年12月31日的公允价值为2 100万元，预计还可以使用3年。

（7）租赁合同利率为6%。

（8）2×26年12月31日，A公司将甲生产设备归还给B租赁公司。

甲生产设备于2×24年12月31日运抵A公司，当日投入使用。固定资产均采用平均年限法计提折旧，与租赁有关的未确认融资费用均采用实际利率法摊销，并假定未确认融资费用在相关资产的折旧期限内摊销。

要求：

（1）编制A公司在起租日的有关会计分录。

（2）编制 A 公司在 2×25 年和 2×26 年年末与支付租金以及其他租赁事项有关的会计分录（金额单位用万元表示）。

6.M 公司于 2×24 年 12 月 10 日与 N 租赁公司签订了一份设备租赁合同。合同主要条款如下：

（1）租赁标的物：甲生产设备。

（2）起租日：2×24 年 12 月 31 日。

（3）租赁期：2×24 年 12 月 31 日至 2×28 年 12 月 31 日。

（4）租金支付方式：2×25 至 2×28 年每年年末支付租金 800 万元。

（5）租赁期满时，甲生产设备的估计余值为 400 万元，其中 M 公司担保的余值为 300 万元，未担保的余值为 100 万元。

（6）甲生产设备 2×24 年 12 月 31 日的原账面原值为 3 500 万元，已提折旧 400 万元，公允价值为 3 100 万元，已使用 3 年，预计还可使用 5 年。

（7）租赁合同年利率为 6%。

（8）2×28 年 12 月 31 日，M 公司将甲生产设备归还给 N 租赁公司。

甲生产设备于 2×24 年 12 月 31 日运抵 M 公司，当日投入使用。M 公司当日的资产总额为 4 000 万元，其固定资产均采用平均年限法计提折旧，与租赁有关的未确认融资费用均采用实际利率法摊销，并假定未确认融资费用在相关资产的折旧期限内摊销。

要求：

（1）编制 M 公司在起租日的有关会计分录。

（2）编制 M 公司在 2×25 年年末至 2×28 年年末与租金支付以及其他与租赁事项有关的会计分录。

（假定相关事项均在年末进行账务处理，答案中的单位以万元表示。利率为 6%，期数为 4 期的普通年金现值系数为 3.4651；利率为 6%，期数为 4 期的复利现值系数为 0.7921）

五、案例

案例 4-1：基于施乐公司的复印机租赁安排进行的分析

1.案例资料

2002 年 4 月 11 日，美国 SEC 发布了《第 17465 号民事诉讼公告》和

《第1542号会计审计执法公告》，指控施乐公司进行财务舞弊，欺诈投资者。SEC的诉讼披露资料显示，施乐公司违规的会计处理主要与复印机的租赁安排有关。

从20世纪90年代中后期开始，销售型租赁成为施乐公司的主要经营模式。在与客户签订的一揽子销售型租赁业务协议中，施乐公司获得的收入包括三部分：箱体（施乐公司对复印机设备的别称）出售收入、设备维护收入和融资收入。按公认会计原则（GAAP）的规定，施乐公司应于租赁开始时将销售型租赁产生的销售利润（账面价值与公允价值之差）确认为箱体收入，应将维护及融资收入分摊计入整个租赁期间。

在多数情况下，施乐公司与客户签订租赁协议，客户按月支付设备租金、维护和融资费用。施乐公司将这种方法称为捆绑租赁。依据美国《财务会计准则第13号——租赁》的规定，对于捆绑租赁，必须选择合理的标准，将租赁协议中的收入总额在设备收入、融资收入和维护收入之间进行分摊。1997年至2001年，通过操纵融资业务的回报率，施乐公司在没有多销售一台复印机或其他产品的情况下，提前确认了22亿美元的设备销售收入和301亿美元的收益。表4-1表示了公司运用不正当的会计手段对相关财务指标的影响情况。

2.要求

（1）1997—2001年施乐公司对外报告的设备融资的平均毛利率为多少？更正后的毛利率为多少？

（2）问题（1）中二者之间的差异说明了什么问题？

（3）试分析施乐公司的目的是什么。你认为如何能达到该目的？

3.分析提示

（1）平均的毛利率为43.48%，更正后的毛利率为56.52%。

（2）二者之间的差异为13.04%，可以看出设备融资毛利率被人为地低估了。这会使施乐公司数亿美元的应当分期确认的融资收入转移至可以立即确认的复印机销售收入中。从表4-1中可以分析出施乐公司重编前、重编后设备融资毛利率差异相当大，从1997—2001年最低差异为4%（1998年），最高竟达到24.9%（2001年）。

表4-1 　　　　　　　　　　不正当会计手段对相关财务指标的影响

财务指标	2001年	2000年	1999年	1998年	1997年
设备销售毛利率（%）					
——重编前	32.9	37.5	43.1	43.8	44.5
——重编后	30.5	31.2	37.2	40.5	39.5
设备维护毛利率（%）					
——重编前	39.4	37.6	42.8	44.4	47.4
——重编后	42.2	41.1	44.7	46.6	48.0
设备融资毛利率（%）					
——重编前	34.6	34.5	49.4	50.1	48.8
——重编后	59.5	57.1	63.0	58.2	44.8
总毛利率（%）					
——重编前	36.0	37.4	43.3	44.4	46.9
——重编后	38.2	37.4	42.3	44.3	44.8
销售、管理费用占收入比例（%）					
——重编前	29.1	30.2	27.0	27.3	28.7
——重编后	27.8	29.4	27.4	28.3	29.8

（3）施乐公司的目的在于迎合华尔街的盈利分析预测，从而稳定其股价。在其他条件相同的情况下，分摊给融资收入和维护收入的金额越少，公司在租赁协议生效的当期确认的设备销售收入就越多。这种操纵可以通过高层调整（top-side adjustment）来进行。

此外，在此可以进一步想象，高层通过人为地确定融资回报率，推算出要获得令管理当局满意的销售收入而应当采用的融资回报率，甚至低于增量借款利率，这是租赁准则明文禁止的（有资料显示：1997—2001年，施乐在巴西的子公司假设向客户提供复印机的融资回报率在

6%~8%，而实际上巴西子公司在1999年之前融资的利率一直超过25%。即便按当地借款利率作为融资利率来估算，巴西子公司在此期间报告的复印机销售收入也得调减近7.58亿美元）。

案例4-2：从甲公司的租赁案例看租赁期开始日会计处理的要点

1.案例资料

2021年1月1日，甲公司就某栋建筑物与乙公司签订了10年的租赁合同，租金为50 000元/年，租赁期满后有5年的续租选择权，续租租金为55 000元/年。甲公司于租赁期开始日支付了50 000元租金；支付了初始直接费用20 000元，其中装修费用15 000元、中介费5 000元。作为对甲公司签订该合同的一种激励，乙公司给甲公司报销了5 000元的中介费。甲公司出于对各方面因素的综合考虑，认为在租赁期结束后应该不会续租该建筑物。

在租赁期开始日，甲公司无法确认出租人的租赁内含利率，经询价，甲公司如果从金融机构获取相同条件的银行贷款，利率为5%。假设每期50 000元、9年期、按5%折现的现值为355 391元。

2.要求

（1）分析该租赁合同的租赁期。

（2）分析承租人租赁负债的折现率。

（3）计算租赁期开始日使用权资产的成本和租赁负债的入账价值。

（4）编制承租人在租赁期开始日的会计分录。

3.分析提示

（1）该合同的租赁期应该为10年。

（2）承租人租赁负债的折现率可以选择5%。

（3）在租赁期开始日，相关计算如下：

租赁负债的入账价值：50 000×9=450 000（元）

租赁负债的现值：355 391元（题中给定）

使用权资产初始入账金额：355 391+50 000+15 000=420 391（元）

未确认融资费用：450 000-355 391=94 609（元）

（4）承租人在租赁期开始日的会计分录如下：

借：使用权资产   420 391

  租赁负债——未确认融资费用   94 609

贷：租赁负债——租赁付款额   450 000

   银行存款   65 000

案例4-3：基于A公司的租赁案例看售后租回业务的会计处理

1.案例资料

A公司以现金200万元的价格向B公司出售了一栋建筑物。该建筑物的原账面价值为100万元。A公司在出售该建筑物的同时，与B公司签订了一个租赁该建筑物的合同，租赁期为18年，每年的租金为12万元。根据双方交易的条款，A公司转让该建筑物的合同符合收入确认条件。该建筑物经评估确认的公允价值为180万元，因此，A公司按照180万元确认了销售收入，超额的20万元作为B公司向A公司提供的融资进行处理。租赁内含利率为5%。

2.要求

结合我国现行租赁准则的要求，分析该业务的类型，并考虑A公司在租赁期开始日应该如何进行有关的会计处理。

3.分析提示

A公司既是卖方，又是承租人，根据我国现行租赁准则的要求，在借方确认银行存款的同时，还应确认使用权资产，在贷方结转租赁资产的同时，还应确认租赁期内的租赁负债和转让租赁资产权利的利得。根据资料，标的资产的公允价值为180万元，交易价格为200万元，因此，属于额外融资售后租回业务，额外融资金额为20万元。

（1）有关计算如下：

合同付款总额：120 000×18=2 160 000（元）

合同付款总额现值：120 000×（P/A，5%，18）=120 000×11.6896

                 =1 402 752（元）

年额外融资付款额：120 000×（200 000÷1 402 752）≈17 109（元）

年租赁付款额：120 000-17 109=102 891（元）

租赁付款额：18×102 891=1 852 038（元）

租赁负债：1 402 752-200 000=1 202 752（元）

未确认融资费用：1 852 038-1 202 752=649 286（元）

使用权资产成本：1 000 000×（1 202 752÷1 800 000）=668 196（元）

售后租回该建筑物的全部利得：1 800 000-1 000 000=800 000（元）

与租赁有关的利得：800 000×（1 202 752÷1 800 000）=534 556（元）

与转让资产有关的利得：800 000-534 556=265 444（元）

（2）租赁期开始日的会计分录如下：

借：银行存款	200 000	
贷：长期应付款——额外融资		200 000
借：银行存款	1 800 000	
使用权资产	668 196	
租赁负债——未确认融资费用	649 286	
贷：固定资产——建筑物		1 000 000
租赁负债——租赁付款额		1 852 038
资产处置损益		265 444

第五章 股份支付会计

一、学习目的与要求

通过本章的学习，了解股份支付的含义、特征、分类及作用，了解支付的环节、时点及可行权条件的种类，了解权益工具公允价值的确定，重点掌握两种不同结算方式的股份支付的确认与计量原则及会计处理，掌握二者的异同点，同时，熟悉准则对股份支付的披露要求，注重对股份支付相关特殊问题处理原则的理解。

二、预习要览

（一）关键概念

1.股份支付   2.权益工具

3.授予日   4.可行权日

5.行权日   6.可行权条件

7.以现金结算的股份支付   8.以权益结算的股份支付

（二）关键问题

1.什么是股份支付？股份支付有哪些特征？

2.典型的股份支付通常包括哪些环节？主要涉及哪些时点？

3.股份支付有哪些类型？

4.如何对以权益结算的股份支付进行确认与计量？

5.如何对以现金结算的股份支付进行确认与计量？

6.以权益结算的股份支付和以现金结算的股份支付在会计处理上有何异同？

7.什么是可行权条件？有哪些类别？变更或修改时如何处理？

8.企业以回购股份进行职工期权激励的会计处理方法是什么？

9.股份支付信息的披露要求有哪些？

三、本章重点与难点

□ 股份支付的若干环节
□ 股份支付的可行权条件
□ 股份支付的确认与计量原则
□ 两种结算方式股份支付的比较

（一）股份支付的若干环节

股份支付，是"以股份为基础的支付"的简称，是指企业为获取职工和其他方提供的服务而授予权益工具或者承担以权益工具为基础确定的负债的交易。

股份支付不是一个时点上的交易，而可能是很长一段时间内的交易。从环节上说，典型的股份支付通常涉及四个主要环节：授予环节、等待可行权环节、行权环节和出售环节，如图5-1所示。在这些环节中，有些时点是比较重要的，包括授予日、等待期内的资产负债表日、可行权日、行权日、出售、失效日。

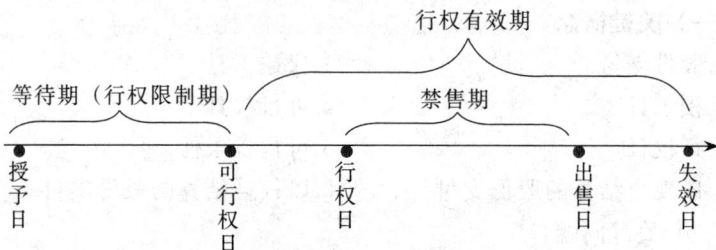

图5-1 典型的股份支付环节示意图

从图5-1可以看出，授予环节主要发生在授予日。等待可行权环节是从授予日到可行权日。除非立即可行权，否则股份支付均会存在等待期。行权环节从可行权日到实际行权日，这之间的时期称为行权有效期。出售环节一般在行权日后，这之间的时期称为禁售期。行权有效期不是无限的，行权有效期的最后一天即为失效日。

（二）股份支付的可行权条件

可行权条件是指能够确定企业是否得到职工或其他方提供的服务，且该服务使职工或其他方能够获取股份支付协议规定的权益工具或现金权利的条件。可行权条件包括服务期限条件和业绩条件。

1.服务期限条件

服务期限条件是指职工完成规定服务期间才可行权的条件。比如，在股份支付协议中规定，职工从2018年1月1日开始，连续在本企业工作满3年，即可享受一定数量的股票期权。

以服务期限为可行权条件的处理比较简单。在等待期内的每个资产负债表日，都要计算从授予日到该资产负债表日的期限，将其与可行权条件的期限进行比较，以便计算应确认的成本或费用金额。

2.业绩条件

业绩条件是指企业达到特定业绩目标职工才可行权的条件，具体包括市场条件和非市场条件。

市场条件是指行权价格、可行权条件以及行权可能性与权益工具的市场价格相关的业绩条件，如股份支付协议中关于股价至少上升至何种水平职工可相应取得多少股份的规定。企业在确定权益工具在授予日的公允价值时，应考虑市场条件的影响，而不考虑非市场条件的影响。但市场条件是否得到满足，不影响企业对预计可行权情况的估计。

非市场条件是指除市场条件之外的其他业绩条件，如股份支付协议中关于达到最低盈利目标或销售目标才可行权的规定。企业在确定权益工具在授予日的公允价值时，不考虑非市场条件的影响。但非市场条件是否得到满足，影响企业对预计可行权情况的估计。对于可行权条件为业绩条件的股份支付，只要职工满足了其他所有非市场条件（如利润增长率、服务期限等），企业就应当确认已取得的服务。

（三）股份支付的确认与计量原则

1.以权益结算的股份支付的确认与计量原则

（1）换取职工服务的股份支付的确认和计量原则

对于有等待期的换取职工服务的股份支付，企业应当以股份支付所授予的权益工具的公允价值计量。在等待期内的每个资产负债表日，企业应以对可行权权益工具数量的最佳估计数为基础，按照权益工具在授予日的公允价值，将当期取得的服务计入相关资产成本或当期费用，同时，计入资本公积中的其他资本公积。

对于授予后立即可行权的换取职工服务的股份支付，应在授予日按照权益工具的公允价值，将取得的服务计入相关资产成本或当期费用，同时，计入资本公积中的股本溢价。

（2）换取其他方服务的股份支付的确认与计量原则

对于换取其他方服务的股份支付，企业应当以股份支付所换取的服务的公允价值计量。企业应当按照其他方服务在取得日的公允价值，将取得的服务计入相关资产成本或当期费用。如果其他方服务的公允价值不能可靠计量，但权益工具的公允价值能够可靠计量，企业应当按照权益工具在服务取得日的公允价值，将取得的服务计入相关资产成本或当期费用。

2.以现金结算的股份支付的确认与计量原则

在实际行权或者结算之前，以现金结算的股份支付实质上是企业欠职工的一项负债。企业应当在等待期内的每个资产负债表日，以对可行权情况的最佳估计为基础，按照企业承担负债的公允价值，将当期取得的服务计入相关资产成本或当期费用，同时，计入负债，并在结算前的每个资产负债表日和结算日对负债的公允价值进行重新计量，将其变动计入公允价值变动损益。

对于授予后立即可行权的现金结算的股份支付，企业应当在授予日按照企业承担负债的公允价值计入相关资产成本或当期费用，同时，计入负债，并在结算前的每个资产负债表日和结算日对负债的公允价值进行重新计量，将其变动计入损益。

（四）两种结算方式股份支付的比较

1.以权益结算与以现金结算股份支付的相同点

（1）支付媒介相同。不论是以权益结算的股份支付还是以现金结算的股份支付都涉及权益工具，比如股份等。

（2）目的相同。这两种股份支付都是企业的激励手段，以获取职工或其他方服务为目的。

（3）计量属性相同。这两种股份支付都以公允价值计量，所不同的是，以权益结算的股份支付以授予日公允价值计量，以现金结算的股份支付以等待期内每一个资产负债表日的公允价值重新计量。

（4）都要满足一定的可行权条件。可行权条件包括服务期限条件和业绩条件。其中，业绩条件包括市场条件和非市场条件。

（5）除授予后立即可行权的股份支付外，企业在授予日都不作会计处理。

（6）都要将取得的服务确认为相关的成本或费用（管理费用、销售费用等）。

2.以权益结算与以现金结算股份支付的不同点

（1）属性不同。以权益结算的股份支付需要确认"资本公积——其他资本公积"，企业形成的是一项所有者权益；以现金结算的股份支付形成的则是一项负债（应付职工薪酬）。

（2）企业承担的义务不同。以权益结算，企业要授予股份或认股权，不承担支付现金或其他资产的义务，经济利益未流出企业；以现金结算，企业最终要承担交付现金或其他资产的义务，会导致经济利益流出企业。

（3）会计处理不同。以权益结算的股份支付：等待期内每个资产负债表日以对可行权权益工具数量的最佳估计为基础，按照权益工具授予日的公允价值，将当期取得的服务计入相关资产成本或当期费用，同时，计入资本公积中的其他资本公积：

借：管理费用等

　　贷：资本公积——其他资本公积

可行权日之后，不再对已确认的成本费用和所有者权益总额进行调整。行权日会计处理如下：

借：银行存款

　　资本公积——其他资本公积

　　贷：股本

　　　　资本公积——股本溢价

以现金结算的股份支付：等待期内按资产负债表日权益工具的公允价值重新计量，确认成本费用和相应的应付职工薪酬。会计分录为：

借：管理费用等

　　贷：应付职工薪酬——股份支付

可行权日之后，不再确认成本费用，但负债（应付职工薪酬）公允价值的变动应计入当期损益（公允价值变动损益），会计分录如下：

负债公允价值上升时：

借：公允价值变动损益

　　贷：应付职工薪酬——股份支付

负债公允价值下跌时，作相反的分录。

行权日会计处理：

借：应付职工薪酬——股份支付

　　贷：银行存款

（4）公允价值的确定不同。以权益结算的股份支付采用的是权益授予日的公允价值，其后不存在变动；而以现金结算的股份支付采用的是结算前每个资产负债表日的公允价值，其值处于变动状态，等待期内的变动额均计入费用科目，还必须确认公允价值变动损益，同时，相应增减负债。

四、练习题

（一）单项选择题

1.股份支付授予日是指（　　　）。

A.股份支付协议获得批准的日期

B.可行权条件得到满足的日期

C.可行权条件得到满足，职工和其他方具有从企业取得权益工具或现金的权利的日期

D.职工和其他方行使权利、获取现金或权益工具的日期

2.股份支付行权日是指（　　　）。

A.可行权条件得到满足的日期

B.股份支付协议获得批准的日期

C.职工和其他方行使权利、获取现金或权益工具的日期

D.可行权条件得到满足，职工和其他方能够从企业取得权益工具或现金的权利的日期

3.按照规定，以股份支付形式获取职工服务的企业应当在等待期内的每个资产负债表日，将当期取得的服务计入相关的资产成本和当期费用（不考虑授予日即可行权的情况）。那么，以权益结算和以现金结算的股份支付在此时的会计处理中贷方涉及的会计科目分别是（　　　）。

A."应付职工薪酬""应付职工薪酬"

B."资本公积——其他资本公积""资本公积——其他资本公积"

C."应付职工薪酬""资本公积——其他资本公积"

D."资本公积——其他资本公积""应付职工薪酬"

4.下列有关股份支付的说法中,不正确的是（　　）。

A.股份支付是企业与职工或其他方之间发生的交易

B.股份支付是以获取职工或其他方服务为目的的交易

C.股份支付的对价或其定价与企业自身权益工具未来的价值密切
相关

D.股份支付是企业与关联企业之间发生的交易

5.无论已授予的权益工具的条款如何变更,企业确认服务的金额不
应（　　）权益工具在授予日的公允价值。

A.高于　　　　　　　　　　B.低于

C.等于　　　　　　　　　　D.不一定

6.按照我国法规的规定,用于期权激励的股份支付协议,应在行权
日与出售日之间设立禁售期,其中,国有控股上市公司的禁售期不得低
于（　　）年。

A.1　　　　　　　　　　　B.2

C.3　　　　　　　　　　　D.4

7.对于以现金结算的股份支付,应当按照企业承担的以股份或其他
权益工具为基础计算确定的（　　）计量。

A.负债的公允价值　　　　　B.负债的账面价值

C.负债在授予日的公允价值　D.负债在行权日的公允价值

8.根据企业会计准则的规定,下列有关等待期的表述不正确的
是（　　）。

A.等待期是指可行权条件得到满足的期间

B.对于可行权条件为规定服务期间的股份支付,等待期为授予日至
可行权日的期间

C.对于可行权条件为规定服务期间的股份支付,等待期为授予日至
行权日的期间

D.对于可行权条件为规定业绩的股份支付,应当在授予日根据最

可能的业绩结果预计等待期的长度

9.MM公司为一上市公司，2×21年1月1日，公司向其200名管理人员每人授予200股股票期权，这些职员自2×21年1月1日起在该公司连续服务3年，即可以每股12元的价格购买200股股票，从而获益，公司估计此期权在授予日的公允价值为15元。第一年有40名职员离开企业，预计离职总人数会达到30%，则2×21年年末MM公司应当按照取得的服务贷记"资本公积——其他资本公积"（　　　）元。

A.112 000　　　　　　　　　　　B.140 000

C.112 000　　　　　　　　　　　D.89 600

10.续上题，2×22年又有20名职员离开公司，公司估计职员总离职人数会达到40%，则2×22年年末MM公司应按照取得的服务，贷记"资本公积——其他资本公积"（　　　）元。

A.100 000　　　　　　　　　　　B.52 000

C.84 000　　　　　　　　　　　D.140 000

11.续上题，2×23年又有30名职员离开公司，则2×23年年末，MM公司应贷记"资本公积——其他资本公积"（　　　）元。

A.72 000　　　　　　　　　　　B.80 000

C.63 000　　　　　　　　　　　D.90 000

12.MM上市公司2×20年7月1日向其100名高级管理人员每人授予100份认购权证，该认购权证将于2×23年年末期满时行权，行权时高级管理人员将以5元/股购入该公司股票，该公司股票在授予日的公允价值为7元，2×20年和2×21年12月31日该股票公允价值均为8元，2×22年12月31日该股票公允价值为9元，2×23年12月31日该股票公允价值为10元，股票面值1元，假设预计有20%的高级管理人员离职，MM公司因该项股份支付计入2×10年管理费用的金额是（　　　）元。

A.16 000　　　　　　　　　　　B.5 000

C.6 500　　　　　　　　　　　D.8 000

13.2×22年1月1日，MM公司向其50名中层以上管理人员每人授予500份股票增值权，行权日为2×25年12月31日，其将根据股价的增长幅度获得现金，该增值权应在2×27年12月31日之前行使完毕。MM公司增值权授予日股票市价6元，截至2×23年累积确认负债120 000元，在 2×24 年有 5 人离职，预计 2×25 年没有离职人员，2×24 年年末股票市价为 12 元，该项股份支付对 MM 公司 2×24 年当期管理费用的影响金额和 2×24 年年末负债的累积金额是（　　）元。

A.75 000，202 500
B.82 500，202 500
C.75 000，125 000
D.22 050，225 000

（二）多项选择题

1.典型的股份支付通常涉及以下（　　）主要环节。

A.授予环节
B.等待可行权环节
C.行权环节
D.出售环节
E.失效环节

2.以现金结算的股份支付可以分为（　　）。

A.限制性股票
B.股票期权
C.模拟股票
D.现金股票增值权
E.库存股

3.对于以权益结算换取职工服务的股份支付，企业应当在等待期内每个资产负债表日，按授予日权益工具的公允价值，将当期取得的服务记入下列（　　）等相关费用科目。

A."管理费用"
B."制造费用"
C."生产成本"
D."研发支出"
E."销售费用"

4.股份支付中通常涉及可行权条件，可行权条件包括（　　）。

A.经济条件
B.服务期限条件
C.业绩条件
D.行业环境条件
E.企业前景条件

5.可行权条件中的业绩条件包括市场条件和非市场条件，以下属于非市场条件的有（　　）。

A.最低股价增长率
B.股东最低报酬率
C.销售指标的实现情况
D.在公司服务满一定期限
E.最低利润指标的实现情况

6.关于股份支付的计量，下列说法正确的有（　　）。

A.以现金结算的股份支付，应按资产负债表日权益工具的公允价

值重新计量

B.无论是以现金结算还是以权益结算的股份支付，均应按资产负债表日权益工具的公允价值重新计量

C.以现金结算的股份支付，应按授予日权益工具的公允价值计量，不确认其后续公允价值变动

D.以权益结算的股份支付，应按授予日权益工具的公允价值计量，不确认其后续公允价值变动

E.以权益结算的股份支付，应按资产负债表日权益工具的公允价值重新计量

7.关于以权益结算的股份支付的计量，下列说法正确的有（　　　）。

A.应按授予日权益工具的公允价值计量，不确认其后续公允价值变动

B.对于换取职工服务的股份支付，企业应当按在等待期内的每个资产负债表日的公允价值计量

C.对于授予后立即可行权的换取职工服务的股份支付，应在授予日按权益工具的公允价值计量

D.对于换取职工服务的股份支付，企业应当按照权益工具在授予日的公允价值，将当期取得的服务计入相关资产成本或当期费用，同时计入资本公积中的其他资本公积

E.对于换取其他方服务的股份支付，企业应当以股份支付所换取的服务的公允价值计量

8.关于以现金结算的股份支付，下列说法不正确的有（　　　）。

A.是指企业为获取服务交付现金的交易

B.是指企业为获取服务交付现金或其他资产义务的交易

C.是指企业为获取服务而承担的以股份或其他权益工具为基础计算确定的交付现金的交易，不包括其他资产义务的交易

D.是指企业为获取服务而承担的以股份或其他权益工具为基础计算确定的交付现金或其他资产义务的交易

E.以上选项均不正确

9.对股份支付可行权日之后的会计处理不正确的有（　　　）。

A.对于以权益结算的股份支付，在可行权日之后不再对已确认的

成本费用和所有者权益总额进行调整

B.对于以权益结算的股份支付，企业应在行权日根据行权情况，确认股本和股本溢价，同时结转等待期内确认的资本公积（其他资本公积）

C.对于以权益结算的股份支付，如果全部或部分权益工具未被行权而失效或作废，应在行权有效期截止日将其资本公积（其他资本公积）冲减成本费用

D.对于以现金结算的股份支付，企业在可行权日之后不再确认成本费用增加，负债（应付职工薪酬）公允价值的变动应当计入当期公允价值变动损益

E.对于以现金结算的股份支付，企业在可行权日之后不再确认成本费用增加，负债（应付职工薪酬）公允价值的变动应当计入成本费用

10.企业以回购股份形式奖励本企业职工的，属于以权益结算的股份支付，下列会计处理正确的有（　　）。

A.企业回购股份时，应当按照回购股份的全部支出冲减股本

B.企业回购股份时，应当按照回购股份的全部支出作为库存股处理，记入"库存股"科目，同时进行备查登记

C.对于换取职工服务的以权益结算的股份支付，企业应当在等待期内每个资产负债表日按照权益工具在授予日的公允价值，将取得的职工服务计入成本费用，同时增加资本公积（其他资本公积）

D.企业应按职工行权购买本企业股份时收到的价款，借记"银行存款"等科目，同时转销等待期内资本公积（其他资本公积）中累计的金额，借记"资本公积——其他资本公积"科目，按回购的库存股成本，贷记"库存股"科目，按照上述借贷方差额，贷记"资本公积——股本溢价"科目

E.对于换取职工服务的以权益结算的股份支付，企业应当在等待期内每个资产负债表日按照公允价值，将取得的职工服务计入成本费用，同时增加应付职工薪酬

11.下列关于市场条件和非市场条件的说法正确的有（　　）。

A.企业在确定权益工具在授予日的公允价值时，应考虑市场条件

的影响，而不考虑非市场条件的影响

B.企业在确定权益工具在授予日的公允价值时，应考虑非市场条件和市场条件的影响

C.市场条件是否得到满足，不影响企业对预计可行权情况的估计

D.非市场条件是否得到满足，不影响企业对预计可行权情况的估计

E.对于可行权条件为业绩条件的股份支付，在确定权益工具的公允价值时，应考虑市场条件的影响，只要职工满足了其他所有非市场条件，企业就应当确认自己已取得的服务

12.以下关于以权益结算的股份支付表述正确的有（　　）。

A.就确认时点来看，换取职工服务的股份支付可以分为有等待期的股份支付和授予后立即可行权的股份支付

B.除了立即可行权的股份支付外，授予日不进行会计处理

C.等待期内每个资产负债表日按照授予日权益工具的公允价值和预计行权数量计算或修正成本费用和资本公积

D.等待期内每个资产负债表日不应确认权益工具的公允价值变动

E.等待期内每个资产负债表日应确认权益工具的预计行权数量变动

13.下列有关股份支付的论断中，正确的有（　　）。

A.对于换取职工服务的股份支付，企业应当以股份支付所授予的权益工具的公允价值计量

B.对于换取其他方服务的股份支付，企业应当以股份支付所换取的服务的账面价值计量

C.对于以现金结算的股份支付，企业应当在等待期内的每个资产负债表日，以对可行权情况的最佳估计为基础，按照企业承担负债的公允价值，将当期取得的服务计入相关资产成本或当期费用，同时计入负债，并在结算前的每个资产负债表日和结算日对负债的公允价值进行重新计量，将其变动计入损益

D.对于授予后立即可行权的以现金结算的股份支付（例如，授予虚拟股票或业绩股票的股份支付），企业应当在授予日将企业承担负债的公允价值计入相关资产成本或当期费用，同时计入负债，并在结算前的每个资产负债表日和结算日对负债的公允价值

进行重新计量，将其变动计入损益

E. 对于授予后立即可行权的换取职工提供服务的以权益结算的股份支付（例如，授予限制性股票的股份支付），应在授予日按照权益工具的公允价值，将取得的服务计入相关资产成本或当期费用，同时计入资本公积中的股本溢价

14. 下列有关股份支付业务在等待期内每个资产负债表日的会计处理的论断中，正确的有（　　）。

A. 企业应当在等待期内的每个资产负债表日，将取得的职工或其他方提供的服务计入成本费用，同时确认所有者权益或负债。对于附有市场条件的股份支付，只要职工满足了其他所有非市场条件，企业就应确认已取得的服务

B. 在等待期内，业绩条件为非市场条件的，如果后续信息表明需要调整对可行权情况的估计，只需要对本期估计进行修改

C. 在等待期内每个资产负债表日，企业应将取得的职工提供的服务计入成本费用，计入成本费用的金额应当按照权益工具的公允价值计量

D. 对于以权益结算的涉及职工的股份支付，应当将授予日权益工具的公允价值计入成本费用和资本公积（其他资本公积），不确认其后续公允价值变动

E. 对于以现金结算的涉及职工的股份支付，应当按照每个资产负债表日权益工具的公允价值进行重新计量，确定成本费用和应付职工薪酬

15. 以下表述正确的有（　　）。

A. 以库存股对股份支付结算时应注销该库存股并减少股本

B. 以库存股对股份支付结算时应转销交付职工的库存股

C. 对于以权益结算的股份支付在可行权日之后不再对已确认的成本费用和所有者权益总额进行调整

D. 以现金结算的股份支付在可行权日之后不再确认成本费用

E. 以现金结算的股份支付在可行权日之后公允价值变动对负债的影响计入公允价值变动损益

(三) 判断题

1.股份支付协议里涉及的可行权是指一次性可行权。（　　）

2.无论是以现金还是以权益结算的股份支付，在等待期内的每个资产负债表日都需要进行会计处理。（　　）

3.以权益结算的股份支付，在等待期内的每个资产负债表日，企业应以对可行权权益工具数量的最佳估计为基础，按照权益工具在授予日的公允价值，将当期取得的服务计入相关资产成本或当期费用，同时计入资本公积中的其他资本公积。（　　）

4.以权益结算的股份支付在授予日需要作会计处理。（　　）

5.以现金结算的股份支付本质为应付职工薪酬。（　　）

6.对于以现金结算的股份支付，企业在可行权日之后不再确认成本或费用，但是赖以计算负债的权益工具公允价值发生变动引起的负债（应付职工薪酬）公允价值的变动应当进行确认，计入当期损益，即公允价值变动损益。（　　）

7.业绩条件是指企业达到特定业绩目标，职工才可行权的条件，具体包括市场条件和非市场条件。（　　）

8.当期行权的股份期权或其他权益工具以其行权日价格计算加权平均价格。（　　）

9.企业以回购股份形式奖励本企业职工的，可能是以现金结算的股份支付。（　　）

10.对于授予职工的股票期权，企业应当根据用于股份支付的期权的条款和条件，采用期权定价模型估计其公允价值。（　　）

(四) 计算与账务处理题

1.MM公司为一上市公司。2×24年1月1日，公司向其150名管理人员每人授予200股股票期权，这些职员从2×24年1月1日起在该公司连续服务3年，即可以10元每股购买200股MM公司股票，从而获益。公司估计该期权在授予日的公允价值为18元。

第一年有15名管理人员离开MM公司，公司估计3年中离开的管理人员的比例将达到20%；第二年有20名管理人员离开公司，公司将估计的管理人员离开比例修正为30%；第三年有10名管理人员离开。假设余下105名管理人员都在2×26年12月31日行权，MM公司股票面值为1元。

要求：

（1）计算2×24—2×26年每年计入当期费用的金额及累计费用金额，填入表5-1。

表5-1 　　　　　　　　　　　　费用计算表 　　　　　　　　　　单位：元

年份	计算过程	当期费用	累计费用
2×24			
2×25			
2×26			

（2）编制2×24—2×26年与股份支付有关的会计分录。

2.2×20年1月1日，MM公司向其100名中层以上职员每人授予300份现金股票增值权，并规定这些职员从2×20年1月1日起在该公司连续服务3年，即可按照当时股价的增长幅度获得现金，该增值权应在2×24年12月31日之前行使。MM公司估计，该增值权在负债结算之前的每一个资产负债表日以及结算日的公允价值和可行权后的每份增值权现金支出额见表5-2。

表5-2 　　　　　　　　　公允价值和现金支出表 　　　　　　单位：元/股

年份	公允价值	支付现金
2×20	10	
2×21	15	
2×22	18	16
2×23	20	18
2×24		21

2×20年，有20名中层以上职员离开MM公司，公司估计3年内还将有10名中层以上职员离开；2×21年，有8名中层以上职员离开MM公司，公司估计还会有6名中层以上职员离开；2×22年，有2名中层以上职员离开MM公司，假定有20人行使股票增值权取得了现金；2×23年，

有30人行使股票增值权取得了现金；2×24年，有20人行使股票增值权取得了现金。

要求：

根据所给资料，计算2×20年至2×24年每年应确认的负债和费用，并编制相关会计分录。

五、案例

案例5-1：基于MM公司股票期权方案看实务中以权益结算的股份支付的会计处理

1.案例资料

2×21年1月1日，MM公司向其100名管理人员每人授予100份股票期权：第一年年末的可行权条件为公司权益净利润增长率达到20%；第二年年末的可行权条件为公司净利润两年平均增长15%；第三年年末的可行权条件为公司净利润3年平均增长10%。每份期权在2×21年的公允价值为24元。假设这些管理人员从2×21年1月1日开始在该公司连续服务3年且达到MM公司的要求，就可以5元每股的价格购买100股MM公司的股票，从而获益。

2×21年12月31日，权益净利润增长了18%，同时，有8名管理人员离开公司，公司预计2×22年将会以同样的速度增长，因此，预计将于2×22年12月31日可行权。另外，公司预计2×22年将有8名管理人员离开。

2×22年12月31日，公司净利润仅增长10%，因此，未达到可行权状态。另外，实际有10名管理人员离开公司，预计第三年将有12名管理人员离开。

2×23年12月31日，公司净利润增长了8%，3年平均增长率为12%，因此，达到了可行权状态。当年有8名管理人员离开。

2.要求

（1）指出管理人员的可行权条件；

（2）计算公司各资产负债表日应计入费用的金额；

（3）编制公司2×21年至2×23年各年的会计分录；

（4）假定74名管理人员在2×24年12月31日行权，公司股票的面值为每股1元，编制行权时的会计分录。

3.分析提示

（1）管理人员的行权条件为业绩条件中的非市场条件。

（2）计入管理费用的金额计算见表5-3。

表5-3 　　　　　　　　　　　　**管理费用计算表** 　　　　　　　　　单位：元

年份	当期费用计算	当期费用	累计费用
2×21	（100-8-8）×100×24×1÷3	67 200	67 200
2×22	（100-8-10-12）×100×24×2÷3-67 200	44 800	112 000
2×23	（100-8-10-8）×100×24-112 000	65 600	177 600

（3）2×21年1月1日是授予日，不作处理。

①2×21年12月31日：

借：管理费用 　　　　　　　　　　　　　　　　67 200

　　贷：资本公积——其他资本公积 　　　　　　　　　　67 200

②2×22年12月31日：

借：管理费用 　　　　　　　　　　　　　　　　44 800

　　贷：资本公积——其他资本公积 　　　　　　　　　　44 800

③2×23年12月31日：

借：管理费用 　　　　　　　　　　　　　　　　65 600

　　贷：资本公积——其他资本公积 　　　　　　　　　　65 600

（4）2×24年12月31日：

借：银行存款 　　　　　　　　　　　　　　　　37 000

　　资本公积——其他资本公积 　　　　　　　　177 600

　　贷：股本 　　　　　　　　　　　　　　　　　　7 400

　　　资本公积——股本溢价 　　　　　　　　　　207 200

**案例5-2：基于万科股权激励方案了解限制性股票激励计划的实务
应用**

1.案例资料

万科企业股份有限公司成立于1984年5月，1988年进入房地产行
业，1993年将大众住宅开发确定为公司核心业务，是目前中国最大的

专业住宅开发企业。万科在国内上市并实施股权分置改革后，成为首家正式出台对管理层实施具体激励方案的企业。作为国内有影响力的上市公司，万科率先开展公司股权激励机制的建设，首开限制性股票的先河，其对提高国内上市公司绩效具有十分重要的榜样意义。

（1）万科首期（2006—2008年）限制性股票激励计划

"万科首期（2006—2008年）限制性股票激励计划"于2006年5月30日经公司2005年度股东大会审议通过后开始实施，并按照3个不同年度，分3个独立计划运作。万科为激励对象（在公司受薪的董事会和监事会成员、高层管理人员、中层管理人员，以及由总经理提名的业务骨干与卓越贡献人员）预提2006年度激励基金，共1.41亿元，并于2006年6月12日前从二级市场购入流通股2 491万股，其占公司总股本的0.63%。当净利润增长率达到15%及以上时，对净利润增长部分按净利润增长率计提激励基金，用于购买公司股票（当净利润增长率高于30%时，按30%计提）；如果其低于15%，则不得计提激励基金。同时，还要求全面摊薄的年净资产收益率超过12%。

在计划实施之前，过去3年的净利润增长率以及2006年上半年的同期增长率都达到了40%以上。并且，2004年及2005年这两年的净资产收益率远高于12%这一限制，2006年年中的净资产收益率也已经达到了11.74%。2006年，万科业绩在不出意外的情况下肯定大大高于行权标准。由此可见，在万科实施股权激励后，公司的净利润有所提高，相应地也创造了更好的企业绩效。虽然2006年的业绩为万科股权激励计划赢得了一个完美的开篇，并且2007年和2008年两个年度的业绩表现也差强人意，但是却受限于席卷全球的金融风暴造成的全球股市动荡，万科2007年度的股价要低于2006年度的同口径股价。因此，在业绩指标完成的情况下，其股价指标未达到股权激励计划设置的标准，2007年的激励计划就此夭折。在2008年，万科受累于国家对房地产业的调控，并且金融危机的影响尚存，万科的业绩考核指标未能达到预定目标，故2008年的股权激励计划也未能实现。万科在随后的时间里即宣布抛售最初用于激励的股票，这也正式宣布了万科股权激励计划的破产。历经3年的深圳万科股权激励计划于2009年底遗憾落幕。

（2）万科（2011—2015年）A股股票期权激励计划

2011年4月8日，万科公司股东大会审议通过了"万科企业股份有限公司A股股票期权激励计划"。本次期权激励计划以股票期权作为激励工具，当公司和激励对象满足特定条件时，公司可依据本计划向激励对象授予股票期权，自授权日起1年内所有期权均处于等待期，不得行权。随后每个行权期，根据公司和激励对象是否满足行权条件，确定该行权期对应的股票期权是否获得行权的权利。2011年5月9日，有关股票期权的授予登记工作完成。股票期权的初始行权价格为8.89元。经董事会审议，公司2010年、2011年和2012年度分红派息方案实施后，A股股票期权行权价格分别调整为8.79元、8.66元和8.48元。2012年7月12日，期权激励计划的第一个行权期开始，激励对象可以在2014年4月24日之前行使其所持股票期权的40%，截至2013年4月30日，激励对象共行使12 055 341份期权。

2.要求

（1）分析万科股权激励计划的优缺点。

（2）通过万科A股股票期权激励计划，了解其股份支付的时点和环节。

3.分析提示

（1）万科首期限制性股票激励计划激励对象主要为在公司受薪的董事会和监事会成员、高层管理人员、中层管理人员，以及由总经理提名的业务骨干与卓越贡献人员。激励方式为发放限制性股票，即企业预先给予激励对象一定数额的限制性股票，同时，对股票的处置等问题作出约定和限制。当激励对象按时完成约定的目标或计划时，其就可以对限制性股票进行处置以获得增值收益。万科在实施限制性股票激励计划的过程中，在确定限制性股票的归属时，所依据的是经营者业绩和股价双重标准，其是实现经营者报酬与其业绩挂钩的前提。同时，激励计划设计中有一个完整的业绩指标衡量体系，将股价和净利润增长率、净资产收益率、每股收益等财务指标相结合，避免了股市非理性因素波动和非经营性因素的影响，保证了激励计划的激励功能能够得到充分发挥。

但是，首期限制性股票激励计划的时间（3年）相对于万科的发展历史来说较短，无法从根本上解决代理问题，降低代理成本，经营者可能会为了短期的自身利益从而放弃有利于企业的项目，因此，新的激励计划期限改为5年以克服激励对象的短期化行为倾向。此外，首期限制性股票激励计划中购买限制性股票的资金来源是公司的奖励基金，信托机构购入并用于本计划的激励性股票总数累计不超过公司股票总额的10%。非经股东大会特别决议批准，任何一名激励对象获授的本公司股票累计不得超过公司股本总额的1%，因此，股票的数量受到限制，可能会影响激励的效果。

（2）①股票期权激励计划的有效期。

本股票期权激励计划的有效期为5年，即自股票期权授权日起5年内有效。

②股票期权授权日。

授权日，在本计划报中国证监会备案且中国证监会无异议、公司股东大会审议批准后由公司董事会确定。对于授予股票期权的授权日，应在公司股东大会审议通过本计划之日起30日内，公司按相关规定召开董事会对激励对象进行授权，并完成登记、公告等相关程序。

③等待期。

等待期是指股票期权授予后至股票期权可行权日之间的时间，本计划的等待期为1年。

④可行权日。

本计划的激励对象自授权日起满1年后方可开始行权。

案例5-3：基于TCL员工持股计划分析企业激励财务绩效的路径

1.案例资料

TCL科技集团成立于1982年，于2004年1月在深圳证券交易所主板上市，2019年4月随着终端业务的出售，重组为"TCL科技集团"，公司的主要部分TCL华星已成为全球半导体显示行业的主要参与者，其战略目标是通过不断提高规模效益、生产力、产品技术和产业生态能力，完善全球布局，成为全球领先的半导体显示企业。TCL科技集团为提升公司整体价值、激发中高层管理人员及核心员工的使命感和责任感、实现激励约束并重，于2021年6月发布了《2021—2023年员工持股计划（第一期）（草案）》，截至2023年，已发布并落实至《2021—2023年员工持股计划（第三期）（草案）》。

1）2021—2023年员工持股计划第一期（2021年6月发布）

（1）本期持股计划计提的2021年持股计划专项激励基金不超过74 006万元。最终资金总额以实际总额为准。资金来源为公司计提的2021年持股计划专项激励基金。

（2）本期持股计划的资金规模上限不超过74 006万元，其中：

①约1.11亿元通过非交易过户的方式购买公司已回购的库存股。公司于2019年1月10日召开第六届董事会第十四次会议，审议通过了《关于回购部分社会公众股份的议案》，并于2019年1月10日披露了《关于回购部分社会公众股份预案的公告》（公告编号：2019-011），自首次实施回购至2020年1月10日，公司已通过回购专用证券账户以集中竞价交易方式累计回购股份数量565 333 922股，占截至本期持股计划首次披露之日公司总股本的4.03%，成交均价为3.42元/股，成交总金额为193 359.65万元（不含交易费用）。按照公司回购均价3.42元/股计算，本期持股计划可获得公司已回购库存股股数约为3 247.96万股，占公司当前股本总额的比例约为0.23%。

②约6.29亿元通过非交易过户的方式购买公司所回购的公司股票，股票来源为公司根据第七届董事会第九次会议审议通过的《关于2021年回购部分社会公众股份的议案》所回购的公司股票，以2021年6月17日公司股票收盘价格7.17元/股为购买价格测算，本期持股计划所能购买和持有的公司股票数量上限约为8 772.38万股，占公司当前股本总额的比例约为0.63%。

（3）本期持股计划取得的标的股票总数累计不超过公司股本总额的10%，单个员工持有的持股计划份额所对应的股票总数累计不超过公司股本总额的1%。标的股票总数不包括员工在公司首次公开发行股票上市前获得的股份、通过二级市场自行购买的股份及通过股权激励获得的股份。

（4）本期持股计划存续期为自股东大会审议通过之日起60个月，存续期满后，当期持股计划即终止，亦可由当期持股计划管理委员会提请董事会审议通过后延长。

（5）本期持股计划锁定期不得低于12个月，自公司标的股票登记至持股计划名下时起算，锁定期内不得进行交易。本期持股计划根据

2021年公司和下属经营单位关键业绩指标达成情况以及个人绩效，核算持有人对应的标的股票额度，并将该等对应的标的股票额度全部归属至持有人，分两期非交易过户或卖出。

第一次非交易过户或卖出：自持有人对应的标的股票额度归属之日起12个月后，本期持股计划方可根据当时市场的情况决定是否卖出对应份额的60%股票，或在届时深交所和登记结算公司系统支持的前提下，将持有人对应份额股票的60%非交易过户至本期计划持有人账户。

第二次非交易过户或卖出：自持有人对应的标的股票额度归属之日起24个月后，本期持股计划方可根据当时市场的情况决定是否卖出对应份额的40%股票，或在届时深交所和登记结算公司系统支持的前提下，将持有人对应份额股票的40%非交易过户至本期计划持有人账户。

（6）本期持股计划设置的公司关键业绩指标为：2021年归母净利润较2020年增长率及2020年归母净利润较2019年增长率平均不低于30%。若公司关键业绩指标达成，则可根据下属经营单位关键业绩指标达成情况以及个人绩效，将本期持股计划核算的标的股票额度归属至持有人；若公司关键业绩指标未达成，则本期持股计划的标的股票权益全部归属于公司享有，不再归属至持有人。

（7）本期持股计划资产均为货币资金时，或在届时深交所和登记结算公司系统支持的前提下，将股票过户至本期计划持有人账户后，本期计划可提前终止，该持有人退出本期计划。

2）2021—2023年员工持股计划第二期（2022年5月发布）

（1）本期持股计划资金来源为公司计提的2022年持股计划专项激励基金，不超过50 262万元，最终资金总额以实际总额为准。

（2）本期持股计划来源为公司回购专用账户回购的股票。

①公司于2022年3月18日召开第七届董事会第十六次会议，审议通过了《关于2022年回购部分社会公众股份的议案》，并于2022年3月20日披露了《关于2022年回购部分社会公众股份的回购报告书》（公告编号：2022-008）。目前，该回购方案尚未实施完成。截至目前，公司已回购股份70 542 664股。

②公司于2019年1月10日召开第六届董事会第十四次会议，审议通过了《关于回购部分社会公众股份的议案》，并于2020年1月13日披

露了《关于回购公司股份完成暨股份变动的公告》（公告编号：2020-005），公司通过回购专用证券账户以集中竞价交易方式累计回购股份数量565 333 922股。截至目前，剩余未使用的回购股份为293 415 852股。

本期持股计划具体股票来源提请股东大会授权公司董事长根据公司实际情况，在上述范围内选定。本持股计划最终持有的标的股票数量以实际过户股票数量为准。

股东大会通过持股计划后6个月内，本期持股计划将通过已回购的库存股非交易过户等法律法规许可的方式完成标的股票的购买。

（3）本期持股计划取得的标的股票总数累计不超过公司股本总额的10%，单个员工持有的持股计划份额所对应的股票总数累计不超过公司股本总额的1%。标的股票总数不包括员工在公司首次公开发行股票上市前获得的股份、通过二级市场自行购买的股份及通过股权激励获得的股份。

（4）本期持股计划存续期为自股东大会审议通过之日起60个月，存续期满后，当期持股计划即终止，亦可由当期持股计划管理委员会提请董事会审议通过后延长。

（5）本期持股计划的锁定期不得低于12个月，自公司标的股票登记至持股计划名下时起算，锁定期内不得进行交易。本期持股计划根据公司和下属经营单位关键业绩指标达成情况以及个人绩效，核算持有人对应的标的股票额度，并将该等对应的标的股票额度全部归属至持有人，分两期非交易过户或卖出，并根据个人绩效确定各批次内实际可归属至持有人的权益。

第一次非交易过户或卖出：自持有人对应的标的股票额度归属之日起12个月后，本期持股计划方可根据当时市场的情况决定是否卖出对应份额的50%股票，或在届时深交所和登记结算公司系统支持的前提下，将持有人对应份额股票的50%非交易过户至本期计划持有人账户。

第二次非交易过户或卖出：自持有人对应的标的股票额度归属之日起24个月后，本期持股计划方可根据当时市场的情况决定是否卖出对应份额的50%股票，或在届时深交所和登记结算公司系统支持的前提下，将持有人对应份额股票的50%非交易过户至本期计划持有人账户。

（6）本期持股计划设置的公司关键业绩指标：2022年归母净利润较2021年增长率及2021年归母净利润较2020年增长率平均不低于30%或2022年营业收入较2021年增长率及2021年营业收入较2020年增长率平均不低于30%。若公司关键业绩指标达成，则可根据下属经营单位关键业绩指标达成情况以及个人绩效，将本期持股计划核算的标的股票额度归属至持有人；若公司关键业绩指标未达成，则本期持股计划的标的股票权益全部归属于公司享有，不再归属至持有人。

本期持股计划资产均为货币资金时，或在届时深交所和登记结算公司系统支持的前提下，将股票过户至本期计划持有人账户后，本期计划可提前终止，该持有人退出本期计划。

3）2021—2023年员工持股计划第三期（2023年5月发布）

（1）本期持股计划资金来源为员工合法收入、业绩奖金额度或法律法规允许的其他方式，不超过24 710万元，最终资金总额以实际总额为准。

（2）本期持股计划股票来源为公司回购专用账户回购的股票。公司于2023年5月31日召开第七届董事会第三十二次会议，审议通过了《关于2023年回购部分社会公众股份的议案》，本期持股计划股票来源为前述回购股票。以2023年5月29日公司股票收盘价格3.72元/股为购买价格测算，本期持股计划所能购买和持有的公司股票数量上限约为6 642.47万股，占公司当前股本总额的比例约为0.35%。本持股计划最终持有的标的股票数量以实际过户的股票数量为准。股东大会通过持股计划后6个月内，本期持股计划将通过已回购的库存股非交易过户等法律法规许可的方式完成标的股票的购买。

（3）本期持股计划取得的标的股票总数累计不超过公司股本总额的10%，单个员工持有的持股计划份额所对应的股票总数累计不超过公司股本总额的1%。标的股票总数不包括员工在公司首次公开发行股票上市前获得的股份、通过二级市场自行购买的股份及通过股权激励获得的股份。

（4）本期持股计划存续期为自股东大会审议通过之日起60个月，存续期满后，当期持股计划即终止，亦可由当期持股计划管理委员会提请董事会审议通过后延长。

（5）本期持股计划的锁定期不得低于12个月，自公司标的股票登记至持股计划名下时起算，锁定期内不得进行交易。本期持股计划根据公司和下属经营单位关键业绩指标达成情况以及个人绩效，核算持有人对应的标的股票额度，并将该等对应的标的股票额度全部归属至持有人，分两期非交易过户或卖出，并根据个人绩效确定各批次内实际可归属至持有人的权益。

第一次非交易过户或卖出：自持有人对应的标的股票额度归属之日起12个月后，本期持股计划方可根据当时市场的情况决定是否卖出对应份额的50%股票，或在届时深交所和登记结算公司系统支持的前提下，将持有人对应份额股票的50%非交易过户至本期计划持有人账户。

第二次非交易过户或卖出：自持有人对应的标的股票额度归属之日起24个月后，本期持股计划方可根据当时市场的情况决定是否卖出对应份额的50%股票，或在届时深交所和登记结算公司系统支持的前提下，将持有人对应份额股票的50%非交易过户至本期计划持有人账户。

（6）本期持股计划设置的公司关键业绩指标：2023年归母净利润较2022年增长率及2022年归母净利润较2021年增长率平均不低于30%或2023年营业收入较2022年增长率及2022年营业收入较2021年增长率平均不低于30%。若公司关键业绩指标达成，则可根据下属经营单位关键业绩指标达成情况以及个人绩效，将本期持股计划核算的标的股票额度归属至持有人；若公司关键业绩指标未达成，则本期持股计划的标的股票权益全部归属于公司享有，不再归属至持有人。

本期持股计划资产均为货币资金时，或在届时深交所和登记结算公司系统支持的前提下，将股票过户至本期计划持有人账户后，本期计划可提前终止，该持有人退出本期计划。

2.要求

（1）公司为何选择在2021年推出6~7亿元巨额的员工持股的股权激励计划？

（2）公司连续3年实施的员工持股计划如何激励财务绩效？

3.分析提示

(1)公司在行业景气高峰推出高溢价股份回购方案,彰显管理层对公司未来长期发展的信心。

①鉴于行业新增的产能相对有限,而需求端预期将保持稳定的增长态势,我们预测接下来的 2 年中,LCD 价格将会保持在相对较高的水准,进而 LCD 制造业务的平均净利率也将有望继续维持在大约 10% 的水平。为了积极扩大市场份额,公司不仅通过并购三星苏州生产线,还加大了对现有生产线的产能扩充力度。预计这将使公司在 IT-LCD 市场的份额迅速提升至 15% 以上。同时,公司正不断向电竞屏、Mini-LED 和印刷 OLED 等新兴市场领域进行研发储备,以应对未来的市场变化。此外,通过收购中环电子,公司已成功构建了半导体显示与材料的双引擎战略布局,旨在抓住光伏、半导体等领域的黄金发展期,从而为公司带来更为广阔的长期发展空间。

②在 LCD 的各个细分领域中,IT-LCD 预计将继续成为盈利性最强的领域。由于远程办公的需求持续增长,PC、笔记本电脑和平板电脑的出货量保持在高位水平,这推动了 IT-LCD 价格的快速上涨。据 Wits-View 的统计数据,14 寸笔记本 LCD 和 21.5 寸显示器 LCD 的价格分别为 45 美元/片和 69.8 美元/片,环比增长率分别为 5.9% 和 6.1%。这表明 IT-LCD 市场仍然具有强劲的增长势头。

③公司 2019—2021 年归母净利润平均同比增长率不低于 30%,公司主营业务 LCD 面板在涨价行情中十分受益,盈利能力持续提升;中环半导体扩产进度持续超预期;叠加苏州生产线以及茂佳国际并表,预计 2021 年公司整体业绩将实现翻倍增长。

(2)股权激励财务绩效路径分析:降低代理成本。

实施股权激励有利于缓解由目标错位和管理者与股东之间的信息不对称造成的委托代理问题(见表5-4)。

表5-4   管理费用率计算表

项目	2018年	2019年	2020年	2021年	2022年
期间费用率	12.49%	8.01%	7.32%	6.14%	5.35%
管理费用率	3.79%	2.53%	3.09%	2.69%	2.13%

从表5-4中可看出，在2021年员工持股计划实施前，TCL科技期间成本占比较高，管理费用占总成本比例较大，2021年第一期员工持股计划的落实让管理费用率小幅降低，到2022年第二期计划的落实，管理费用率进一步下降，两期股权激励的实施使得管理费用率保持着稳定下降的趋势，期间费用率也在逐年下降，说明员工持股计划的股权激励措施大大降低了代理成本，有效解决了公司代理冲突问题。

第六章　中期财务报告

一、学习目的与要求

通过本章的学习，了解中期财务报告的概念及中期财务报告的构成，明确中期财务报告的编制应遵循的原则。

二、预习要览

（一）关键概念
1.中期　　　　　　　　　　　2.中期财务报告

（二）关键问题
1.什么是中期财务报告？

2.中期财务报告至少应包括哪些部分？

3.中期财务报告编制应遵循什么原则？

4.比较财务报表有哪些编制要求？

5.中期财务报告的确认和计量应遵循什么基本原则？

6.季节性、周期性或者偶然性取得的收入应如何确认和计量？

7.会计年度中不均匀发生的费用应该如何确认和计量？

8.中期会计政策变更应如何处理？

9.中期财务报告附注有哪些编制要求？

三、本章重点与难点

☐ 中期财务报告的编制应遵循的原则

☐ 比较财务报表的编制要求

☐ 中期会计政策变更的处理

☐ 中期财务报告附注的披露原则

（一）中期财务报告的编制应遵循的原则

（1）一致性原则。企业在编制中期财务报告时，应当将中期视为一个独立的会计期间，所采用的会计政策应当与年度财务报表所采用的会计政策一致，且在编制中期财务报告时不得随意变更会计政策。

（2）重要性原则。企业在编制中期财务报告时，必须坚持重要性原则。重要性原则是指企业对于某项重要的会计信息，必须在中期财务报告中予以报告，否则就会影响或误导投资者等会计信息使用者对这段期间企业财务状况、经营成果和现金流量情况的正确判断。企业在遵循重要性原则时应注意以下几点：

①重要性程度的判断应当以中期财务数据为基础，而不得以预计的年度财务数据为基础。这里所指的"中期财务数据"，既包括本中期的财务数据，也包括年初至本中期末的财务数据。

②重要性原则要求企业在中期财务报告中应当提供与理解企业本中期末财务状况、中期经营成果和中期现金流量相关的所有信息。企业在运用重要性原则时，应当避免在中期财务报告中由于不确认、不披露或者忽略某些信息而对信息使用者决策产生误导。

③重要性程度的确定需要具体情况具体分析和一定的职业判断。通常，在判断某一项目的重要性程度时，应当将该项目的金额和性质结合在一起予以考虑，而在判断项目金额重要性时，应当以资产、负债、净资产、营业收入、净利润等直接相关项目数字作为比较基础，并综合考虑其他相关因素。在一些特殊的情况下，单独依据项目的金额或者性质就可以判断其重要性，例如，企业发生会计政策变更，该变更事项对当期期末财务状况或者当期损益的影响可能比较小，但对以后期间财务状况或者损益的影响却比较大，因此，会计政策变更在性质上属于重要事项，应当在中期财务报告中予以披露。

（3）及时性原则。企业编制中期财务报告的目的就是向会计信息使用者提供比年度财务报告更加及时的会计信息，以提高会计信息的决策有用性。中期财务报告所涵盖的会计期间短于一个会计年度，所以其提供的会计信息更加具有及时性。为了在中期及时提供相关的财务信息，企业在会计计量上应该使用更多的会计估计手段。例如，企业通常会在会计年度末对存货进行全面、详细的实地盘点，因此，对年末存货可以达到较为精确的计价，但是在中期末，由于时间上的限制和成本方面的考虑，不大可能对存货进行全面、详细的实地盘点，在这种情况下，对于中期末存货的计价就可以在更大程度上依赖于会计估计。

一致性、重要性和及时性是编制中期财务报告时必须遵守的几条重要原则，但其他一些会计原则，如可比性原则、谨慎性原则、实质重于形式原则等，在编制中期财务报告时也应当予以遵循。

（二）比较财务报表的编制要求

为了提高财务报告信息的可比性、相关性和有用性，中期财务报告准则规定，企业在中期财务报告中提供的中期财务报表必须是比较中期财务报表。比较中期财务报表要求企业在中期财务报告中，除了提供本中期末资产负债表、本中期利润表和本中期末现金流量表外，还要提供上年度及相关中期的财务报表。比较中期财务报表主要包括以下报表：

（1）本中期末的资产负债表和上年度末的资产负债表。

（2）本中期的利润表、年初至本中期末的利润表以及上年度可比期间的利润表。上年度可比期间的利润表包括上年度可比中期的利润表和上年度年初至上年可比中期末的利润表。

（3）年初至本中期末的现金流量表和上年度年初至上年可比中期末的现金流量表。

企业在编制比较中期财务报表时，应注意以下几个方面：

（1）如果企业在中期因会计准则的变化而对财务报表项目进行了重新分类或其他调整，则上年度比较财务报表相关项目及金额也应该相应调整，以确保其与本年度中期财务报表的可比性。同时，企业还应当在附注中说明财务报表项目重新分类的原因及内容。如果企业因原始数据收集、整理或者记录等方面的原因，无法对比较财务报表中的有关项目及金额进行调整，应当在附注中说明原因。

（2）如果企业在本中期会计政策发生了变更，而且该变更对本会计年度以前中期财务报表净损益和其他相关项目数字的累积影响数能够合理确定，则应当进行追溯调整。如果对比较财务报表可比期间以前的会计政策变更的累积影响数也能够合理确定，也应按规定调整比较财务报表最早期间的期初留存收益和其他相关项目。同时，还应在财务报表附注中说明会计政策变更的性质、内容、原因及其影响数；无法追溯调整的，应当说明原因。

（3）对于在本年度中期内发生的以前年度损益调整事项，企业应当同时调整本年度财务报表相关项目的年初数，同时，比较财务报表中的相关项目及金额亦应作相应调整。

（三）中期会计政策变更的处理

对于中期财务报告会计政策的变更，企业应注意以下两点：

（1）中期财务报告准则不允许各中期随意变更会计政策，企业中期会计政策的变更应当符合《企业会计准则第28号——会计政策、会计估计变更和差错更正》规定的条件，只有在满足下列条件之一时，才能在中期进行会计政策变更：

①法律、行政法规或者国家统一的会计制度等要求变更；

②会计政策变更能够提供更可靠、更相关的会计信息。

（2）企业在中期进行会计政策变更时，应当确保该项会计政策将在年度财务报告中采用。

（四）中期财务报告附注的披露原则

中期财务报告附注是对中期资产负债表、利润表、现金流量表等报表中项目的文字描述或明细阐述以及对未能在这些报表中列示项目的说明等，其目的是使中期财务报告信息对会计信息使用者的决策更加有用。中期财务报告附注的披露应该坚持以下原则：

1.以年初至本中期末会计信息为基础的披露原则

编制中期财务报告的目的是向报告使用者提供自上年度资产负债表日之后所发生的重要交易或者事项，因此，中期财务报告附注应当以"年初至本中期末"为基础进行披露，而不应当仅披露本中期所发生的重要交易或者事项。

2.披露重要交易或事项的原则

为了全面反映企业财务状况、经营成果和现金流量，中期财务报告附注应当对自上年度资产负债表日以后发生的，有助于理解企业财务状况、经营成果和现金流量变化情况的重要交易或者事项以年初至本中期末会计信息为基础进行披露，但同时，对于与理解本中期财务状况、经营成果和现金流量有关的重要交易或者事项，也必须在附注中予以披露。

企业在披露中期财务报告附注信息时，应注意以下两点：

第一，凡涉及有关数据的，应当同时提供本中期（或者本中期末）和本年度初至本中期末的数据，以及上年度可比中期（或者可比期末）和可比年初至可比中期末的比较数据。

第二，在同一会计年度内，如果以前中期财务报告中的某项估计金额在最后一个中期发生了重大变更，而且企业又不单独编制该最后中期的财务报告，企业应当在年度财务报告的附注中披露该项会计估计变更的内容、原因及其影响金额。例如，某公司需要编制季度财务报告，但不需单独编制第四季度财务报告。假设该公司在第四季度里，对第一、二或者第三季度财务报表中所采用的会计估计，如固定资产折旧年限、资产减值、预计负债等估计作了重大变更，则需要在其年度财务报告附注中，按照《企业会计准则第28号——会计政策、会计估计变更和差错更正》的规定，披露该项会计估计变更的内容、原因及其影响金额。同样地，假如一家公司是需要编制半年度财务报告的企业，但不单独编制下半年财务报告，如果该公司对于上半年财务报告中所采用的会计估计在下半年作了重大变更，则应当在其年度财务报告的附注中予以说明。

四、练习题

（一）单项选择题

1.中期财务会计报告中的"中期"，是指（　　）。

A.短于一个月　　　　　　　　B.短于一个会计年度

C.短于半年　　　　　　　　　D.短于一个季度

2.中期财务报告不应当包括的内容是（　　）。

A.资产负债表　　　　　　　　B.利润表

C.现金流量表　　　　　　　　D.所有者权益变动表

3.中期财务报告中，（　　）可以适当简化，但应当遵循重要性原则。

A.利润表　　　　　　　　　　B.资产负债表

C.现金流量表　　　　　　　　D.财务报表附注

4.某股份有限公司是一家需要编制季度财务会计报告的上市公司。

下列会计报表中，不需要该公司在其2×24年第三季度财务会计报告中披露的是（　　）。

A.2×23年年末资产负债表

B.2×23年第三季度利润表

C.2×23年年初至第三季度末利润表

D.2×23年第三季度现金流量表

5.下列有关中期财务报告的表述中，符合现行会计准则规定的是（　　）。

A.中期会计报表的附注应当以本中期期间为基础编制

B.中期会计计量应当以年初至本中期末为基础

C.编制中期会计报表时应当以年度数据为基础进行重要性判断

D.对于年度中不均匀发生的费用，在中期会计报表中应当采用预提或待摊的方法处理

6.对于应当编制合并会计报表的上市公司，其中期财务报告应当（　　）。

A.提供合并会计报表

B.提供母公司会计报表

C.同时提供合并会计报表和母公司会计报表

D.提供合并会计报表或母公司会计报表

7.上市公司2×24年第三季度现金流量表反映的现金流量是（　　）。

A.7—9月的现金流量　　　　B.1—6月的现金流量

C.1—9月的现金流量　　　　D.上年7—9月的现金流量

8.甲公司为一家需要编制季度财务报告的企业，但无须单独披露第四季度财务报告，假设企业在第四季度对固定资产折旧年限的估计作了重大变更，则应当在其（　　）中披露变更的内容、理由及其影响金额。

A.年度会计报表附注　　　　B.年度财务情况说明书

C.第三季度会计报表附注　　D.中期会计报表附注

9.企业在判断重要性程度时，应当采用的比较基础是（　　）。

A.预计的年度财务数据　　　B.中期财务数据

C.预计的中期财务数据　　　D.上年度的年度财务数据

10.下列事项中，中期会计报表附注中可以不包括的内容是（　　　）。

A.存在共同控制关系的关联企业发生变化的情况

B.向所有者分配的每股股利

C.存在重大影响关系的长期股权投资的购买

D.债务性证券的发行情况

11.甲公司出于上市需要对外提供季度报告，对外提供的2×24年第二季度的利润表中不应当包括的时点数据是（　　　）。

A.2×24年4月1日至4月30日　　　B.2×24年4月1日至6月30日

C.2×24年1月1日至6月30日　　　D.2×23年1月1日至6月30日

（二）多项选择题

1.中期财务报告至少应当包括（　　　）。

A.资产负债表　　　　　　　　　B.利润表

C.现金流量表　　　　　　　　　D.所有者权益变动表

E.财务报表附注

2.在中期财务报告中，企业应当提供的比较会计报表包括（　　　）。

A.本中期末的资产负债表和上年度末的资产负债表

B.本中期的利润表

C.年初至本中期末的利润表以及上年度可比期间的利润表

D.年初至本中期末的现金流量表和上年度年初至可比中期末的现金流量表

E.本中期的现金流量表

3.中期会计报表的编制原则包括（　　　）。

A.中期财务报告中各会计要素的确认与计量标准应当与年度财务报告所采用的原则相一致

B.企业财务报告的频率不应当影响其年度结果的计量

C.对于季度性取得的收入应当在中期会计报表中预计或者递延

D.对于周期性取得的收入，企业应当在发生时予以确认和计量，不应当在中期报表中预计或递延

E.递延会计年度中不均匀发生的费用，应当在中期会计报表中预提或待摊

4.下列有关中期财务报告的表述中，符合现行会计准则规定的

有（   ）。

A.中期会计报表应当采用与年度会计报表相一致的会计政策

B.中期会计报表附注应当以会计年度年初至本中期末为基础编制

C.中期会计报表项目重要性程度的判断应当以预计的年度财务数据为基础

D.对于会计年度内不均匀取得的收入，在中期会计报表中不能采用预计方法处理

E.对于会计年度内不均匀取得的费用，在中期会计报表中不能采用预提方法处理

5.下列关于上市公司中期报告的表述中，正确的有（   ）。

A.中期会计计量应以年初至本中期末为基础

B.中期报告中应同时提供合并报表和母公司报表

C.中期报表仅是年度报表项目的节选，不是完整的报表

D.对中期报表项目进行重要性判断应以预计的年度数据为基础

E.中期报表中各会计要素的确认与计量标准应当与年度报表相一致

6.我国上市公司编制的半年度资产负债表中的日期为（   ）。

A.本会计年度前6个月的最后一天

B.上个会计年度的最后一天

C.本会计年度前3个月的最后一天

D.上个会计年度前6个月的最后一天

E.上个会计年度前3个月的最后一天

7.我国上市公司半年度中期的利润表及所有者权益变动表的报告期间为（   ）。

A.本会计年度前6个月   B.上个会计年度前3个月

C.本会计年度前3个月   D.上个会计年度前6个月

E.上年全年度

8.按有关规定，半年度中期会计报表附注中应当披露的内容有（   ）。

A.债务性证券的偿还

B.会计估计变更情况

C.存在控制关系的关联方关系的变化

D.一般或有事项

E.重大会计差错更正情况

9.会计政策变更发生在会计年度内第一季度以外的其他季度，除按规定作相应处理外，在会计报表附注的披露方面，企业需要披露（　　）。

A.会计政策变更对以前年度的累积影响数

B.会计政策变更对当年度变更季度损益的影响数

C.会计政策变更对当年年初至变更季度末损益的影响数

D.会计政策变更对当年度会计政策变更前各季度损益的影响数

E.会计政策变更对比较会计报表相关项目的调整数

10.2×24年第二季度财务报告应当提供的财务报表包括（　　）。

A.2×24年6月30日和2×23年12月31日的资产负债表

B.2×24年1月1日至6月30日和2×23年1月1日至6月30日的利润表

C.2×24年4月1日至6月30日和2×23年4月1日至6月30日的利润表

D.2×24年4月1日至6月30日和2×23年4月1日至6月30日的现金流量表

E.2×24年1月1日至6月30日和2×23年1月1日至6月30日的现金流量表

11.甲公司为上市公司，2×24年6月30日需要编制中期财务报告时，提供的现金流量表的时点涵盖（　　）。

A.2×24年1月1日至6月30日　　　B.2×23年1月1日至6月30日

C.2×24年4月1日至6月30日　　　D.2×23年4月1日至6月30日

E.2×23年1月1日至12月31日

12.企业在确认、计量和披露中期财务报告中列报的会计报表项目时，下列说法中正确的有（　　）。

A.应当遵循重要性原则

B.在判断项目的重要性程度时，应当以中期财务数据为基础，不应以预计的年度财务数据为基础

C.与年度财务数据相比，中期会计计量可在更大程度上依赖于估计

D.在判断项目的重要性程度时，应当以预计的年度财务数据为基础，不应以中期财务数据为基础

E.为保证财务数据的正确性，中期会计计量较少依赖于估计

13.某上市公司在2×24年第三季度发生了会计政策变更，则该公司在其2×24年第三季度财务报告的会计报表附注中应该披露有关会计政策变更的信息有（　　）。

A.对2×23年第三季度净利润的影响数

B.对2×24年年初至第三季度末净利润的影响数

C.对2×24年第一季度净利润的影响数

D.对2×24年第二季度净利润的影响数

E.对2×24年第三季度净利润的影响数

（三）判断题

1.中期财务报表计量相对于年度财务数据的计量而言，在很大程度上依赖于估计。　　　　　　　　　　　　　　　　　（　　）

2.报告中期内处置了所有应纳入合并范围的子公司的，中期财务报告中仍需要包括合并财务报表。　　　　　　　　　（　　）

3.会计年度内不均匀取得的收入，在中期财务报表中不能采用预提方法处理。　　　　　　　　　　　　　　　　　（　　）

4.中期财务报告应当采用与年度财务报告相一致的会计政策。
　　　　　　　　　　　　　　　　　　　　　　　　　（　　）

5.中期财务报告中一定不会有所有者权益变动表。　（　　）

6.中期财务报告中各会计要素的确认和计量因为财务报告期间的缩短可以有别于年度财务报表所采用的原则。　　　（　　）

7.对于本年度中期内发生的调整以前年度损益事项，不必调整本年度财务报表相关项目的年初数。　　　　　　　　（　　）

8.甲公司2×22年提供的半年度中期财务报告中的资产负债表的上年度比较财务报表时间是2×21年6月30日。　　　（　　）

9.中期财务报告中的附注应当以年初至本中期末为基础进行编制。
　　　　　　　　　　　　　　　　　　　　　　　　　（　　）

10.报告中期内处置了所有应纳入合并范围的子公司的，在提供上年度比较财务报表时应当同时提供合并财务报表和母公司报表。　（　　）

五、案例

案例6-1：基于天信公司中报实务看比较信息的披露

1.案例资料

天信公司成立于2×16年年初，公司成立之初没有一家子公司，因此，公司2×16年第一季度财务报告中只需要提供公司本身的个别财务报表，不必编制合并财务报表。在2×16年第二季度，公司并购了荣华公司，获得了该公司70%的股份，从而荣华公司成为天信公司的控股子公司，从2×16年第二季度开始，天信公司开始提供合并财务报表和母公司财务报表。至2×21年第二季度末天信公司共有子公司6家。

2×21年6月份，天信公司对所属员工进行专业技能和管理知识方面的培训，发生培训费用20万元。并且发现，公司2×21年第一季度管理用固定资产漏记折旧50万元，公司适用的所得税税率是25%。

2.要求

天信公司在编制2×21年第二季度财务报告时，应提供哪些比较财务报表？提供比较财务报表的时间是什么？对于第二季度发生的费用和前期差错应当如何处理？

3.分析提示

中期财务报告应当提供如下比较财务报表（包括合并报表和母公司报表），具体见表6-1。

表6-1 中期财务报告应当提供的比较财务报表

报表类别	本年度中期财务报表时间	上年度比较财务报表时间
资产负债表	2×21年6月30日	2×20年12月31日
利润表（本中期）	2×21年4月1日至6月30日	2×20年4月1日至6月30日
利润表（年初至本中期末）	2×21年1月1日至6月30日	2×20年1月1日至6月30日
现金流量表	2×21年1月1日至6月30日	2×20年1月1日至6月30日

（1）本中期末的资产负债表和上年度末的资产负债表。

（2）本中期的利润表、年初至本中期末的利润表以及上年度可比期间的利润表。

（3）年初至本中期末的现金流量表和上年初至上年可比本期末的现金流量表。

第二季度发生的培训费用，应当直接计入6月份的损益，不能在6月份之前预提或在6月份之后进行摊销。

第一季度的会计差错：少提折旧50万元，导致少计管理费用50万元，多计所得税费用12.5万元，多计净利润37.5万元。应进行如下调整：

借：以前年度损益调整   500 000

 贷：累计折旧   500 000

借：应交税费——应交所得税   125 000

 贷：以前年度损益调整   125 000

借：利润分配——未分配利润   375 000

 贷：以前年度损益调整   375 000

案例6-2：从S公司的中报看中报准则的应用

1.案例资料

S公司是上市旅游服务公司，主要经营水族馆、海洋探险人造景观及游乐园等，主要项目包括海洋世界、极地世界、珊瑚世界、深海传奇和恐龙传奇，其营业收入主要为门票收入。2×21年S公司第一至第三季度及年度利润表分别见表6-2、表6-3、表6-4和表6-5。

表6-2   **S公司2×21年第一季度利润表**

        2×21年1—3月   单位：人民币元

项目	本期金额	上期金额
一、营业收入	25 879 943.35	20 502 262.58
减：营业成本	20 760 832.84	19 907 502.71
税金及附加	513 588.99	685 867.00
销售费用	3 584 599.74	4 057 518.48
管理费用	5 920 353.69	5 984 828.56
财务费用	2 914 948.16	2 135 491.00

项目	本期金额	上期金额
二、营业利润	−7 814 380.07	−12 268 945.17
加：营业外收入	922 990.41	673 660.77
减：营业外支出	9 171.60	1 309 921.05
三、利润总额	−6 900 561.26	−12 905 205.45
减：所得税费用		
四、净利润	−6 900 561.26	−12 905 205.45

表6-3　　　　　　　　**S公司2×21年上半年利润表**

2×21年1—6月　　　　　　　　　　　　　　　　单位：人民币元

项目	本期发生额	上期发生额
一、营业收入	92 856 505.02	74 120 468.55
减：营业成本	45 836 708.04	41 038 720.35
税金及附加	1 195 073.19	1 274 729.88
销售费用	8 171 065.52	10 191 579.65
管理费用	14 470 393.17	13 943 985.90
财务费用	6 020 724.97	4 458 731.83
资产减值损失		−10 040 413.45
二、营业利润	17 162 540.13	13 253 134.39
加：营业外收入	1 159 664.44	856 005.26
减：营业外支出	1 326 663.95	3 900 254.31
三、利润总额	16 995 540.62	10 208 885.34
减：所得税费用	4 294 660.16	42 117.97
四、净利润	12 700 880.46	10 166 767.37

表6-4   **S公司2×21年第三季度利润表**

2×21年7—9月   单位：人民币元

项目	本期金额（7—9月）	上期金额（7—9月）	年初至报告期期末金额（1—9月）	上年年初至报告期期末金额（1—9月）
一、营业收入	138 402 764.15	117 022 967.56	231 259 269.17	191 143 436.11
减：营业成本	20 865 040.59	26 466 641.22	66 701 748.63	67 505 361.57
税金及附加	831 973.77	869 333.39	2 027 046.96	2 144 063.27
销售费用	2 700 559.61	1 723 356.28	10 871 625.13	11 914 935.93
管理费用	8 876 615.72	12 427 858.98	23 347 008.89	26 371 844.88
财务费用	2 441 747.33	2 545 723.24	8 462 472.30	7 004 455.07
资产减值损失				−10 040 413.45
加：投资收益		500 000.00		500 000.00
二、营业利润	102 686 827.13	73 490 054.45	119 849 367.26	86 743 188.84
加：营业外收入	1 349 024.19	356 745.33	2 508 688.63	1 212 750.59
减：营业外支出	1 005 493.36	601 849.39	2 332 157.31	4 502 103.70
三、利润总额	103 030 357.96	73 244 950.39	120 025 898.58	83 453 835.73
减：所得税费用	25 711 814.49	18 186 237.60	30 006 474.65	18 228 355.57
四、净利润	77 318 543.47	55 058 712.79	90 019 423.93	65 225 480.16

2.要求

（1）比较S公司前三个季度的利润表，指出第二、三季度利润表列报项目的区别，并说明哪种披露方式更符合中期报告准则的要求。

（2）分别计算S公司2×20年和2×21年四个季度的净利润，分析公司一年四个季度净利润的变化情况，指出S公司的盈利旺季，判断S公司营业收入分布的特点。

表6-5

S公司2×21年度利润表

2×21年1—12月　　　　　　　　　　　　　　单位：人民币元

项目	本期发生额	上期发生额
一、营业收入	253 539 887.81	207 351 168.96
减：营业成本	96 155 109.61	87 823 136.06
税金及附加	2 471 788.90	3 177 087.42
销售费用	13 352 338.38	14 259 606.96
管理费用	44 223 912.35	42 230 476.33
财务费用	11 036 233.14	9 756 396.91
加：资产减值损失	-49 476.49	-2 798 681.85
其他收益	1 024 386.99	
投资收益	-2 610 530.55	495 369.00
资产处置收益	9 682 827.91	14 199 260.02
二、营业利润	94 347 713.29	62 000 412.45
加：营业外收入	2 970 846.33	1 463 626.07
减：营业外支出	4 366 638.93	13 782 690.95
三、利润总额	92 951 920.69	49 681 347.57
减：所得税费用	24 101 345.20	12 469 562.49
四、净利润	68 850 575.49	37 211 785.08

（3）假设S公司的营业收入确实受季节的影响，可否将其全年的净利润在四个季度中平均分配？说明理由。

3.分析提示

（1）根据现行中期财务报告会计准则的要求，S公司第二季度和第三季度利润表应该分别提供当年、上年中期和从年初至中期的利润情况，所以第三季度的披露方式更合规。

（2）经过比较可以看出，S公司的盈利情况具有季节性，第二、三季度盈利，第一、四季度亏损，其中，第三季度是旺季，即7—9月份。各季度的比较净利润见表6-6。

表6-6　　　　　　　　　**各季度的比较净利润**　　　　　　单位：人民币万元

年份	第一季度	第二季度	第三季度	第四季度	合计
2×21年	−690.06	1 960.15	7 731.85	−2 116.88	6 885.06
2×20年	−1 290.52	2 307.20	5 505.87	−2 801.37	3 721.18

（3）尽管S公司是季节性盈利的公司，但根据现行会计准则的要求，企业中期财务报告的编制方法与年报的编制方法应完全一致，因此，不可以将全年的净利润平均分配到四个季度。

第七章　分部报告

一、学习目的与要求

通过本章的学习，掌握经营分部及报告分部的定义及确定方法，了解分部信息中的信息披露内容。

二、预习要览

（一）关键概念

1.分部报告　　　　　　　　2.经营分部

3.报告分部

（二）关键问题

1.什么是分部报告？

2.经营分部是指什么？如何确定经营分部？适合合并的经营分部有哪些？

3.报告分部是指什么？报告分部的确定标准和方法有哪些？

4.对分部信息需要在财务报表附注中披露哪些内容？

5.报告分部信息与企业总额信息相衔接的内容有哪些？

三、本章重点与难点

□ 经营分部的概念及确定方法

□ 报告分部的概念、确定标准与方法

□ 需要在财务报表附注中披露的分部信息

□ 报告分部信息与企业总额信息的衔接

（一）经营分部的概念及确定方法

1.经营分部的概念

经营分部是企业确认分部报告中的报告分部的基础，指企业内部同时满足下列条件的各组成部分：（1）该组成部分能够在日常活动中单独产生收入并发生费用；（2）企业管理层能够定期或分期评价该组成部分的经营成果，以决定向其配置资源和评价其业绩；（3）企业能够取得该组成部分的财务状况、经营成果和现金流量等会计信息。

2.经营分部的确定方法

企业一般应当以内部组织结构、管理要求、内部报告制度为依据确定单独的经营分部。每一个经营分部一般应具有独自的经济特征，经济特征不相似的经营分部，必须分别确定为不同的经营分部，不可以合并。在实务中，并非所有的经营分部都适合作为独立的经营分部来考虑，适合合并的经营分部包括：

（1）单项产品或劳务性质相同或相似的经营分部。

各单项产品或劳务的性质主要指产品或劳务的规格、型号和最终用途等。通常情况下，如果产品或劳务的性质相同或相似，其风险、报酬率及成长率可能较为接近，因此，一般可以将其划分为同一经营分部。对于性质完全不同的产品或劳务，则不应当将其划分为同一经营分部。

（2）生产过程的性质相同或相似的经营分部。

生产过程的性质主要包括采用劳动密集或资本密集方式组织生产、使用相同或相似设备和原材料、采用委托生产或加工方式生产等。对于其生产过程性质相同或相似的，可以将其划分为一个经营分部。

（3）产品或劳务的客户类型相同或相似的经营分部。

产品或劳务的客户类型主要包括大宗客户、零散客户等。拥有同一类型的客户的，如果其销售条件基本相同，例如相同或相似的销售价格、销售折扣或售后服务，往往具有相同或相似的风险和报酬，适合划分为一个经营分部；而拥有不同类型的客户的，由于其销售条件不尽相同，往往具有不同的风险和报酬，就不适合划分为一个经营分部。

（4）销售产品或提供劳务的方式相同或相似的经营分部。

销售产品或提供劳务的方式主要包括批发、零售、自产自销、委托销售、承包等。如果经营分部销售产品或提供劳务的方式相同或相似，往往具有相同或相似的风险和报酬，适合划分为一个经营分部，但如果各经营分部销售产品或提供劳务的方式不同，其承受的风险和报酬也不相同，就不适合合并为一个经营分部。

（5）生产产品或提供劳务受法律、行政法规的影响相同或相似的经营分部。

企业生产的产品或提供的劳务总是处于一定的经济法律环境之下，受法律和行政法规的影响，包括法律法规规范的经营范围或交易定价机制等，在不同法律环境下生产的产品或提供的劳务可能面临不同的风险和报酬，所以，对不同法律环境下生产的产品或提供的劳务应分别设置经营分部，而处于相同或相似法律环境下的产品生产或劳务供应，应适合合并设置经营分部，只有这样，才会向会计信息使用者提供不同法律环境下产品生产或劳务供应的信息，有利于会计信息使用者对企业未来的发展走向作出判断和预测。

（二）报告分部的概念、确定标准与方法

1.报告分部的概念及确定标准

报告分部是指在分部报告中单独披露其财务信息的经营分部。根据分部报告准则的规定，并非所有的经营分部都有必要在分部报告中单独披露相关的财务信息，在确定报告分部时，应当考虑重要性原则，通常情况下，符合重要性标准的经营分部才能确定为报告分部。

根据分部报告准则的规定，判断经营分部是否重要的标准主要有以下三个，满足三者中任意一条标准，都被认为是重要分部，并应确定为报告分部：

（1）分部收入占所有分部收入合计的10%或者以上的经营分部。

分部收入，是指可归属于经营分部的对外交易收入和对其他分部交易收入。分部收入主要由可归属于经营分部的对外交易收入构成，通常为营业收入。可归属于经营分部的收入来源于两个渠道：一是可以直接归属于经营分部的收入，即直接由经营分部的业务交易产生的收入；二是可以间接归属于经营分部的收入，即将企业交易产生的收入在相关经营分部之间进行分配，按属于某经营分部的收入金额确认为分部收入。

分部收入通常不包括下列项目：①利息收入（包括因预付或借给其他分部款项而确认的利息收入）和股利收入（采用成本法核算的长期股权投资取得的股利收入），但分部的日常活动是金融性质的除外。②营业外收入，如固定资产盘盈、罚没收入等。③处置投资产生的净收益，但分部的日常活动是金融性质的除外。④采用权益法核算的长期股权投资确认的投资收益，但分部的日常活动是金融性质的除外。

（2）分部利润（亏损）的绝对额占所有盈利分部利润合计数或者所有亏损分部亏损合计数的绝对额两者中较大者的10%或者以上的经营分部。

分部利润（亏损），是指分部收入减去分部费用后的余额。在计算分部利润（亏损）时，应注意将不属于分部收入和分部费用的项目剔除。

分部费用，是指可归属于经营分部的对外交易费用和对其他分部交易费用。分部费用主要由可归属于经营分部的对外交易费用构成，通常包括营业成本、税金及附加、销售费用等。与分部收入的确认相同，可归属于经营分部的费用也来源于两个渠道：一是可以直接归属于经营分部的费用，即直接由经营分部的业务交易产生的费用；二是可以间接归属于经营分部的费用，即将企业交易发生的费用在相关分部之间进行分配，按属于某经营分部的费用金额确认为分部费用。

分部费用通常不包括下列项目：①利息费用（包括因预收或向其他分部借款而确认的利息费用），如发行债券产生的利息费用，但经营分部的日常活动是金融性质的除外。②营业外支出。③处置投资发生的净损失，但经营分部的日常活动是金融性质的除外。④采用权益法核算的长期股权投资确认的投资损失，但经营分部的日常活动是金融性质的除外。⑤与企业整体相关的管理费用和其他费用。

（3）分部资产占所有分部资产合计数的10%或者以上的经营分部。

分部资产是指经营分部日常活动中使用的可归属于该经营分部的资产，不包括递延所得税资产。企业在计量分部资产时，应当按照分部资产的账面净值进行计量，即按照原值扣除相关累计折旧或摊销额以及累计减值准备后的金额计量。

企业在确认分部资产时，应注意分部资产与分部利润（亏损）、分部费用等之间存在的对应关系，这些关系主要包括：①如果分部利润（亏损）包括利息或股利收入，分部资产中就应当包括相应的应收账款、贷款、投资或其他金融资产。②如果分部费用包括某项固定资产的折旧费用，分部资产中就应当包括该项固定资产。③如果分部费用包括某项无形资产或商誉的摊销额或减值额，分部资产中就应当包括该项无形资产或商誉。

由两个或两个以上经营分部共同享有的资产，其归属权取决于与该资产相关收入和费用的分配，与共享资产相关的收入和费用归属哪个经营分部，共享资产就应该分配给哪个经营分部。共享资产的折旧费或摊销费应该在其所归属的分部经营成果中扣减。

2.不满足报告分部确定标准的经营分部的处理

如果经营分部未满足上述10%的重要性标准，可以按照下列规定确定报告分部：

（1）企业管理层如果认为披露该经营分部信息对会计信息使用者有用，那么，无论该经营分部是否满足10%的重要性标准，都可以将该分部直接确定为报告分部。

（2）将未满足报告分部确定标准的经营分部与一个或一个以上的具有相似经济特征、满足经营分部合并条件的其他经营分部合并，作为一个报告分部。对经营分部10%的重要性测试可能会导致企业拥有大量未满足10%临界线的经营分部，在这种情况下，如果企业没有直接将这些经营分部确定为报告分部，就可以将它们适当合并成一个报告分部。

（3）不将该经营分部直接确定为报告分部，也不将该经营分部与其他未作为报告分部的经营分部合并为一个报告分部的，企业在披露分部信息时，应当将该经营分部的信息与其他组成部分的信息合并，作为"其他项目"单独在分部报告中披露。

3.报告分部的75%外部收入约束条件

根据分部报告准则的规定，企业在确定报告分部时，除了要满足前述报告分部的10%的重要性确定标准外，还要注意报告分部的75%的外部交易收入约束条件。"报告分部的75%的外部交易收入约束条件"是指被确定为报告分部的经营分部，不管数量有多少，各个报告分部的对外交易收入合计数占企业总收入的比重必须达到75%。如果满足条件的报告分部对外交易收入的总额未达到企业总收入的75%，则企业必须增加该报告分部中的报告分部数量，将原未作为报告分部的经营分部确认为报告分部，直到该比重达到75%。此时，其他未作为报告分部的经营分部很可能未满足前述规定的10%的重要性标准，但为了使报告分部的对外交易收入合计额占合并总收入或企业总收入的总体比重能够达到75%，也应当将其确定为报告分部。

4.报告分部的数量标准

根据前述报告分部的确定标准以及外部交易收入75%的约束条件，企业最终确定的报告分部数量可能会超过10个。如果这样，企业提供的分部信息可能变得非常烦琐，不利于会计信息使用者理解和使用，因此，分部报告准则规定，在分部报告中，报告分部的数量不应超过10个。如果按照规定标准确定的报告分部数量超过10个，企业应当考虑将具有相似经济特征、满足经营分部合并条件的报告分部进行合并，以确保报告分部的数量不超过10个。

5.分部报告中的可比性原则

企业在确定报告分部时，除应遵循相应的确定标准及约束条件外，还应当考虑不同会计期间分部信息的可比性和一致性。对于某一经营分部，在上期可能满足报告分部的确定条件从而确定为报告分部，但本期可能并不满足报告分部的确定条件，基于可比性原则，如果企业认为该经营分部仍然重要，单独披露该经营分部的信息能够更有助于会计信息使用者了解企业的整体情况，则无须考虑经营分部确定为报告分部的条件，仍应当将该经营分部确定为本期的报告分部。

反之，对于某一经营分部，在本期可能满足报告分部的确定条件从而确定为报告分部，但上期可能并不满足报告分部的确定条件从而未确定为报告分部。基于可比性原则，企业亦可以将以前会计期间该分部信息进行重述，并追溯披露该分部信息；如果重述所需要的信息无法获得，或者不符合成本效益原则，则无须重述以前会计期间的分部信息。无论是否对以前期间相应的报告分部进行重述，企业均应当在报表附注中披露这一事实。

（三）需要在财务报表附注中披露的分部信息

企业应当在财务报表附注中充分披露分部信息，分部信息的披露应当有助于会计信息使用者评价企业各分部所从事经营活动的性质、财务影响及经营所处的经济环境。企业应当以对外提供的财务报表为基础披露分部信息；对外提供合并财务报表的企业，应当以合并财务报表为基础披露分部信息。在财务报表附注中应当披露的分部信息主要包括：

1.描述性信息

企业应当在财务报表附注中披露如下与报告分部相关的描述性信息：

（1）确定报告分部考虑的因素。

确定报告分部考虑的因素通常包括企业管理层是怎样对报告分部进行管理的，例如按照产品或劳务管理、按地理区域管理或综合各种因素进行组织管理等。

（2）报告分部的产品或劳务的类型。

2.每个报告分部的利润（亏损）总额、资产总额、负债总额信息

（1）每个报告分部的利润（亏损）信息。

企业应当在财务报表附注中披露每个报告分部的利润（亏损）信息，包括利润（亏损）总额及其组成项目。同时，还应披露与利润（亏损）相关的每个报告分部的下列信息：

①对外交易收入和分部间交易收入。

②利息收入和利息费用。但是，报告分部的日常活动是金融性质的除外。

③折旧费用和摊销费用，以及其他重大的非现金项目。

④采用权益法核算的长期股权投资确认的投资收益。

⑤所得税费用或所得税收益。

⑥其他重大的收益或费用项目。

（2）每个报告分部的资产总额、负债总额信息。

企业应当在财务报表附注中披露每个报告分部的资产总额、负债（不包括递延所得税负债）总额信息，包括资产总额组成项目的信息。同时，还应当在附注中披露与资产相关的每个报告分部的下列信息：

①采用权益法核算的长期股权投资的金额。

②非流动资产（不包括金融资产、独立账户资产、递延所得税资产）金额。

对于两个或多个经营分部共同承担的负债，其分配取决于与共同负债相关费用的分配，与共同负债相关费用分配给哪个经营分部，该共同负债也应当分配给哪个经营分部。

3.分部会计政策及其变更的信息

（1）分部会计政策及其变更。

分部会计政策是指与披露分部报告特别相关的会计政策。一般来说，分部会计政策应当与编制集团合并财务报表或企业财务报表时所采用的会计政策一致，但某些分部信息也会采用分部特有的会计政策，比如分部的确定、分部间转移价格的确定方法，以及将收入、费用、资产和负债分配给报告分部的基础等。

企业应当在附注中披露与报告分部利润（亏损）计量相关的下列分部会计政策：①分部间转移价格的确定基础；②相关收入和费用分配给报告分部的基础；③确定报告分部利润（亏损）使用的计量方法的变更及变更的性质及影响等。

企业还应当在附注中披露与分部资产、负债计量相关的下列分部会计政策：①分部间转移价格的确定基础；②相关资产或负债分配给报告分部的基础。

如果企业因管理战略或内部组织结构改变对经营业务范围作出变更或对经营地区作出调整，使企业原已确定的报告分部所面临的风险和报酬产生较大差异，则必须改变原报告分部的分类。在这种情况下，企业就应当对此项分部会计政策变更予以披露。对于分部会计政策的变更，应当提供前期比较数据。对于某一经营分部，如果本期满足报告分部的确定条件确定为报告分部，即使前期没有满足报告分部的确定条件未确定为报告分部，也应当提供前期的比较数据。但是，重述信息不切实可行的除外。分部会计政策变更时，不论企业是否提供前期比较数据，均应在附注中披露这一事实。

（2）分部间转移价格的确定及其变更。

企业在计量分部之间发生的交易收入时，需要确定分部间转移交易价格。一般情况下，分部之间的交易定价不同于市场公允交易价格，为准确计量分部转移价格，企业在确定分部间交易收入时，应当以实际交易价格为基础计量。由于企业不同期间生产的产品成本不同，可能会导致不同期间分部间转移价格的确定产生差异，造成转移交易价格的变更。对于分部间转移价格的确定及其变更，企业除了应在附注中披露转移价格的确定基础外，还应当披露转移交易价格的变更情况。

（四）报告分部信息与企业总额信息的衔接

企业披露的分部信息，应当与合并财务报表或企业财务报表中的总额信息相衔接。具体衔接内容包括：

1.报告分部收入总额应当与企业收入总额相衔接

报告分部收入包括可归属于报告分部的对外交易收入和对其他分部交易收入。报告分部收入总额在与企业收入总额进行衔接时，需要将报告分部之间的内部交易进行抵销。各个报告分部的收入总额，加上未包含在任何报告分部中的对外交易收入金额之和，扣除报告分部之间交易形成的收入总额，应当与企业收入总额一致。

2.报告分部利润（亏损）总额应当与企业利润（亏损）总额相衔接

报告分部利润（亏损）总额是报告分部收入总额扣除报告分部费用总额之后的差额。报告分部利润（亏损）总额与企业利润（亏损）总额进行衔接时，需要将报告分部之间的内部交易产生的利润（亏损）进行抵销。各个报告分部的利润（亏损）总额，加上未包含在任何报告分部中的利润（亏损）金额之和，扣除报告分部之间交易形成的利润（亏损）金额之和，应当与企业利润（亏损）总额一致。

3.报告分部资产和负债总额应当与企业资产和负债总额相衔接

企业资产总额由归属于报告分部的资产总额和未分配给各个报告分部的资产总额组成。企业负债总额由归属于报告分部的负债总额和未分配给各个报告分部的负债总额组成。

四、练习题

（一）单项选择题

1.以下有关分部报告的叙述中，错误的是（　　　）。

A.分部报告通常是作为财务报告的组成部分予以披露的

B.在企业财务报告仅披露个别报表的情况下，其分部报告的披露以个别财务报表为基础列报

C.在企业财务报告披露合并报表的情况下，其分部报告的披露仍以个别财务报表为基础列报

D.主要分部报告可以采用业务分部报告或地区分部报告的形式

2.下列各项中，不属于企业一般确定单独的经营分部的依据的

是（　　）。

  A.内部组织结构   B.管理要求

  C.业务部门   D.内部报告制度

  3.报告分部是指在分部报告中单独披露其（　　）的经营分部。

  A.财务信息   B.风险和报酬

  C.会计信息   D.分部信息

  4.分部报告准则规定，在分部报告中，报告分部的数量不应超过（　　）个。

  A.10   B.7

  C.15   D.12

  5.企业编制分部报表时，不需要在其分部报表中披露的项目是（　　）。

  A.分部间营业收入   B.分部间营业成本

  C.分部间营业利润   D.资产总额

  6.下列收入中，应作为分部收入的是（　　）。

  A.对外营业收入

  B.从企业外部取得的利息收入

  C.非金融机构对其他分部预付款或贷款所发生的利息收入

  D.分部内部发生的应收款项取得的利息收入

  7.下列各项费用中，应作为分部费用的是（　　）。

  A.经营分部的日常活动是非金融性质的，因预收或向其他分部借
   款而确认的利息费用

  B.营业外支出

  C.经营分部的日常活动是金融性质的，处置投资发生的净损失

  D.与企业整体相关的管理费用和其他费用

  （二）多项选择题

  1.下列各项中，适合合并的经营分部包括（　　）。

  A.单项产品或劳务的性质相同或相似的经营分部

  B.生产过程的性质相同或相似的经营分部

  C.产品或劳务的客户类型相同或相似的经营分部

  D.销售产品或提供劳务的方式相同或相似的经营分部

E.生产产品或提供劳务受法律、行政法规的影响相同或相似的经营分部

2.关于报告分部的确定，下列说法中正确的有（　　　）。

A.企业应以经营分部确定报告分部

B.企业应以业务分部或地区分部确定报告分部

C.分部收入占所有分部收入合计的10%或者以上的经营分部，应将其确定为报告分部

D.分部利润（亏损）的绝对额占所有盈利分部利润合计额或者所有亏损分部亏损合计额的绝对额两者中较大者的10%或者以上的经营分部，应将其确定为报告分部

E.分部资产占所有分部资产合计额的10%或者以上的经营分部，应将其确定为报告分部

3.分部报告中的可比性原则是指，企业在确定报告分部时，除应遵循相应的确定标准及约束条件外，还应当考虑不同会计期间分部信息的（　　　）。

A.相关性　　　　　　　　　B.可比性

C.及时性　　　　　　　　　D.一致性

E.可靠性

4.无论哪类分部作为主要报告形式，均要披露的信息有（　　　）。

A.分部营业收入和营业成本　　B.分部期间费用

C.分部营业利润　　　　　　　D.分部资产和负债

E.分部信息与在合并会计报表和个别报表中总额信息之间的调节情况

5.下列有关分部报告的表述中，符合现行会计准则规定的有（　　　）。

A.分部报告应当披露每个报告分部的净利润

B.分部收入应当区分对外交易收入和对其他分部收入予以披露

C.在分部报告中应将递延所得税资产作为分部资产单独予以披露

D.应根据企业风险和报酬的主要来源和性质确定分部的主要报告形式

E.在编制合并会计报表的情况下应当以合并会计报表为基础披露分部信息

6.下列表述中正确的有（　　　）。

A.分部报告是企业财务报告的一个组成部分

B.个别报表和合并会计报表一并提供时，分部报告的披露以合并会计报表为基础

C.企业仅披露个别报表时，分部报告的披露以个别报表为基础

D.无论是否同时提供合并会计报表，分部报告的披露均以个别报表为基础

E.分部报告通常作为会计报表附注的组成部分

7.下列各项中，属于分部费用的有（　　　）。

A.利息费用　　　　　　　　　B.营业成本

C.税金及附加　　　　　　　　D.营业外支出

E.所得税费用

8.满足下述条件之一的分部即可确定为报告分部，这些条件包括（　　　）。

A.该分部负债总额占所有分部负债总额的10%或以上

B.该分部费用总额占所有分部费用总额的10%或以上

C.该分部资产总额占所有分部资产总额的10%或以上

D.该分部的营业收入占各分部营业收入总额的10%或以上

E.该分部的营业利润占各分部营业利润总额或营业亏损总额两者绝对值中较大者的10%或以上

9.企业应当在附注中披露的会计政策有（　　　）。

A.与报告分部利润（亏损）计量相关的，分部间转移价格的确定基础

B.与报告分部利润（亏损）计量相关的，相关收入和费用分配给报告分部的基础

C.与报告分部利润（亏损）计量相关的，确定报告分部利润（亏损）使用的计量方法的变更和变更的性质及影响等

D.与分部资产、负债计量相关的，分部间转移价格的确定基础

E.与分部资产、负债计量相关的，相关资产或负债分配给报告分部的基础

10.企业应当区分主要报告形式和次要报告形式披露分部信息，以

下表述中正确的有 (　　　)。

　　A.风险和报酬主要受企业在不同国家或地区经营活动影响的,
披露分部信息的主要形式是地区分部,次要报告形式是业务
分部

　　B.风险和报酬主要受企业在不同国家或地区经营活动影响的,披露
分部信息的主要形式是业务分部,次要报告形式是地区分部

　　C.风险和报酬主要受企业的产品和劳务差异影响的,披露分部信息
的主要形式是业务分部,次要报告形式是地区分部

　　D.风险和报酬同时受企业的产品和劳务差异影响以及经营活动所
在国家或地区的差异影响的,披露分部信息的主要形式是地区分
部,次要报告形式是业务分部

　　E.风险和报酬同时受企业的产品和劳务差异影响以及经营活动所在
国家或地区的差异影响的,披露分部信息的主要形式是业务分
部,次要报告形式是地区分部

(三) 判断题

1.企业的每个组成部分都是经营分部或经营分部的一个组成部分。
(　　)

2.在实务中,所有的经营分部都适合作为独立的经营分部来考虑。
(　　)

3.只要两个业务分部或地区分部具有相近的长期财务业绩,便可以
予以合并。(　　)

4.如果某一特定地区在生产经营上存在特定的风险,则不能将其与
其他地区分部合并。(　　)

5.采用权益法核算的长期股权投资在被投资单位实现的净利润中应
享有的份额属于分部收入。(　　)

6.分部费用包括与企业整体相关的管理费用和其他费用。(　　)

7.如果分部费用包括某项无形资产或商誉的摊销额或减值额,则分
部资产中就应当包括该项无形资产或商誉。(　　)

8.提供合并财务报表的企业,分部利润应当在调整少数股东损益前
确定。(　　)

9.分部负债包括递延所得税负债。　　　　　　　　　（　　）

10.分部资产的披露按照分部资产的账面价值来确定，即应当扣除相关累计折旧或摊销额以及减值准备后的金额确定。（　　）

五、案例

案例7-1：基于华美公司实务看业务分部和报告分部的确定

1.案例资料

华美公司是一家跨国公司，总部设在中国，主要生产甲、乙、丙3个牌子的服装、化妆品、香水等，同时运营相关产品的销售、运输等。生产的产品主要销往中国、新加坡、马来西亚等。华美公司2×23年12月31日的有关资料见表7-1。经过专家预测，生产服装的3个部门今后5年内的平均销售毛利率相差不大，并且各种服装的生产过程、客户类型、销售方式类似。华美公司将业务分部作为主要报告形式。

表7-1　　　　　　　　　　　华美公司业务资料　　　　　　　　　　单位：元

项目	甲服装	乙服装	丙服装	化妆品	香水	销售公司	运输公司	合计
营业收入	235 000	195 600	358 200	605 500	387 800	625 750	98 000	2 505 850
其中：对外交易收入	188 850	126 400	285 400	465 900	308 950	625 750	98 000	2 099 250
分部间交易收入	46 150	69 200	72 800	139 600	78 850	0	0	406 600
销售费用	188 540	155 750	286 540	386 850	285 800	562 850	65 000	1 931 330
其中：对外销售费用	135 850	105 730	234 250	306 520	251 350	463 800	65 000	1 562 500
分部间交易费用	52 690	50 020	52 290	80 330	34 450	99 050	0	368 830
营业利润	46 460	39 850	71 660	218 650	102 000	62 900	33 000	574 520
资产总额	468 000	356 000	578 350	981 500	541 520	852 500	279 100	4 056 970
负债总额	213 680	157 420	245 310	423 550	198 450	326 510	115 260	1 680 180

2.要求：

确定华美公司的业务分部是哪几个，报告分部是哪几个。

3.分析提示：

经过对表7-1的资料进行分析得出，生产服装的3个部门的毛利率分别是 19.77%、20.37%、20.01%，由于近 5 年内平均销售毛利率相差不大，所以可以认为这 3 个部门具有相近的长期财务业绩；同时这 3 个部门的生产过程、客户类型、销售方式类似，因此可以将生产服装的 3 个部门予以合并，共同组成一个业务分部。因此华美公司的业务分部为服装分部、化妆品分部、香水分部、销售公司分部和运输公司分部。

由于 3 种服装已经合并成一个服装分部，因此通过计算，服装分部、化妆品分部、香水分部、销售公司分部和运输公司分部的各分部资产占分部资产合计的百分比分别为 34.57%、24.19%、13.35%、21.01%、6.88%。根据分部资产占所有分部资产合计额的 10% 或者以上可以确定为一个报告分部的规定，华美公司在确定报告分部时，应当将服装分部、化妆品分部、香水分部、销售公司分部作为报告分部。

案例 7-2：基于 Z 银行分部报告的财务分析

1. 案例资料

Z 银行的主要业务是为零售及批发客户提供金融服务，其向公司类客户、政府机构类客户、同业机构类客户提供的金融服务，具体包括：贷款及存款服务，结算与现金管理服务，贸易金融与离岸业务，投资银行业务，拆借、回购等同业机构往来业务，资产托管业务，金融市场业务及其他服务。零售金融业务向个人客户提供的金融服务包括：贷款及存款服务、银行卡服务、财富管理、私人银行及其他服务。

从 2×22 年起，Z 银行将分部报告中的经营分部的业务分为批发金融业务、零售金融业务和其他业务，其他业务是指除了批发和零售金融业务之外的其他业务（如投资性房地产等）。2×23 年、2×22 年，Z 银行分部报告见表 7-2。

表 7-2 　　　　　　　　　　　　　**Z 银行分部报告** 　　　　　　　　单位：百万元

	批发金融业务		零售金融业务		其他业务		合计	
	2×23 年	2×22 年	2×23 年	2×22 年	2×23 年	2×22 年	2×23 年	2×22 年
外部净利息收入	28 441	39 706	89 674	75 356	26 737	19 533	144 852	134 595
内部净利息收入	44 084	26 837	-18 716	-7 863	-25 368	-18 974	—	—

	批发金融业务		零售金融业务		其他业务		合计	
	2×23年	2×22年	2×23年	2×22年	2×23年	2×22年	2×23年	2×22年
净利息收入	72 525	66 543	70 958	67 493	1 369	559	144 852	134 595
净手续费及佣金收入	23 871	25 911	36 390	31 797	3 757	3 157	64 018	60 865
其他净收入	6 627	9 345	1 038	873	4 362	4 042	12 027	14 260
营业收入	103 023	101 799	108 386	100 163	9 488	7 758	220 897	209 720
折旧费用	-1 349	-1 277	-2 069	-2 043	-1 140	-384	-4 558	-3 704
资产减值损失	-39 826	-48 233	-19 737	-17 034	-363	-892	-59 926	-66 159
其他	-25 056	-23 322	-38 162	-36 014	-2 655	-2 108	-65 873	-61 444
营业支出	-66 231	-72 832	-59 968	-55 091	-4 158	-3 384	-130 357	-131 307
营业外收入	150	385	22	36	171	265	343	686
营业外支出	-158	-94	-25	-9	-20	-33	-203	-136
报告分部税前净利润	36 784	29 258	48 415	45 099	5 481	4 606	90 680	78 963
资本性支出	2 930	1 354	4 494	2 166	8 585	12 395	16 009	15 915
报告分部资产	2 824 718	2 812 631	1 814 999	1 571 688	1 592 483	1 506 820	6 232 200	5 891 139
报告分部负债	3 459 039	3 204 988	1 359 453	1 301 502	901 122	968 103	5 719 614	5 474 593

表7-2中的外部净利息收支是指报告分部通过对外部提供银行业务而获得的净利息收入或支出。内部净利息收支是指报告分部通过内部资金转移定价机制所承担的损益。

2.要求

（1）计算Z银行各项营业收入占总营业收入的百分比，说明其核心收入来源。

（2）计算批发和零售金融两个分部净利息收入和佣金及手续费收入占相关收入总额的百分比，评价两个分部主要业务的创收能力。

（3）计算各报告分部税前净利润占税前净利润总额的百分比，评价各分部的业绩。

（4）计算各分部资产负债率，分析各分部的财务风险。

3.分析提示

（1）Z银行收入来源于净利息收入、手续费及佣金收入和其他收入，通过计算各项收入占总收入的百分比，可以确认该银行的核心收入应该是净利息收入，其次是手续费和佣金。2×23年和2×22年，Z银行各项收入占总收入的百分比见表7-3：

表7-3　　　　　　　　　　　Z银行收入占比分析表

年份	净利息收入占比（%）	手续费及佣金收入占比（%）	其他收入占比（%）	合计（%）
2×23年	65.57	28.98	5.45	100
2×22年	64.18	29.02	6.80	100

（2）通过计算各报告分部净利息收入和手续费及佣金收入占相关收入总额的百分比可以看出，批发金融和零售金融净利息收入差距不大，但零售金融的手续费及佣金收入高于批发金融。2×23年、2×22年净利息收入和手续费及佣金收入占比分别见表7-4和表7-5：

表7-4　　　　　　　　　　　净利息收入占比分析表

年份	批发金融	零售金融	其他	合计
2×23年	50.07%（72 525÷144 852）	48.99%（70 958÷144 852）	0.94%	100%
2×22年	49.44%（66 543÷134 595）	50.15%（67 493÷134 595）	0.41%	100%

表7-5　　　　　　　　　　　手续费及佣金收入占比分析表

年份	批发金融	零售金融	其他	合计
2×23年	37.29%（23 871÷64 018）	56.84%（36 390÷64 018）	5.87%	100%
2×22年	42.57%（25 911÷60 865）	52.24%（31 797÷60 865）	5.19%	100%

（3）通过计算各报告分部税前净利润占净利润总额的百分比可以看出，在批发金融和零售金融两个重要分部中，零售金融的业绩更好一

· 178 ·

些，具体见表7-6的计算结果。

表7-6　　　　　　　**各报告分部税前净利润占比分析表**

年份	批发金融	零售金融	其他	合计
2×23年	40.56%	53.39%	6.05%	100%
2×22年	37.05%	57.11%	5.84%	100%

（4）通过计算各分部负债对资产的比例可以看出，零售金融的财务风险比较适中，批发金融的财务风险较高，具体见表7-7的计算结果。

表7-7　　　　　　　**各报告分部资产负债率分析表**

年份	批发金融	零售金融	其他	合计
2×23年	122.46%	74.9%	56.59%	—
2×22年	113.95%	82.8%	64.25%	—

第八章　清算会计

一、学习目的与要求

通过本章的学习，在了解企业清算的基本内容和企业清算会计的特点的基础上，熟悉清算损益的确认计量原理，掌握企业非破产清算与破产清算会计处理的基本方法。

二、预习要览

（一）关键概念

1.企业清算　　　　　　　2.企业终止

3.非破产清算　　　　　　4.破产清算

5.企业清算会计　　　　　6.清算损益

7.破产管理人　　　　　　8.土地转让收益

（二）关键问题

1.什么是企业清算？

2.企业终止的原因有哪些？

3.企业清算如何分类？

4.企业清算会计有什么特点？

5.企业普通清算与企业破产清算的会计处理有什么区别？

三、本章重点与难点

□ 企业清算的含义

□ 企业清算会计的特点

□ 企业清算会计的主要内容

（一）企业清算的含义

一般来说，法人的清算有两种方式：一种是依照破产程序进行清算，法人在宣告破产后，要由法院组织有关人员成立清算组织，依破产程序进行清算；另一种是不依照破产程序进行的清算，它适用于非以破产为由的法人解散。

企业清算的最基本分类是非破产清算与破产清算。

非破产清算是指在公司法人资产足以清偿债务的情况下，依照公司法的规定所进行的清算，包括自愿解散的清算和强制解散的清算。此种清算的财产除用于清偿公司的全部债务外，还要将剩余的财产分配给债权人和股东。

破产清算是指在企业不能清偿到期债务的情况下，依照《中华人民共和国企业破产法》（以下简称《破产法》）的规定所进行的清算。《中华人民共和国公司法》（以下简称《公司法》）规定："公司被依法宣告破产的，依照有关企业破产的法律实施破产清算。"

此二者进行区分的依据主要是企业依法清算的程序不同。

企业终止时，如果财产足以偿还债务，所进行的清算为非破产清算，理论上全部债权人的债权均能实现，而且往往还存在剩余财产可供分配；如果财产已不足以偿还全部债务，则必须按照破产清算程序进行清算，按照法定程序和公平受偿原则清偿破产企业职工工资、劳动保险费用、所欠税款、破产债权后，企业终止。

（二）企业清算会计的特点

企业清算会计是财务会计的一个分支，是专门对清算期间的财务信息进行记录、核算、报告的会计管理活动。清算会计主要在会计目标、计量基础及核算原则、会计循环和报表体系四个方面与常规财务会计有所区别。企业清算会计的目标是反映清算过程中的财产变现、债务清偿、资金流转和清算损益的信息；清算会计以变现价值为计量基础，用清算价格原则和收付实现制原则取代历史成本原则和权责发生制原则；清算会计循环周期以清算业务实际完成所耗用的时间为准而不是以年为单位，清算过程中的资金循环已不能形成资金周转；被清算企业的财务报表一般包括财产现状类报表、变现偿债类报表和清算损益类报表等。

（三）企业清算会计的主要内容

企业非破产清算和破产清算会计的主要内容有一定区别。

企业非破产清算的会计事项主要包括：编制清算年度年初至清算日

的财务报表；编制债权债务清册；评估资产净值；反映和监督清算费用；资产变现并清偿债务；核算企业清算损益；按清算净收益计算缴纳所得税；在所有者之间分配剩余财产，并结清会计账册，编制清算报告。

企业破产清算的会计事项主要包括：清查破产财产；编制破产日的资产负债表；变卖破产财产；收取各种债权；核算破产清算损益；向债权人分派破产财产；编报破产财务报表。

企业非破产清算与破产清算的会计处理步骤基本相同，主要的会计处理步骤包括：编制清算日的资产负债表、核算清算过程中发生的清算费用和变卖财物损益、核算收回的债权和清偿的债务、编制清算报表等。

但是，由于破产清算的前提是企业已经资不抵债，所以，企业破产清算与非破产清算在会计处理上的主要区别是前者不能全额清偿债权人的债务，无力归还所有者的投资。

（四）破产管理人

破产管理人可以由有关部门、机构的人员组成的清算组或者依法设立的律师事务所、会计师事务所、破产清算事务所等社会中介机构担任。

在人民法院宣告企业破产后，破产企业由破产管理人接管，负责对破产企业的财产进行管理、清理、估价、处理、分配，代表破产企业参与民事活动，其行为对人民法院负责并向其汇报工作。

四、练习题

（一）单项选择题

1.在清算会计中，清算企业的下列原账户不转入清算组接管企业后新开设的"应收款"账户中的是（　　）。

A.应收账款　　　　　　　　B.预付账款

C.预收账款　　　　　　　　D.其他应收款

2.债权人会议在人民法院认为必要时召开，也可以在管理人、债权人委员会或者占债权总额的（　　　）以上的债权人向债权人会议主席提议时召开。

A.1/3 以上   B.1/4 以上

C.1/5 以上   D.半数以上

3.债权人会议通过和解协议草案的决议，由出席会议的有表决权的债权人过半数同意，并且其所代表的债权额占无财产担保债权总额的一定比例，该比例为（   ）。

A.1/2 以上   B.2/3 以上

C.2/4 以上   D.1/3 以上

4.下列关于清算会计的有关说法中，不正确的是（   ）。

A.清算净收益要缴纳所得税

B.普通清算的清算净收益可弥补前期亏损

C.清算企业必须设置"土地转让收益"科目

D.土地转让损失不能记入"清算费用"科目

5.下列有关处理企业清算过程中发生的费用的说法中，不正确的是（   ）。

A.土地转让净收益直接转入未分配利润

B.清算费用在清算财产中优先支付

C.财产保管费计入清算费用

D.估价费计入清算费用

6.受理破产申请的部门是（   ）。

A.企业主管部门

B.市场监督管理部门

C.债务人住所所在地人民法院

D.债权人所在地人民法院

7.根据企业破产法规定，破产财产的清偿顺序应当是（   ）。

A.破产企业所欠税款—破产债权—破产企业所欠职工工资

B.破产企业所欠税款—破产企业所欠职工工资—破产债权

C.破产债权—破产企业所欠税款—破产企业所欠职工工资

D.破产企业所欠职工工资—破产企业所欠税款—破产债权

8.根据有关规定，下列债权中，属于普通破产债权的是（   ）。

A.破产宣告前成立的有财产担保的债权

B.破产宣告后的债务利息

C.债权人参加破产程序所支出的费用

D.破产宣告前成立的放弃优先受偿权利的有财产担保的债权

9.法院受理破产案件后，以破产企业为债务人的，尚未审结且另有连带责任人的经济纠纷案件应当（　　）。

　　A.中止执行　　　　　　　　B.中止诉讼

　　C.终结诉讼　　　　　　　　D.终结执行

10.下列有关处理企业清算过程中发生的费用的说法中，不正确的是（　　）。

　　A.土地转让净收益直接转入未分配利润

　　B.清算费用在清算财产中优先支付

　　C.财产保管费计入清算费用

　　D.估价费计入清算费用

（二）多项选择题

1.企业终止的原因多种多样，下列各项目中符合我国有关法规规定的企业终止原因的有（　　）。

　　A.企业章程所设立的经营目的根本无法实现，且企业无发展前途

　　B.企业章程所设立的经营目的业已达到，企业不需要继续经营

　　C.营业期限届满，自行终止

　　D.企业合并或分立，要求企业终止

　　E.企业宣告破产

2.企业进入清算程序后，下列活动中属于清算组职责的有（　　）。

　　A.公告债权人

　　B.清理企业债权债务

　　C.代表企业参与民事诉讼活动

　　D.清理企业财产，编制财产清单

　　E.处理企业清偿债务后的剩余财产

3.下列可以担任破产企业管理人的有（　　）。

　　A.破产企业的债权人

　　B.破产企业的经理层

C.人民法院指定有关部门机构的人员组成的清算组

D.法院指定的具备相关专业知识并取得职业资格的人员

E.依法设立的律师事务所、会计师事务所、破产清算事务所等社会中介机构

4.根据我国企业破产法的规定，破产界限的实质标准是债务人不能清偿到期债务。下列情形中，可以界定为债务人不能清偿到期债务的有（　　）。

A.债务人不能以财产、信用或能力等任何方式清偿债务

B.债务人停止支付到期债务并呈连续状况

C.债务人资不抵债

D.债务人对主要债务在可预见的相当长时间内持续不能偿还

E.以上都对

5.根据我国企业破产法的规定，债权人兼有财产担保和无财产担保债权人双重身份时，下列关于其在债权人会议表决权的表述中，不正确的有（　　）。

A.不享有表决权

B.享有表决权，并且表决时所代表的债权额为无财产担保债权额和有财产担保债权额的总和

C.享有表决权，但表决时所代表的债权额仅限于有财产担保的债权额

D.享有表决权，但表决时所代表的债权额仅限于无财产担保的债权额

E.以上都不对

（三）判断题

1.A公司与B公司新设合并形成一个新的企业——C公司。这一新设合并事项至少涉及两个公司的清算。（　　）

2.我国有关法规规定，如果企业在规定的期限内没有营业，长期歇业，就有可能被宣告解散。（　　）

3.企业清算包括强制清算与非强制清算两种形式。（　　）

4.清算过程中的土地转让收益是指转让土地使用权取得的收入减去转让费用后的差额。（　　）

5.企业由债权人申请破产，取得担保，自破产申请之日起6个月内清偿债务的，不予宣告破产。 （　　）

6.在企业破产程序中，经人民法院认可的和解协议确定的债权人对债务减免债务的约定，对债务人的保证人无效。 （　　）

7.企业由债权人申请破产的，在人民法院受理案件后3个月内，被申请破产的企业的上级主管部门可以申请对该企业进行整顿，整顿的期限不得超过2年。 （　　）

8.清算会计要遵循收付实现制原则。 （　　）

（四）计算与账务处理题

沙河制板股份公司由A、B、C、D四家企业等额投资联合经营。现因联营期满决定终止经营，进行清算。2×23年8月31日实施清算前的资产负债表（简表）见表8-1。清算过程中发生的业务见表8-2。

表8-1　　　　　　　　　　　**资产负债表（简表）**

编制单位：沙河制板股份公司　　　2×23年8月31日　　　　　　　单位：万元

资产	期末余额	负债和所有者权益	期末余额
货币资金	200	短期借款	1 200
应收账款	300	应付账款	210
库存商品	1 500	应交税费	-170
固定资产原值	3 700	其他应付款	60
累计折旧	2 500	长期借款	800
		股本	700
		资本公积	100
		盈余公积	180
		利润分配	120
资产总计	3 200	负债和所有者权益总计	3 200

表8-2

顺序号	业务内容
1	收回应收账款250万元，核销无法收回的50万元
2	将库存商品等存货按1 600万元的价格全部变现，增值税税率为13%
3	将固定资产按1 300万元的价格变现，相关税费略
4	用现金偿还全部债务
5	支付清算费用20万元
6	归还股东权益

要求：

根据上述资料，计算沙河制板股份公司歇业清算的清算收益、清算损失、清算费用、清算损益及各投资方分回资金金额。

五、案例

案例8-1：安然公司破产案例分析

1.案例资料

2001年12月2日，美国安然公司正式申请破产，由备受业界尊重、颇有创新能力的一家超级上市企业，在短时间内戏剧性地由顶峰坠至谷底，创下了美国历史上规模最大的企业破产纪录。

安然公司通过创造性地将期货、期权等金融工具引入能源交易中，扩大交易领域，短期内迅速成长为世界上最大的能源和其他商品交易商。但是在宏观环境剧烈变化、股市出现大幅震荡的情况下，它将公司收入和业务稳定与自己的股票价格绑在一起，实行泡沫化经营，利用会计、审计制度中的缺陷隐瞒债务、人为操纵利润等手段，加上公司监管机构形同虚设等，导致其很快崩溃。

安然公司成立于1985年，由当时的休斯敦天然气公司（Houston Natural Gas）和北联公司（Inter North）合并而成，主要经营北美的天然气与石油输送管道业务。20世纪80年代后期，美国政府开始放松对能源市场的管制，导致能源特别是天然气与石油价格的波动加大。安然公司抓住时机，利用市场上随之出现的希望规避与控制能源价格波动风险的需求，创造性地将金融市场中的期货、期权等概念移植到能源交易中，从提供能源产品的期货、期权等新型交易入手，广泛开拓其他大宗商品（如天气预报、通信带宽等）的衍生交易市场，扩大经营范围。同时依靠所研制的能源衍生证券定价与风险管理系统，加上财力上的优势，占据了新型能源交易市场的垄断地位，成为一个类似美林、高盛，但以交易能源衍生产品为主的新型交易公司。

安然公司凭借不断开拓新的市场，在1985年到2000年的15年间从一个地区性的能源供应商迅速演变为世界上最大的能源和其他商品交易商。根据安然公司年报，1986年安然公司年销售收入为76亿美元，1996年达133亿美元，2000年则升至1 008亿美元。2000年，安然公司股票价格曾高达90.56美元，据此计算，安然公司资产市值达800多亿美元。该公司在《财富》杂志的企业500强排行榜上曾列美国第7位和世界第16位，并从1996年起连续6次被该杂志评为"美国最具创新能力的公司"（American's Most Innovative Company），居于微软、英特尔等大公司之前。

在破产前，安然公司的业务遍及全球40多个国家和地区，拥有雇员2.1万人，业务领域包括石油天然气管网、能源、原材料等产品交易，交易对象除天然气、电力、石油、煤炭、金属等外，还涉及天气预报、通信频率带宽和环保指标等。1999年该公司建立的世界上最大的在线商品交易网站（Enron Online）交易品种达1 500种以上，日交易量为5 000宗，日交易值为30亿美元，累计交易达6 500亿美元以上。

安然公司问题的暴露，是从一些以准确了解企业经营状况而不是靠股票交易本身获得收入的机构投资公司、基金管理公司证券分析人员和媒体对安然公司的利润产生怀疑开始的。2001年3月5日《财富》杂志发表文章《安然股价是否高估》，对公司财务提出疑问。随后证券分析人员和媒体不断披露安然公司关联交易与财务方面的种种不正常做法，认为这些关联交易对安然的负债和股价会产生潜在的致命风险。2001年8月美国证券交易委员会开始调查该公司的财务问题。这些情况对市场产生影响，2001年10月安然公司的股价下跌至20美元左右。在各种压力下，安然公司不得不决定重审过去的财务报表，于2001年11月8

日宣布在1997年至2000年间共虚报利润近6亿美元，并有巨额负债未列入资产负债表。11月28日，在安然公司有6亿美元的债务到期的情况下，原准备并购安然的昔日竞争对手德能公司（Dynergy Inc.）宣布无法按照并购条件向安然公司提供20亿美元现金，造成市场对安然公司的信心陡降。同时，标准普尔公司和穆迪公司将安然公司的债信评级连降六级为"垃圾债"，安然股价立即大幅下挫，跌至每股0.2美元的最低点。股价严重下跌，又引发了由关联交易形成的高达34亿美元的债务清偿压力。由于严重资不抵债，安然于2001年12月2日正式申请破产保护。

从目前已揭露的情况看，安然公司的破产可能涉及经营中的欺诈、假账、内幕交易等违法行为，也暴露出美国会计、审计制度等监管方面的漏洞。同时，安然公司股价大跌，使得将养老金大量投资其股票的职工血本无归，这对美国的社会保障制度改革带来巨大的影响。

2.要求

分析安然公司破产的原因及启示。

3.分析提示

（1）安然公司破产的原因剖析

安然公司破产的原因是复杂的、多方面的，有宏观环境发生变化的外部原因，也涉及公司监督机制、经营方式等内部决策失误方面的问题。下面分别加以阐述：

①决策失误，盲目投资酿恶果

20世纪90年代初，随着东欧剧变和苏联解体，国际形势发生了根本的转变，美国人梦寐以求的独步天下之梦想似乎已经变为了现实，由此助长了美国人唯我独大的心理，加上美国经济的复苏和随之而来的知识经济，极大地改变了美国人的传统价值观念，一些新型的科技领域和衍生金融工具很快成为企业家和投资者趋之若鹜的对象。

安然正是在这种形势的感召下开始加速扩张的。1991年，安然在英国建立起第一家海外发电厂；1992年，成立了"安然资本公司"，从事能源期货与期权交易，并且很快就确立了自己在这一新市场中的霸主地位。为了早日实现从"全美最大能源公司"到"全球最大能源公司"的转变，安然公司将它的发展计划扩展到了印度、菲律宾和其他国家，在北美的业务也从原来的天然气、石油的开采与运输扩展到了包括发电和供电在内的各项能源产品和服务业。

于是，安然不满足于做世界一流的能源公司，提出要做美国最大的公司，当时安然总裁杰弗里·斯基林认为"这个目标体现了一种改革创新的精神"，为实现这一目标，安然实施了疯狂的扩张政策，从美国到印度，从能源管道到宽带网络。然而，安然的扩张并未能给其带来利润，反而成为无法填平的黑洞，在承认了12亿美元的虚假利润后，安然宣告破产。安然的实践证明：盲目追求多样化，不顾一切地上项目，不切实际地热衷于新经济，是企业规模极度扩张、风险失控并最终导致公司破产的根本原因。

②企业内部的权力过度集中，导致公司治理失衡

著名美国经济学家保罗·克鲁格曼在分析安然事件时就曾这样说："我们总是认为在现代公司中由职业经理人代替股东进行管理的机制是理所当然的。但是自亚当·斯密以来的很多经济学家指出，公司的所有权和经营权分离为内部人滥用职权创造了可能性。""安然公司的崩溃不只是一个公司垮台的问题，它是一个制度的瓦解。"

美国实行的是单一委员会的法人治理，其决策权主要在董事会和CEO，由于独特的CEO文化，美国公司的CEO权力很大，唯一能给予制衡的是董事会。因此，美国公司董事会制度中最受投资者关注的是董事会的独立性。而安然公司最后在任的15位独立董事中，有10人几乎都与安然公司有着直接的利益关系。这样，CEO不仅能够绝对地拥有企业的经营决策权，甚至还包揽了企业以及企业财务信息的披露大权。

③激励机制异化，助长弄虚作假

20世纪80年代开始，美国公司开始大范围地普及股票期权激励机制。公司把股票期权作为一种报酬给予董事、经理、员工，甚至管理顾问、法律顾问和其他的服务提供商。当股票期权成为经理人报酬的主要来源的时候，经理人自然会关注公司股价。期权制度在很大程度上激励了管理层励精图治，高效管理公司，但同时也使某些私欲膨胀的CEO们想尽办法使自己手中的期权变现。经理人有强大的动力来操纵公司的利润数字。高层管理者们拿投资人的钱去冒非常大的风险以使公司获得

高额利润，这样他们就能拿到数以亿万计的期权。当他们的冒险失败时，他们就不怕以身试法，篡改账目，虚报利润，竭尽全力维持公司股价，以防自己手中的期权缩水。这样，经营者就变成了一个为股票价格而不是为公司业绩服务的哄抬股价者，从而为信息的虚假披露埋下祸根。

④隐瞒债务、人为操纵利润等手段难以为继

20世纪90年代中期以来，安然不断使用金融重组技巧，利用"金字塔"式多层控股结构，以较少的资金控制大量公司，组成包括3 000多家子公司和合伙企业在内的庞大公司体系。所谓的"金字塔"结构是：如果A公司控制B公司51%的股份，B公司又控制C公司51%的股份，尽管A公司实际只拥有C公司26.01%的股份，仍能完全控制C公司。控股层次越多，顶层公司控制底层公司所需的资金越少。为逃避纳税义务，安然公司注册了兼有股份公司和合伙公司优点的有限责任公司（Enron Global Power & Pipeline），既能在法律上将公司层次上的缴纳所得税义务转移给股东而减少纳税，又能对外仅承担有限责任，还可以发行股票融资。采取与被收购公司进行股票置换的办法，避开了其他购并方式所涉及的资产转移手续和纳税等问题，以最低的资产重组成本，将不同国家的能源投资项目的注册公司变成自己的子公司，形成大批的关联企业。安然的关联企业除了能源、宽带通信企业，还有相当部分的基金管理公司，为安然提供所需的融资、套期保值等风险控制手段。通过关联企业，安然公司从事了大量模糊财务报表、隐蔽债务、操纵利润的勾当。

安然通过关联企业的非正常交易，利用新的金融工具虚抬资产，搞财务游戏，制造出令股市高兴的"业绩"。2000年6月间，受IT和通信业持续不振的影响，安然最新大项目宽带业务的前景日益暗淡，安然与从事投资基金管理的一家控股关联企业LJM2签订资产互换协议，以发行股票方式为其宽带业务的资产价值提供担保，获得LJM2近10亿美元的现金。在宽带资产价值大量缩水，发行股票价格势必下跌而无法如期实施的情况下，安然公司却将互换协议中的好处算作收入，进而表现出企业利润的增加，形成虚假的经营业绩。

为避免摊薄股权或降低债信评级，安然融资时不是直接增发股票或发行债务，而是利用关联企业达到既融资又隐藏债务的目的。根据美国通用会计准则的规定，公司拥有子公司的股份不超过一定比例，无须将子公司的资产负债表合并在自己的报表中。安然控制了所设立的子公司和投资项目，可以将其融资计入自己的报表，但将债务留给了子公司，采取不合并报表的做法，使这些子公司的负债并没有反映在其本身的资产负债表中。据估计，安然通过这种方式隐藏了大约270亿美元的债务。

安然的上述做法都是通过虚抬自己资产的方式、以公司股票升值为目的而进行的。在债务清偿期限内，如果相应的资产增值，超过了负债部分，安然不仅能如期偿还各种由子公司承担的债务，而且还可以得到"额外"的收益。但是，由于2000年春季前后的股市整体下跌，安然的如意算盘没有实现，其"创造"利润的做法难以承继，最终只好以破产告终。

⑤美国会计与审计制度缺陷使安然公司有机可乘

安然公司关联交易中存在的操纵财务报表的行为，与美国会计、审计制度存在的缺陷有很大关系。美国现有的会计、审计制度允许会计公司在承担审查企业财务状况的同时，可以从事相应的咨询业务。安达信会计公司在担任安然公司的会计审计单位的同时，还为安然公司提供咨询服务，其年收入中的一半以上来自咨询服务。审计机构与被审计对象存在利益相依的关系时，很难保证审计监督的公平与公正。这也是安然公司可以隐瞒大量债务的重要原因。

（2）安然破产案件的启示

安然破产案件，反映出市场经济条件下企业不当行为对经济带来的巨大影响。它对于我国完善市场经济体制、防范金融风险、促进金融市场健康发展等方面具有十分重要的意义。

①密切关注研究经济中出现的新事物、新问题，增强风险防范意识

需求创造市场是市场经济的一个基本原理，同时市场也具有失效性，有随时造成危害的风险。我国处于社会主义市场经济体制建立与完善的过程中，在原有市场存在的同时，还会出现大量的新事物和新市场，特别是新型的资产衍生工具。过去我们曾经有过由于对新事物了解不够、准备不足而造成市场秩序混乱的教训。因此，必须密切注

视经济运行中出现的新事物和新问题，及早研究其特点及运行规律，在注意发挥这些新事物对经济发展的促进作用的同时，及时、恰当地建立有利于其正常发展的监管机制和规则，尤其要注意研究这些新市场对整个经济运行的消极影响和潜在风险，防范它们对经济运行可能造成的破坏。

②在市场经济条件下必须更加重视加强监管

安然事件充分说明了加强监管的重要性和必要性。在市场经济条件下，政府监管与维护市场正常运行对经济发展的责任和重要性远远超过直接参与具体的经营活动。政府监管必须在以维护合理的市场机制为中心、实现"公开、公平、公正"的市场规则的基础上，健全各项制度，堵塞各项漏洞，突出政府监管的威慑作用和权威性，消除企业经营中的不正当行为。这点对于入世后我国向国外企业开放的服务业的发展尤为迫切。与国外服务业相比，我国服务业市场化程度相对较低，竞争力相对较弱。如果没有恰当的政府监管机制和相应的风险防范措施，国外的服务业可能会凭借强有力的竞争优势、成熟的市场开拓经验和较强的创新意识，特别是采取某些具有较强风险性的手段进入到我国市场，在占据我国较大市场份额的同时产生风险，从而影响我国相关服务业的正常发展。另外，要保证监管的有效性。会计公司安达信公司既审计安然公司的财务状况，又为安然公司提供咨询服务，难逃其监督失察之责。这种"既作裁判，又当球员"的做法，在我国也不同程度地存在，必须尽快消除。

③应重视培育市场内在的监管机制

在安然案件中，基金管理公司、独立的证券市场分析人员以及媒体报道，对于揭露安然经营中的问题发挥了重要作用。基金管理公司、独立的证券市场分析人员主要为投资者提供分析报告和建议，与媒体一样，分析与报道的准确性和可靠性，是其收入和生存的决定因素。而市场中的投资银行和证券交易公司主要通过股票交易获取收入，股票交易量越大，收入就越多，与上市公司具有相同的利益激励机制。两者存在着不同的利益激励机制，前者可以对后者实施监督。它表明：一个发育完善的市场内部具有自我监督机制，而且监督效果更直接、更迅速。应建立多层次的市场监督管理体制。政府监管机构从监管动机、人力物力等方面来看，很难对市场中所有对象及行为进行直接监管或事前仔细核查。政府监管侧重于间接监管，重点放在建立有利于正常市场运行的机制与规则，发挥威慑和事后补救作用。同时，应大力完善市场内部的自律机制，鼓励市场内部的制约机制去"纠错"，监管企业行为。这也是完善市场经济体制的重要任务之一。

④要切实保证企业内部监管机制的作用

按照规定，安然公司董事会设有独立董事，但这些董事由于与安然公司存在各种各样的利益关系而失去了对公司经营的实际监督。我国国有企业改革、建立现代企业制度的一项重要内容是建立监事会，后者作用相当于独立董事。必须吸取安然公司的教训，不仅要建立相应的机构，而且更要保证这些监管机构能够正常发挥作用，切实担负起监督企业经营与发展决策的责任。

案例8-2：东星航空有限公司的破产方案

1.案例资料

东星航空有限公司（以下简称"东星航空"）由中国东星集团有限公司下属湖北东星国际旅行社有限公司、湖北东盛房地产有限公司、湖北美景旅游投资有限公司于2005年5月共同投资组建，注册资本为8 000万元人民币，是继奥凯、鹰联、春秋航空之后，我国第4家投入运营的民营航空公司。东星航空先后从美国一家公司租赁10架全新的空中客车飞机，建立了武汉、广州、郑州三大航空运营基地。自2008年下半年以来，向武汉市政府部门请求协助追讨东星航空欠款的海内外企业及金融机构已达6家，欠款总额超过4亿元人民币。中航重组东星航空几乎没有可能进行下去，据财务部门清理，目前东星航空已到账和可收回的资金仅302万元人民币，而当前急需的开支多达1 160多万元人民币，其中20日以后的航班退票费约510万元人民币，拖欠员工工资476万余元人民币，资金缺口858万余元人民币。有关部门讨论的主要是破产问题，以确定"哪一种破产方式最适合"。东星航空面临与债权人和解、破产重整和破产清算三种解决方式。最终的结果可能有三种：一是债权人和债务人达成和解，债务企业由此免于破产；二是对债务企业进行破产重整；三是宣告企业破产清算，即制订财产处置方案，提交债权人会议表决。

实际情况是：东星航空最大的债权人——GE旗下的GECAS向法院起诉东星航空欠缴飞机租金时，已向法院提出申请，要求东星航空破产。东星航空实际控制人董事长兰某对国航母公司中航集团收购东星航空的重组谈判持抵制态度。

2.要求

结合以上已知的条件，分析东星航空三种破产方案的可能性。

3.分析提示

（1）和解的方式

和解很难达成。因为东星航空如果要与债权人和解，首先必须出售资产偿还债务。被中航集团收购是最快获得资金的方式，但东星航空及董事长兰某均表示拒绝被中航集团收购。因此，采取后两种方案的可能性较大。

（2）破产重整的方式

破产重整存在可能，但有弊端。破产重整，是指具有一定规模的公司，在出现破产原因或有破产原因出现的危险时，为防止企业破产，经利害关系人申请，在法院的干预下，对该公司实行强制治理，使其复兴并运营下去的法律制度。

如果债权人可以接受对债务进行打折的重整方案，那么中航集团以承担债务的方式获得东星航空股权，所付成本可能较低。

这一方案的弊端在于债权人可能不满债务打折而否决重整方案。此外，如果重整计划草案涉及出资人（股东）权益调整事项的，出资人还要对重整进行表决。而该案中，东星航空若要重整，显然关系到兰某的股权变动，他也可能否决该方案。

（3）破产清算的方式

其破产清算可以借鉴三元收购三鹿的模式：河北三元和北京三元集团的联合竞拍体于2009年3月初以6.165亿元的价格竞拍到三鹿的部分核心资产，而三鹿的债务则由破产管理人石家庄三鹿清算组管理。

参照三元收购三鹿的模式，东星航空如果被迫破产清算，中航集团也可以参与东星航空被拍卖的财产，而无须承担东星航空的债务。这样做的好处在于能够获得一份比较"干净"的资产，但风险是中航集团可能会面临其他的竞拍者，进而造成收购成本被抬高。

案例8-3：破产清算会计处理

1.案例资料

企业清算时有应收账款30万元，收回25万元，有5万元已不能收回；有办公设备，账面价值为3万元，作价1万元卖掉；按2%支付应交的增值税；另支付所欠的员工工资3 000元。

2.要求

进行该企业破产清算的会计处理。

3.分析提示

借：银行存款   250 000

    清算损益   50 000

  贷：应收账款   300 000

借：银行存款   10 000

    清算损益   20 200

   贷：固定资产   30 000

      应交税费——应交增值税（销项税额）   200

注：固定资产损失应进行专项申报扣除。

借：应交税费——应交增值税（销项税额）   200

  贷：银行存款   200

借：清算费用   3 000

  贷：银行存款   3 000

借：清算损益   3 000

  贷：清算费用   3 000

最后，结余的银行存款为256 800元，清算损益为73 200元，无所得，因此，不用缴纳清算所得税。

股东分配剩余的财产256 800元，扣除累积盈余公积和未分配利润后，与初始出资额相比，确定财产转让所得或损失。

清算后应报送"企业清算所得税申报表"、"资产处置损益明细表"、"负债清偿损益明细表"和"剩余财产计算和分配明细表"。

附录一 《高级财务会计》模拟试题

一、单项选择题（下列每小题的备选答案中，只有一个符合题意的正确答案。请将你选定的答案字母填入题后的括号中。本类题共10个小题，每小题1分，共10分。多选、错选、不选均不得分）

1.在合并报表工作底稿中，"合并数"一栏提供的数字将构成合并报表所填列的数据。在计算以下项目的合并数时，需用工作底稿中相关项目的合计数栏数字加上调整与抵销分录栏的借方数字（或减去贷方数字）的项目是（　　）。

A.资本公积　　　　　　　　　　B.应付账款

C.营业收入　　　　　　　　　　D.营业外支出

2.2×24年年初，A企业用银行存款5 000万元吸收合并非同一控制下的B企业，B企业被合并时可辨认净资产账面价值为4 100万元、公允价值为4 300万元。当年年末各资产及资产组没有发生减值，A企业合并前没有商誉。其他资料略，则年末A企业的资产负债表中"商誉"的列报价值为（　　）。

A.900万元　　　　　　　　　　B.700万元

C.200万元　　　　　　　　　　D.0

3.根据我国现行会计准则，合并范围的确定应该以"控制"为基础。这里的"控制"（　　）。

A.仅指投资公司对被投资公司的直接控制

B.不包括投资各方对被投资公司的共同控制

C.仅指投资公司有从被投资公司获取利益的权利

D.仅指投资公司能够决定被投资公司的财务和经营政策

4.非同一控制下的企业合并，控股合并的母公司在合并日应当编制的合并报表是（　　）。

A.合并利润表　　　　　　　　　B.合并现金流量表

C.合并资产负债表　　　　　　　D.合并所有者权益变动表

5.按照《企业会计准则第19号——外币折算》的规定，在进行外币会计报表折算时，下列各报表项目中应按照业务发生时的即期汇率折算的是（　　）。

A.短期借款　　　　　　　　B.应收账款

C.存货　　　　　　　　　　D.股本

6.下列各项目中应该计入融资租入固定资产的入账价值的是（　　）。

A.或有租金　　　　　　　　B.履约成本

C.初始直接费用　　　　　　D.未确认融资费用

7.B公司是A公司的境外子公司。B公司某报告期末美元列报的资产负债表中，"存货"项目是按低于成本的可变现净值报告的；对其外币报表进行折算时，对该项目的折算采用的是取得存货时的即期汇率。据此可推断，该企业采用的外币报表折算方法只能是（　　）。

A.货币与非货币性项目法　　B.流动与非流动项目法

C.现行汇率法　　　　　　　D.时态法

8.承租人分摊未确认融资费用时，对于未确认融资费用分摊额的计算，应采用（　　）。

A.直线法　　　　　　　　　B.年数总和法

C.实际利率法　　　　　　　D.加权平均法

9.甲企业作为承租人租入一台设备，该设备全新时预计可使用11年，租出方已使用1年；甲企业的租赁期为8年；承租人租赁期满时将以1000元的优惠价格购买该设备，而预计该设备在租赁期满时的公允价值为30万元，则甲企业对该设备计提折旧的期限为（　　）年。

A.1　　　　　　　　　　　　B.2

C.8　　　　　　　　　　　　D.10

10.A公司采用人民币作为记账本位币，对外币业务采用交易发生日的即期汇率进行折算，按月计算汇兑差额。2×23年5月17日进口商品一批，价款为100万美元，货款尚未支付，假设当日的即期汇率为$1=￥6.10，5月30日市场汇率为$1=￥6.20，6月30日市场汇率为$1=￥6.30，7月10日支付货款，当日的即期汇率为$1=￥6.40。如果采用"两笔交易观"，2×23年6月末该库存商品在资产负债表中的报告价值为（　　）。

A.610万元人民币   B.620万元人民币

C.630万元人民币   D.640万元人民币

二、多项选择题（下列每小题的备选答案中，有两个或两个以上符合题意的正确答案。请将你选定的答案字母按顺序填入题后的括号中。本类题共10个小题，每小题2分，共20分）

1.A公司拥有甲、乙、丙、丁四家公司的具有表决权股份的比例分别为80%、70%、60%、50%，此外，甲公司拥有丁公司20%的具有表决权股份，拥有戊公司30%的具有表决权股份。应纳入A公司合并财务报表合并范围的有（   ）。

A.甲公司   B.乙公司

C.丙公司   D.丁公司

E.戊公司

2.下列关于合并报表的阐述中，不正确的有（   ）。

A.合并报表由母公司编制

B.合并报表编制过程的核心问题是资料加总

C.合并报表与个别报表的编制方法基本相同

D.以母公司和子公司个别报表为唯一编制依据

E.合并报表的编制不一定需要会计准则来规范

3.非同一控制下的控股合并交易发生以后，在股权取得日的合并资产负债表中，（   ）。

A.必须确认合并商誉

B.必须确认少数股东权益

C.必须将母公司对子公司的股权投资价值予以抵销

D.必须将子公司各项可辨认净资产按合并日公允价值报告

E.必须使子公司的会计政策与母公司的会计政策保持一致

4.集团内部母公司将自产的商品销售给子公司，后者作为固定资产使用。该内部资产交易的当年，合并报表工作底稿中与该内部交易有关的抵销分录包括（   ）。

A.抵销当年多计提的折旧

B.抵销以前年度累计多计提的折旧

C.抵销固定资产价值中包含的未实现损益

D.抵销内部固定资产交易的未实现损益对母公司营业利润的影响

E.抵销内部固定资产交易的未实现损益对母公司营业外收入的影响

5.根据我国有关企业合并的会计准则，合并财务报表包括（　　）。

A.合并利润表　　　　　　　B.合并资产负债表

C.合并利润分配表　　　　　D.合并现金流量表

E.合并所有者权益变动表

6.企业发生各类外币业务形成的折算差额，根据具体情况需要记入不同的会计科目，比如（　　）科目。

A."公允价值变动损益"　　　B."外币折算差额"

C."资产减值损失"　　　　　D."财务费用"

E."在建工程"

7.下列有关融资租赁的各种表述中，正确的有（　　）。

A.融资租赁仅与出租人有关　B.出租人应分期确认融资收入

C.与之相对应的是经营租赁　D.承租人租期届满需返还资产

E.承租人需按期支付或有租金

8.甲企业作为承租方与出租方乙企业签订了一项租赁合同，租用乙企业拥有的一座新建楼房中的两层作为经营场所。根据该合同，租赁期为5年，每年支付租金20万元，租赁期满甲企业需退出该经营场所。下列说法中正确的有（　　）。

A.甲企业需确认使用权资产并分期计提折旧

B.甲企业需要确认租赁负债并分期偿还

C.乙企业可将该项租赁分类为经营租赁

D.乙企业应将该项租赁分类为融资租赁

E.甲企业不可将该租赁按短期租赁处理

9.下列有关外币业务的各种表述中，不正确的有（　　）。

A.我国目前对外币商品购销业务采用的是"一笔交易观"

B.期末调整外币账户时确认的汇兑损益都是未实现损益

C.外币兑换业务中确认的汇兑损益是已实现损益

D.外币非货币性账户期末一律不调整汇兑差额

E.外币货币性账户期末必然有汇兑损益

10.根据我国现行企业会计准则，企业对外币报表进行折算时，下列项目的折算需要采用资产负债表日的即期汇率的有（　　　）。

A.货币资金　　　　　　　　B.应收账款

C.短期借款　　　　　　　　D.资本公积

E.营业收入

三、判断题（本类题共12小题，每小题1分，共12分。请将你的判断结果填入题后的括号中。你认为正确的，填"√"；你认为错误的，填"×"。每小题判断结果符合标准答案的得1分，判断结果不符合标准答案的、不判断的均不得分）

1.在合并会计报表工作底稿中编制的有关抵销分录不能作为记账的依据。　　　　　　　　　　　　　　　　　　　　　（　　　）

2.根据我国企业会计准则，合并利润表中的合并净利润金额包括少数股东收益。　　　　　　　　　　　　　　　　　　　　（　　　）

3.合并现金流量表工作底稿不能与合并资产负债表、合并利润表工作底稿合并开设。　　　　　　　　　　　　　　　　　　（　　　）

4.在权益法下，合并方在吸收合并中取得的被合并方的各项可辨认资产、负债，应当按其账面价值入账。　　　　　　　　　（　　　）

5.子公司当年实现净收益当中属于少数股东应享有的份额即少数股东收益，必将增加企业集团的少数股东权益。　　　　　（　　　）

6.外币报表折算差额是一种已实现汇兑损益。　　　　　（　　　）

7.在我国境内的所有企业，都只能以人民币作为其记账本位币。

（　　　）

8.企业租入资产的改良支出无论金额大小均须确认为"长期待摊费用"。　　　　　　　　　　　　　　　　　　　　　　　（　　　）

9.企业对于所有租入的设备资产，都要确认使用权资产。（　　　）

10.对处于恶性通货膨胀经济中的境外经营的企业财务报表，应首先对资产负债表项目运用一般物价指数予以重述、对利润表项目运用一般物价指数变动予以重述，然后再按照最近资产负债表日的即期汇率进行折算。　　　　　　　　　　　　　　　　　　　　　　（　　　）

11.无论何种企业清算，均不会涉及所得税问题。　　　（　　　）

12.企业清算过程中支付的职工安置费用不影响清算损益。（　　　）

四、简答题（本类题共3小题，每小题6分，共18分）

1. 什么是记账本位币？企业确定记账本位币时应考虑的因素有哪些？

2. 什么是非同一控制下企业合并？其会计处理的要点主要有哪些？

3. 采用实际利率法分摊未确认融资费用时，其分摊率的选择有哪些情况？

五、计算及账务处理题（本类题共4小题，每题10分，共40分。凡要求计算的项目，均须列出计算过程；计算结果有计量单位的，应予标明，标明的计量单位应与题中所给的计量单位相同；计算结果出现小数的，除特殊要求外，均保留小数点后两位小数。凡要求解释、分析、说明理由的内容，必须有相应的文字阐述）

1. A公司与B公司是非同一控制下的两个企业。2×24年3月1日，A公司向B公司的股东支付380万元，将B公司吸收合并。合并前B公司有关资产、负债和所有者权益的账面价值资料如下：库存商品等流动资产400万元，固定资产500万元（无其他非流动资产），应付账款等负债600万元，所有者权益300万元，其中，股本200万元，资本公积10万元，盈余公积20万元，未分配利润70万元。经评估，固定资产公允价值为520万元。相关税费及其他资料略。

要求：

根据上述资料，分别为A、B两个公司编制与此项吸收合并有关的会计分录。

（1）B公司注销有关资产、负债、所有者权益；

（2）A公司吸收合并B公司。

2. C公司是D公司的母公司。2×22年和2×23年年末，C公司对D公司的应收账款余额分别为300 000元和500 000元，每年年末均按5%的比例计提坏账准备。

要求：

根据上述资料，编制合并报表工作底稿中的有关抵销分录。

（1）2×22年年末合并报表工作底稿中的有关抵销分录；

（2）2×23年年末合并报表工作底稿中的有关抵销分录。

3. 甲企业以人民币作为记账本位币。2×23年10月末"应收账款——美元户"余额为 10 000 美元和 70 000 元人民币。11 月份发生如下经济业务：

（1）12 日，销售一批商品，货款为 20 000 美元，根据销售合同，购货方将于 20 日后支付货款，当日即期汇率为 $1=￥6.82。

（2）22 日，收到 10 000 美元的应收账款，存入银行。当日即期汇率为 $1=￥6.85。

（3）30 日，汇率为 $1=￥6.86。

相关税费及其他业务略。

要求：

根据上述资料，编制甲企业 2×23 年 11 月份的有关会计分录。

（1）11 月 12 日销售商品；

（2）11 月 22 日收回部分货款；

（3）11 月 30 日对"应收账款——美元户"余额进行调整并确认相关的汇兑损益。

4.甲企业 2×23 年 12 月对以下交易或事项进行了相应的会计处理：

（1）企业 2×20 年初向 30 名管理人员授予的股票期权，截至 2×23 年 6 月 30 日（可行权日）已累计确认"资本公积——其他资本公积"200 万元；12 月 20 日（行权日），相关管理人员按每股 5 元的行权价购买了企业每股面值 1 元的普通股共 20 万股。在确认职工行权的账务处理中，企业确认了 180 万元的"资本公积——股本溢价"。

（2）企业上月末将一套全新的大型设备采用售后租回形式（协议租期为两年）销售同时租回并投入使用。经判断，企业此项售后租回交易中的资产转让不属于销售行为，遂将收到的转让款确认为递延收益。

要求：

（1）请指出甲企业对以上两个业务的处理是否正确。

（2）如果你认为不正确，请简要说明理由。

附录二 《高级财务会计》模拟试题参考答案

一、单项选择题

1.D 2.B 3.B 4.C 5.D 6.C 7.A 8.C 9.D 10.A

二、多项选择题

1.ABCD 2.BCDE 3.CDE 4.ACD 5.ABDE 6.ACED 7.ABC
8.ABDE 9.ABDE 10.ABC

三、判断题

1.√ 2.√ 3.√ 4.√ 5.√ 6.× 7.× 8.× 9.× 10.√ 11.× 12.×

四、简答题

1.记账本位币是指企业经营所处的主要经济环境中的货币，是企业会计核算中统一使用的记账货币。

企业确定记账本位币时应考虑的因素主要有：

（1）该货币主要影响商品和劳务的销售价格，通常以该货币进行商品和劳务的计价与结算。

（2）该货币主要影响商品和劳务所需人工、材料和其他费用，通常以该货币进行上述费用的计价与结算。

（3）融资活动获得的货币以及保存从经营活动中收取款项所使用的货币。

2.非同一控制下的企业合并是指参与合并的各方在合并前后不属于同一方或相同多方的最终控制。

其会计处理的要点有：

（1）购买方取得的可辨认净资产按其公允价值入账，取得的长期股权投资以合并成本作为初始投资成本。

（2）购买方合并成本的确定。购买日为取得对被购买方的控制权而付出的资产、发生的负债以及发行的权益性证券的公允价值计入合并成本。

（3）购买方对合并成本与取得的被购买方可辨认净资产或股权的公允价值份额之间的差额的处理。合并成本大于取得的可辨认净资产或股权的公允价值份额的差额，确认为合并商誉；合并成本小于取得的被购买方可辨认净资产的公允价值的差额，计入当期损益。

（4）购买方为进行企业合并发生的各项直接相关费用，计入当期损益。

3.在分摊未确认融资费用时，承租人应采用合理的方法加以计算：

（1）租赁资产以最低租赁付款额的现值为入账价值，且以出租人的租赁内含利率为折现率。在这种情况下，应以出租人的租赁内含利率为分摊率。

（2）租赁资产以最低租赁付款额的现值为入账价值，且以租赁合同规定的利率为折现率。在这种情况下，应以租赁合同规定的利率为分摊率。

（3）租赁资产以最低租赁付款额的现值为入账价值，且以同期银行贷款利率为折现率。在这种情况下，应以银行同期贷款利率为分摊率。

（4）租赁资产以租赁资产公允价值为入账价值，应当重新计算分摊率，该分摊率应是使最低租赁付款额的现值与租赁资产公允价值相等的折现率。

五、计算及账务处理题

1.有关会计分录为：

（1）B公司注销有关资产、负债、所有者权益：

借：应付账款等负债　　　　　　　　　　　　6 000 000

　　股本　　　　　　　　　　　　　　　　　2 000 000

　　资本公积　　　　　　　　　　　　　　　　100 000

　　盈余公积　　　　　　　　　　　　　　　　200 000

　　利润分配——未分配利润　　　　　　　　　700 000

　　贷：库存商品等流动资产　　　　　　　　　　　　4 000 000

　　　　固定资产　　　　　　　　　　　　　　　　　5 000 000

（2）A公司吸收合并B公司：

借：库存商品等流动资产　　　　　　　　　　4 000 000

　　固定资产　　　　　　　　　　　　　　　5 200 000

　　商誉　　　　　　　　　　　　　　　　　　600 000

贷：应付账款等流动负债　　　　　　　　　　6 000 000

　　银行存款　　　　　　　　　　　　　　3 800 000

2.有关抵销分录为：

（1）2×22年年末：

借：应付账款　　　　　　　　　　　　　　300 000

　贷：应收账款　　　　　　　　　　　　　　300 000

借：应收账款　　　　　　　　　　　　　　15 000

　贷：资产减值损失　　　　　　　　　　　　15 000

（2）2×23年年末：

借：应付账款　　　　　　　　　　　　　　500 000

　贷：应收账款　　　　　　　　　　　　　　500 000

借：应收账款　　　　　　　　　　　　　　25 000

　贷：资产减值损失　　　　　　　　　　　　10 000

　　未分配利润——年初未分配利润　　　　　15 000

3.有关会计分录为：

（1）11月12日，销售商品：

借：应收账款——美元户　　　　　　　　　136 400

　贷：主营业务收入　　　　　　　　　　　136 400

（2）11月22日，收回部分货款：

借：银行存款——美元户　　　　　　　　　68 500

　贷：应收账款——美元户　　　　　　　　　68 500

（3）11月30日，对"应收账款——美元户"余额进行调整并确认相关的汇兑损益：

借：财务费用　　　　　　　　　　　　　　700

　贷：应收账款——美元户　　　　　　　　　700

4.（1）不正确，应该确认280万元的股本溢价。　　　　（5分）

（2）不正确，按现行租赁会计准则，售后租回交易中的资产转让如不属于销售行为，则应将收到的转让款确认为金融负债，而不是确认为递延收益。　　　　　　　　　　　　　　　　　　（5分）

附录三　各章练习题答案

第一章　　企业合并会计

（一）单项选择题

1.C　2.D　3.D　4.D　5.B　6.A

（二）多项选择题

1.ABC　2.AE　3.ACDE　4.ABCD　5.CE

（三）判断题

1.√　2.√　3.×　4.√　5.√　6.√　7.√　8.√　9.√　10.×　11.√　12.×　13.√

（四）计算与账务处理题

1.（1）同一控制下甲公司吸收合并乙公司的账务处理：

借：银行存款等	6 000 000
应收账款	1 500 000
库存商品等	2 500 000
固定资产	20 000 000
资本公积——股本溢价	1 000 000
留存收益	1 010 000
贷：短期借款	800 000
应付账款	3 000 000
其他应付款	1 200 000
长期借款	15 000 000
银行存款	7 010 000
无形资产	3 000 000
股本	2 000 000

（2）非同一控制下甲公司吸收合并乙公司的账务处理：

借：银行存款等	6 000 000
应收账款	1 500 000
库存商品等	2 500 000
固定资产	20 500 000
商誉	3 100 000

贷：短期借款   800 000

   应付账款   3 000 000

   其他应付款   1 200 000

   长期借款   15 000 000

   银行存款   7 010 000

   无形资产   3 000 000

   资产处置损益   1 000 000

   股本   2 000 000

   资本公积——股本溢价   590 000

2.（1）同一控制下甲公司控股合并乙公司的账务处理：

借：长期股权投资   9 000 000

  资本公积——股本溢价   1 000 000

  留存收益   2 010 000

  贷：银行存款   7 010 000

    无形资产   3 000 000

    股本   2 000 000

（2）非同一控制下甲公司控股合并乙公司的账务处理：

借：长期股权投资   13 600 000

  贷：银行存款   7 010 000

    无形资产   3 000 000

    资产处置损益   1 000 000

    股本   2 000 000

    资本公积——股本溢价   590 000

3.（1）A公司取得B公司60%的股权的这项企业合并属于同一控制下企业合并。

（2）A公司取得B公司股权的会计分录为（金额单位：万元）：

借：长期股权投资   1 200

  贷：股本   1 080

    银行存款   9

    资本公积——股本溢价   111

4.（1）A公司吸收合并B公司属于同一控制下企业合并。

（2）A公司合并B公司的会计分录为（金额单位：万元，以下同）：

借：固定资产等有关资产   7 000

贷：应付账款等有关负债	5 000
股本	1 080
银行存款	9
资本公积	911

（3）假设 A、B 合并前为非同一控制下的两个公司，则 A 公司吸收合并 B 公司的会计分录为：

借：固定资产等有关资产	7 300
贷：应付账款等有关负债	5 000
股本	1 080
资本公积	531
银行存款	9
营业外收入	680

（4）假设 A、B 合并前为非同一控制下的两个公司，而且 A 公司吸收合并 B 公司时另加付 800 万元的银行存款，则 A 公司吸收合并 B 公司的会计分录为：

借：固定资产等有关资产	7 300
商誉	120
贷：应付账款等有关负债	5 000
股本	1 080
资本公积	531
银行存款	809

5.（1）合并成本＝付出资产的公允价值＝160万元

资产转让损益＝160－（300－120）＝－20（万元）

（2）编制有关企业合并的会计分录（金额单位：万元，以下同）：

借：固定资产清理	180
累计折旧	120
贷：固定资产	300
借：长期股权投资——乙公司	160
管理费用	2
资产处置损益	20
贷：固定资产清理	180
银行存款	2

（3）借：应收股利（100×60%）	60
贷：投资收益	60

6.（1）企业合并中的购买方为甲公司，购买日为2×24年1月1日。

（2）借：长期股权投资——乙公司（成本）　　　　　2 000

　　　贷：银行存款　　　　　　　　　　　　　　　　　　2 000

（3）借：长期股权投资——乙公司（损益调整）　　　　　90

　　　贷：投资收益　　　　　　　　　　　　　　　　　　　90

（4）固定资产处置利得=2 600-（3 000-500）=100（万元）

无形资产处置损失=（1 000-100）-800=100（万元）

（5）借：固定资产清理　　　　　　　　　　　　　　2 500

　　　　累计折旧　　　　　　　　　　　　　　　　　500

　　　贷：固定资产　　　　　　　　　　　　　　　　　3 000

借：长期股权投资——乙公司　　　　　　　　　　3 400

　　管理费用　　　　　　　　　　　　　　　　　　60

　　累计摊销　　　　　　　　　　　　　　　　　100

　　资产处置损益——固定资产处置损失　　　　　100

　　贷：固定资产清理　　　　　　　　　　　　　　2 500

　　　　资产处置损益——无形资产处置收益　　　　100

　　　　无形资产　　　　　　　　　　　　　　　1 000

　　　　银行存款　　　　　　　　　　　　　　　　60

第二章　　合并财务报表

（一）单项选择题

1.A　2.A　3.B　4.D　5.B　6.C　7.B　8.D　9.B　10.B　11.D　12.C　13.B
14.C　15.A　16.D　17.D　18.B　19.A　20.C

（二）多项选择题

1.ABCD　2.BCE　3.ABDE　4.ACD　5.BDE　6.ABCDE　7.ADE　8.BCD　9.BCD
10.ABE　11.AD　12.CE　13.DE　14.DE　15.ABDE　16.ABC

（三）判断题

1.√　2.√　3.×　4.√　5.√　6.√　7.√　8.√　9.√　10.√　11.×　12.√　13.√　14.×
15.√　16.×　17.×　18.×　19.×　20.√　21.√　22.√　23.√　24.√　25.√

（四）计算与账务处理题

1.（1）母公司理论下的合并商誉、少数股东权益（计算过程见附表2-1）。

母公司理论 单位：万元

项　目	情况1：无商誉	情况2：正商誉	情况3：负商誉
1.甲支付合并成本	900	950	950
2.丙可辨认净资产公允价值	1 000	1 050	1 100
3.丙可辨认净资产账面价值	1 000	1 000	1 000
4.丙可辨认净资产中90%部分的增值	1 000-1 000=0	（1 050-1 000）×90%=45	（1 100-1 000）×90%=90
5.合并商誉	900-1 000×90%=0	950-(1 000×90%+45)=5	950-(1 000×90%+90)=-40
6.少数股东权益	1 000×10%=100	1 000×10%=100	1 000×10%=100

（2）实体理论下的合并商誉、少数股东权益（计算过程见附表2-2）。

附表2-2 **实体理论** 单位：万元

项　目	情况1：无商誉	情况2：正商誉	情况3：负商誉
1.甲支付合并成本	900	950	950
2.丙可辨认净资产公允价值	1 000	1 050	1 100
3.丙可辨认净资产账面价值	1 000	1 000	1 000
4.丙全部可辨认净资产的增值	1 000-1 000=0	1 050-1 000=50	1 100-1 000=100
5.按甲投资成本换算的丙总价值	900÷90%=1 000	950÷90%=1 055.6	950÷90%=1 055.6
6.合并商誉	1 000-1 000×100%=0	1 055.6-1 050=5.6	1 055.6-1 100=-44.4
7.少数股东权益	1 000×10%=100	1 055.6×10%=105.56	1 055.6×10%=105.56

（3）现行会计准则下的合并商誉、少数股东权益（计算过程见附表2-3）。

附表2-3 **现行准则** 单位：万元

项　目	情况1：无商誉	情况2：正商誉	情况3：负商誉
1.甲支付合并成本	900	950	950
2.丙可辨认净资产公允价值	1 000	1 050	1 100
3.丙可辨认净资产账面价值	1 000	1 000	1 000
4.丙全部可辨认净资产的增值	1 000-1 000=0	1 050-1 000=50	1 100-1 000=100
5.合并商誉（不含少数股权拥有的部分）	900-1 000×90%=0	950-1 050×90%=5	950-1 100×90%=-40
6.少数股东权益	1 000×10%=100	1 050×10%=105	1 100×10%=110

2.（1）母公司理论下的股权取得日合并财务报表工作底稿见附表2-4。

附表2-4 　　　　　**股权取得日合并财务报表工作底稿（一）** 　　　单位：万元

项　　目	个别财务报表		抵销分录		合并数
	A公司	B公司	借	贷	
流动资产	400	200			600
固定资产	800	600	16		1 416
长期股权投资	450	0		450	0
商誉	—	—	34		34
负债	600	300			900
股东权益	1 050	500	500		1 050
少数股东权益	—	—		100	100

（2）实体理论下的股权取得日合并财务报表工作底稿见附表2-5。

附表2-5 　　　　　**股权取得日合并财务报表工作底稿（二）** 　　　单位：万元

项　　目	个别财务报表		抵销分录		合并数
	A公司	B公司	借	贷	
流动资产	400	200			600
固定资产	800	600	20		1 420
长期股权投资	450	0		450	0
商誉	—	—	42.5		42.5
负债	600	300			900
股东权益	1 050	500	500		1 050
少数股东权益				112.5	112.5

（3）现行会计准则下的股权取得日合并财务报表工作底稿见附表2-6。

附表2-6　　　　**股权取得日合并财务报表工作底稿（三）**　　　单位：万元

项　目	个别财务报表		抵销分录		合并数
	A公司	B公司	借	贷	
流动资产	400	200			600
固定资产	800	600	20		1 420
长期股权投资	450	0		450	0
商誉	—	—	34		34
负债	600	300			900
股东权益	1 050	500	500		1 050
少数股东权益	—	—		104	104

3. （1）属于非同一控制下企业合并。

①取得股权的账务处理：

借：长期股权投资　　　　　　　　　　　　　6 510 000

　　贷：银行存款　　　　　　　　　　　　　　　　　3 120 000

　　　　主营业务收入　　　　　　　　　　　　　　　3 000 000

　　　　应交税费——应交增值税（销项税额）　　　　　390 000

借：税金及附加　　　　　　　　　　　　　　300 000

　　贷：应交税费——应交消费税　　　　　　　　　　　300 000

借：主营业务成本　　　　　　　　　　　　2 000 000

　　贷：库存商品　　　　　　　　　　　　　　　　2 000 000

②编制合并报表的抵销分录：

借：股本　　　　　　　　　　　　　　　　5 000 000

　　资本公积　　　　　　　　　　　　　　2 000 000

　　盈余公积　　　　　　　　　　　　　　　500 000

　　未分配利润　　　　　　　　　　　　　　500 000

　　存货　　　　　　　　　　　　　　　　　100 000

　　商誉　　　　　　　　　　　　　　　　　50 000*

　　贷：长期股权投资　　　　　　　　　　　　　　6 510 000

　　　　少数股东权益　　　　　　　　　　　　　　1 615 000

　　　　递延所得税负债　　　　　　　　　　　　　　　25 000

*50 000为以上各借项与以下各贷项之差额，或者这样计算：

50 000=6 510 000-（8 100 000-25 000）×80%

（2）属于同一控制下企业合并。

①取得股权的账务处理：

借：长期股权投资　　　　　　　　　　　　　　6 400 000

　　贷：银行存款　　　　　　　　　　　　　　　　　3 120 000

　　　　库存商品　　　　　　　　　　　　　　　　　2 000 000

　　　　应交税费——应交增值税（销项税额）　　　　390 000

　　　　　　　　——应交消费税　　　　　　　　　　300 000

　　　　资本公积　　　　　　　　　　　　　　　　　590 000

②编制合并报表的抵销分录：

借：股本　　　　　　　　　　　　　　　　　　5 000 000

　　资本公积　　　　　　　　　　　　　　　　2 000 000

　　盈余公积　　　　　　　　　　　　　　　　500 000

　　未分配利润　　　　　　　　　　　　　　　500 000

　　贷：长期股权投资　　　　　　　　　　　　　　　6 400 000

　　　　少数股东权益　　　　　　　　　　　　　　　1 600 000

4.（1）借：有关流动资产　　　　　　　　　　　5 000

　　　　　固定资产等　　　　　　　　　　　　10 000

　　　　　无形资产累计摊销　　　　　　　　　800

　　　　　资本公积　　　　　　　　　　　　　700

　　　　　贷：有关负债　　　　　　　　　　　　　　6 000

　　　　　　　无形资产　　　　　　　　　　　　　　6 000

　　　　　　　银行存款　　　　　　　　　　　　　　4 500

（2）借：长期股权投资　　　　　　　　　　　9 000

　　　　　无形资产累计摊销　　　　　　　　　800

　　　　　资本公积　　　　　　　　　　　　　700

　　　　　贷：无形资产　　　　　　　　　　　　　　6 000

　　　　　　　银行存款　　　　　　　　　　　　　　4 500

（3）抵销分录：

借：股本　　　　　　　　　　　　　　　　　　7 000

　　资本公积　　　　　　　　　　　　　　　　800

　　留存收益　　　　　　　　　　　　　　　　1 200

　　贷：长期股权投资　　　　　　　　　　　　　　　9 000

（4）借：长期股权投资   7 200

   无形资产累计摊销   800

   资本公积   2 500

    贷：无形资产   6 000

     银行存款   4 500

（5）抵销分录：

借：股本   7 000

  资本公积   800

  留存收益   1 200

   贷：长期股权投资   7 200

    少数股东权益   1 800

5.（1）借：有关流动资产   5 000

    固定资产等   10 250

    无形资产累计摊销   800

    商誉   12.5

     贷：有关负债   6 000

      无形资产   6 000

      营业外收入   300

      银行存款   4 500

      递延所得税负债   62.5

（2）借：长期股权投资   10 000

    无形资产累计摊销   800

     贷：无形资产   6 000

      营业外收入   300

      银行存款   4 500

（3）调整与抵销分录：

借：股本   7 000

  资本公积   800

  留存收益   1 200

  固定资产   250

  商誉   812.5

   贷：长期股权投资   10 000

    递延所得税负债   62.5

（4）借：长期股权投资   10 000

   无形资产累计摊销   800

    贷：无形资产   6 000

     资产处置损益   300

     银行存款   4 500

（5）调整与抵销分录：

借：股本   7 000

  资本公积   800

  留存收益   1 200

  固定资产   250

  商誉   2 650

   贷：长期股权投资   10 000

    少数股东权益   1 837.5

    递延所得税负债   62.5

6.第一种情况：甲、丁合并为同一控制下企业合并，则

（1）甲公司按权益法调整后的投资收益=300+280+560+147÷2×80%

              =1 198.8（万元）

（2）合并营业收入=4 000+3 000+2 000+1 000-100=9 900（万元）

（3）合并营业成本=2 500+2 200+1 100+600-60=6 340（万元）

（4）合并净利润=9 900-6 340-（500+400+300+200）+（300+200+10）-（390+120+

     240+63）=1 857（万元）

（5）少数股东收益=147×20%=29.4（万元）

第二种情况：甲、丁合并为非同一控制下企业合并，则

（1）甲公司按权益法调整后的投资收益=300+280+560+147÷2×80%

              =1 198.8（万元）

（2）合并营业收入=4 000+3 000+2 000+1 000÷2-100=9 400（万元）

（3）合并营业成本=2 500+2 200+1 100+600÷2-100=6 000（万元）

（4）合并净利润=9 400-6 040-（500+400+300+200÷2）+（300+200+10÷2）-

     （390+120 +240+63÷2）=1 783.5（万元）

（5）少数股东收益=147÷2×20%=14.7（万元）

7.（1）调整分录：

借：长期股权投资   100 000

   贷：投资收益   100 000

（2）抵销分录：

借：股本等股东权益   63 000 000

  固定资产   7 000 000

  商誉   6 000 000

  贷：长期股权投资   55 000 000

    少数股东权益   21 000 000

第三章 外币业务会计

（一）单项选择题

1.B 2.A 3.A 4.C 5.A 6.B 7.A 8.B 9.B 10.D 11.C 12.B 13.A 14.C 15.D 16.A 17.B

（二）多项选择题

1.ABCDE 2.ABDE 3.AD 4.ABCD 5.ABCD 6.ABC 7.BDE 8.ABCDE 9.ABCE 10.ABCD 11.AC 12.ABCD 13.CE 14.BCDE 15.ABC 16.ABD 17.ABCE

（三）判断题

1.× 2.√ 3.√ 4.× 5.√ 6.× 7.× 8.√ 9.× 10.√ 11.√ 12.× 13.√ 14.× 15.√ 16.√ 17.×

（四）计算与账务处理题

1.练习外币交易会计处理的基本方法

（1）单一交易观点

①出口业务

A.2×22年12月15日按交易日即期汇率反映出口商品销售：

借：应收账款——美元户（$10 000×6.37）   63 700

  贷：主营业务收入   63 700

B.2×22年12月31日按年末汇率调整原入账的营业收入和应收账款：

借：主营业务收入   700

  贷：应收账款——美元户（$10 000×（6.37-6.30））   700

C.2×23年1月30日结算时，先按当日汇率调整营业收入和应收账款账户，并反映将收讫的款项存入银行的情况：

借：应收账款——美元户（$10 000×（6.32-6.30））   200

  贷：主营业务收入   200

同时：

借：银行存款——美元户（$10 000×6.32）   63 200

  贷：应收账款——美元户   63 200

②进口业务

A.2×22年12月15日购货业务按交易日即期汇率入账：

借：库存商品   63 700

  贷：应付账款——美元户（$10 000×6.37）   63 700

B.2×22年12月31日按年末汇率调整原已入账的存货成本：

借：应付账款——美元户（$10 000×（6.37-6.30））   700

  贷：库存商品   700

C.2×23年1月30日结算时，先按当日汇率调整存货成本和应付账款账户，并反映结算应付账款的情况：

借：库存商品   200

  贷：应付账款——美元户（$10 000×（6.32-6.30）） 200

同时：

借：应付账款——美元户（$10 000×6.32）   63 200

  贷：银行存款——美元户   63 200

（2）两项交易观点

根据资料（1），按照两项交易观点，其会计处理程序如下：

①将汇兑损益作已实现损益处理

A.2×22年12月15日按交易日汇率反映出口商品销售：

借：应收账款——美元户（$10 000×6.37）   63 700

  贷：主营业务收入   63 700

B.2×22年12月31日按年末汇率确认未结算交易损益：

借：财务费用——汇兑损益（$10 000×（6.37-6.30）） 700

  贷：应收账款——美元户   700

C.2×23年1月30日结算时，先按当日汇率调整应收美元账款，确认汇兑损益，并反映将收讫的款项存入银行的情况：

借：应收账款——美元户   200

  贷：财务费用——汇兑损益（$10 000×（6.32-6.30）） 200

同时：

借：银行存款——美元户（$10 000×6.32）   63 200

  贷：应收账款——美元户   63 200

②将汇兑损益作递延处理

A.2×22年12月15日按交易日汇率反映出口商品销售：

借：应收账款——美元户（$10 000×6.37）   63 700

  贷：主营业务收入   63 700

B.2×22年12月31日按年末汇率将未结算交易损益予以递延：

借：递延汇兑损益（$10 000×（6.37-6.30））　　　　　　　　700

　　贷：应收账款——美元户　　　　　　　　　　　　　　　　　700

C.2×23年1月30日结算时，先按当日汇率调整应收美元账款和递延汇兑损益，并反映将收讫的款项存入银行的情况：

借：应收账款——美元户　　　　　　　　　　　　　　　　　200

　　贷：递延汇兑损益（$10 000×（6.32-6.30））　　　　　　200

同时：

借：银行存款——美元户（$10 000×6.32）　　　　　　63 200

　　贷：应收账款——美元户　　　　　　　　　　　　　　63 200

同时，将递延汇兑损益结转为已实现的汇兑损益：

借：财务费用——汇兑损益　　　　　　　　　　　　　　　500

　　贷：递延汇兑损益　　　　　　　　　　　　　　　　　　500

根据资料（2），按照两项交易观点，其会计处理程序如下：

①将汇兑损益作为已实现损益处理

A.2×22年12月15日购货业务按交易日即期汇率入账：

借：库存商品　　　　　　　　　　　　　　　　　　　63 700

　　贷：应付账款——美元户　　　　　　　　　　　　　63 700

B.2×22年12月31日按年末汇率确认未结算交易损益：

借：应付账款——美元户　　　　　　　　　　　　　　　700

　　贷：财务费用——汇兑损益　　　　　　　　　　　　　700

C.2×23年1月30日结算时，先按当日汇率调整应付美元账款，确认汇兑损益，并反映结算应付账款的情况：

借：财务费用——汇兑损益　　　　　　　　　　　　　　200

　　贷：应付账款——美元户　　　　　　　　　　　　　　200

同时：

借：应付账款——美元户　　　　　　　　　　　　　63 200

　　贷：银行存款——美元户　　　　　　　　　　　　63 200

②将汇兑损益作递延处理

A.2×22年12月15日购货业务按交易日即期汇率入账：

借：库存商品　　　　　　　　　　　　　　　　　　　63 700

　　贷：应付账款——美元户　　　　　　　　　　　　　63 700

B.2×22年12月31日按年末汇率将未结算交易损益予以递延：

借：应付账款——美元户　　　　　　　　　　　　　　　700

贷：递延汇兑损益 700

C.2×23年1月30日结算时，先按当日汇率调整应付美元账款，确认汇兑损益，并反映结算应付账款的情况：

借：递延汇兑损益 200

　贷：应付账款——美元户 200

借：应付账款——美元户 63 200

　贷：银行存款——美元户 63 200

同时，将递延汇兑损益结转为已实现的汇兑损益：

借：递延汇兑损益 500

　贷：财务费用——汇兑损益 500

2.练习外币业务的会计处理

（1）借：银行存款——人民币户 12 640

　　贷：银行存款——美元户（$2 000×6.30） 12 600

　　　　财务费用——汇兑损益 40

（2）借：银行存款——美元户（$20 000×6.30） 126 000

　　　　财务费用——汇兑损益 400

　　贷：银行存款——人民币户（$20 000×6.32） 126 400

（3）①2×22年7月1日，将借入的外币按当天的即期汇率折合为人民币入账：

借：银行存款——美元户（$10 000×6.78） 67 800

　贷：短期借款——美元户（$10 000×6.78） 67 800

②2×22年12月31日，计提2×22年下半年应付利息如下：

应付利息=10 000×5%×6÷12×6.60=1 650（元）

根据以上计算结果入账：

借：财务费用——利息支出 1 650

　贷：应付利息 1 650

③2×22年12月31日，计算由于汇率变化所形成的汇兑损益时：

借：短期借款——美元户（$10 000×（6.78-6.60）） 1 800

　贷：财务费用——汇兑损益 1 800

④2×23年7月1日计算利息如下：

借款利息总额=10 000×5%×6.47=3 235（元）

其中：

2×23年上半年的应付利息=10 000×5%×6÷12×6.47=1 617.5（元）

2×22年下半年应付利息中
由于汇率变化所形成的汇兑损益 =10 000×5%×6÷12×（6.6-6.47）=32.5（元）

借：应付利息　　　　　　　　　　　　　　　　　　　　1 650
　　财务费用——利息支出　　　　　　　　　　　　　　1 617.5
　　　贷：银行存款——美元户　　　　　　　　　　　　　　　　3 235
　　　　　财务费用——汇兑损益　　　　　　　　　　　　　　　　32.5
⑤2×23年7月1日归还外币贷款本金时：
借：短期借款——美元户（$10 000×6.60）　　　　　　66 000
　　　贷：银行存款——美元户（$10 000×6.47）　　　　　　　64 700
　　　　　财务费用　　　　　　　　　　　　　　　　　　　　　1 300
（4）①2×22年12月3日购入A公司B股1 000股作为交易性金融资产时：
借：交易性金融资产（$1 000×1.5×6.67）　　　　　　10 005
　　　贷：银行存款——美元户　　　　　　　　　　　　　　　　10 005
②2×22年12月31日，将公允价值变动（含汇率变动）计入当期损益时：
借：交易性金融资产（$1 000×（2×6.60-1.5×6.67））　　3 195
　　　贷：公允价值变动损益　　　　　　　　　　　　　　　　　3 195
③2×23年4月8日，将所购B股股票全部售出时：
借：银行存款——美元户（$1 000×2.3×6.53）　　　　15 019
　　　贷：交易性金融资产　　　　　　　　　　　　　　　　　13 200
　　　　　投资收益　　　　　　　　　　　　　　　　　　　　　1 819
同时：
借：公允价值变动损益　　　　　　　　　　　　　　　　3 195
　　　贷：投资收益　　　　　　　　　　　　　　　　　　　　　3 195
（5）借：银行存款——美元户（$20 000×6.80）　　　　136 000
　　　贷：实收资本——美元户（$20 000×6.80）　　　　　　136 000

3.练习期末外币货币性项目调整的计算和会计处理（见附表3-1）。

附表3-1　　　　　　　　期末外币货币性项目调整计算表

外币 账户名称	美元余额 （美元）	期末 即期汇率	调整前 人民币余额 （人民币元）	调整后 人民币余额 （人民币元）	差额 （人民币元）
银行存款	1 000	6.30	9 000	6 300	2 700
应收账款	0	6.30	300	0	300
应付账款	300	6.30	2 200	1 890	310
短期借款	2 000	6.30	18 000	12 600	5 400
合计					2 710

借：短期借款   5 400

  应付账款   310

  贷：银行存款   2 700

    应收账款   300

    财务费用——汇兑损益   2 710

4.练习期末外币非货币性项目调整的会计处理

（1）①2×22年12月15日进口设备时，按交易日即期汇率确认固定资产：

借：固定资产   31 850 000

  贷：银行存款——美元户（$5 000 000×6.37）   31 850 000

②按历史成本计量的外币非货币性项目，在期末不改变原记账本位币金额，不产生汇兑损益，所以2×22年12月31日无需对该固定资产的入账金额进行调整。

（2）①2×22年7月1日进口A商品时：

借：库存商品   64 700

  贷：银行存款——美元户（$10 000×6.47）   64 700

②2×22年12月31日，计提存货跌价准备：

借：资产减值损失（$1 000×5×6.47- $900×5×6.30） 4 000

  贷：存货跌价准备   4 000

（3）①2×22年3月1日购入G公司B股1 000股作为交易性金融资产时：

借：交易性金融资产（$1 000×2×6.58）   13 160

  贷：银行存款——美元户   13 160

②2×22年12月31日，将公允价值变动（含汇率变动）计入当期损益时：

借：交易性金融资产（$1 000×（2.5×6.30-2×6.58）） 2 590

  贷：公允价值变动损益   2 590

③2×23年2月1日，将所购B股股票全部售出时：

借：银行存款——美元户（$1 000×2.7×6.31） 17 037

  贷：交易性金融资产   15 750

    投资收益   1 287

同时：

借：公允价值变动损益   2 590

  贷：投资收益   2 590

5.练习外币交易会计处理的基本方法

（1）对于外币货币性项目，在资产负债表日应按照期末即期汇率将其折算为记账本位币金额。将按期末即期汇率折合的记账本位币金额与原账面记账本位币金额之间的差额作为汇兑损益，记入"财务费用"或有关账户。

对于外币非货币性项目，以历史成本计量的外币非货币性项目已在交易法下按当日即期汇率折算，资产负债表日不应该改变其原记账本位币金额，不产生汇兑损益。以公允价值计量的外币非货币性项目应采用公允价值确定日的即期汇率折算，折算后的记账本位币金额与原记账本位币金额的差额，作为公允价值变动（按汇率变动），计入当期损益。

（2）逐笔业务的账务处理：

① 借：银行存款——人民币户（$1 000 000×6.73）　　6 730 000
　　　财务费用——汇兑损益　　　　　　　　　　　50 000
　　　贷：银行存款——美元户（$1 000 000×6.78）　　　　　6 780 000
② 借：短期借款——美元户（$7 000 000×6.8）　　47 600 000
　　　财务费用——利息费用（$500 000×6.8）　　3 400 000
　　　贷：银行存款——美元户（$7 500 000×6.8）　　　　　51 000 000
③ 借：银行存款——美元户（$2 000 000×6.79）　　13 580 000
　　　贷：应收账款——美元户（$2 000 000×6.79）　　　　　13 580 000
④ 借：固定资产（€5 500 000×7.84）　　43 120 000
　　　贷：银行存款——欧元户（€5 500 000×7.84）　　　　　43 120 000
⑤ 借：应付账款——美元户（$15 000 000×6.76）　　101 400 000
　　　贷：银行存款——美元户（$15 000 000×6.76）　　　　　101 400 000

（3）7月份外币账户产生的汇兑损益：

有关汇兑损益期末调整，在资产负债表日应当分别对货币性项目和非货币性项目进行处理。

① 外币货币性项目

外币银行存款美元账户的汇兑损益 ＝（93 059.9+200-100-750-1 500）×6.73-［630 015.523+1 358-（678+5 100+10 140）］=-3 631.896（万元）

外币银行存款欧元账户的汇兑损益 ＝（2 994.5-550）×7.91-（23 207.375-4 312）=440.62（万元）

外币应收账款账户的汇兑损益 ＝（47 227.7-200）×6.73-（319 731.529-1 358）=-1 877.108（万元）

外币应付账款账户的汇兑损益 ＝（27 723.5-1 500）×6.73-（187 688.095-10 140）=-1 063.94（万元）

外币短期借款账户的汇兑损益 ＝（19 705.6-700）×6.73-（133 406.912-4 760）=-739.224（万元）

期末关于汇兑损益的会计分录（单位为万元人民币）：

借：银行存款——欧元户   440.62

  应付账款——美元户   1 063.94

  短期借款——美元户   739.224

  财务费用——汇兑损益   3 265.22

  贷：银行存款——美元户   3 631.896

    应收账款——美元户   1 877.108

②非货币性项目

本题涉及购入的固定资产属于以历史成本计量的项目，不产生汇兑损益。

第四章 租赁会计

（一）单项选择题

1.B 2.B 3.B 4.D 5.C 6.A 7.C 8.C 9.D 10.A

（二）多项选择题

1.ABCD 2.AD 3.BD 4.AC 5.ACD 6.ABCD 7.ABC 8.BC 9.CD 10.ACD

（三）判断题

1.√ 2.√ 3.× 4.√ 5.√ 6.× 7.× 8.× 9.× 10.√

（四）计算与账务处理题

1.（1）不属于租赁。机场有权随时变更咖啡厅位置，不存在已识别资产。

（2）属于租赁。因光纤不可随意替换，因此可以确认存在已识别资产。

（3）属于租赁。因搬迁成本比较高，在合同开始时，合同双方一致认为不大可能出现搬迁的情况。所以，可以确认存在已识别资产。

（4）属于租赁。因飞机替换成本非常昂贵，基本可以判断存在已识别资产。

2.华美设备租赁公司相关会计分录为：

（1）借：经营租赁资产——未出租资产   10 000 000

   贷：银行存款   10 000 000

（2）借：经营租赁资产——已出租资产   1 500 000

   贷：经营租赁资产——未出租资产   1 500 000

（3）月折旧额=1 500 000×12%÷12=15 000（元）

借：销售费用——折旧费   15 000

 贷：经营租赁资产折旧   15 000

（4）借：银行存款   22 000

   贷：租赁收入   22 000

（5）借：经营租赁资产——未出租资产   1 500 000

   贷：经营租赁资产——已出租资产   1 500 000

3.（1）承租人（新世纪公司）的会计处理

①租赁开始日的会计处理：

租赁付款额=各期租金之和+承租人担保的资产余值

$$=1\ 000\ 000×3+0=3\ 000\ 000（元）$$

租赁负债：

每期租金1 000 000元的年金现值=1 000 000×（P/A，8%，3）

$$=1\ 000\ 000×2.5771$$

$$=2\ 577\ 100（元）$$

使用权资产账面价值为2 577 100元。

未确认融资费用=租赁付款额-租赁负债

$$=3\ 000\ 000-2\ 577\ 100=422\ 900（元）$$

会计处理如下：

2×24年1月1日租入程控生产线。

借：使用权资产   2 577 100

　　租赁负债——未确认融资费用   422 900

　　贷：租赁负债——租赁付款额   3 000 000

②分摊未确认融资费用的会计处理：

第一步，确定租赁内含利率。

由于租赁资产的入账价值为租赁付款额的现值，因此该折现率就是其融资费用的分摊率，即8%。

第二步，在租赁期内采用实际利率法分摊未确认融资费用（见附表4-1）。

附表4-1　　　　　未确认融资费用分摊表（实际利率法）

2×24年1月1日　　　　　　　　　　　　　　　　　　　　单位：元

日期	租金	确认的融资费用	应付本金的减少	应付本金余额
①	②	③=期初⑤×8%	④=②-③	期末⑤=期初⑤-④
（1）2×24年1月1日				2 577 100
（2）2×24年12月31日	1 000 000	206 168	793 832	1 783 268
（3）2×25年12月31日	1 000 000	142 661.44	857 338.56	925 929.44
（4）2×26年12月31日	1 000 000	74 070.56*	925 929.44	0
合　计	3 000 000	422 900	2 577 100	

* 作尾数调整：74 070.56=1 000 000-925 929.44；925 929.44=925 929.44-0。

第三步，会计处理。

2×24年12月31日，支付第一期租金。

借：租赁负债——租赁付款额   1 000 000

 贷：银行存款   1 000 000

2×24年1—12月，每月分摊未确认融资费用。

借：财务费用（206 168÷12）   17 180.67

 贷：租赁负债——未确认融资费用   17 180.67

2×25年12月31日，支付第二期租金。

借：租赁负债——租赁付款额   1 000 000

 贷：银行存款   1 000 000

2×25年1—12月每月分摊未确认融资费用。

借：财务费用（142 661.44÷12）   11 888.45

 贷：租赁负债——未确认融资费用   11 888.45

2×26年12月31日，支付第三期租金。

借：租赁负债——租赁付款额   1 000 000

 贷：银行存款   1 000 000

2×26年1—12月每月分摊未确认融资费用。

借：财务费用（74 070.56÷12）   6 172.55

 贷：租赁负债——未确认融资费用   6 172.55

③2×24年2月28日摊销使用权资产。

借：制造费用（809 724.82÷11）   73 611.35

 贷：使用权资产累计折旧   73 611.35

2×24年3月至2×26年12月计提折旧会计分录同上。

④可变租赁付款额的会计处理：

2×25年12月31日，根据合同规定应向西部公司支付经营分享收入100 000元。

借：销售费用   100 000

 贷：其他应付款——西部公司   100 000

2×26年12月31日，根据合同规定应向西部公司支付经营分享收入150 000元。

借：销售费用   150 000

 贷：其他应付款——西部公司   150 000

（2）出租人（西部公司）的会计处理

①租赁开始日的会计处理：

第一步，计算租赁内含利率。

租赁内含利率的定义：在租赁开始日，使租赁收款额的现值与未担保余值的现值之和等于租赁资产公允价值与出租人的初始直接费用之和的折现率。

由于本题中不存在与承租人和出租人均无关的第三人对出租人担保的资产余值，因此租赁收款额等于租赁付款额，即租金×期数+承租人担保余值=1 000 000×3+0=3 000 000（元），因此有1 000 000×（P/A，7.51%，3）=2 600 000（元）（租赁开始日租赁资产公允价值）。

经查表可知，年金系数为2.6243时，利率为7%；年金系数为2.5771时，利率为8%；则当年金系数为2.6时，通过插值法可以求得此时的利率为R=7.51%。

第二步，计算租赁开始日租赁收款额及其现值和未实现融资收益。

租赁投资总额=租赁收款额+未担保余值

$\qquad$ =1 000 000×3

$\qquad$ =3 000 000（元）

$$\frac{租赁}{投资净额} = \frac{租赁收款}{额现值} + \frac{未担保}{余值现值} = 1\,000\,000×（P/A，7.51\%，3）=2\,600\,000（元）$$

未实现融资收益=租赁投资总额−租赁投资净额

$\qquad$ =3 000 000−2 600 000=400 000（元）

第三步，会计处理。

2×24年1月1日，出租程控生产线。

借：应收融资租赁款——租赁收款额 3 000 000

$\quad$ 贷：融资租赁资产 $\qquad\qquad$ 2 500 000（账面价值）

$\qquad$ 资产处置损益 $\qquad\qquad$ 100 000（账面价值与公允价值之差）

$\qquad$ 应收融资租赁款——未实现融资收益 400 000

②未实现融资收益分配的会计处理：

第一步，计算租赁期内各租金收取期应分配的未实现融资收益（见附表4-2）。

附表4-2   **未实现融资收益分配表（实际利率法）**   单位：元

日期	租金	确认的融资收益	应收本金的减少	应收本金余额
①	②	③=期初⑤×7.51%	④=②−③	期末⑤=期初⑤−④
（1）2×24年1月1日				2 600 000
（2）2×24年12月31日	1 000 000	195 260	804 740	1 795 260
（3）2×25年12月31日	1 000 000	134 824.03	865 175.97	930 084.03
（4）2×26年12月31日	1 000 000	69 915.97*	930 084.03*	0
合计	3 000 000	400 000	2 600 000	

* 作尾数调整：69 915.97=1 000 000−930 084.03；930 084.03=930 084.03−0。

第二步，会计处理。

2×24年12月31日，收到第一期租金。

借：银行存款   1 000 000

    贷：应收融资租赁款——租赁收款额   1 000 000

2×24年1—12月，每月确认融资收入。

借：应收融资租赁款——未实现融资收益（195 260÷12）   16 271.67

    贷：租赁收入   16 271.67

2×25年12月31日，收到第二期租金。

借：银行存款   1 000 000

    贷：应收融资租赁款——租赁收款额   1 000 000

2×25年1—12月每月确认融资收益。

借：应收融资租赁款——未实现融资收益（134 824.03÷12）11 235.34

    贷：租赁收入   11 235.34

2×26年12月31日，收到第三期租金。

借：银行存款   1 000 000

    贷：应收融资租赁款——租赁收款额   1 000 000

2×26年1—12月每月确认融资收益。

借：应收融资租赁款——未实现融资收益（69 915.97÷12）5 826.33

    贷：租赁收入   5 826.33

③可变租赁付款额的账务处理：

2×25年12月31日，根据合同规定应向新世纪公司收取经营分享收入100 000元。

借：银行存款   100 000

    贷：租赁收入   100 000

2×26年12月31日，根据租赁合同规定应向新世纪公司收取经营分享收入150 000元。

借：银行存款   150 000

    贷：租赁收入   150 000

④租赁期届满时的会计处理：

2×26年12月31日，将该生产线从新世纪公司收回，作备查登记。

4.在本例中，甲公司转让了其拥有的B建筑物，同时又将其租回，取得了B建筑物18年的使用权，属于售后租回业务。在出售日，B建筑物的公允价值为3 600万元、售价为4 000万元，售价高于其公允价值，因此，属于额外融资售后租回的情形，额外融资金额为400万元（4 000-3 600）。据此，甲公司应按下面步骤对额外融资售后租回业务进行会计处理：

（1）计算租赁付款额

在本例中，年合同付款额为240万元，18年的合同付款总额为4 320万元（240×18），其中包括借款本金400万元、借款期限为18年的额外融资未来应偿付的金额和租赁B建筑物18年未来应支付的租赁付款额。在租赁期开始日，甲公司应根据题中资料，首先计算如下指标：

A.合同付款总额现值=2 400 000×（P/A，4.5%，18）

=29 183 980（元）

B.租赁付款额现值=合同付款总额现值-额外融资金额

=29 183 980-4 000 000=25 183 980（元）

C.年额外融资付款额=（额外融资金额÷合同付款总额现值）×年合同付款额

=（4 000 000÷29 183 980）×2 400 000=328 948（元）

D.年租赁付款=年合同付款额-年额外融资付款额

=2 400 000-328 948=2 071 052（元）

E.租赁付款额=年租赁付款额×租赁期

=2 071 052×18=37 278 936（元）

（2）计算使用权资产入账价值

在租赁期开始日，B建筑物账面价值为20 000 000元，公允价值为36 000 000元，甲公司租回18年使用权的租赁付款额现值为25 183 980元，据此，可基于建筑物账面价值、按租赁付款额现值占建筑物公允价值的比例，计算租回资产使用权的入账价值：

F.使用权资产入账价值=B建筑物账面价值×（租赁付款额现值÷B建筑物公允价值）

=20 000 000×（25 183 980÷36 000 000）

=13 991 100（元）

（3）计算B建筑物资产处置损益

G.售后租回该建筑物的全部利得=36 000 000-20 000 000=16 000 000（元）

该利得包括处置B建筑物的利得和与租回建筑物有关的利得（源于租赁付款额按现值入账，而使用权资产按账面价值入账），其中与租回建筑物相关的利得可基于租赁付款额现值占建筑物公允价值的比例计算，全部利得扣除与租回建筑物有关的利得的剩余部分可确认为处置B建筑物的利得。具体计算如下：

H.与租回建筑物有关的利得=16 000 000×（25 183 980÷36 000 000）

=11 192 880（元）

因与租回建筑物有关的利得源于租赁付款额按现值入账，而使用权资产按账面价值入账，因此，也可以按照下面公式计算：

租赁付款额现值-使用权资产入账价值=25 183 980-13 991 100=11 192 880（元）

I.处置B建筑物的利得=16 000 000−11 192 880=4 807 120（元）

（4）编制租赁期开始日的会计分录

①对于取得的额外融资

借：银行存款   4 000 000

  贷：长期应付款——额外融资   4 000 000

②对租赁业务的初始确认

借：银行存款   36 000 000

  使用权资产   13 991 100

  固定资产——累计折旧   4 000 000

  租赁负债——未确认融资费用   12 094 956

  贷：固定资产——原值   24 000 000

    租赁负债——租赁付款额   37 278 936

    资产处置损益   4 807 120

③对于该租赁业务的后续核算（以租赁第1年年末为例）

A.偿还合同付款额时：

借：长期应付款——额外融资   328 948

  租赁负债——租赁付款额   2 071 052

  贷：银行存款   2 400 000

B.确认额外融资利息费用时：

借：财务费用（4 000 000×4.5%）   180 000

  贷：长期应付款——额外融资   180 000

C.摊销未确认融资费用时：

借：财务费用（25 183 980×4.5%）   1 133 279

  贷：租赁负债——未确认融资费用   1 133 279

5.（1）租赁付款额=1 000×2+100=2 100（万元）

租赁资产的入账价值=1 922.40万元

借：使用权资产   1 922.40

  租赁负债——未确认融资费用   177.60

  贷：租赁负债——租赁付款额   2 100

（2）2×25年12月31日会计分录：

支付租金时：

借：租赁负债——租赁付款额   1 000

  贷：银行存款   1 000

当年应分摊的融资费用=1 922.40×6%=115.34（万元）

借：财务费用 115.34

　　贷：租赁负债——未确认融资费用 115.34

使用权资产计提折旧=（1 922.40-100）÷2=911.20（万元）

借：制造费用 911.20

　　贷：使用权资产累计折旧 911.20

2×26年12月31日会计分录：

支付租金时：

借：租赁负债——租赁付款额 1 000

　　贷：银行存款 1 000

当年应分摊的融资费用=177.60-115.34=62.26（万元）

借：财务费用 62.26

　　贷：租赁负债——未确认融资费用 62.26

借：制造费用 911.20

　　贷：使用权资产累计折旧 911.20

归还设备：

借：租赁负债——租赁付款额 100

　　贷：使用权资产 100

6.（1）起租日的会计分录：

租赁付款额=800×4+300=3 500（万元）

租赁付款额现值=800×（P/A，6%，4）+300×（P/F，6%，4）

　　　　　　=800×3.4651+300×0.7921=3 009.71（万元）

未确认融资费用=3 500-3 009.71=490.29（万元）

借：使用权资产 3 009.71

　　租赁负债——未确认融资费用 490.29

　　贷：租赁负债——租赁付款额 3 500

（2）2×25年12月31日的会计分录：

支付租金时：

借：租赁负债——租赁付款额 800

　　贷：银行存款 800

确认当年应分摊的融资费用时：

当年应分摊的融资费用=3 009.71×6%=180.58（万元）

借：财务费用 180.58

　　贷：租赁负债——未确认融资费用 180.58

使用权资产计提折旧时：

计提折旧=（3 009.71-300）÷4=677.43（万元）

借：制造费用   677.43

 贷：使用权资产累计折旧   677.43

2×26年12月31日的会计分录：

支付租金时：

借：租赁负债——租赁付款额   800

 贷：银行存款   800

确认当年应分摊的融资费用：

当年应分摊的融资费用=［3 009.71-（800-180.58）］×6%=143.42（万元）

借：财务费用   143.42

 贷：租赁负债——未确认融资费用   143.42

使用权资产计提折旧时：

借：制造费用   677.43

 贷：使用权资产累计折旧   677.43

2×27年12月31日的会计分录：

支付租金时：

借：租赁负债——租赁付款额   800

 贷：银行存款   800

确认当年应分摊的融资费用：

当年应分摊的融资费用=［3 009.71-（800-180.58）-（800-143.42）］×6%

        =104.02（万元）

借：财务费用   104.02

 贷：租赁负债——未确认融资费用   104.02

使用权资产计提折旧时：

借：制造费用   677.43

 贷：使用权资产累计折旧   677.43

2×28年12月31日的会计分录：

支付租金时：

借：租赁负债——租赁付款额   800

 贷：银行存款   800

确认当年应分摊的融资费用：

当年应分摊的融资费用=490.29-180.58-143.42-104.02=62.27（万元）

借：财务费用   62.27

借：租赁负债——未确认融资费用   62.27

使用权资产计提折旧时：

借：制造费用   677.43

    贷：使用权资产累计折旧   677.43

归还设备时：

借：租赁负债——租赁付款额   300

    贷：使用权资产   300

第五章　股份支付会计

（一）单项选择题

1.A　2.C　3.D　4.D　5.B　6.B　7.A　8.C　9.B　10.A　11.D　12.D　13.B

（二）多项选择题

1.ABCD　2.CD　3.ABCDE　4.BC　5.CDE　6.AD　7.ACDE　8.ABCE　9.CE
10.BCD　11.ACE　12.ABCDE　13.ACDE　14.ABCDE　15.BCDE

（三）判断题

1.×　2.√　3.√　4.×　5.√　6.√　7.√　8.√　9.×　10.√

（四）计算与账务处理题

1.（1）费用计算见附表5-1。

附表5-1　　　　　　　　　　　**费用计算表**　　　　　　　　　　　单位：元

年份	计算过程	当期费用	累计费用
2×21	150×（1-20%）×200×18×1÷3	144 000	144 000
2×22	150×（1-30%）×200×18×2÷3-144 000	108 000	252 000
2×23	105×200×18-252 000	126 000	378 000

（2）账务处理。

①2×21年1月1日：

授予日不作账务处理。

②2×21年12月31日：

借：管理费用   144 000

    贷：资本公积——其他资本公积   144 000

③2×22年12月31日：

借：管理费用   108 000

    贷：资本公积——其他资本公积   108 000

④2×23年12月31日：

借：管理费用 126 000

  贷：资本公积——其他资本公积 126 000

2.负债和费用的计算见附表5-2。

附表5-2 **负债和费用计算表** 单位：元

年份	负债计算（1）	支付现金结算（2）	当期费用 （3）＝（1）＋（2）－ 上期（1）
2×20	（100-20-10）×300×10×1÷3=70 000		70 000
2×21	（100-20-8-6）×300×15×2÷3=198 000		128 000
2×22	（100-20-8-2-20）×300×18=270 000	20×300×16=96 000	168 000
2×23	（100-20-8-2-20-30）×300×20=120 000	30×300×18=162 000	12 000
2×24		20×300×21=126 000	6 000
合计		384 000	384 000

（1）2×20年12月31日：

借：管理费用 70 000

  贷：应付职工薪酬——股份支付 70 000

（2）2×21年12月31日：

借：管理费用 128 000

  贷：应付职工薪酬——股份支付 128 000

（3）2×22年12月31日：

借：管理费用 168 000

  贷：应付职工薪酬——股份支付 168 000

借：应付职工薪酬——股份支付 96 000

  贷：银行存款 96 000

（4）2×23年12月31日：

借：公允价值变动损益 12 000

  贷：应付职工薪酬——股份支付 12 000

借：应付职工薪酬——股份支付 162 000

  贷：银行存款 162 000

（5）2×24 年 12 月 31 日：

借：公允价值变动损益   6 000
　　贷：应付职工薪酬——股份支付   6 000
借：应付职工薪酬——股份支付   126 000
　　贷：银行存款   126 000

第六章　中期财务报告

（一）单项选择题

1.B　2.D　3.D　4.D　5.B　6.C　7.C　8.A　9.B　10.A　11.A

（二）多项选择题

1.ABCE　2.ABCD　3.ABD　4.AB　5.ABE　6.AB　7.AD　8.ABCE　9.ABCD
10.ABCE　11.AB　12.ABC　13.ABCDE

（三）判断题

1.√　2.×　3.×　4.√　5.×　6.×　7.×　8.×　9.√　10.√

第七章　分部报告

（一）单项选择题

1..C　2.C　3.A　4.A　5.C　6.A　7.C

（二）多项选择题

1.ABCDE　2.ACDE　3.BD　4.ABCDE　5.BDE　6.ABCE　7.BC　8.CDE
9.ABCDE　10.ACE

（三）判断题

1.×　2.×　3.×　4.√　5.×　6.×　7.√　8.√　9.×　10.√

第八章　清算会计

（一）单项选择题

1.C　2.B　3.B　4.C　5.A　6.C　7.B　8.D　9.B　10.A

（二）多项选择题

1.ABCDE　2.ABCDE　3.CD E　4.ABD　5.ABC

（三）判断题

1.√　2.√　3.×　4.×　5.√　6.√　7.√　8.√

（四）计算与账务处理题

（1）清算收益=1 300-（3 700-2 500）+（1 600-1 500）=200（万元）

（2）清算损失=300-250=50（万元）

（3）清算费用=20万元

（4）清算损益=200-50-20=130（万元）

（5）各投资方分回资金=［（200+250+1 600+1 600×13%+1 300）-（1 200+
210+1 600×13%-170+60+800+20）］÷4

=（3 558-2 328）÷4

=307.5（万元）

目录

序言

　　作为一名游戏设计人员，我常常在想，怎样才能设计一款优秀的游戏——这款游戏能够积极改变一个人的命运，或者像电影一样使人回味无穷。在思考这些问题的时候，我发现需要将大脑里想象的东西串在一起，使它们成为一个庞大而连贯的主线故事，这些故事会成为史诗般的影视级故事，激荡每一个玩家的心灵，让他能从这些故事中汲取到力量，并深深感受到回味无穷的魅力。当我正在为此懊恼时，很幸运地遇上了被誉为"亚洲的 J.K. 罗琳"的韩国国民级作家全民熙女士。

　　好多人也许有疑问，奇幻小说家和游戏设计者有什么共同之处？那么我可以告诉大家，奇幻小说家与游戏设计者之间的共同点，那就是所谓的想象力再现。而且，我毕生追求的游戏世界观，并不是仅仅把小说故事嵌入到游戏剧情里，而是实现小说与游戏的完美结合，运用文学和游戏的力量，共同去创造一个更广阔、更浩瀚的世界。在这方面，全民熙作家给了我很大的帮助，她让游戏插上了充满想象力的翅膀，使《上古世纪》这款我倾注了诸多心血的网游成更深邃，也更浩瀚，形成了一个有丰富内涵的游戏世界。

而我也帮助全作家把奇幻世界从小说领域扩散到了游戏领域，让更多的人能够接触到它，喜欢上它。全作家的 《冷杉与鹰》这部小说实现了我对游戏设计的憧憬，也实现了文学和网游的完美结合。从某种意义上说，这不仅仅是一部小说，更是一部游戏和文学完美结合的标志性范例。

从六年前，我就开始跟全民熙作家讨论了很多次有关小说以及游戏剧情的相关事情，那么多个日日夜夜，现在回想起来，依然历历在目。但是在今天，我再一次翻开小说的第一页，依然会被文字所深深吸引，忍不住一口气将小说读完。虽然我早已熟悉小说中的每一个人物，熟知每一个人物的命运和走向，但是一直到读完小说后，我才能真正理解这些人物，真正明白这个故事的核心，真正明白到底是什么在吸引着读者。

这些，就是文学的魅力吧。

在阅读这部小说时，我的心一直被一行行文字紧紧揪住，我被跌宕起伏的故事情节所吸引，为艾瑞缇娜和吉恩漂泊不定的命运所感动，为他们躲藏在小巷中躲避搜捕而紧张，为他们居住在危机四伏的王宫中而感到不安。我一口气读完这本书，一直读到结尾，一直到读完最后一行字，我才大大松了一口气。我从小就喜欢阅读奇幻小说，也阅读过许多奇幻小说，但是我可以告诉大家，这部《上古世纪 冷杉与鹰》绝对会和您阅读过的所有奇幻小说都不同，我相信它会给所有读者带来一股新鲜而刺激的阅读感受。而且，小说讲述了因为周围环境的险恶，主人公不得不通过磨砺自己实现自我成长，非常感人，作者用她用无尽的想象力和文学的感染力，给读者构建了一个近乎完美的"上古世纪"。

能有机会将如此优秀的奇幻文学作品介绍给中国读者，我感到非常荣幸，也非常骄傲。我也希望，中国的广大玩家们在接触到《上古世纪》游戏前，可以先读一读这部小说，提前感受一下《上古世纪》浩瀚的世界观，充满想象力的奇幻世界，以及作品独树一帜的感染力和独特魅力。最后，希望全民熙作家能将"世界的庭院"建设的越来越大，越来越富有想象力，并给韩国、中国甚至是世界各地的读者们，带来更加浩瀚、有趣的后续篇章。

——宋在京（韩国网游第一人，第三代网游《上古世纪》制作人）

序 幕

那段时间被我们称作光芒与玫瑰的时代。

直到四百年后，我们才明白这个名字的真正含义。

那个时代，世界之都熠熠生辉，

伟大的图书馆里绽放着数万朵玫瑰。

我们忘记种族差异，互敬互爱，互相拯救。

抵达世界诞生之地那天，

门开了，我们走进庭院。一切开始了。

然后，我们分开。

如今已被遗忘的神灵们，英雄们，

你们都是我的朋友。

最后的战争卷走了所有的美丽,
我们应该做点儿什么?
即使相爱,即使举刀相向,
这也是我们呼吸的方式。
现在,你们不在我身边,
然而我要数万次回忆我们出生的世界,留作记录。

我不会忘记祭祀之丘上的盟誓,
也不会忘记对女神的承诺。
任何事情我都忘不掉,可是一切都不复存在。
坟墓里诞生新的心声,
今天我在注视新生命创造的世界,
像我们的世界一样美丽和罪孽深重的世界。

因此,最后的战争永远不会结束,也永远不会开始。
我,卢修斯·奎因特要证明这一切。
今天的世界不就是你们和我的后代吗?

女神之女

　　骤雨乍歇的夜里，一个身披破烂斗篷的女人走进奎恩的咖啡厅。这里出售咖啡、水、香烟、薄荷茶和点心。当啷，不过是挂在门上的小铃铛发出响声，然而女人却吃惊地环顾四周。客人们看了看她，立刻对她失去了兴趣，或是眉头紧蹙，或是瞪大眼睛，或是连连摇头，总之是有很多理由。

　　首先是女人的打扮。好像是拿两枚硬币跟乞丐换来的斗篷，下面却露出了镶嵌着金箔的绿色绸缎裙。那么好的绸缎在市场上都不易买到，布匹商人也不敢囤积这种昂贵的东西，只有接到贵妇人的订单才会采购。

　　没有盘头，也没有束发，头发披散在肩上，让人怀疑是不是疯子。斗篷缝隙间露出的上肢刻着文身，那是只有出入贵族家门的文身匠才可能雕琢出的华丽的玫瑰藤。从玫瑰的图案来看，她很可能是受到万千宠爱的妾室。

女人很美，仿佛在为这样的猜测做证：白里透红的脸蛋、浓黑的眉毛、极具诱惑的深蓝色的眼睛，微微张开的嘴唇犹如刚刚凝结的血珠，厚厚地鼓起。然而女人满脸不安，眼睛眨个不停，斗篷里面好像抱着包袱。

店里没有空位子。女人在店里看了看，随后便与某个男人的视线相遇了。不对，所有的人都在看她，准确地说是女人选择了男人。女人从店里快速穿过，径直走向男人所在的角落。这是一个为不愿受到妨碍的客人专门搭起的低矮隔间。女人理直气壮地坐到男人身边，眉开眼笑地说道：

"这个时候让我出来，你太任性了。"

男人刚要开口，女人紧贴过去，低声说道：

"请假装认识我，你要我怎样都可以，只是请你不要赶我走，一会儿就好了。"

男人看了看女人，从怀里拿出毛巾，递了过去。

"辛苦了。擦擦头发吧，都湿透了。"

女人卷起毛巾，擦掉头发上的水。这时，男人往空杯子里倒了热茶。邻座的老人仔细打量着她。女人似乎注意到了他的目光，故意大声说道：

"我特意打扮了一下，可是突然下雨，全乱套了。哎呀，这裙子好贵的，为了来这里才变成了这个样子。你能给我买件新……新的吗？"

"好吧。"

"天啊，好慷慨啊。这回我想要黄色绸缎。明天我们一起去市场吧。"

女人语速很快。男人把茶杯推到女人面前。女人低头看了看冒着热气的茶杯，怀里抱着贵重的东西却让她无法伸手。男人低声说道：

"没问题。可是你穿这种斗篷，好像深夜出逃似的，有点儿滑稽。"

女人面露难色，缄口不语。男人又说道：

"梅特恩。"

"什么？"

"既然假装认识，至少得知道名字吧？"

"是的……缇娜，我叫缇娜。"

梅特恩点了点头，往自己的杯子里也倒了茶，接着说道：

"何况你身上穿的绸缎，市场上不能马上买到。订货之后，还要等半个月左右。"

缇娜闭口不语，只是用埋怨的眼神低头看着裙角。尽管溅了泥水，脏兮兮的，不过绸缎依然美丽，闪闪发光。这时，梅特恩抓住裙角，将镶嵌着金箔的裙角撕掉了大约两拃。缇娜吃惊得倒吸一口凉气。随后，梅特恩从桌子底下递过自己的斗篷。

"穿上吧。"

缇娜犹豫不决，梅特恩不明就里，皱起了眉头。梅特恩的斗篷样式简单，女人穿上也不会显得奇怪。至少不会像女人身上的破烂斗篷那样引人注目。

"这……"

缇娜想说什么，这时咖啡店的门又开了。听见当啷的声音，缇娜大惊失色，连忙朝门口看了看，埋下头去。进来的是一群士兵。梅特恩耸了耸肩膀。

"找你的吗？"

缇娜的呼吸变得急促了。士兵们从靠近门口的桌子开始检查，看见年轻女人便询问身份，如果无法证明，那就带出去。突然，缇娜掀开破烂斗篷，把抱在里面的东西递给梅特恩。梅特恩接过来，发现是一个包在红布里的婴儿，不由得目瞪口呆，而缇娜则迅速披上新斗篷，靠着梅特恩，还挽起了他的胳膊。

"我们以国王陛下的名义检查身份，请配合。"

士兵头目看到对方的衣着打扮，毕恭毕敬地说道。看到梅特恩怀里的婴儿，他便立刻换了表情。梅特恩泰然自若地说：

"我是吉纱的乌鲁斯之子，梅特恩。"

梅特恩抬起手臂，带有圆柱印章的金手镯当啷作响。士兵们用指尖抓住印章，转来转去地端详。他们也知道，那是吉纱最著名的乌鲁斯家族的标志。商人们经常使用的圆柱形印章玲珑精致，很难伪造。

"我知道，可是……"

士兵们看了看缇娜。缇娜低着头，做出哄孩子的模样。梅特恩露出明显的不悦神情，说道：

"这是我的女儿和小妾。"

"失礼了。"

名门望族的女人有权利不让地位卑微的人知道自己的名字，打量妾室的脸蛋更是极端无礼的举动。士兵们退下去了，梅特恩低头看了看婴儿。婴儿睡着了，丝毫不理会周围的混乱。

"小家伙长得好漂亮。你儿子吗？"

"儿……儿子？"

缇娜显然很慌张。梅特恩翘了翘嘴角，又看着孩子。缇娜说：

"这是我女儿，名……名字叫杰妮，杰……尤杰妮娅。我就叫她杰妮。"

梅特恩不做回答，依然盯着孩子。缇娜坐立不安。

"请……还给我吧。她一醒就哭……"

梅特恩瞪了一眼缇娜。缇娜大惊失色，赶紧说道：

"谢谢您帮我。"

"谢谢？和刚才说的不一样了。"

"什么？"

"你说要你怎样都可以，不是吗？"

缇娜嘴唇微张，迟疑着没有回答。梅特恩猛然站起，拿起帽子，一副马上要走的架势。缇娜跟着匆忙站了起来，挡在他的面前。

"您干什么？求求您……"

"你应该兑现诺言，不是吗？"

"您想要什么？"

梅特恩莞尔一笑：

"这个孩子。"

安塔伦虽然被称为"王的顾问"，却从来没提过任何有用的建议。国王和他对这点都不介意。

安塔伦通常早晨到国王的寝宫，就关于今天是出去打猎还是会见请愿者之类的问题，发表自己的意见。傍晚又去寝宫，提议今天夜里去哪位后妃的寝宫或者跟哪位大臣喝酒。国王有时听从他的意见，有时不听，一切纯属偶然。事实上，埃弗林的安德罗斯国王这辈子都不曾听取过别人的意见，只是当他自己没有什么特别想法的时候，按照安塔伦说的去做更方便。

对此，萨米娜王后已经忍无可忍。

九年前，二十四岁的萨米娜登上了渴望已久的位置，当时她豪情万丈。她出身名门，芳华正茂，有着苗条的腰肢和丰满的臀部，好像生过三个孩子的女人。实话实说，她的确生过孩子，不过那个孩子死了，只有娘家父母和兄弟姐妹知道这件事，王室里绝对无人知晓。萨米娜深信不疑，自己很快就会接连生下国王的孩子，用自己的亲生骨肉构筑牢不可摧的丛林。

九年过去了，三十三岁的萨米娜仍是茕茕孑立，形影相吊。原本应该有孩子们蹦跳玩耍的宫殿里，只有宫女和侍卫们如幽灵般游荡。国王不在她身边。安德罗斯有好几位后妃，不知不觉间，萨米娜也和她们落入同样的处境。其实她早就该预料到了。眼看先于萨米娜而成为王后的两个女人混迹在后宫之间，过着平静的生活，萨米娜却从未想过自己也会迎来同样的命运。

守在国王寝宫里的女人有十几位，然而谁都没生过孩子。难道萨米娜的希望从开始就注定要落空？不，也有例外。安德罗斯早在王子时期爱过街头舞女，生过孩子。安德罗斯的父王不允许留下卑贱的血脉，于是下令诛杀孩子和母亲。就这样，那个长相酷似国王的健康男孩只在人间活了三个月。

人们议论纷纷，说死去的母子诅咒了王室，所以王室才没有后代。国王保存着夭折孩子的小衣服，这么说也不为过。萨米娜当上王后的第五年，曾经问过安德罗斯是否真的保存着那件衣服。安德罗斯哭笑不得。后来，宫里流传着王后的宫女们在国王寝宫里秘密翻找的消息。谁也不知道沾血的小衣服到底有没有被找到，反正从那之后就再没有孩子出生。第七年，萨米娜的娘家请来素以身价昂贵著称的巫婆，为某个无名之人举行慰灵祭。传说在追悼的火焰之中响起了类似于孩子尖声哭泣的声音。

一切都无济于事。萨米娜仍然孤独无依。

萨米娜凝望着阳光灿烂的内院，无数次地想象小王子和公主们谈笑风生，你追我赶的场景。这样的想象反反复复，她仿佛听到叽叽喳喳的声音从四周传来。不，她相信自己真的听到了，然而她不想被人说成疯子，只好缄口不语。

焦躁的人不仅仅是萨米娜。国王顾问安塔伦特意到芦苇群落找到了著名的预言家哈羯神的神堂。刚听到这件事的时候，萨米娜就知道不会有什么好办法。二十多年都未能解决的问题，区区哈羯神女又能有什么妙计？

她果然没有猜错。听到神谕的内容，萨米娜面露讥讽之色。简直是无稽之谈，即使想按照她们说的去办，也不知道如何是好。那些从弯弯曲曲的山羊肠里寻找意义的人，还能有什么好方案？"掌握从内米河到天空湖全部土地的子孙将会诞生。他从被抛弃的地方归来，长久地统治被抛弃的土地。"如果把这句话理解为选择像已故舞女那样的卑贱女人，诅咒自会解除，从而又可以生儿育女，这样的创意实在令人啼笑皆非。

　　没想到国王对安塔伦言听计从。这里不妨稍作重复，当国王没有什么特别想法的时候，还是会听从安塔伦的意见。

　　一天夜里，安塔伦不知从哪里找来一个年轻貌美的舞女，送进了国王的寝宫，结果没多久就听到她怀孕的消息。十个月后，舞女的儿子诞生了。萨米娜怀疑这只是梦。就在她恍然如梦寐的时候，舞女已经被册封为最高后妃，庆祝王子诞生的宴会进行了三天三夜，广场里鲜花萦绕，金币如雨。

　　如梦初醒的萨米娜确信这个孩子不可能是安德罗斯的后代。这样的确信并没有什么确凿的证据，但每次看见王后就吓得魂不守舍的卑贱女人怎么可能生出自己都未能生出的后代？绝对不可能。但是，安德罗斯将数十年来无处播撒的激情统统给了新生的王子，甚至每隔几天就宠幸王后宫的老规矩也中断了。他对其他人的感受毫不关心。

　　得不到国王的关心，王宫里再也没有人在意王后的心情了。没有名字的舞女成了王子的母亲，被赐名艾瑞缇娜。她首次出席王宫活动那天，人们的目光都盯着这位抱着婴儿的年轻美女。国王和她寸步不离。谁都能看出他们是三口之家，萨米娜只是客人，还是不速之客。萨米娜走到艾瑞缇娜身边，打量着孩子。孩子那双酷似国王的黑眼睛仰望着萨米娜，仿佛什么都懂似的。那双眼睛仿佛在说："等以后我做了国王，像你这样没用的人……"

安塔伦走过来，低声说道："陛下的孩子就是王后的孩子。王后仍然像从前那样至高无上。区区舞女怎么能跟高贵的王后相提并论？"刹那间，王后真切地明白了，这个女人就是我的敌人，我输了。这样下去，我永远都是失败者。

几天后，萨米娜叫来了里博拉将军。里博拉将军的家族世世代代侍奉王后娘家，也是受了他们家的恩惠才成为将军的。接到密令，他答应马上行动。

安塔伦向国王进谏，说应该多关心王后。然而国王没有丝毫的改变，对于逆耳的忠言置若罔闻。

雨停了，风很大。不管是通衢大道，还是羊肠小路，他们只能往前。破碎裙角下面露出的脚腕被泥水弄得斑斑驳驳，缇娜像着了魔似的步履匆匆，注视着前面男人的后背。孩子仍然抱在梅特恩的怀里。缇娜苦苦哀求，软磨硬泡，却都无济于事。除了这样紧紧跟随，她没有别的办法。

他会伤害孩子吗？不知道。如果会，又是为什么呢？他也没有必要带走孩子啊，如果他知道孩子的身份，应该表现得更加严肃和残忍。如果他的目标是缇娜，没有必要这样绕弯子。可是梅特恩只是抱着孩子往前走。缇娜的眼睛盯着梅特恩胳膊上的印章，他应该是名门望族家的子弟，他这样做肯定另有原因，不可能是企图得到赏金的雇佣兵或者拐卖女人的流氓……

梅特恩突然回过头来，缇娜反而紧张不已。

"进去吧。"

缇娜这才发现，梅特恩抓着门把手，注视着自己。这是窄门，必须弯腰才能进去。缇娜迟疑着走了进去。梅特恩也跟着进去，关上了门。里面很暗。

"这是什么地方？"

梅特恩没有回答，而是在黑暗中摸索着点燃了蜡烛。四周都是衣服和布料，看来是缝纫店。老板不在，可能关门睡觉去了。梅特恩又是怎么开的门呢？缇娜有点儿不安。

"要是老板来了……"

"这个不用担心。"

梅特恩环顾四周，取下了没有花纹的黑色短外套，递给缇娜。

"穿上吧。"

"这是别人的衣服。"

"你身上的衣服比这个值钱。店老板还赚了呢。"

缇娜犹豫片刻，脱下斗篷，也脱下破裙子，露出胸部。梅特恩猛的一惊，几秒钟之后，他转过身说：

"如果你往那方面想，你就看错人了。"

"什么？我……"

缇娜欲言又止，只是继续换衣服。梅特恩在嘴里念叨，对了，你是舞女啊。

舞女处于埃弗林的最底层，连隐藏身体的权利都没有，即使在路上也可以换衣服。缇娜也经历过这样的生活，直到去年还是这样，多年的习惯不可能在短期之内改变。梅特恩眉头紧皱，陷入沉思。直到缇娜说话，他才抬起头来。

"穿好了……"

"头发也梳一下吧。"

缇娜梳起了头发。梅特恩也给自己挑选了斗篷和几块裁剪好的布料，扔掉包孩子的红色天鹅绒，找到普通的亚麻包袱，重新把孩子包起来。缇娜原以为身份高贵的男人不可能会照顾孩子，然而他的动作却很熟练。刚刚包好，孩子就醒了。孩子盯着梅特恩，突然笑了。梅特恩也想笑，却又转头说道：

"好了吧？我们走吧。"

"可不可以告诉我，要去哪儿？"

"不可以。"

梅特恩抱着孩子，从刚才的门出去了。缇娜只能跟在后面。绕过几个胡同，突然出现一道高墙。那是王城周围的铜墙铁壁——希莫拉的城墙。去年的某个黎明，她乘坐包装严密的马车从这里经过，预感到自己再也不可能出去了。那种不寒而栗的感觉她至今记忆犹新。刚才缇娜通过的是仅供平民进出的尘埃之门。此时此刻，出现在眼前的是只有国王和王室贵族才能通过的银月之门。

梅特恩让缇娜围上头巾，自己朝银月之门前面走去。银月之门用绿色大理石柱支撑，上面可以俯视六尊门神的雕像，美轮美奂，但是禁止平民接近。每年只有两次，夏季的开门庆典和冬季关门庆典，以及国王登基、王后册封和王子诞生等特别的日子才可以近距离看到银月之门。夜深了，大门已经关闭，士兵们严守门前。尤其是今天，士兵人数是平日的两倍。梅特恩让缇娜在稍远的地方等待，自己则朝守门将走去。梅特恩把孩子夹在肋下，像是夹着个包袱。

"我有点儿事需要出去。"

"这么晚了有什么事？今天发生大事了，您知道吧？"

"我不知道，也不感兴趣。今天晚上你们要辛苦了。"

梅特恩翻开口袋，叽里咣啷地掏出了件什么东西递给守门将。守门将恭恭敬敬地接过来，塞进口袋，然后叫来手下，命令他们打开城门左侧的小门。他们看上去很熟，但是缇娜没想到仅凭交情就能轻而易举地打开城门，不由得目瞪口呆。梅特恩转头看了看缇娜，打个手势让她过来。缇娜走到门前，守门将问梅特恩：

"这个女人是谁？"

"这是熟人的女佣，我借来用用。不要说出今天见过我的事啊。"

梅特恩边说边眨了眨眼睛，守门将点头笑了。出门时孩子被憋得小声哭泣着，梅特恩突然大声咳嗽，而且还对跟在身后的缇娜大发雷霆。

"还不快走，干什么呢？"

就这样，他们远离了城门。城门外面是广袤的荒野。走出不远回头张望，华丽无比的银月之门竟然像插在荒野里的墓碑。

萨米娜王后独自蜷缩在只点了几支蜡烛的大房间里，瑟瑟发抖。一名宫女走进来，说里博拉将军来了。萨米娜这才猛地直起身子。

"对不起。"

听到这句话，萨米娜紧咬的牙缝里流出呻吟和痛哭声。她紧握的双拳在颤抖，不是因为愤怒，而是因为恐惧。里博拉跪在地上说道：

"城里搜遍了，可是……"

"没找到？难道变成烟了？还是溶在水里了？她是抱着小孩子流浪的漂亮女人，难道会像脚下的石头一样比比皆是吗？怎么可能一天一夜都没有人见到？"

"微臣怀疑有人把她藏起来了，于是下令寻找与女人和孩子同行的人，即使身份确定也要搜查。目前已经得到几份情报，正在追踪。其中有人伪造身份，微臣命令首先追捕。"

"伪造身份？"

"是的。有人自称吉纱的乌鲁斯家族之子，但是在今年通过城门的记录里没有看到他说的名字。"

吉纱的乌鲁斯有十四个儿子。如果想假借别人的名字，这个家族最合适不过了。萨米娜气得连连跺脚。

"只听名字就放他走了？"

"不是，说是看了印章，所以相信了……"

"这些没用的家伙！无能之辈！这是什么事，知不知道这是什么事情！如果陛下要处死我，我要把这些家伙统统带上，谁都别想活命！你们知道陛下有多可怕吗？"

大家都是同船人。天一亮，国王得知爱妃艾瑞缇娜和王子伯利提莫斯失踪，立刻派出大规模的搜查队前往城里。

　　国王首先怀疑王后。不能让国王抓住把柄。国王的搜查队开始搜查，里博拉叫来手下，只留下几个人。本来他们也谎称是国王的士兵，先行搜查，难免有些心虚。假如艾瑞缇娜和王子大难不死被国王发现，他们就死定了，当然不能坐以待毙。从开始就不该试图把艾瑞缇娜和王子引出宫外杀害，即使搬运尸体很危险，也应该在别宫里将其杀死。这个计策本来是想污蔑艾瑞缇娜和以前的男人私奔，可是没想到这个卑贱的女人眼疾手快，藏得比老鼠还要隐蔽。

　　不管是什么结果，也只能等待了。等待这个瞬间的过程最艰难。萨米娜站起身来，摆手让他出去。里博拉却从怀里掏出一封信。

　　"娘娘，这是本家的海洛迪恩大人写给娘娘的信。"

　　海洛迪恩是萨米娜的大哥，也是家族的首将。萨米娜夺过里博拉递来的信，紧咬嘴唇。明察秋毫的海洛迪恩肯定要重重责怪妹妹的轻率，这也不难理解。如果出了事，不仅萨米娜，连她的娘家都要灰飞烟灭。看完信后，萨米娜脸色大变。刚刚看完，她就把信撕碎，扔进了火炉，问道：

　　"阿尤布在哪儿？"

　　"在外面。"

　　"让他进来，快点儿。"

　　里博拉出去了。很快，那个名叫阿尤布的人走了进来。这是个身材矮小的男人，全身围着黑布，戴着头巾，双手都藏在衣服里面，露出的只有穿着凉鞋的脚和头巾下面的嘴巴、下颌。他就以这身打扮向王后行礼。

　　"祝福至高无上的王后娘娘平安荣宠。"

　　"别提平安荣宠了。如果你不马上动手，我恐怕将死不瞑目啊。"

　　"为了让娘娘高枕无忧，小人愿尽绵薄之力。"

"找两个人，一个年轻女人和一个小男孩。"

"娘娘说的是威严的国王陛下的宠妃和她的儿子吧？"

凡是与王后家族有关系的人都知道，王后不承认伯利提莫斯是王子。萨米娜盯着阿尤布，点了点头。

"是的。"

阿尤布轻轻掀了掀头巾，说道：

"娘娘威严的命令，小人理当立刻接受，可是娘娘您也知道，小人没有找人的能力。"

萨米娜看见了阿尤布半露的额头上的烙印。那是红色蚯蚓图案，即使在烛光下也能看得清清楚楚。这是驱使恶鬼的咒术师的标志。正是因为这个烙印，不管在什么地方他都不能摘掉头巾。自古以来，生活在泥土里的恶鬼就对鲜血如饥似渴，不仅是非常危险的存在，也是所有神灵的敌人。极少数的人虽然没有受到礼拜，但是可以通过特别手段操纵恶鬼，这些人就是恶鬼咒术师。他们并不崇拜恶鬼，只是利用它们。蚯蚓烙印不是崇拜的标志，而是避免让恶鬼吞噬自己的符咒。因此不能刻在隐秘之处，而是刻在随时可以暴露的地方。

"知道。"

"那么可以马上杀死吗？"

"只要不被发现，哪怕撕成碎片也没有关系。"

阿尤布点了点头。

"娘娘，您知道我的条件吧？"

她当然知道，以前也通过这个人处理过不知天高地厚的卑贱之人，当时他也提出同样的条件。萨米娜点了点头。

"尸体归你。"

阿尤布笑了。

"娘娘的恩情比海深。"

里博拉知道阿尤布。他虽然不是像里博拉那样的家臣，但是三十多年来，一直接受王后家族的隐秘命令，从王后父亲执掌家族大权的时候起就是这样。王后家族多次邀请他做家臣，每次他都郑重拒绝，只肯接受约定的报酬。里博拉知道的最后一次托付是萨米娜王后的事情。当时萨米娜给他的报酬是一坛黄金、红玉髓项链，还有牺牲者的尸体。最后这件事令里博拉耿耿于怀。因为牺牲者中间有个孩子，和里博拉疼爱有加的小儿子同龄。

　　他不知道阿尤布怎样处置落入自己手中的尸体，至少他能想到，如果仅仅是为了埋在后院，那就不必索要了。埃弗林人深信，私人必须按照固定程序埋葬才能得到统治阴间的诺伊女神的引导，顺利进入阴间。落入阿尤布手中的尸体永无安息之日。

　　如果阿尤布不是恶鬼咒术师，他根本没有力量拒绝权势者的提议，然而谁都不愿扫了恶鬼咒术师的兴致。如果讨厌他，那就当场把他除掉，这样才能杜绝后患。但有时候，他也的确能派上用场。

　　不管报酬是否丰厚，阿尤布只做适合自己口味的事。他的口味与作为报酬得到的尸体有关。如果可能遇到想要的牺牲者，他会主动去做。越是冤屈的死亡，越是有人剧烈哀痛的牺牲者，他越喜欢。他之所以受到托付才行动，只是为了得到权势者的庇护，更安全地得到尸体。如果没有这个必要，他早就杀掉更多的人了，而且说不定他也已经在秘密进行了。每次想到这里，里博拉都感觉毛骨悚然。

　　见过了王后，阿尤布出来，里博拉把他送到宫外。到了门外，阿尤布行礼，里博拉忍不住问道：

　　"你不怕吗？"

　　如果被发现，国王不可能原谅他。阿尤布笑嘻嘻地说道：

　　"像我这样的人专门对付恶鬼。世界上没有什么比恶鬼更可怕。"

　　阿尤布的背影消失在黑暗中。里博拉想了想，追了上去。

凌晨，原野上矗立着黑黢黢的东西。

乍看像是肥料堆，然而那个东西很快便开始移动了。像是牲畜，却没有四条腿，没有尾巴，没有毛，没有鳞，也没有角，只是在深处藏着火种样的红色物体。

虽然庞大，但是颜色和黑暗相同，必须仔细看才能感觉到它的存在。麦穗倒向与风相反的方向，又立起来，星光忽隐忽现。水面微微裂开，湿漉漉的脚印持续又消失。一股烧焦的味道扑面而来。

什么东西烧焦了？首先燃烧的是内部，然后是遮挡物。着火的麦穗消失了，石头烧得滚烫，牲畜熔化了。不管什么东西挡在前面，都不可能躲避，也不可能转身，直到从泥土中找到自己想要的目标。

这些东西都有名字，然而那也只是人类赋予的名称，并非真正的名字，或许根本就不存在真正的名字。虽然和死人，和鬼魂毫无关联，却常被称作恶鬼。真正的魔法师或咒术师称之为"泥土里的狂兽"，绝对不会招惹它们。无法和它们对话，当然也不可能和它们进行交易或者将它们说服。操纵它们的方法只有食欲。如果没有活的祭物，绝对不可能操纵它们。

恶鬼们伏在泥土里，对血渴望至极，因此容易回应地上的召唤。只要稍微懂点儿咒术就足够了。至于能否操纵唤来的恶鬼，那是另外的问题。根据几百年来伴随各种事故发展起来的要领呼唤恶鬼的人，首先必须全身涂满硫黄，目的是防止发出人的气味。恶鬼从地下钻出来，那就给它们目标物的部分躯体或携带物，当然不能掺有其他的气味。如果一切正常，恶鬼会奋不顾身地扑向目标物，不达目的誓不罢休。吞下目标物之后，恶鬼会心满意足地回到地下。

如果进展不顺利，目标物模糊不清，恶鬼就会变成巨大的贪食鬼。摆脱控制的恶鬼最先杀死施咒者，然后疯狂地吸血。传说有人为了让恶鬼离开而把侍从当成食物奉送，甚至连自己的家人都献给了恶鬼，还曾彻底毁掉过上千人的城镇。

尽管如此，还是有人依赖恶鬼的力量行使咒术。恶鬼听不懂语言，却也从不欺骗别人。只要懂得要领，只要遵守规则，尽管危险，却能得到巨大的力量。恶鬼咒术师常常把蜈蚣图案当作"阿加斯的象征"，刻于额头或手背。若要赶在恶鬼攻击施咒者之前及时展示，那就必须选择这样的部位。恶鬼不会杀死刻有阿加斯标志的人。如果被人发现这个标志，则有可能当场粉身碎骨，所以不会轻易做出选择。这是古代制伏恶鬼，将它们囚入地底的伟大王者的标志。至于是哪个时代哪个国家的国王，没有留下记录。阿加斯的标志非常精致，普通人刻不出来。

第二天，留在原野的黑色痕迹会给附近的人们带去恐惧。有人迅速逃离家乡，有人找来魔法师，也有人跑去神殿。他们都为昨天夜里没有成为恶鬼的目标物而感激涕零。他们一边同情不知是谁的目标物，一边期待快点儿听到那个人死了的消息。只有这样，他们才能安心，夜里才能入睡。

不一会儿，那个东西停了下来。那是广袤芦苇丛开始的地方。很久以前这里是一条河，后来水流改变方向，变成了沼泽。几栋废屋和磨坊藏在里面。

太阳升起的瞬间，那东西便消失在地底了。

周围是茂密的芦苇丛。不时有水流出现，几十年前枯死的树木倒在水面之下。树枝缠绕，成为踏板，他们穿过芦苇丛。长满苔藓的树枝很滑，弄不好要弄湿衣服，还会跌倒。

"孩子……"

"睡了。"

缇娜还想再问，然而梅特恩却聚精会神地在芦苇丛中穿行。他用更大块的布重新包好孩子，捆绑在双肩和后颈。他的肩膀很宽，不过孩子应该也不舒服，不知道怎么受得了。孩子没睡，刚才他的小手还在动来动去。

缇娜没有继续追问。她仍然担心梅特恩会伤害孩子。尽管没有必要伤害，但是如果自己乱提要求，说不定他会把孩子扔进水里。

随后，他们看到一座废弃的磨坊。梅特恩踩着踏板先行上去，然后抓住缇娜的手，把她拉了上去。碰到坚实的地面，他才稍稍放心。磨坊前后没有门，里面很宽敞，对面几乎被密密麻麻的芦苇堵住了。梅特恩靠墙而坐，缇娜也蹲了下来。沼泽里几乎没有流水，或许是心情使然，感觉地面好像在缓缓荡漾。也许是一天没吃饭的缘故，缇娜感觉头晕，闭了会儿眼睛，又睁眼去看梅特恩。梅特恩解下捆在身上的孩子，抓住孩子的两个腋窝，抱起来看他的脸。

"你母亲说你是女孩子。"

孩子突然哭了。缇娜猛地要站起来，却只是按了按双膝，姿势别扭地看着梅特恩。梅特恩看了看缇娜，说道：

"看样子你也要哭了。"

"肯定是肚子饿了，请你……"

梅特恩抱着孩子站起来。缇娜紧张得咬紧牙关。孩子被放进了她的怀里，连同布料。梅特恩退到后面，背过身子。缇娜叹了口气，自言自语道：

"艾尼尔，谢谢。"

"明明是我把孩子交给你的，你不谢我，为什么要谢艾尼尔？"

缇娜忙着往孩子嘴里塞乳头，没听见梅特恩这句不知是玩笑还是讽刺的话。哭哭啼啼的孩子吃到母乳，立刻安静下来。除了孩子的呼吸，周围什么声音都没有。梅特恩靠着墙壁，仰望天棚。腐烂的横梁岌岌可危地挂在上面，透过缝隙可以看到天空。虽然是早晨，但是天色阴沉，周围还是很暗淡。

梅特恩轻轻念着缇娜说过的艾尼尔的名字。艾尼尔是艺人们的女神。据说女神爱惜有才华的人们，不论身份高低。就连埃弗林地位最卑微的舞女，只要舞姿优美，也能成为最受女神爱惜的人。别的神灵都不会让埃弗林卑微如尘灰的人站在身穿绸缎、头戴宝冠的人们面前，除了被称为狂神的艾尼尔。

卑微者的女神，舞女和戏子，以及吟游诗人们的女神艾尼尔，昨天夜里守护在缇娜身旁。她用抓过泥土、摸过石头的伤痕累累的手为女神的小女儿领路。要不然缇娜怎么会跑进梅特恩所在的咖啡厅？

孩子吃饱了，慢慢地闭上眼睛，手脚无力地伸开。缇娜用梅特恩带来的碎布头给孩子换了尿布，然后直起身子。她抿上衣襟，看了看梅特恩，面带愧色。如果是良家妇女，当然不可能在陌生男人面前袒胸露乳。对孩子的担心消失了，她才想起自己不再是舞女。梅特恩说：

"现在放心了吧？"

缇娜没有回答，而是拉过睡着的孩子，抱了起来。梅特恩笑了。

"你以为这样我就抢不过来了？"

"你为什么想要孩子？"

"这么说吧。要想偷马，与其准备绳子、马车和鞭子，还不如带根胡萝卜更方便。"

缇娜想了想，说道：

"你是说，孩子是胡萝卜？我是马？这么说，您想要的……"

"可以这么说。"

梅特恩打断了她的话，缇娜没有继续说下去。梅特恩接着说道：

"我想带你去被称为向日葵之地的皮罗瓦。我的朋友住在那里，他有很多土地，可以给我个小农场。太大了不容易管理，只要能看到的地方就够了。我要盖房子，买一匹马，还要买一头骡子。如果在农场里种西瓜，收入应该不错。听说那里很适合种西瓜，无花果也不错。"

缇娜眨着眼睛，抬头看了看梅特恩。她完全听不懂这个男人的话。

　　"等吉恩长大了，我要给他买匹小马。我们三个人骑马去邻居家的农场吧。听说那里的人们很自然地和邻居分享，那么我们把西瓜分给邻居，再从邻居那儿换小麦就行了。还可以做西瓜干呢，我喜欢吃西瓜干。对了，你会烤面包吗？"

　　越听越离谱了，缇娜瞪大眼睛，摇了摇头。

　　"那就让邻居教你。我会做木马。如果邻居家也有小男孩，肯定很想来我家玩。要是有人借木马，吉恩应该很得意吧。"

　　"哎呀，你在说什么……"

　　梅特恩耸了耸肩膀。

　　"我在计划未来。"

　　"可是我……"

　　"怎么了？不愿意？做农妇不如做陛下的宠妃更好？"

　　他果然什么都知道了。她是谁，孩子是谁，他都了如指掌，却还是把他们带到了这里。缇娜嘴唇颤抖，问道：

　　"大人是陛下的仇人吗？"

　　"仇人？我是埃弗林的百姓。国王陛下乃是万民之父。"

　　"那么您是陛下的臣子？"

　　"臣子，我们家族的确享用着陛下的俸禄。"

　　"那为什么……"

　　"为什么？为什么不把你们送回王宫，而是带你们到这种地方？是啊，我也想知道。不过，有一点很明确，我没有伤害你们的意思，而且恰恰相反。"

　　摆脱手持斧头的男人，亡命逃跑的时候，王城的道路像迷宫，怀里的孩子放声大哭。她披着乞丐的斗篷，挤在路人之间一边给孩子喂奶，一边走路。她想回宫，却又无法和宫里的人取得联系，而且守门的卫兵也无法相信。谁知道他是不是王后的走狗？

好久没有回到这个街头了，她感到恐惧。黑暗是陷阱，光明是圈套。转头看她的人们都露出揭发者的眼神。想要藏到某个地方，反而更容易被发现。追击者最先翻找的地方就是容易藏人的仓库或厢房。缇娜从七岁开始学习跳舞，有时因为忍受不了毒打而逃跑，总是在这类地方被发现。于是不管多么疲惫，不管多么饥饿，她都要跟跟跄跄地找到人多的地方。隐身于形形色色的人群，即使打扮怪异，即使披头散发，也不太引人注目。她捡拾地上的苹果为食。漂亮的凉鞋碍事，她就脱下来扔掉，光着脚走路。她第一次对脚上硬邦邦的老茧心存感激。

从早走到晚，天又黑了，行人少了，再也没有藏身之地了。如果不是昨天夜里在咖啡厅遇到梅特恩，也许现在她的脑袋已被斧头砍掉，装进袋子里了。孩子也……

缇娜浑身发抖。她抬起头，遇到了梅特恩的视线。她这才意识到梅特恩的眼神看似冷漠，却完全不同于追击者。他已经答应要帮助自己了。因为她只想回宫，所以没有立刻想清楚，原来梅特恩已经把她的孩子从王城、从追击者的手中救出来了。几小时之前，如果被抓到，肯定是必死无疑，所以她只顾埋头奔跑。现在好不容易摆脱出来，却对愿意伸手援助的人心怀疑虑？

缇娜还是无法欣然应允。首先是太突然了，不知道是否真实。这件事她恐怕无法自己决定，何况还有孩子。

她艰难地说道：

"孩子是陛下的后代。"

"啊，是吗？当然了，孩子在父亲身边是最自然的，可是陛下能出色地完成父亲的使命吗？应该可以吧。因为他等待多年，终于等来了自己的孩子。无论孩子想要什么，哪怕是女神的衣角，陛下也会为他剪下来。可是要想得到陛下的礼物，首先要活下来才行啊。

这才是重中之重，不是吗？"

"如果回宫……"

"如果回宫，你就死定了。"

缇娜困惑地低头看了看孩子。的确很难回宫，不过她深信，只要遇到信得过的人，回到宫里，陛下就会保护自己。尽管当初自己不明就里地上了马车，稀里糊涂地跟着不明身份的人同床，而且在同床时，陛下也没有跟她说话，然而自从王子出生之后，情况就变了。每到下午，陛下谁也不见，单独留在别宫里逗孩子玩。王子睡着了，陛下会询问她在街头生活时的情况，也让她跳舞给自己看。有一天，陛下还教她下象棋。她不知道陛下是否爱自己，但她确信陛下不会抛弃自己。最重要的是，伯利提莫斯王子是陛下唯一的后代啊，连名字都是"宝贵罕见"的意思，不是吗？

"不相信，是吗？有陛下严加保护，怎么可能发生那样的事？那么这次的事情又怎么会发生呢？"

"都是我被一封伪信欺骗……"

"你以为你只是因为被骗出宫，就落得如此下场吗？从今往后只要不上当就行了？你以为王后在宫里没有办法杀你，才把你叫出宫外？王后在王宫里做了九年的女主人，只要她下定决心，没有她做不到的事情。这次她失败了，下次她会彻底把你除掉。陛下连你和王子的骨头都找不到！"

缇娜默默无语地颤抖。她不是不理解王后的憎恶之心，也不是没有亲身体验。她从开始就害怕王后。也许梅特恩的话有夸张的成分，然而只是听了他这番话，就放弃陛下宠妃的位置逃跑，未免有点儿可笑。

缇娜还有孩子，千金不换的孩子。这孩子不仅对陛下重要。想到孩子可能受到伤害，她就毛骨悚然。缇娜露出惊恐的表情。

"要是王后能宽恕我们就好了，真的……"

"宽恕？只有你们俩变成泥土才有这样的可能。你们也没有做过什么需要宽恕的事情。不过，听你说出'宽恕'这个词，看来你根本没有做好与王后作战的准备。她这个人……对于自己看不惯的东西，必须斩草除根。"

梅特恩的语气莫名地凶狠起来，缇娜感觉有些奇怪。

"看来您很了解王后。"

"很了解。"

"所以……"

"所以把你带到这里来了。要不然我为什么要带你逃往皮罗瓦？我背离家乡，万一被发现就会遭到发配，孩子被夺去父亲，几乎什么好处也没有，但唯一的好处就是你和孩子可以保住性命。"

"大人什么好处也得不到……为什么还要帮助我？"

"我见不得抱孩子的女人死。"

这句话令人难以相信。梅特恩猛地站起来，在摇摇晃晃的地上踱来踱去。

"看来你不相信我的话。那除了这些，还能有什么理由？难道对你一见钟情？我刚刚看见你就深深地爱上你，不顾性命？我们有这个时间吗？对披头散发闯进咖啡厅的女人一见钟情？我还没有饥渴到这个程度……"

缇娜不由自主地笑了。梅特恩回头，她立刻停了下来，眼角依然保留着笑意。尽管因为昨夜的辛苦而眼圈发黑，然而当她微笑的时候却又恢复了美丽。天空放晴，阳光从漏洞的天花板照进来。光线似乎具有某种魔力，破旧磨坊角落里的蜘蛛网仿佛变成了漂亮的蕾丝，黑色的苔藓宛如绸缎闪闪发光。梅特恩顿了顿，叹了口气，接着说道：

"这不是笑话。"

"对不起。"

"我一定要救你们，不能让你们死于王后之手。如果你相信我，就在这里等我回来。"

"你要把我留在这里，一个人走？"

到达这里之前，缇娜还以为梅特恩要抢自己的孩子，现在听说梅特恩要走，却突然害怕起来。走了一夜，距离王城渐渐远了，但是追击者们仍然会拼命找她，必欲置之死地而后快。既然已经把毒手伸向缇娜和孩子，那就必须找到他们，直到埋入地下才能安心。

"意外地遇到你，来到这里，我都没有时间做出门的准备。因此要离开家乡很长时间，我需要处理点儿事情。你肯定很饿了，不过再坚持一会儿吧，别在这附近找食物。追击者马上就会搜查附近的村庄。乡下人对陌生人记得很清楚。这里是芦苇丛，连猎狗都找不到。"

"可是……"

"害怕迷路吗？如果发生什么事情，不得不离开这里，那就在我下面说到的这个场所见面。"

梅特恩说，往南走，湿地变成树林，在树林里走上不久就能看到散落着白色石头的地方。有块石头下面是可供藏身的洞穴，进入洞穴则需要掌握特别的要领。说着，梅特恩做了示范。

"听明白了吗？这里很偏僻，不会有人来，我告诉你是为了防备意外。我是很认真的。"

说完，梅特恩从怀里取出一把短刀，放在缇娜手中。黄铜色的短刀，上面刻着沙锥鸟的图案。缇娜接过短刀，一句话也没说，只是抬头注视着梅特恩。梅特恩心生恻隐，叮嘱她说：

"不用担心，我会赶在天黑之前回来。你累了吧，先好好睡一觉。回来的时候，如果你和吉恩在这里迎接我，我会很开心的。"

缇娜艰难地开口说：

"吉恩？"

"既然尤杰妮娅是男孩子，那就叫吉恩吧。"

缇娜想起自己坚持说是女儿，不由得羞愧地垂下了头。梅特恩又笑着说道：

"我们就这么叫他吧，总不能叫他伯利提莫斯王子殿下吧。对了，我不是吉纱的乌鲁斯的儿子，我叫洛克。"

第二天，国王召见萨米娜。萨米娜心意已决，不可能留下证据，只要矢口否认就行了。她是王后，谁都不能对她严刑拷问，也不可能投进监狱。伯利提莫斯是陛下唯一的骨肉，也是我这个百姓之母的孩子，我怎么可能因为嫉妒而伤害如此宝贵的孩子？陛下认为臣妾是这么不识大体的女人吗？因为臣妾无法生育，而背负这样的罪名，还不如死掉算了。眼泪汪汪地苦苦哀求，不管自己出去上吊还是怎么样，陛下当然不会在意，但是他也不会直截了当地点破。

萨米娜反复想着这些，不过当安德罗斯说出第一句话的时候，她呆住了。

"知道朕为什么叫你吗？"

"不知道。"

"是吗？如果你实话实说，朕或许会改变心意。"

"臣妾对陛下毫无隐瞒。"

"那好，那就快点儿交出伯利提莫斯和艾瑞缇娜吧。"

萨米娜轻轻地咬了咬嘴唇，眼神之中满是惊讶。

"陛下怎么会对臣妾下这种命令？臣妾比任何人都更担心王子的安危，不知道陛下为什么要向我询问他们的行踪。我爱伯利提莫斯如同爱我自己。"

"是的，既然那么爱，交出来不就行了吗？我想快点儿看到毫发无伤的王子，还有艾瑞缇娜。"

"陛下，我实在是……"

突然，安德罗斯猛地扔出了茶杯。萨米娜大惊失色。茶杯碎了，热茶溅上了萨米娜的衣服。安德罗斯厉声喝道：

"你竟敢欺骗朕！你不是买通你的弟弟，带他们走了吗？你把他们带到哪儿去了，还不如实招来？"

萨米娜僵住了。她本能地蜷缩起身体，担心安德罗斯会不会打自己。虽然以前国王对她漠不关心，却也从没做过有失礼仪的事情。现在，他对自己的态度跟对奴隶没什么不同。刹那间，她宁愿国王像平时那样对自己漠不关心。这句话差点儿脱口而出了。

萨米娜害怕挨打。因为她的母亲是第三夫人，深受父亲宠爱，于是第一位夫人也就是大伯母常常找碴儿鞭打母亲。这时候，萨米娜便会跑到母亲身边，然而听到鞭子的声音，她就迅速转身，在心里虔诚祈祷，鞭子的火花不要溅到自己的身体。她又担心这样下去母亲可能会被打死，那么父亲会不会为母亲报仇？为什么自己不能扑上去，挡在母亲面前？为什么父亲爱着母亲，却对这种事置之不理？千头万绪交织在她的心里。

到最后她也从未奔向挨打的母亲。鞭子带来的恐惧感太强烈了，年幼的小女孩无法承受。她对自己的憎恨变成了复仇心，为此她还准备了短刀，每天都拿出来磨，发誓有朝一日要刺死大伯母。但是，她最终也没能报仇。父亲去世以后，大伯母依然是家族的长辈。大伯母所生的大哥海洛迪恩担起了家族的大梁。尽管她成为王后，不，正因为她做了王后，报复娘家的事就更是连做梦都不敢想了。萨米娜自己最清楚，这是多么愚蠢的事情。大哥海洛迪恩像父亲似的支撑起家业，也是萨米娜最重要的援军。

现在母亲已经不用挨鞭子了，然而每次换衣服的时候都能看到当初的伤口。想起那些伤口，萨米娜就不由得瑟瑟发抖。以前她一直对安德罗斯漠不关心的态度深恶痛绝，太冷漠了，既不能和他争吵，也不能将他激怒。除了几句例行性的话语，安德罗斯从来不对她说什么。有一次从宴会回来，她甚至问宫女："你能看见我吗？"这种状态持续了几年，萨米娜感觉自己像个幽灵，故意表现得恶毒，还伤害自己的身体，有时毒打宫女，也曾摔过东西，然而安德罗斯连句制止的话都没有说过。萨米娜所做的事，所说的话只是掠过安德罗斯的耳边，他从来没有认真地听。

她宁愿安德罗斯恨她，也曾经想过做些令他震惊的事情。不管是否把她当成王后，她首先渴望得到人的待遇。她想证明自己不是在宫殿里飘来飘去的幽灵，而是能够伤害他的活人。然而当她回忆起挨打的恐惧时，又觉得还是漠不关心更好。但如果是这样，过去的岁月算什么呢？当时的愤怒只是撒娇吗？

萨米娜猛地站起来，拾起茶杯的碎片。她想用茶杯碎片刺自己的喉咙。果然不出所料，安德罗斯抓住了她的胳膊。

"你这是干什么？"

"放开我，还像以前那样对我置之不理就行了，不是吗？"

"你这样是解决不了问题的！"

萨米娜几次试图推开安德罗斯，却未能如愿。她瞪着安德罗斯，泪流满面。安德罗斯从萨米娜手中夺过茶杯碎片，扔到地上。听见嘈杂声，侍卫们跑了过来，安德罗斯转身喝道：

"出去！"

面对眼前的场景，侍卫们大惊失色，慌忙逃出门去。安德罗斯放开萨米娜的手，萨米娜颓然坐地，捂着嘴啜泣起来。国王沉默片刻，萨米娜的心里生出一线希望，但是她错了。

"在你说出王子的行踪之前，连死的自由都没有！"

安德罗斯并不是因为爱惜萨米娜才阻止她寻死。萨米娜小心翼翼地咬着嘴唇，暗下决心，无论如何都不能饶恕艾瑞缇娜和伯利提莫斯。以前她的目的是让他们从眼前消失，但是现在变了。哪怕他们不再回宫，哪怕找遍世界每个角落，也要找到他们，将他们斩草除根。

"陛下，请听我说。从现在开始，我说的话没有半句虚言。"

萨米娜眼泪汪汪地抬头看了看安德罗斯。他点了点头。萨米娜站起来，坐到椅子上。

"我觉得只有我了断自己的性命，才能消除这个恶毒的误会。既然陛下阻止，那我就斗胆说了。陛下说我派人藏起王子和他的母亲，而且认为是我的弟弟做了这样的事情。可是不管是今年还是去年，我的弟弟当中从来没有人进过王宫。我已经两年多没见他们了。他们怎么可能藏起王子和他的母亲？"

安德罗斯的脸上掠过轻蔑的神色。

"朕对你和你的弟弟怎样商量，设计了怎样的阴谋不感兴趣。朕已经派人把整个王城翻了个底朝天，还调查了离开城门的人。守门将异口同声地说没见过这样的女人和孩子。但是，看守银月之门的士兵报告说，昨天夜里守门将在未做记录的情况下放走了一个男人和可疑女人。于是找来守门将询问那个人是谁，为什么偷偷放走。守门将对你们毫无忠心可言，没动他一根指头就招了。"

萨米娜根本无法预料到这些事，只是眨着眼睛望着安德罗斯。听到下面的话，她才僵住了，喉咙和舌头也都僵住了。

"那个人是王后最小的弟弟，洛克。"

梅特恩，准确地说是洛克借来马匹，中午时分到达本家。那是王城五大富豪之一的埃克劳斯的儿子海洛迪恩的私宅。四年前去世的埃克劳斯有七个子女，海洛迪恩、克劳多斯、比利努斯、图安、萨米娜、艾梅丽娜和洛克。

埃克劳斯有三位夫人，洛克是二夫人生下的唯一的孩子。身体娇弱的她多年未生育，尽管排行第二，却连大声说话的份儿都没有。生了三个儿子的大夫人气势汹汹，对待她就像对待仆人。生下洛克的时候，她说自己死而无憾了。事实上也是如此，没过多久她就撒手人寰了。

埃克劳斯对失去母亲的小儿子倍加疼爱。他对别的儿子们严加管教，只是对洛克例外，几乎放任不管。比他年长将近二十岁的哥哥们也觉得洛克对自己的位置没有威胁，因此没有人在意。

长大成人以后，人们都说洛克不像他们家的人。不同于哥哥们的傲慢和冷酷，洛克和下人们打成一片，毫不避讳体力活，而且喜欢朴素的衣服和饮食。他最喜欢的是旅行。他常常毫无目的地出发，一年也不回来。埃克劳斯生病的时候，想要找到自己格外疼爱的小儿子，然而几百名士兵找遍了各个地方，连邻国都翻遍了，却还是杳无踪影。幸好洛克及时得到消息赶回家，才得到了父亲最后的祝福。

洛克对家里的事情不闻不问，却在父亲弥留之际守在父亲床前，这让哥哥们大为不快。幸好在遗产分配方面，埃克劳斯没有特别优待小儿子。这是智慧之举。否则的话，也许兄弟们会千方百计地放逐洛克，甚至置他于死地。

洛克想的是回到本家找秘书，让他负责管理自己的土地，带些盘缠就马上出发。事实上也差点儿就做到了。在几百栋建筑组成的豪宅里面，想要避开兄弟姐妹们的视线并不困难。不料，正当他要离开家门的时候，突然想起了马厩里的爱马。这是父亲最喜欢的马，留给了洛克。那匹马身上刻着家族的烙印，又是引人注目的骏马，逃亡的路上不适合带它。洛克只是想和马告别。

洛克走进马厩，给爱马拿些青草就出来了。正在这时，有人走进了大门。那是跟他打过交道的军人。洛克赶紧转身，但是为时已晚了。

"这不是洛克大人吗？快跟我走，娘娘召见。"

洛克追悔莫及。萨米娜王后从来没有召见过洛克进宫。这是理所当然的。他们两个人不可能再见面。现在，王后为什么召见他？只有一个理由。

　　萨米娜成为王后之后，只见过洛克一次。那是进宫一年初次回本家的日子，她听到了难以忍受的话，无比气愤，从那之后就再也没见过面。这期间她变了，弟弟也变了。听说弟弟到了，等待他进来的时候，萨米娜感觉腹中某个部位隐隐作痛。她下定决心。这是性命攸关的大事，不是怀念往事的时候。

　　走进王后殿，洛克视线低垂，大概是不想看到萨米娜。看到坐在萨米娜身旁的安德罗斯，洛克立刻伏倒在地，磕了三次头，跪着挪到跟前，把额头凑到国王手边。国王轻轻推开了他的头。他退到后面，继续跪在地上。

　　"祝福无比威严的国王陛下安康。陛下的大地上流淌着甜美如蜂蜜的江水，子孙忠诚，叛逆之火熄灭，荣光的伊斯坎特之星永远守护在陛下左右。"

　　无论是夸张称颂的人，还是听到称颂的人，此刻都纹丝不动。这是惯例，而且谁也不可能听到对方的真心话。他们彼此都很清楚。安德罗斯开门见山地说道：

　　"埃克劳斯的儿子洛克，今天是朕叫你来的。如果你不是王后的弟弟，你此刻就不是在这里，而是落入刑吏手中了。"

　　"不管是哪个家族的什么人，如果对陛下犯罪，都应该受到惩罚。请陛下明示。"

　　"王子和他的母亲在哪儿？"

　　洛克低下头，沉默片刻。萨米娜更加紧张，情不自禁地喘着粗气。不一会儿，洛克抬起头来。

　　"陛下，我昨天夜里去了王城，今天回来，大吃一惊。两夜过去了，还没有找到王国的宝贝，王子殿下。护卫队长应该砍头，侍婢们也应该斩断双手，可是他们不惧刑罚，玩忽职守，岂有此理？"

洛克的神色非常平静，好像没有听懂国王刚才的质问。安德罗斯眉头紧蹙。

"你想否认你的所作所为吗？"

"没有做的事情，没有必要否认。如果我藏起了王子殿下和他的母亲，怎么会自己来到宫里呢？"

"你知道朕为什么怀疑你吗？"

"我想是因为昨天夜里我经过城门的事吧。"

"原来你都知道了。那么当时和你同行的女人是谁？"

洛克再次叩头，然后抬头说道：

"既然要详细地向陛下禀告，那就不得不说出以前王后娘娘说不出口的事情，请陛下谅解。我首先声明，那个女人现在已经回到王城了。"

"什么？快说！在哪儿？"

"那个女人是在王城做生意的安多拉的女仆，名字叫休米。休米姿态娇美，所以平时去安多拉那里的时候我就注意到她了。昨天夜里我说想把她借出来，安多拉爽快地同意了。我付了两枚金币作为代价。如果陛下派人调查，很快就会知道了。"

萨米娜神情僵硬。安德罗斯瞪了洛克一眼，回答说：

"为什么要为这种事出城？"

"休米有丈夫，要想不被人发现，就只能带她去远处。我找了个偏僻的地方，办完事之后让她先回去，下午我才回到王城。"

这些话简直就是对国王的侮辱，然而这些都是安德罗斯让他说的，所以安德罗斯强忍愤怒，脸色都变了。

"要想证明你的话，还需要详细调查。那个女人在什么地方，做什么生意？"

"安多拉在南门附近的鸽子井胡同经营着很大的妓院。那个地方很有名，应该不难找到。"

"你觉得朕抓住隐藏王子和他母亲的罪人，会怎么处理？"

"应该是凌迟处死，家人也全部砍头。"

"是的。刚才你就被怀疑为罪人。你怎么不害怕呢？"

"微臣进宫的时候也在暗暗思量，王后娘娘为什么叫我来。微臣已经听家人说了，了解了王室的变故，所以我想在这种紧急关头，王后娘娘肯定不是为了和我诉说姐弟情而叫我来。难道是想找我帮忙？可微臣又是埃克劳斯的儿子中间年纪最小、经验最少的人，除非家兄全部去了国外，否则不可能因为这个而找我。那会是什么原因呢？会不会觉得我了解情况？可是像我这样连小官都没做过的白面书生，还能知道什么？想来想去，我觉得肯定是自己遭到怀疑了。我猜想肯定是因为昨天夜里出城的事。我会不会因为这件事而死呢？我也很害怕，可是与其逃跑，一辈子都被当成罪人，还不如解释清楚。如果不行，那就干干净净地死掉算了。这样一想，心里就平静了，也能坦然面对陛下的质问了。"

安德罗斯和洛克沉默片刻。萨米娜终于开口了。

"陛下，我不是说过了吗？"

安德罗斯没有回答，叫来了侍卫队长。

"你和埃克劳斯的儿子洛克一起去他说的地方，看看他说的是否属实。"

侍卫队长行礼之后出去了，洛克跟在后面。安德罗斯对萨米娜什么也没说，就往内室走去。萨米娜低垂着头，抓着衣角。过了好久，她才发出低沉的叹息。那不是安心的叹息。

萨米娜无法安心。因为洛克的话从头到尾都是撒谎。

洛克根本不可能出入妓院。尽管萨米娜八年没见过洛克了，但是这点她很清楚。今天洛克也没有理会萨米娜，自始至终没有和她的目光对视。他没有变。从那天之后，从萨米娜践踏了他的平静生活之后，他一点儿也没有改变。

洛克进来之前，萨米娜的心里还怀着渺茫的期待，毕竟八年过去了，憎恨说不定也变淡了。她把曾经亲切和善的弟弟变成那个样子，却希望不用付出任何努力，只是让时间解决问题。如果要找什么借口，那只能说弟弟也不理解她的心。只要洛克稍微了解萨米娜的心情，也不会那么轻而易举地说出结婚生子的事情。

洛克为什么要说谎？萨米娜在心里慢慢琢磨。他肯定是另有隐情。那会是什么呢？守门将说了，洛克也承认了，前天夜里他的确带着女人出了城门。那个女人是谁？让洛克冒着生命危险隐瞒真相的女人，会是不能玷污声名的良家妇女吗？还是不能被发现的罪人？或者是洛克最近爱上的女人？

不管那个女人是谁，偏偏赶在警戒森严的昨夜出城，肯定有不得已的理由。他要欺骗守门将，为了顺利通过城门，又必须亮出王后弟弟的身份。他宁愿遭到怀疑。如果不是守门士兵秘密告状，洛克可能就那么逃跑了。不，他回到王城，被带到王宫，还说了谎。他的谎话说得那么镇静，安德罗斯上当了。如果这个人不是洛克，如果他不是萨米娜了如指掌的弟弟，萨米娜也会上当。

突然间，萨米娜想起很久以前洛克说过的谎话。那是萨米娜十几岁的时候，她喜欢上了偷大伯母的饰物，于是趁着家里举行宴会房间没人时偷偷进去，拿着什么东西出来，埋在自己住处地板下的泥土里。大伯母毒打无辜的侍女，威胁她们说，如果发现就砍断她们的手指。大伯母怎么也没想到是萨米娜干的好事，因为她只要跟父亲撒娇，哪怕是宝石也不难得到。这种事持续了几年，萨米娜始终都没有被发现。不，她以为是这样。直到她在亲戚家住了几天之后回来，看到工人们进入她住过的配楼，准备推倒她的房子。

这是怎么回事？萨米娜害怕了，不敢叫母亲，就问侍女。侍女们告诉她，大夫人说房间里有老鼠，拆掉重建。工人们已经拿着铁镐，开始拆除墙壁了。这样下去，藏在地板下面的饰物迟早会被发现。萨米娜脸色铁青，不知所措。这时，洛克不知从哪里跑了过来，跌跌撞撞地跑进配楼。不一会儿，里面传出尖叫声，工人们吵吵嚷嚷地跑出来了。洛克的胳膊被铁镐刺伤了。紧接着，有人抱出了脸色苍白的孩子。听到这个消息，父亲惊讶地赶来，工程中断了。疼爱有加的小儿子受伤了，父亲对大伯母大发雷霆。房子既没有推倒，也没有修缮，连续几天停工，萨米娜连夜拿出饰物，扔进湖里。

这一切都是偶然吗？她很好奇，却又只能埋在心底。如果自己草率地问了，那就等于亲口承认自己偷了东西。直到几年后她才知道真相。长大之后的姐弟俩并排坐在床边，提到湖里的宝石，洛克说，那是鞭子的代价。他们是同父异母的姐弟，姐姐从来没对他好过，他却为了姐姐故意被铁镐戳伤。那不可能是因为爱，而是因为公正。他猜到可能是萨米娜偷了饰物，却又觉得萨米娜这样做情有可原，于是决定阻止不恰当的结果发生，心甘情愿地做了难以想象的痛苦决定。他就是这样的性格。

走出回忆的萨米娜浑身发抖。预感好像都对了，她感到无比不安。这样的事情绝对不能发生。不管是为自己，还是为家族，或者为他们已经支离破碎的旧情分。

那个女人会不会真的是艾瑞缇娜？

起先，她以为是风声。缇娜翻了个身，摸了摸怀里的孩子，想继续睡觉。芦苇丛又蠕动起来，吐出了人。一、二、三……大约有十个男人。

孩子哭了。

缇娜站起身来，扶起孩子，轻轻拍打。孩子非但没有停止，反而哭得更剧烈了。难道是睡觉受了惊吓？缇娜又累又饿，只顾安慰哭泣的孩子，没能听到动静。她正要给孩子喂奶，背后的男人开口了：

"终于找到了。"

缇娜转过头来，看见了熟悉的面孔。里博拉将军。虽然只是一面之缘，但是缇娜记得很清楚，因为他当时站在王后身边。站在王后身边的人都毫无例外地对缇娜虎视眈眈。尤其是里博拉将军，他的目光酷似野兽，现在也是如此。缇娜像小兽似的呆住了。

"别动，对，就这样。"

里博拉做了个手势，两个男人从后面冲过来，拦在前面。其他人在芦苇丛里放哨。三个男人足以对付一个怀抱小孩的女人，然而里博拉有所恐惧。他看了看破碎的天棚。太阳还没有落山，至少有三小时很安全。

"我们省略烦琐的过程好吗？老老实实跟我走就行了。"

"什……什么意思……"

"我会送你到安全的地方，跟我走吧。"

安全的地方？这几个字眼萦绕在疲惫的缇娜的耳边。里博拉是王后的心腹，也是国王的大臣，他会不会想把自己带回王宫？难道现在终于可以放心休息了？她稀里糊涂的想象被里博拉接下来的话粉碎了。

"先把王子交给我吧？"

"不行。"

缇娜紧紧抱住孩子，缓缓地站起身来。本能唤醒了她。也许自己是遇到野兽的小动物，但是怀里还有更柔弱的存在。除了她，谁都无法保护这个孩子。

"我抱着走吧。"

"不要这样，交给我。"

"不行。"

缇娜表现得很坚决，里博拉冷笑一声，环顾四周。

"我们吃了很多苦头，终于找到这儿，不过也有好处。既然被发现了，你就无路可逃了，哪怕你喊破喉咙，也没有人帮忙。"

"你打算怎么对待孩子？"

里博拉迟疑片刻。然而就在片刻之间，缇娜什么都明白了。她双腿颤抖，泪水夺眶而出。她不可能战胜三个男人，也不可能逃跑，肯定要死在这里了。不管她怎样挣扎，也不可能保护孩子超过十分钟。她死后，孩子会怎么样？只要想到这里，她的喉咙就哽咽了。只要能保护孩子的安全，只要能信得过，她怎么样都无所谓，粉身碎骨也在所不惜。

看到缇娜颤抖着流泪的样子，里博拉突然想起缇娜生下孩子，荣获赐名的宴会。那天的胜利者是缇娜，王后是败者，然而缇娜却不像是在品尝胜利喜悦的样子。她那么漂亮，打扮得那么华丽，承受着国王的万千宠爱，怀抱着继承王位的王子，然而缇娜却充满了恐惧。里博拉觉得奇怪，即使身份卑微，面对突如其来的地位和强有力的援军，也很容易气焰嚣张。何况是这种情况，身份卑贱的舞女应该也不会想到需要保持谦虚。

现在，里博拉明白了，这是本能。据说长期凭借身体工作的人具有发达的本能，修行的僧人、铁匠、石匠、乐师、戏子、军人是这样，舞女也是这样。这是养尊处优的贵族无法了解的世界。别人若无其事地喝酒，里面并没有毒，他们却能感觉到有人怀着恶意倒酒。缇娜无知，未能为自己的感情命名，但是当时她就料到会有今天。

明明知道，却还是无法躲避。

"那就跟我来吧，如果你想逃跑……"

反正是要杀死她，无须再附加什么条件。里博拉想了想，说道：

"孩子会死得很惨。"

里博拉看了看缇娜的脸色，确信她绝对不会逃跑。

王后并没有下达活捉的命令。只要把他们杀死，再让自己确认就行了。

砍掉脑袋带给王后确认是最好的方法，然而带着死人的头颅回宫太冒险。要是被发现，恐怕难逃凌迟之刑。于是王后下令，先找个合适的地方掩埋尸体，自己会派人去看。选在什么地方都没关系。换句话说，就算是磨坊也没有问题。

里博拉没有在那里杀死缇娜和孩子，并不是出于同情。他另有恐惧。这种恐惧对寻找缇娜有所帮助，但是在这之后，他就不想继续碰触了。他不想在芦苇丛里流血。他想把他们带到偏僻的地方，保证在不流血的情况下杀死他们。

两名士兵走在前面，缇娜跟随其后，里博拉走在最后面。别的士兵和他们保持着距离，一边观察情况一边走路。芦苇很高，看不到他们的身影。

天色阴沉，晚上可能要下雨。缇娜默默无语。她可以哀求对方饶过自己，但是她没有这样做。她只是跟跟跄跄地走着，像个活死人。难道是因为绝望所以反而更平静？刚才她甚至还把乳头塞进孩子嘴里。里博拉心想，这样下去要是摔倒了，孩子会受伤。转念再想，我在想什么呀。他笑了笑。想到这里，他就忍不住说了出来。

"落到我手里，算你命好。"

"这是什么意思……"

"要是落入别的家伙手中，你会更狼狈。"

缇娜有气无力地回头看了看，点了点头。

"是这样啊。"

"看来你不相信啊。"

"不是，我觉得应该是真话。谢谢。"

不一会儿，缇娜轻轻哼起歌来，曲调柔和，像是催眠曲。

"这个时候还能唱歌。"

"就因为是这种时候，我才唱歌。"

"什么意思？"

"只有今天了，孩子以后再也听不到母亲唱歌了。"

里博拉没有回答，闭上了嘴巴。伴着低沉的歌声，奇妙的队伍穿过了芦苇丛。里博拉的心理发生了变化。真奇怪。听着缇娜的哼唱，他的欲望竟然愈加高涨。起先他不以为然，不料越来越严重，到达拴马的地方，里博拉已经感觉头晕了。

刚才面对缇娜的满头黑发还毫无感觉，现在却想把头埋在里面闻闻头发的味道，想要抚摸她弄得斑斑驳驳的白皙的脖子，拥抱她纤细的腰肢。在此之前，缇娜的美丽对于里博拉来说只是用来寻人的特征。国王的女人，当然个个都美丽。这有什么关系？反正和自己无关。然而此时此刻，曾经是国王女人的柔软尤物就在自己的力量操纵之下。她的催眠曲像是在哀悼即将死去的自己。温柔而悲伤的旋律营造出奇妙的诱惑。他不知道是要确定自己的力量，还是想要尝试冒险，或者是对自己的安慰，也许是所有这些的结合。

妈妈能为宝贝的人生做什么？

我会爱抚你，给你甘甜的乳汁。

我会亲吻你，给你温柔的抚摸。

我会给你唱歌，伴随你的一生……

士兵们解开缰绳，里博拉让缇娜坐在自己身后，命令士兵们先回城报告。士兵们有些意外，还是遵从他的命令离开了。里博拉不想让士兵们知道他接下来要做的事情。万一被萨米娜知道，自己难免会落入尴尬境地。

他们骑马走进一片杂树林。这里适合做他想做的事情，也适合杀人。他找了块空地停住，下了马，然后抽出鞭子，握在手里。缇娜背靠大树。眼泪已经干了，眼角红肿，脸颊和下巴都留着白花花的泪痕。

"脱衣服。"

缇娜盯着里博拉，似乎在考虑是怎么回事。也许这种情况对她来说已经司空见惯，里博拉正要再次催促时，缇娜的手已经绕到脖子后面，解开了衣带。内衣落到地上了。缇娜赤裸裸地抱着孩子，问道：

"你还要杀死我们吗？"

里博拉的眉毛蠕动了几下。缇娜点了点头。

"知道了。我有两件事求您。第一，不要让孩子看到。"

里博拉点了点头，缇娜接着说道：

"还有一件事，我希望你先听我说几句话。哪怕你觉得荒唐，也请你不要打断，先听我说完再做决定。你可以拒绝，只要听我说完就行了。然后你想怎么样就怎么样。"

"什么话？简单说吧。"

尽管里博拉对她的话毫无兴趣，但是假装听听也不算什么难事，肯定是求自己饶她不死，只要不听就行了。希望她说得短点儿。第一句话便超出了里博拉的想象。

"如果你今天杀死我们，你也必死无疑。"

夜幕从芦苇丛里升起，朝着四周扩散，然后慢慢地升到上空。蜷缩的后背伸展开来，脖子也挺直了。影子站起来，像是要变成野兽。那个东西终于变成人形，死死地盯着芦苇丛里面，然后放弃芦苇丛，扑向另外的方向。

深蓝色的阴影覆盖了天空，雨断断续续，没有光。影子出现在树林开始的地方，发出了声音。

这是什么意思？

"你也会死的。不需要任何证据，不需要任何人揭发，将军您注定要成为罪犯。"

"太惊人了。你昨天晚上看星星，上面这么写了吗？"

缇娜摇了摇头。

"我的意思是，结果只能是这样。陛下怀疑王后娘娘，王后娘娘也知道，所以必须这样。从现在开始，我就告诉你，我为什么这么说。"

里博拉低声冷笑。虽然这个女人也在宫里生活过很长时间，终究还是个出身卑贱的无知女子，现在却想凭借三寸不烂之舌说服自己这位将军。缇娜什么都顾不上了，她的声音颤抖，但是每句话都说得清清楚楚。

"那是我在剧团的时候发生过的事。有一天，钱袋子丢了，那里装着当天赚的钱。怎么找也找不到，剧团负责人突然说是戏子偷了，将她拖出去毒打。没有任何证据。后来有人说，钱丢了，不能没有犯人。否则人们会看不起剧团负责人，以后还会有人偷钱。"

"那又怎么样？"

"王子失踪了，不能没有犯人。不管有没有证据，不管是谁，总要找个犯人。"

"啊，是吗？那就随便抓个人当犯人？偏偏这个人就是我？你说得很有道理。谢谢你为我担心。说完了吗？"

缇娜摇了摇头。谁都不知道，此时此刻她发挥出了怎样的超能力。必须说服这个人，王后的心腹，从开始就为杀死他们母子而穷追不舍的男人。即使不可能，也只有这条路了，如果想救孩子的话。

"没有。当时戏子被当作犯人，也有原因。"

里博拉不耐烦地问道：

"不是说没有证据吗？"

"没有。只因为她是因为受欢迎就我行我素的杂技师的妹妹。剧团负责人通过毒打戏子达到警告杂技师的目的。不管有没有证据，我想惩罚谁就惩罚谁。如果你敢继续这样狂傲，下面挨打的人就是你了。全世界的人都知道，最希望我们消失的人就是王后娘娘。陛下当然也很清楚。但是他又不能无缘无故惩罚王后，那他就会惩罚王后娘娘身边的某个人，借以警告王后。王后娘娘当然也明白，她必须交出某个人。你正是真正做过这件事的人，王后娘娘最先除掉的人就是你。只要除掉你，所有的证据都消失了。"

里博拉做出哭笑不得的样子。

"别再胡说八道了。"

"你相信王后娘娘吗？你觉得不管发生什么事，王后娘娘都会竭力保护你吗？如果她这么珍惜你，那就不会派你做这么危险的事了。"

"你，越说越……"

里博拉嘴上这么说，心里却不能不疑惑。缇娜的声音更加有力了。

"我一定会报答你的恩情。"

"报恩？都这个样子了，还想报恩？你觉得你能说服我吗？"

"对我们彼此都有好处，而且我是舞女。你觉得让舞女脱衣服算什么大事吗？"

缇娜脸上浮现出隐隐的微笑。里博拉说：

"你想得不错。但是，如果我放过你，某一天你却突然出现在宫里，把今天的事情和盘托出，那怎么办？只有死人才能安静。"

"我没有回宫的打算。"

"什么？"

"孩子有危险。如果我在宫里，王后娘娘怎么会善罢甘休，迟早要除掉孩子和我，不是吗？"

"你怎么知道？"

"我虽然很笨，但我是母亲。所有的母亲都会本能地意识到子

040
冷杉与鹰

女的危险。"

"那你想怎么样？"

"我要去别的国家。如果你为我确定去处，我就去那儿，然后以假名字给你写信。你随时可以知道我在哪里，在做什么。"

"如果你藏起来了，不给我写信怎么办？"

"不会的，给你写信，我也有好处。"

"你有什么好处？"

"我身无分文，也没有人帮忙，还要养育孩子。如果没有你，谁还能帮我？"

听起来还不错，把她藏到遥远的国家，供她吃喝，偶尔去找她，和她一起生活，这没什么不好。正好里博拉也觉得和她缠绵一次就杀死了有点儿可惜，就更觉得缇娜的提议很有道理。

"放过我们吧。只有这样，你才不会被王后娘娘当成替罪羊。如果你杀死我和孩子，我们就永远不可能活过来了。"

缇娜说出最后这句话的时候，里博拉心意已决。他走到缇娜身边。

"好的。那么从现在开始，你就给我承诺的证据吧。"

缇娜转过身，像是要把孩子放在背后。她摸到了襁褓上面用布包裹的短刀。正要把刀握在手里，她突然发现了地上的影子。那不是树荫，也不是乌云，而是黑夜。应该还没到落日的时候，她不由自主地抬头仰望天空。乌云上面有个黑色的边缘在移动。还没等缇娜说话，那个东西已经扑向里博拉的后背了。

下雨了。

缇娜颤抖地看着自己的双手，手上沾满了鲜血，襁褓也是如此。黏稠的鲜血混合着雨水，沿着臂肘涔涔流淌。她以为这是幻觉，然而热乎乎的温度唤醒了她。缇娜望着眼前。她看到了面前矗立如山的黑影和犹如火焰般的嘴巴。那张嘴张得很大，就像敞开的地狱之门。如果是人，应该是在胸前的位置。

她真想闭上眼睛，屈服于恐惧，索性昏迷不醒。她不想感觉最后的瞬间。襁褓里的孩子却在动弹。如果放弃自己，也就等于放弃了孩子的性命。这不是她的血，也不是孩子的血。左手已被砍断的里博拉倒在潮湿的草丛里，一动也不动。他死了吗？

她想起年老的女人们吓唬哭泣的孩子时提到的东西——恶鬼。它们住在泥土里，如果没有人召唤，轻易不会出来。只要出来了，它们就会大肆吃人。人和恶鬼之间无法交流，哀求也没有用。脑袋和四肢像是人的影子，却又没有眼睛和鼻子，只有喷火的嘴巴。嘴巴不是像人那样长在脸上，可能在身体的任何部位，可能在腿部或脚背，肩膀或者脊背，也可能在胸前。眼前的东西和那些女人说的绝无二致。那些老人见过恶鬼吗？

缇娜突然想到，会不会是有人见过恶鬼，但是活了下来，于是描绘出恶鬼的样子？

"救……救命！"

只要有活路，那就绝对不能放弃。怎样活下来呢？恶鬼纹丝不动地站在原地。如果真想杀死缇娜，只要像对里博拉那样，转眼之间就可以将她置于死地。

"求求你……"

缇娜想要后退。当她挪动脚步的瞬间，恶鬼也动了。缇娜大惊，赶紧停下来，恶鬼也跟着停了下来。她调整呼吸，定睛看去，这才发现恶鬼凑近的距离就是她后退的距离。这是什么意思？

"你……你想要什么？"

恶鬼抬起了胳膊。缇娜吓得浑身僵硬。她条件反射般转过身，试图藏起孩子。恶鬼的胳膊像是在靠近，却又在距离她不远的地方停下了。缇娜意识到恶鬼的胳膊指着什么。她用眼角的余光看了看自己的下巴，看见了刻在上臂的玫瑰文身。她赤身裸体，文身自然露了出来。她转过身，文身暴露在恶鬼面前。

那是阿加斯的约定。

有个像是来自深渊的声音说道。缇娜没想到恶鬼也会发出声音，更不知道这个世界上只有她听过恶鬼的声音。甚至恶鬼咒术师也相信无法与恶鬼们交流，却不知道恶鬼只是不回答而已。如果恶鬼没有智慧，那又怎能遵守承诺，不去杀害拥有阿加斯标志的人呢？

玫瑰文身开始于小时候奶奶刻在她身上的小小花瓣。看到其他女人的文身，缇娜便缠着奶奶不放了。于是奶奶也给她刻了花瓣。成年以后，那片花瓣长成了玫瑰藤的形状。后来进入王室，安德罗斯也说刻得很好，没有要求她除掉文身。她从未想过这个文身还有什么别的意义。

缇娜又低头看了看文身。这时，她眼前发亮，突然看到了奇怪的现象，曾经看过无数次的文身里面藏着什么东西。她还是初次看到。那是巧妙地隐藏在玫瑰藤里，隐藏在花瓣里的蠕动的小蜈蚣。

阿加斯王说过，不要伤害你。你和你怀里的孩子是我的猎物，要是喝不到你们的血，我就不能回归地底。我不能杀死你们，也不能放过你们。所以把它给我吧。

"什么？"

给我蜈蚣。

即使想给，缇娜也不知道该怎么给。现在看来，好像只要把蜈蜈蚣给恶鬼，恶鬼就会退却，她的心里升起了希望。缇娜又低头看了看文身，然后问道：

"只要把这个……给你，你就放过我和孩子吗？"

蜈蚣的力量可以粉碎呼唤我的人的命令。那么我不用杀死你们，就能回到地里。

缇娜在心里回忆着老奶奶们讲过的关于恶鬼的种种故事。直到想起恶鬼绝对不会说谎，她才下定决心。事实上她也没有别的选择。怎么给呢？缇娜在褓褓上面摸索着抽出短刀。想到接下来要做的事情，她不禁浑身发抖。缇娜看了看孩子的脸，把嘴唇咬得鲜血直流，终于鼓起了勇气。

缇娜坐在地上，把孩子放到膝盖上面，割下了刻有蜈蚣图案的皮肤。

夜幕刚刚降临，天上便下起了暴雨，风也更加猛烈了。天色早已变得暗淡，现在已经入夜，田野里、树林里都没有人迹。风雨交加的夜晚，有人策马穿过雨幕。他是洛克。

老朋友安多拉配合得很好。他自然而然地挎着胳膊，说洛克经常来这里，不仅叫来侍女做证，还拿出了金币："我们做生意的人，什么都可以卖。"侍卫队长露出轻蔑的表情，还是回宫去了。安多拉很会察言观色。洛克要离开的时候，他给了洛克一个包袱。等到走远之后打开来看，里面整整齐齐地叠放着几套女人的衣服和内衣。即使有钱，男人买这些东西也不容易。

父亲强迫他结交来自优秀家庭的朋友们，然而可笑的是这些朋友对他都没什么帮助，反倒是他偷偷结交的贫穷朋友屡屡保护过洛克，就像今天这样。不过那也许是因为洛克总是偏离父亲引导的路，就像今天这样。现在离开埃弗林，不知道下次回来是什么时候。不过，没有什么值得他去留恋。父亲和母亲都不在了，这里只有背叛的痛苦。

虽然很晚了，但洛克还是准备了食物。他知道缇娜已经饿了很长时间，于是买了柔软的面包、奶酪、香蕉和枣椰，还有袋装的羊奶。不能烧火，自然无法准备热的食物。到达安全的地方之前，只能坚持了。穿过芦苇丛，看到磨坊了，他想起安多拉准备好的衣服，忍不住笑了。那些衣服肯定很适合缇娜。

磨坊里没有人影。

洛克立刻跑出来查看四周，没有打斗的痕迹。难道是缇娜自己离开了？因为不相信他？他又回到磨坊，仔细看了看地面，看到了泥土的痕迹。泥土已经干涸了。他低头看了看自己的鞋，恍然大悟。如果是穿过芦苇丛而来，鞋上肯定沾满泥土。从地上泥土的量来看，肯定来了好几个人。有的从前门进来，有的从后门进来，但是没有血迹。去哪儿了？现在还活着吗？想到这里，洛克感觉非常难受，好像被人掐住了喉咙。同时，他又为自己的迟到而愤怒。如果缇娜和吉恩就这么死了，他永远都无法原谅自己。

眼前出现了许多人在芦苇丛中踏出的路。洛克确定了他们的方向，牵来了马。雨更大了，所有的痕迹都被冲得无影无踪。骑了一夜的马，全身都湿透了。

洛克确信带走缇娜的肯定不是偶然发现她的附近居民。那个地方不会有人发现，也不会出现团团包围的脚印。如果是萨米娜王后的手下，应该不会选择王宫方向。如果他们已经杀害了缇娜母子，应该会埋在某个地方，那么他现在就等于白白辛苦了。尽管如此，他也不能停下来。他漫无目的地奔走在广阔的原野，直到午夜。

雨终于小了，洛克停下来。无情的雨声消失了，乱糟糟的思绪也豁然开朗。好久没有平静地思考问题了。洛克开始有条不紊地整理自己的思绪。缇娜很可能已经死了，也不可能找到尸体。要是她还活着，那会在哪儿呢？

想到这里，洛克突然想到了某个地方。怎么现在才想起来呢？应该是因为他相信缇娜肯定被抓走了，不过还是应该先去那里看看。

有了目的地，也就不觉得路途遥远了。他看到了白色的石头。一、二、三……第八块，两块石头巧妙重叠，下面是狭窄的通道，弯腰才能爬进去。洛克没有这样做。他没有趴下身体，而是平躺着从头部开始进入通道。上身通过洞口，他坐起来，再把下身拉进洞口。腿跟着进来以后，他站起身，彻底进入了通道。

这里之所以成为秘密场所，正是因为想要进入的人们大多会爬进来，然而距离对面的墙壁太近，站不起来。只有像这样躺着进入，才能站起来。站起来以后可以看到里面空间很宽敞。

洛克站起身，仔细听了片刻，找到火刀囊，点燃了装在油囊里的树藤。然后他抬起树藤，放到自己面前。

"缇娜？"

角落里传来了声音。走过去一看，缇娜伸开双腿，背靠着洞窟壁。看到缇娜面孔的瞬间，洛克放心地舒了口长气。他真想跪在守护缇娜的女神面前磕头。不，如果可以，他愿意献上一头羊。洛克情不自禁地脱口而出：

"艾尼尔，谢谢。我以为再也见不到你了。"

缇娜没有回答。洛克觉得奇怪，把火光凑到跟前。缇娜有气无力地坐着，仔细一看，她的状态不大正常。虽然强忍着给孩子喂奶，但是神情恍惚，几乎要昏厥的样子。这时，他注意到缇娜胳膊上沾满血迹，脊背直冒冷汗。

"怎么回事？"

洛克想快点儿到缇娜身边，就用手撑着地面，却摸到了湿乎乎的东西。仔细一看，原来是凝结在地上的血珠。缇娜用襁褓包扎了伤口，一只手大概无法用力。不知道这种状态持续了多久，也不知道她究竟流了多少血。

"怎么搞的？缇娜？没事吧？你醒醒啊！"

缇娜看着洛克，神情茫然，不知道有没有认出他。洛克摸了摸她的额头，流着冷汗，下巴瑟瑟发抖，好像是休克了。洛克接过孩子放下来，再帮缇娜包紧伤口，拉着她的胳膊向上提。血流还是没有停止，洛克按了按锁骨上方的止血点。不一会儿，血好像止住了。

洛克扶着缇娜的后背，慢慢地让她躺下。要是有什么东西铺在地上阻挡寒气就好了，然而洛克的斗篷已经被雨淋湿，根本派不上用场。缇娜的衣服也湿漉漉的。他突然想起安多拉帮忙准备的衣服，于是解开包袱。来的时候洛克把包袱紧贴在胸前，最里面的衣服没有淋湿。他用短刀割开缇娜身上的衣服，帮她脱下来。这样做是为了尽可能不碰她的伤口。然后他用干燥的衣服帮她盖住身体。很遗憾，没有别的办法帮她温暖身体。终于可以松口气了，缇娜伸出手，喃喃自语道：

"我的孩子……"

躺在地上的吉恩翻了个身，钻进母亲的怀里。缇娜用手抱住吉恩。孩子的身体很温暖，似乎对缇娜有所帮助。想到这里，洛克有了更好的主意。

"虽然有点儿不方便，但是请你忍一忍。"

洛克脱掉湿外衣，抱住缇娜和吉恩。果然有效，缇娜冰冷的身体渐渐恢复了温度。这样紧紧拥抱，三个人就像是患难与共的一家人。躺在两个人中间的吉恩动来动去，那种感觉无比温馨。不一会儿，缇娜拂了拂自己的头发。女人开始在意外貌，就代表她没事了。

"缇娜，你醒过来了？"

缇娜没有回答，嘴角泛起了微笑。洛克也笑了。

"我很想知道刚才发生了什么事，不过以后再说吧。现在你要休息，好好睡一觉吧，醒来就舒服了。"

缇娜点了点头，洛克用手摸着缇娜的眼皮，让她闭上眼睛，说道：
"对不起，我来晚了。"

过了一会儿，缇娜自言自语：

"短刀派上用场了……"

洛克没有回答。缇娜睡着了，洛克来到洞外，找来了木头。他用短刀削去湿皮，用树藤的火点燃了小小的篝火。他在旁边展开衣服，把衣服烘干，然后躺在缇娜和吉恩身边。为了不让吉恩爬到火旁，洛克抱起他，哄了一会儿，往事掠过脑海。

洛克也曾有过妻子和年幼的儿子。妻子是木匠之女，儿子一岁。他想学木工，就在工房附近转来转去，认识了妻子。妻子从削木材开始教他。初次尝试的椅子完工之时，洛克向妻子表达了想和她生活的愿望，妻子很开心。妻子的父母过世多年，不需要经过别人的同意。妻子以前住在父亲留给弟子的木工房，尽管她很有才华，那位弟子却只让她做粗活，并不教她手艺。他担心师傅的女儿独立出来，肯定会夺走工房的声名。洛克在结婚之前正式找到了那个人。那人面露喜色，让他快点儿带走妻子。那个人猜对了，洛克帮他解决了大麻烦。结婚之后，妻子也只做了家里用的桌子和椅子之类。洛克制作的歪歪扭扭的椅子也摆在中间。不久，房间里多了婴儿床。那是妻子最后的作品。孩子出生后，妻子连使用雕刻刀的时间都没有了。

这是八年前的事了。现在，妻子和儿子都不在洛克身边，他的身边只有缇娜和吉恩。火光摇曳。吉恩要吃奶，缇娜立刻醒来，躺着给他喂奶。她是不管发生什么事都要保护孩子的女人。望着这个场景，洛克暗自下定了决心，要保护这两个人，不让他们再遭遇危险。

向日葵随风摇曳。

日落时分，西斜的太阳在原野上洒下平静的光芒。此时此刻，一切都是橘黄色。向日葵的样子像是许多头戴王冠的女人在跳舞。秋日的麦田在旁边缓缓荡漾。

洛克走在麦田中间的小路上，边走边不停地说：

"如果这样的话，哪匹马都不可能不跑。但是要小心，想做到这点很难，这个时候最容易从马背上坠落。我们必须小心，防止这一刻的到来。只有这样，等到马匹爆发，也就是全力飞驰之时，才能帮助它，和它融为一体，这样你才不会掉下来。以后你先用傻大粗做个试验吧。傻大粗是不是老驴？那倒是，不过驴也有四条腿。这种方法对所有四条腿的动物都行得通。因为是老驴，即使掉下来也不会受伤。你不会害怕摔下来吧？嗯，我的儿子，不可能害怕的。"

洛克紧紧抓住在肩膀上扑腾乱动的小脚。不知道这个只坐过木马的小男孩是否听懂了洛克的话，他的眼睛盯着前方。不一会儿，他看的目标就到眼前了。缇娜出现在麦田里。

"你们回来了？刚才你们在说什么？"

洛克耸了耸肩膀，抓住孩子的腰，将他高高托起。孩子的脸上绽开了笑容。

"我只是趁着有空的时候，把能教给他的东西跟他说说。"

"听起来好像是骑马的方法？"

"你说对了。只有骑马，我总是超过几个哥哥。我在家里学过的东西没什么用处，只有这样，直到现在我仍然很有信心。"

"可是洛克，吉恩只有三岁半啊。对于三岁半的孩子来说，你做的木马就足够了。"

"是的。你看过这小家伙乘木马的样子吗？同龄孩子里面没有谁玩得像他那么好。吉恩简直就是神话中的木马骑手。"

缇娜笑出声来。洛克没有笑，说道：

"过段日子你再看，凡是四条腿的东西，从牛、羊到猪，他肯定都要骑。"

"不用骑鸡吗？因为两条腿？"

"鸡？对于未来的骑手来说，这简直是无稽之谈。从今往后，不要再对吉恩说这种带有侮辱性的话。"

"我记住了。"

三个人沿着麦田间的小路到了家。洛克把吉恩放在木马上面，递给缇娜两只用绳子拴住的小鸟，然后去了马厩。马厩里有一头老驴和两匹马，只是普通的马。他们没钱买更好的马，不过洛克对这几匹马也疼爱有加。每天下午从外面回来，他都会割青草给它们。他坚信，这样喂养几年之后，马会跑得更快，长得更健壮。缇娜不相信普通的马吃了青草就能变成骏马，但是她也不想妨碍丈夫的爱好。

是的。洛克是她的丈夫。在向日葵的故乡，他们是才华横溢的斯文丈夫和年轻羞涩的妻子。他们耕种麦田、葡萄园，还有小片西瓜地。麦子除了留作粮食，剩下的换生活必需品，葡萄全部卖掉。西瓜全部做成西瓜干，从年初吃到年底，也分给邻居们。

人们都以为洛克在别的国家做木匠赚钱买了地。洛克比村里的官员读书更多，只是深藏不露。缇娜也是这样，即使有跳舞的场合，她也总是千方百计地拒绝。她总是穿着像麻袋似的宽松衣服。尽管如此，她的美丽也是远近闻名的，而且人们都知道她的厨艺不怎么样。

洛克亲手盖起了房子。邻居们看了大为惊叹，从那之后就称他为"手艺高超的男人"。他们家附近生长着向日葵和虞美人，后院住着许多只小猫。吉恩总想抓住它们。当小小的追踪者悄悄靠近的时候，那些猫只是打哈欠，然而只要到达触手可及的地方，它们立刻躲开了。对方穷追不舍，它们只好逃到屋顶。吉恩气得直哭，缇娜跑过来，举起孩子转上几圈，他很快就会破涕为笑。这个孩子自尊心很强，有时也会哽咽着嚷嚷：

"坏猫！"

"就是，太坏了。这样好吧？猫就是敌国。你和它们战争，现在休战，你们要进行谈判，谈判场所选在窗边，你在窗户里面，猫在窗外，爸爸在那里插上休战旗。谈判的零食就选好吃的鸡肉，怎么样？"

"你跟孩子讲这么复杂的事，他能听懂吗？"

洛克好像什么也没听见，拉着吉恩去了窗边，让他坐下，竖起用手绢做成的旗子，然后拿了块鸡肉扔到窗外。那些猫悄悄地围过来，争吃鸡肉。吉恩咯咯笑了。洛克说：

"看来它们没选出谈判代表。我们再等会儿吧。"

三年的时光静静地流走，什么事都没有发生。起先他们小心翼翼，现在都觉得这种生活会永远持续下去。为了不引起怀疑，洛克每年赶在父亲忌日悄悄地返回埃弗林。每次从家里回来，他都带回很多传闻。王后还没有生儿育女；国王又娶了两名后宫，还是没有成果；王的顾问安塔伦第七次成为侍卫，等等。两个人声称找到了失踪的王子，最后都被砍头。国王神经兮兮，生了五个儿子的国王堂弟常常带着孩子们出入王宫。

当然也有缇娜感兴趣的事。里博拉将军当时并没有死在雨中，他失去了左前臂，仍然侍奉在王后身边。恶鬼为什么没有杀他？洛克说，因为恶鬼最先杀死目标物。

"他没有完成任务，王后娘娘怎么没有惩罚他呢？"

"也不算是失败。不管怎么样，你和吉恩的确消失了，不是吗？"

"这么说，他活着就代表我们安全了？"

洛克摇了摇头，笑着说道：

"也可以这么理解。我发现你还是很聪明的。"

缇娜莞尔一笑。洛克说得没错，缇娜是贱民出身，只学过舞蹈，

女神之女

但是她深谙人际关系，也能想出些好计谋。洛克觉得如果让她学习，应该会小有成就，于是就想教她，可是缇娜很快就厌倦了那些与日常生活相去甚远的学问。既然她不喜欢，那就没有必要强迫了，洛克索性放弃。即使不识字，在洛克心中，缇娜也是个完美的女人。

即便如此，如果缇娜告诉洛克自己被里博拉抓住时说过的话，洛克也会大为震惊。那天的事情，缇娜没有告诉任何人。她被里博拉带走时哼唱的小曲是舞女中间具有诱惑力的曲调，这点她也没有说过。

今年又到了回埃弗林的时候。夏天过去，到了十月，也就到了埃克劳斯的忌日。现在即使洛克要回埃弗林，缇娜也不那么紧张了。相比第一年，她连续十七天紧闭房门，大门不出二门不迈，这也算是巨大的变化了。洛克说要给她买件礼物，缇娜笑着说想要黄色的绸缎。洛克也笑着回答：

"订货之后恐怕要等半个月。"

"你撕坏了我的裙子，我想知道你什么时候能给我买条新的。"

"知道了，我会尽力的。"

第二天，洛克就出发了。像往年一样，他把自己的短刀留给了缇娜。自从在磨坊里相约之后，每当他们分开的时候，洛克都要这样，像是某种仪式。当时这把短刀未能除掉里博拉，后来洛克就在刀刃上涂了毒药。不过从那之后，缇娜再也没有用过刀。吉恩长大了，他们担心孩子会碰到刀，索性藏在高处的隔板上。尽管这样，他们还是无法彻底摆脱往事的阴影，于是保留了这个仪式。

到家以后，洛克首先去见大哥。这是忌日的前夜，所有的兄弟姐妹都回来了，除了萨米娜王后。王后将在当天早晨出门，傍晚回宫。每年只有这么一次，萨米娜却不能在娘家悠然自得地住上几天，可见她在宫里的势力已经大不如前。多名后宫都出自名门。虽然她名义上是王后，但是只要有哪位后宫生了孩子，她的地位就会在一夜之间飞走。据说忧愁夺走了她昔日的美丽。

"这回你又去哪儿逍遥了？"

"我去了北方，沿着内米河往上走，我看到了'龙牙瀑布'，还和附近的居民们生活了一段时间。"

"应该很好看吧，什么时候我也要去看看。"

洛克相信海洛迪恩不可能去，只是笑了笑。对于大哥来说，国外的风景只不过是地图上的点。仅仅是维持和拓展家族势力和财富，就已经够他忙了。不仅海洛迪恩，别的兄弟们也是这样。如果兄弟当中有人不是这样，洛克恐怕很难保守秘密。洛克故意留了胡子，晒黑了脸，兄们也没有人怀疑。洛克沉浸于神不知鬼不觉的满足感之中。正在这时，海洛迪恩突然说道：

"你是不是也该结束国外生活，回来帮助哥哥们了？"

洛克惊慌失措，条件反射似的说道：

"哥哥们都在，像我这样的人能有什么用啊？"

"虽然你是最小的弟弟，可现在也三十多岁了，不能再像小孩子那样了。一辈子碌碌无为，死后有什么脸面去见父亲？你也是我们家的成员，理所当然应该为这个家出力。"

旁边的二哥克劳多斯也随声附和大哥。真奇怪，当初埃克劳斯的儿子们都认为权力越分越少，看到洛克对家庭事务不感兴趣，他们都很开心。现在突然这么说，肯定另有原因。

"大哥，不会是我们家出什么事了吧？"

四哥图安勃然大怒：

"你以为我们是有事求你帮忙吗？我们解决不了的事情，你还能帮忙解决？别逗了。只要你不跑出去惹是生非，我们就谢天谢地了。大哥只是担心你，希望你在他看得到的地方，仅此而已。既然说到这里，我就问问，你真的只是到处旅游吗？不会又像以前那样跟贱女人鬼混，造出私生子吧？"

洛克嘴巴紧闭。艾梅丽娜拍了拍图安的膝盖，皱起眉头。另外几个哥哥也都没说话，谁都不会忘记那天的事情。在兄弟们看来，那天的事情有些过分。但是对象不合适，情况也不乐观。最重要的是要避开绯闻。海洛迪恩带领大家掩盖了这件事，同时也向洛克道歉，还说会想办法给他补偿。然而洛克又不想得到补偿，这不是补偿能够解决的问题。洛克不像其他兄弟那样，把妻子看成是和自己擦肩而过的女人。十几年过去了，他仍然保留着妻子做的木头娃娃。

"你好好考虑考虑吧，还有时间。"

海洛迪恩边说边站起来，其他兄弟也纷纷离开了。洛克最后起身。他没有回住处，而是去了黑暗的后院。艾梅丽娜跟了出来，洛克转过身，摇了摇头。

"姐姐，我现在不想说话。"

艾梅丽娜点了点头，回去了。洛克独自在院子里踱来踱去，到达婶婶的配楼附近时，有个人从里面走了出来，盯着黑暗中的洛克。

"这是谁啊？好久不见了。"

那人走了过来，露出经常戴的头巾和穿着凉鞋的脚。尽管不知道长什么样，但这的确是个令人难忘的男人。恶鬼咒术师，阿尤布。洛克立刻紧张起来。如果就这么离开，反而容易引起怀疑，于是他回答说：

"不记得几年没见了。"

"贵人多忘事嘛。小人觉得应该有三年了。这期间去了很多好地方吧？"

"我就是流浪的命。你有什么事？"

"我只是想帮家族做事。既然来了，就去拜访小夫人。"

"大哥叫你来的吗？"

"海洛迪恩大人对小人恩重如山。"

阿尤布含含糊糊地回答完，毕恭毕敬地走了。直到他的身影消失，洛克才转过身去。他感觉到背后已经流出了冷汗。肯定是这个人唤来恶鬼伤害缇娜和吉恩。洛克料到这件事迟早会发生，却没想到会是今天。关于恶鬼咒术师的能力达到什么程度，连雇用他们的主人也不知道。总不会看到洛克的脸，就知道缇娜和吉恩还活着吧？尽管他这样想，却还是无法摆脱内心的不安。也许只是夸张的想象，然而直觉悄悄告诉他，现在很危险。那么要不要马上离开？这样会不会引起怀疑？

每年回来一次，却连悼念仪式都不参加，怎么说也有点儿可疑。明天萨米娜要来。听说洛克刚回来就走，难免会想起陈年的恩怨。想来想去，洛克决定明天夜里出发。他回了房间，却辗转难眠。

萨米娜没有来。

悼念的火要彻夜燃烧，这是传统。大概是因为摇曳的火光，团团围坐的兄弟们看上去格外严肃。洛克听乳娘说了，家里的势力已经不如从前。原因有多方面，首先是因为到处都流传着国王痛恨萨米娜的消息。洛克只是耸了耸肩膀。只要不是傻瓜，国王不可能猜不出是谁想要除掉自己的后代。

凌晨两点左右，洛克不声不响地离开了私宅。因为有了昨天的事情，即使他不打招呼，兄弟们也不会觉得奇怪。还没等走远，他就感觉到有人跟踪自己。本来他想通过尘埃之门出去，现在只能调转方向，去了银月之门。那是个好地方，仅凭他的身份，就能把跟踪者送进监狱。到达门口的时候，却发生了意外的事情。跟踪者叫住了他。

"埃克劳斯的儿子洛克！"

洛克摸了摸腰间的剑，紧紧抓住马缰绳，转头看去。两匹马从黑暗中跑来，挡在两边。洛克踢了踢马肚子。只要到达城门就没问题了。转瞬之间，火把靠近过来。威严的城门展露在眼前的瞬间，他简直不敢相信自己的眼睛。大约有二十名士兵手持武器，从后面包围过来。身陷包围的洛克试图拔剑，大喝一声：

"你们想干什么！不知道我是谁吗？"

"当然知道。您是海洛迪恩大人最小的弟弟，不是吗？"

站在城门前的人仅有一只手，抽了几口烟，脸上露出微笑。原来是里博拉。洛克感觉到有什么东西像石头似的压在心头。

"原来你都知道了。那你觉得我无法通过这道城门吗？"

"你的资格当然足以通过这道门，但是今天夜里，有人急切地等待着你。你总不会拒绝骨肉亲情吧？"

洛克吐了口唾沫，说道：

"如果真的是骨肉亲情，只要说句想念的话不就足够了吗？"

"你当然也可以拒绝。只是高贵的娘娘想跟你私下里交谈，小人有任务在身，也是迫不得已啊。"

里博拉努了努下巴，士兵们蜂拥而上，从马背上拉下洛克。随后，他的头被套上一个黑色的袋子，双手朝后反剪，被拖上了早已备好的轿子。轿子动了，洛克开始猜测方向。不可能是去城外，也不是去王宫。他在脑海里冷静地梳理着路线，想起了一个场所。走上斜坡，他就确信无疑了。没错，肯定是那个地方。

轿子停了。尽管还是看不见，他还是熟练地通过入口，上了台阶。到达阴冷的房间，洛克脸上露出淡淡的冷笑——竟然把我带到这里。

"放开他。"

双手解开，袋子也摘掉了。洛克甩了甩头，看到放在面前的两支火把。萨米娜身穿薄薄的短袖衣衫，外面披着斗篷，就像很久以前在埃克劳斯的庄园里那样。她赤脚跑在撒满玉米粒的地上，人们都说她像小女神佩蒂娅。如果生活在神话时代，这样的称颂足以让萨米娜受到女神的嫉妒，立刻变成鸟儿或昆虫。但是萨米娜顺利成长，变成了性感的女人，最后登上王后的宝座。这是因为女神的慈悲吗？还是她得到了女神的祝福？佩蒂娅是最稚气的神灵，人们却都说她是慈悲的佩蒂娅，只是佩蒂娅没有生孩子。佩蒂娅赐予的全部祝福之中唯独缺少分娩和多子多孙这两项，因为她永远是少女之身。

带领洛克来到这里的士兵们将他团团包围，摆出随时进攻的架势。虽然变装成为普通士兵，然而仔细去看，他们都是保护王族的精锐士兵。看到站在他们后面的里博拉，洛克笑了。

"我是来见血肉至亲，还需要刀剑吗？"

"我只是想确保安全。"

"是吗？那你的安全谁负责？娘娘吗？"

"与其相信娘娘的慈悲之心，还不如相信困境中的人说的话。这话以前我也听过，在雨中，那时候我的两条胳膊还健在。"

洛克皱了皱眉头，努力思考这句话的意思。这时，萨米娜说话了：

"都退下吧，我好久没见到弟弟了，想和他聊一聊。"

里博拉行礼之后，带着士兵们退下了。说是出去，其实仍然严守在四周。稍有风吹草动，他们就会立刻冲进来。洛克不可能逃脱他们的掌心。

"三年没见了。"

"三年了，姐姐。"

"这个称呼比娘娘好听。"

"凡是叫你娘娘的人，没有哪个人真正爱惜你。"

萨米娜笑了。

"是吗？安德罗斯也不叫我娘娘啊。"

"陛下不可能爱惜任何一个女人。"

"任何一个女人？差不多。"

萨米娜耸了耸肩膀，脱掉斗篷，扔在地上。

"于是你代替陛下去爱惜他的女人？"

洛克差点儿就被卷进去了。他深深地吸了口气，故意装作没听懂。

"你说什么呢？没想到姐姐还想翻出以前的事情。"

"什么事，你背叛我的那件事？"

"这个嘛，我真的不想再提起。不过，如果你非要说，那么背叛的人是姐姐，不是吗？"

"我是没办法，那是父亲决定的事情，你觉得我可能拒绝吗？"

洛克忍住了嘲笑。现在不能笑，如果惹恼了萨米娜，她会回到最初想说的话题。必须避开这个话题。现在要说的不是三年前的事，而是十二年前的事。

"啊啊，原来是这样，我还不知道呢。怪不得国婚那天坐在轿子上的姐姐看上去那么幸福。因为无法拒绝，所以及时放弃？"

"你为什么要去看？至少你是不愿意看到这个场面的，不是吗？"

"哈，你是不是希望我自杀？"

"我当然不希望了。我以为你不会变，就像你承诺的那样。"

洛克闭了会儿眼睛，又睁开了。萨米娜仍然眨着眼睛看他。关于萨米娜美貌不复存在的传言简直就是无稽之谈。不过洛克现在才知道，她的美丽之中隐藏着什么。那是所有人都必须围着她转的傲慢，正是这种傲慢践踏了无数人。

突然，萨米娜走过来，把嘴唇贴上洛克的嘴唇。也许他应该接受萨米娜的吻，然而刻在心底深处的反感使他嘴唇紧闭。萨米娜马上离开他，嘴角露出神秘的微笑。洛克摇了摇头，说：

"是啊，姐姐贪恋国母的位置，离开了弟弟，却以为弟弟会永远站在远处等待自己？"

"贪恋？这么说不对。我只是……"

"只是连握在手里的小小麦粒都不愿意放弃，不是吗？"

萨米娜耸了耸肩。

"可是我错过了。你现在不在我手里。"

"你忘记我在这个过程中做出的牺牲了吗？"

"那个女人和孩子？我生不出孩子，你以为我会饶恕另一个生了孩子的女人吗？无名无分的平民百姓，如果她以为能和你永远这样平静地生活下去，那她也太目中无人了，不是吗？虽然只是小妾……"

洛克握起拳头，却只是朝着空中挥了挥。他不由自主地提高了嗓音。

"艾文莉是我的妻子！"

萨米娜盯着洛克。曾经像女神的姐姐不可能懂得设身处地地思考别人的不幸。她为了得到自己没有的东西苦苦挣扎，却把别人的缺失视为缺陷。那张美丽的脸庞现在令人眩晕。缇娜和吉恩的面孔在她的脸上重叠了。洛克发誓要保护他们，再也不能像失去艾文莉和贝利斯那样失去他们。因此他不能激动。他强迫自己镇静。

"这个场所很适合叙旧，不是吗？"

萨米娜立刻做出反应。

"你要是不说那些令人不快的话题就更好了。这里留下了我们的很多回忆，是吧？"

两个人都十几年没来这里了。这是位于王城高处的白房子，也是埃克劳斯的母亲，他们祖母的别墅。小时候，兄弟姐妹们都来这里玩过。祖母去世之后，这里没有人居住，只有侍女偶尔来打扫卫生。换句话说，这里是十九岁、二十一岁的青春男女玩火的最佳场所。

"如果当时按照我们的计划逃到远方，像皮罗瓦这样的地方，现在应该大为不同吧？"

那么，萨米娜会不会不是现在这个样子呢？谁都不知道。后来意识到自己的真实面目，义愤填膺地分手？还是仍然保持着赤脚少女时代的温柔？他们无数次海誓山盟，最后去皮罗瓦的人却只有洛克。当然，他也不是孤身前往。

"不知道。不过，我想姐姐现在应该更幸福吧？"

"不。因为王宫里没有我的孩子。"

"那可不行。看来是祝福姐姐的女神忘记了。"

"女神忘掉了非常重要的事。在埃弗林王宫，没有孩子的女人犹如傀儡。只要有人生了孩子，我就连陪衬都算不上了。不管是什么出身，不管是否美丽，不管是否有教养，伟大的埃克劳斯的女儿什么都不是。只有生不生孩子才是最重要的！是不是很恶心？"

"姐姐说得对，但是世界上恶心的事情不仅这一件。"

不管洛克说什么，萨米娜都漠不关心。她沉浸在自己的思绪里，突然说道：

"所以我无法原谅那个女人。"

洛克顿时紧张起来，慢吞吞地说道：

"艾文莉已经死了。"

"谁说那个女人了？我说的是艾瑞缇娜，那个为安德罗斯生下儿子的卑贱舞女。"

洛克摇了摇头。

"我记得，不过不是已经死了吗？"

萨米娜突然大笑起来。

"你真会演戏。我要是不知道，肯定会信以为真。"

"这是什么意思？"

"你不是把他们藏起来了吗？那个女人，还有那个孩子。"

洛克紧咬嘴唇，然后叹了口气。

"不可思议。你怎么会产生这种妄想？做梦了吗？"

"差不多吧，不过比做梦更信得过。好了，说吧，他们在哪儿，过得怎么样？"

"你无缘无故说这些，你觉得我会配合你的幻想吗？好吧，两个人都去了天堂，最近我偶尔会去那儿。他们两个人都过得很好。在天堂，当然好了。这样说行了吧？"

"你以为我不知道他们在哪儿吗？我就是想看看你能不能跟我实话实说。别胡说八道了。"

"你才胡说八道！"

萨米娜走过来，站在洛克面前，盯着他的眼睛。洛克也毫不示弱。萨米娜说：

"你失去了那个女人和孩子，看到艾瑞缇娜和伯利提莫斯就心生同情，于是偷偷把他们带出银月之门。你独自回来，差点儿被发现，不过你编造出妓院之类的谎话，成功脱逃。你以为我会相信你的谎言吗？我不是傻子。你不是那种出入妓院的人，你以为我不知道？你以前就是这样，心里只有一个人，而且你喜欢打抱不平，所以你照顾他们母子，目的是让我陷入窘境。"

"是这样啊。姐姐害死了艾文莉和贝利斯。听你的意思，我救了姐姐要杀的两个人。如果是真的，那的确很了不起。如果是真的该有多好。可是我连陛下的宠妃长什么样都不知道，却要在见面之后立刻制订计划，将她送到外国。这样的事情对我来说绝非易事，太遗憾了。"

"你怎么不知道她长什么样子？那个女人生儿子的时候，坐着花轿周游全城，还撒了金币！"

"你别以为你在意的人，其他人也都在意。陛下得不得到王子，跟我没有任何关系。再说我也不需要金币。"

洛克不为所动，萨米娜眉头颤抖，眨了几下眼睛。她似乎发生了动摇。

"不，你在说谎。"

"哎呀。你去哪儿请了神灵吗？既然这么确信，这三年你为什么不采取措施？这期间我四处闲逛，但是每到父亲忌日，我都会按时赶回来。"

萨米娜噘起嘴巴，猛地转过身去，厉声喝道：

"阿尤布！"

洛克在心里说道，是的，我就知道这个人会出现。

露台的门开了，戴着头巾的男人走进来，朝着洛克行礼。虽说早已料到，但他还是忍不住紧张。阿尤布开口说道：

"昨天刚见过面，今天又见面了。这里风景真是不错，站在外面也不觉得闷。听说这是两位小时候追逐打闹的地方。"

"闲话少说，既然你出现在这里，看来是你下了神谕吧？"

"小人和恶鬼打交道，跟神灵相距甚远。"

"看来恶鬼也做起间谍来了。跟踪我三年，终于向你报告了？洛克把女人藏在遥远的外国？看来要想不被怀疑，我只能独处了。"

阿尤布再度行礼，说道：

"从现在开始，我说的话可能有所冒犯，小人先谢罪了。"

洛克皱起眉头。阿尤布转身面对萨米娜。

"几年前，娘娘曾经命令我呼唤恶鬼，对付陛下的宠妃艾瑞缇娜和她的儿子。恶鬼是食欲的化身，只要让它闻到人的气味，它就必须嚼碎那个人的肉和骨头，否则不会钻回地底。上次那个恶鬼不见了，我已经知道那两个人肯定死了，于是就向娘娘汇报，只是没有发现尸体。恶鬼吃过之后，本来就不会剩什么，但是连根头发都没有存留，我多少有点儿吃惊。不过现场有血迹，于是我就这样向娘娘汇报了。娘娘经过深思熟虑，也相信了。恶鬼闻到血的气味之后，肯定不可能空手而归。"

洛克听缇娜说过，也猜得差不多了，但是现在真正听阿尤布说起这件事，还是觉得无比丑陋。萨米娜点了点头，示意他继续往下说。

"或许您不知道，不能两次派恶鬼伤害同一个人。事实上也没有必要。我也没有别的办法，只是心存疑虑。昨天夜里，看到洛克大人的时候，我突然开眼，明白了事情的真相。这种情况非常罕见，我做了一辈子这种事，还是第一次遇到。虽然我不知道为什么，但是我想不管出于什么原因，恶鬼既然没有杀死目标，直接回到地里，那么未完成的咒术应该还会继续发挥作用。呼唤恶鬼的咒术很简单，所以必须完成咒术的压力反而更强烈。随着时间的流逝，咒术的力量顽固地游转在目标周围，就像用毛笔在纸上不停地画圈。最后，纸肯定会碎，是吧？就是发生了这种事，咒术的压力逐渐破坏目标身边的自然气场。魔法师称这种气场为魔力，但是咒术师不会魔法，只是称其为自然气息。如果是普通人，不会对日常生活产生任何危害，但是像我这样的咒术师或魔法师，很容易就能看出破碎的部分。昨天我看到了，洛克大人身边也有这种气息。"

"是吗？虽然我不知道你说的是什么，但是你说我周围有那种东西，而且是因为你在几年前对女人使用的咒术，你确信吗？这个逻辑听起来真是荒唐，好像全世界的咒术师或魔法师只有你自己。"

"小人怎敢说出如此放肆的话？肯定是有原因的。"

阿尤布掀开斗篷，伸出自己的胳膊。他的胳膊上密密麻麻地刻了很多小字，像是某种符号。全部文字都是叫作"伊弗尼什"的古文字。洛克也学过古典，一下子就认出来了。不过那些文字要么倒刻，要么是两个字结合，要么加入了其他的符号，形状都发生了变化。以前他听说过，这种变形的文字常常用于诅咒和恶咒术。一条胳膊上就有二十多个这样的文字。阿尤布指着某个字说道：

"请看。"

这是由表示爱情、恋人、盲目、牺牲等含义的文字"基德拉"

和表示坠落、破坏、失败、离别等含义的文字"泰塔"合成的图形，比其他图形大且清晰。准确地说，像昨天刚刚刻的一样深，像被烧过一样黑。

"昨天才变成这个样子。小人斗胆……"

阿尤布伸手抓住洛克的胳膊。那个字变成火红色，而且发出皮肤烧焦的气味，同时冒起了烟。那张只露出嘴角的面孔也变得狰狞扭曲。阿尤布小跑着后退，跌跌撞撞。

"呼……现在，您知道是怎么回事了吧？"

洛克努力摆脱心底油然而生的可怕预感。

"不知道，你说吧。"

"这是我为了对艾瑞缇娜和伯利提莫斯施行咒术而刻的标志，现在它和洛克大人发生反应，意味着咒术的目标物，也就是他们母子二人在洛克大人身边，而且是很长时间。"

洛克没有回答。萨米娜开口说道：

"好了，现在该你解释了吧？"

"我……无话可说。如果姐姐相信这个人的咒术，我怎么解释，你都不会相信。"

"你不承认？"

"我不认识那个女人。我想说的只有这些。"

他们之间流淌着沉默。洛克在心里盘算，如果此刻夺门而出会是怎样的后果。他真的很想这样。如果可以逃跑，如果可以像魔法师那样从这里消失……

"我真想相信你的话。"

萨米娜说这话的时候，徘徊在想象世界里的洛克突然回到了现实。这句话出乎意料，他怀疑自己听错了。

"如果你说的话属实，我们就没有必要互相憎恶了，不是吗？如果我们姐弟俩能够回到从前，那该有多好。"

洛克根本不想，但他只是耸了耸肩。萨米娜也跟着耸了耸肩，然后转头看阿尤布。

"拿坛子来。"

阿尤布又去了露台，拿来两个小坛子。盖子上包着布，侧面抹了红色的封蜡。除此之外，和普通坛子没什么两样。阿尤布小心翼翼地把两个坛子放到地上，仿佛那是什么宝物。

萨米娜说：

"即使你说谎，我们之间的关系也还是有恢复的可能的。只要从现在开始纠正就行了。别人背叛一次，我就无法宽恕，可你是我的弟弟。不过，至少你要做出保证，对吧？"

"你让我保证什么？"

"当然是保证你真正回心转意。"

"总要犯下什么错误，才谈得上回心转意，不是吗？我觉得我没犯什么错啊？"

洛克泰然自若地说着，心里却惦记着那两个坛子。里面是什么呢？如果萨米娜什么都不知道，她不可能如此镇静。

阿尤布说：

"小人和恶鬼打交道，以前就为埃克劳斯大人和海洛迪恩大人，以及王后娘娘奉献过绵薄之力。他们每次都给我丰厚的补偿，但是小人并不贪恋财物。只要能让我一辈子钻研咒术，即使身居窝棚，即使衣衫褴褛，我也心满意足。所以每次小人行使咒术，都要求得到一件东西。有了这个东西，小人的学习才能有所进展。"

阿尤布在坛子上面展开一只手掌，像介绍什么人似的说道：

"打个招呼吧。"

封蜡碎了，坛子盖剥落下来。阿尤布在地上铺了一张纸，倒出坛子里面的东西。坛子里面滚出一个人头，干巴巴的，很小，像是从木乃伊身上砍下来的。洛克吓得连连后退，阿尤布笑着说道：

"你这么害怕，阴间的死者会伤心的。"

"什么？"

"仔细看看，这是谁。"

在摇曳的火光中，洛克死死地盯着人头。皮肤干得像皮革，头发如碎草般散乱，张开的嘴巴像是在大声呼唤某个人。当视线到达耳环的时候，洛克突然感觉脖子发硬，喉咙像着了火。狭窄的额头和细长的鼻子，尖部微断的门牙和戴在耳朵上的两个大银耳环。

是艾文莉。

洛克嘴巴咧开，脸颊颤抖。萨米娜呆呆地注视着他，开始流泪。阿尤布从第二个坛子里倒出更小的人头，这时洛克扑向阿尤布。不，是差点儿就这样做了。外面的士兵们大概已经预料到这种状况，四个人冲了进来，紧紧抓住洛克的四肢。无声的战争持续良久，什么话也没有，挣扎没有任何效果。

"我也不想这样。"

萨米娜说着，使了个眼色。阿尤布把人头放回坛子，然后低下了头。

"对不起，重提旧事，让大人伤心了。"

阿尤布目不转睛地盯着面色苍白的洛克。他的双臂已经被绑在身后，两名士兵分别贴在他的两侧，各自抓住他的一条手臂。

"我诅咒你，你一定会落入奥达努斯之手。"

奥达努斯是掌管复仇和诅咒的神灵，素以滥用职权著称。他在意的不是对与错，也不是眼前的事情可能导致的结果，而是呼唤自己名字的声音。只要呼唤奥达努斯的名字，就能成为诅咒，但是常常需要付出更大的代价。因此奥达努斯得到了"双刃手"的外号。阿尤布隐隐地笑了。

"光荣地待在奥达努斯的黑掌里吧！"

阿尤布重新盖好坛子，放在身后，然后自己坐下了。

"小人学识不足，只能保存人头。这已经让我可以实施咒术了。头部被保存下来的人，我随时都可以从阴间唤回他们，不是找回来闲谈，唤来的灵魂就关在这个头里，意识和活着的时候没有区别。虽然身体不能活动，但是还能感知周围的状况，能感知时间的流逝，也知道自己是什么样子，知道自己是只剩头颅的干尸，不可能重生为人。这种咒术最大的亮点是……"

"住嘴！"

"……永远不会死，也不需要吃喝。有的人也许会开心，但是身体都没有了，当然也没什么值得开心的事情，甚至连和别人对话都不能，这样的余生通常没有什么快乐可言。小人的师傅把他保存的几个人头留给了我，我尝试用咒术和他们当中的几个对话，全部都处于精神失常状态。也难怪，他们中间有的已经保存了上百年。"

"现在，现在……你对我的妻子和儿子使用了这种咒术……"

"这是王后娘娘的意思。小人跟他们没有私人恩怨。我只要把握所有机会研磨咒术就满足了。"

萨米娜说：

"从今天算起，十五天后到这里来。如果到时候阿尤布的文身没有反应，我就把这些坛子还给你。只要你把坛子彻底烧毁，就不会再存在咒术了。"

洛克努力让自己平静下来，揣摩萨米娜的意思，可是脑子昏昏沉沉，云里雾里，无法正常思考问题。

"你的意思是说……"

"如果艾瑞缇娜和伯利提莫斯死了，小人的咒术也就随之结束。我的文身也会恢复正常状态。"

"我……"

"你做不到，是吗？因为你不知道他们母子在什么地方？那可太遗憾了，我无话可说。小人只是奉命行事，不能帮你做什么，很遗憾。"

洛克像中了圈套的野兽，心脏在狂跳。洛克看着萨米娜，艰难地说道：

"这是姐姐的意思吗？从阴间召回自己曾经杀死的人，百般戏弄？这就是一国之母的慈悲吗？"

萨米娜的眉间露出几道锋利的皱纹，仿佛用刀划过。

"慈悲？你期待我的慈悲？好吧。一个是戏弄我，试图夺走我地位的不知天高地厚的女人，一个是背叛我，为所欲为的弟弟，你们瞒着我幸福地生活了三年。这就是我对你们的慈悲，如果你想要慈悲的话！"

洛克转过了身。他知道，再说什么也没用了。同时他也知道，自己落入了无法摆脱的圈套。阿尤布在背后弯着腰说道：

"我疑惑很久的问题终于有了答案，谢谢大人。小人的学习也因此上了个台阶。有朝一日，小人会回报大人的恩情。"

士兵们抓着洛克的双臂，带他出去了，就像进来的时候。萨米娜望着洛克的背影。微弱的感情在心底蠕动，但最后还是被她踩灭了。她以为做了王后，什么都能如愿，并且为此付出了巨大的代价，然而幸福似乎还是离她很远。若想到达那里，还需要做出牺牲，洛克只是其中之一。

再也没有人敢因为找到藏在湖里的首饰而冲她挥鞭子。但是在王宫，她仍然还是那个害怕鞭子，听着母亲的惨叫声逃跑的少女。她不想停留在这种状态，那种在后宫里生不如死的老王后不应是她的未来。

阿尤布小心翼翼地抱着坛子，朝萨米娜鞠躬。萨米娜已经不再看他。阿尤布说：

"恶鬼之所以表现为人形，就是因为他们几千年来始终贪婪地注视着人类。这话娘娘听说过吗？不管是什么，只要长久注视，都会越来越像。小人今天发现，洛克大人的脸上有那个女人的面孔。"

萨米娜瞪着阿尤布。

"你想说什么？"

"没什么。洛克大人和娘娘是姐弟，以前非常像，但是今天感觉二位不再相像了。娘娘现在好像谁也不像。"

"那又怎么样？"

"小人拙见，娘娘终于做好了成为酷似娘娘自己的新人。"

虽然这话说得模棱两可，但是片刻之后，萨米娜还是点了点头。曾经是埃克劳斯的女儿，洛克的姐姐，安德罗斯的王后，现在的萨米娜做好了制造自己的阵营的准备。这个阵营会充满王宫，继而满溢出来，充斥整个埃弗林。

连续多日不下雨，向日葵的叶子干枯了。十月的太阳预示着丰年的到来，理应受到热烈欢迎，然而这天气实在让人和农作物都难以忍受。牛车走过热气腾腾的土路，车上放着装满玉米的篮子，还有个小孩子。

"这个淘气的小家伙，搞恶作剧也得有个分寸啊。"

走在马车旁边的农夫瞪了孩子一眼，使劲抽了一下牛屁股。吉恩快四岁了，夹坐在和他身高差不多的篮子中间，一声不吭，腮帮子鼓得很高，看来是生气了。

"小家伙连句认错的话都不肯说。"

又走了一会儿，远处传来马蹄声。紧接着传来马儿咴咴的叫声。吉恩突然抬起头来，大声叫道：

"爸爸！"

农夫也停下脚步，转头看去，可是什么也没看到。农夫抓住吉恩的头。

"你爸爸在哪儿呢，你喊什么？现在又开始说谎了？"

吉恩置之不理，又喊了一声：

"爸爸！"

不一会儿，一个骑马的男人出现了。果然是洛克。吉恩扑腾站了起来，跳下马车，洛克也下了马，猛地抱起迎面扑来的吉恩，然而他的脸上却出现了奇妙的阴影。

"嗬，真的是你。小家伙怎么知道的啊？去哪儿了？"

洛克并不惊讶。对他来说，吉恩能区分出自家的马叫声和马蹄声是理所当然的。只是看到吉恩，他感觉好像有什么事。他托了托帽檐，又放下来，说道：

"我去外地有点儿事。这是怎么了？"

"啊，这小子偷偷骑我们家的小牛，还踩毁了玉米。要不是我抓住他，他早就掉下来被踩伤了。是我救了你，知道吗？"

"不是的！"

吉恩把头埋在洛克胸前，突然转头大喊。农夫也大喝道：

"你小子！"

"不是的！我不会掉下来！"

洛克哄着气急败坏的吉恩，看了看农夫。

"谢谢。对不起，我赔您玉米钱。"

"我什么时候要你赔玉米钱了？我是想，如果缇娜教训一下这孩子，他或许能反省反省。不管怎么喜欢马，也不能骑出生不到三个月的小牛啊，何况是个三岁的孩子。"

看来农夫主要是担心小孩子受伤才生气的。邻家的孩子骑自己的马受伤或者摔死了，那可不是小事。洛克做出打吉恩屁股的架势，说道：

"我会教训他的。"

"这个年龄的孩子只能骑木马。你以后要是再这样，我就不让你到我们家的农场来了，连马都不让你看，听见没有？"

农夫家有三头小牛，吉恩经常去玩，洛克也知道。吉恩没说话，农夫抽了一下牛背。牛车走远了。洛克带着吉恩，骑在马背上。怀里抱着吉恩，感觉到他的心在扑通扑通乱跳。不知道是因为刚才挨批，还是担心会遭到父母的训斥。洛克问：

"骑马的感觉怎么样？"

"很好玩。"

"不害怕吗？"

"嗯。"

"快吗？"

"嗯。"

"很快？"

"很快。"

吉恩的心跳更快了。孩子根本不在意挨训的事，刚才的惊人疾驰充满了孩子的内心。洛克想起自己初次骑马的情景。好像是七岁的时候，那天的兴奋和掠过耳边的风仍然记忆犹新。如今他的儿子又感受到了他曾经的震撼。时间流逝，等吉恩长成青年的时候，他会是多么出色的骑手啊。等到那时，两个人并肩策马，恐怕也是吉恩领先于自己了。他跟在后面，也会很开心……

这时，他想起了从坛子里滚出来的小人头。同时，凝结在嘴角的微笑也僵住了。吉恩不是他的儿子。他的儿子已经死了。

洛克许久没有说话，吉恩转头看他。两人目光相对，洛克艰难地吸了口气，说道：

"小牛很危险，虽然小，却比成年的马更危险。下次骑驴子吧。"

"我讨厌驴子，我要骑马。"

"等你再大点儿吧。"

会有这一天吗？脑子里乱成了粥。回家的路上，洛克没有再说话。心痛得像是要爆炸，脑子里充斥着想要呕吐的念头。快到家的时候，他让吉恩下了马，孩子立刻跑回家去。他想把自己骑马的事告诉母亲。远远看去，缇娜正在窗前准备晚饭。她的动作很轻盈，像是在跳舞。不，简直就是跳舞。她拿出放在隔板上的瓶子，转身，盖盖子，放下，再转身，拂一拂头发，转头，每个动作都简洁而完美，像风。自从定居在皮罗瓦之后，她就没有跳过舞，然而她无法改变日常生活中的举手投足。

洛克失魂落魄，久久地注视着缇娜，脑子里渐渐发热，热乎乎的气体直抵喉咙，仿佛季节在喷吐最后的火焰。夏天正在远去。

他下了马。行李只有一个卷起的包袱。缇娜大概已经听吉恩说了，从家里跑出来，双臂缠绕着他的脖子。她亲了洛克一口，顿时大惊失色。

"你发烧了。"

洛克摇了摇头，放下行李，回房间去了。从那之后的事情就像高烧做梦。缇娜做好饭端上来，吃着鱼和炒饭，说起邻家女人送来的无花果酱，后院的篱笆断了，曾经做过军人的老人看到吉恩玩耍的样子大为震惊，如此等等。别看吉恩年纪不大，动作却是行云流水，上蹿下跳，爬树也从不踩空或坠落。说到这里，洛克自言自语道：

"那是因为他经常看你。"

缇娜放下叉子，盯着洛克。

"你看起来不太舒服，几乎没怎么吃东西。"

"太累了。"

洛克强颜欢笑，往后拉了拉椅子，靠着椅背。餐桌对面有个暖炉，洛克的视线突然落在那上面。那是洛克做的木头娃娃，有一个还是躺在摇篮里的小娃娃。他没有告诉过缇娜，那个娃娃不是他做的，而是从前，得知怀孕那天，艾文莉做的。

洛克久久地盯着那个娃娃。渐渐地，他回想起十一年前，坐落在湖边的小房子。巧妙地用木头搭成的小房子也不是洛克建的，而是艾文莉。虽然只有一个房间，但是他们可以在里面度过冬天，即使下暴雨，也不会漏进一滴。房顶左右对称，门柱光滑圆润。哪里都留下了主人的手迹。

这栋酷似黎明湖水的房子，最终却迎来了血光之灾。洛克回忆起凌乱地印在门前的带有血迹的脚印。门掉了，丢在湖边。房檐、排水管都断了。他不敢冲进里面。空气中飘荡着奇怪的臭味，异味唤起了可怕的想象。直到现在，他仍然不确定那种气味是否真实。据说恶鬼身上不会散发这种气味。但是，那天的刺鼻异味深深地刻在他的脑海里，直到十一年后的今天，他仍然会有异味掠过鼻尖的错觉，就像此时此刻。

气味越来越强烈，而且越来越真实。放在眼前的食物的气味，萦绕在房间里的橄榄油的气味，平时经常闻到的树木的清香都被淹没了。伴随着无法摆脱的异味，他又回到湖边的家。从那之后，他再也没有去过那个地方。他不情愿地往门口走去，抓住门柱，紧紧闭上眼睛，然后睁开。家里是血的海洋，破碎的安乐椅和儿童被子都在里面。

当时洛克没想到是恶鬼所为。甚至他还怀有最后的希望，因为没有尸体，说不定他们还活在人间。听说尸体被抛进湖里，洛克连续几十天在湖边搜索，泥潭底下和水草之间都翻遍了。他一直在祈祷什么都找不到。不知道多少次，他在梦里看到刮在芦苇根或者沉在湖底的尸体。他如痴如狂地在湖边徘徊，大哥海洛迪恩强行把他带回家，说这是父亲的命令。回家以后，他出现了像是热病的症状，病了十天。清醒之后过了三天，他恢复到勉强进食的程度。这时，父亲来了。父亲在晚霞中坐了很久，让他务必宽恕萨米娜。

两个人已经死了，为什么还要藏起来？直到十一年后，他才明白。那人连尸体都不想浪费。在他眼里比生命还重要的人，对于那人来说，却只是实验材料。

缇娜以为洛克在看壁炉，做梦也猜不到他在想什么。她站起来，紧紧抱住洛克的肩膀，感觉到他狂烈的心跳。缇娜亲吻他的额头，说道：

"休息一下吧，今天太热了。"

缇娜去拿湿毛巾了。洛克注意到坐在对面的吉恩正看着自己。四目相对，孩子笑了。洛克却笑不出来。儿子的面孔和吉恩的面孔重合了，如果活着，他现在应该是翩翩少年了。不，孩子甚至可能复活。复活之后，稀里糊涂地受到残忍的惩罚，永远不会结束的惩罚……

洛克站起身来，张开双臂，吉恩扑进他的怀抱。他抱起吉恩。晒得黝黑的柔软脸蛋碰到他的脸颊，黑色的头发从耳边划过。他感觉到了生命特有的忐忑。对洛克来说，这种感觉等同于疼痛，就像刀刃戳过的感觉。

去后院的路上，孩子完全靠在父亲怀里。猫不知藏到哪里了。洛克把孩子放在木柴库的阴影里，让他坐在地上。吉恩还以为父亲要开始新的游戏，眨着眼睛，抬头看洛克。

"吉恩，世界上所有的孩子当中，我最爱你。"

已经去了阴间的孩子尚未来得及了解父亲的爱。吉恩眨了眨眼睛。

"我们很快就会再见的，很快就可以。"

洛克的双手环绕着吉恩的脖子。他的脖子纤细柔嫩。洛克指尖颤抖。

"但愿诺伊女神把你抱进摇篮里。"

诺伊是阴间的女神，为死者解开头发，为死者流泪，为死者的声音痛苦不堪。据说诺伊女神会像母亲那样拥抱死亡的孩子。或许贝利斯也躺在女神的怀抱里。希望所有人都在女神的怀抱里安息。也许只有在那里，他们才能安息。

洛克的手更加用力。孩子的脸色立刻变青了。教吉恩骑马时驰骋过的原野从眼前掠过，为柔韧而敏捷的儿子骄傲的情景忽隐忽现。想起只要自己张开双臂，吉恩就毫不怀疑地扑过来的样子，洛克泪眼蒙蒙。孩子竭尽全力地挣扎，溅起了尘土，小指甲嵌入手腕。洛克仿佛听见哪里传来了呼唤，爸爸。孩子那么欣喜地呼唤，爸爸，爸爸。

这个声音再次响起，洛克松开了手。

吉恩小小的身体僵硬了。洛克忍住哭泣，抓住吉恩的脖子，努力寻找脉搏，手指尖总算感觉到了微弱的脉搏。泪水夺眶而出。我这是在做什么？对于把我当成父亲深信不疑的孩子，我这是在做什么？

这时，一个冰冷的东西穿透他的脊背。

起初感觉冰冷，很快就变得滚烫，仿佛有熔岩在血管里流淌。洛克想转头，然而半边身体瘫了下去，头碰到了地面。他想伸手去摸碰到的部位，可是手不听使唤了。

"啊啊……"

缇娜跪在地上，几乎崩溃了。她扔掉手里的短刀，抱起昏迷的儿子。女人背对着夕阳，黑发随风飘舞。洛克躺在地上，望着女人的身影。我的美丽至极的妻子，我的坚韧的妻子，你永远都会保护儿子。

眼前漆黑。缇娜放下吉恩，用膝盖爬到洛克面前，抱住了洛克。头发的气味弥漫到四周。直到这时，恶鬼的气味好像才渐渐消失。

"对不起……"

"不要死，千万不要死。"

洛克闻到了泪水的气味，眼前什么都看不见了。洛克想抚摸缇娜的头发，手只是在半空里摸索。这是为了保护缇娜而准备的毒药，他好不容易才找到，扩散速度很快，被刺者没有机会反抗。真的。

意识迅速模糊。缇娜的喊声仿佛从很远的地方传来。

"洛克！洛克！"

洛克的身体变得僵硬，思维也麻痹了。一切消失之前，洛克竭尽全力，说出了连自己都听不见的话：

"你的舞蹈足以得到艾尼尔的宠爱。"

火势蔓延，邻居们也察觉到了。这时，缇娜已经来到了遥远的地方。身后背着吉恩，抓着马缰，走在麦田里。

后面的天空被火光照亮。缇娜没有回头，她什么都不想了，只是跟随本能的指引，跌跌撞撞地匆忙赶路，泪水干涸了。天亮之前必须离开皮罗瓦。王后的追踪者随时可能出现。现在，她只能独自保护儿子了。她要比三年前那个在都城游荡，身穿破烂斗篷的女人更加坚强。或许这次将是无穷无尽的大逃亡，自以为安全的一切都是虚幻。现在，她谁也不相信了。

走出麦田，眼前出现了大路。白天盛开的向日葵纷纷倒伏在地。缇娜把背在身后的吉恩抱在胸前，想要上马，吉恩突然发出嘤嘤的声音。

"醒了吗？"

吉恩没有立刻苏醒。上了马，缇娜让吉恩坐在前面，走出几步，怀里的孩子开始喃喃自语：

"爸爸……"

"爸爸被坏人害死了。"

缇娜斩钉截铁地回答，声音微微颤抖。转过拐角，缇娜最后一次回头张望。房子的残影比篝火还小，正在眼前摇曳。那里留下了她三年来精心料理的一切，如今全部都烧毁了。吉恩喜欢的木马，摇篮里的小娃娃，最后关头保护了自己想要保护的人的男人。最后的时刻，洛克守住了自己的承诺。他保护了缇娜和吉恩，只是没能保护自己。

　　转过头来，缇娜猛踢马腹。马跑起来，缇娜自言自语。王后娘娘，等着瞧，看看我这个无知卑贱的女人会对你做出什么。

　　等着瞧。

雪　鸟

　　白皙纤长的脖子那么美丽。

　　她用手抚摸。好凉，仿佛有密密麻麻的三角针扎着柔软的指尖。手埋在和翅膀相连部位的羽毛里，它的心跳得好快。鸟儿也很紧张。因为刚才发生的事，以及接下来将要发生的事。

　　"走吧。"

　　少女窃窃私语。鸟儿拍打几下翅膀，舒展开来。啊，翅膀真的好大，超过了挂在城楼上的旗帜，甚至超过了飘在天空的云彩。那双翅膀像是从城市的肩头凸出的脚，带着城市一起飞翔。

　　少女笑了。她欣喜地命令道：

　　"飞吧。"

　　鸟儿飞走了。少女乘坐在它的脖子上。鸟儿扇动翅膀，高塔和护城河就像玩具似的变小了。鸟儿再次扇动翅膀，高塔和护城河变成了地图上小小的标志，紧接着就不见了。

鸟儿飞得越来越高，进入云彩，周围水珠荡漾。雨点碰撞，吱吱作响。少女指了指下面，那里发出刀刃划过冰面似的尖厉声音。鸟儿迅速降落，凝结在羽毛上的冰粒四散而去。

云彩之下是空旷的蓝天。巨人之臂山脉如同绿色的手帕，矗立在天空之下。金水河从中间流过，依稀可见的大地风景十分美丽，也许是因为小的缘故。小到只要扇动翅膀，就能远离这里。

鸟儿伸长脖子，叫了一声。声音足以令天上地下的野兽颤抖，然而少女却感觉那是音乐。长长的嘴巴里，两排牙齿仿佛能咬断钢铁的窗棂，箭矢状的尾巴仿佛能推倒石塔。脖子和尾巴、腹部周围的针使鸟儿刀枪不入。如此惊人的动物却允许少女乘在自己脖子后面，听从她的命令在天空飞翔。终于把它驯服了。

风越发猛烈了。少女的头发随风飞扬。摇摆的睡衣衣角间露出腿和脚，然而少女丝毫也不觉得冷。她的双手紧紧抓住羽毛。手背和手腕上迸出青筋。不会掉下去的。她是主人，这只鸟属于她。

南边的金黄色云彩散去，大河呈现在眼前。只在书上看过的世界之都应该在河水和大海相遇的地方。那里有保管全世界书籍的图书馆和供奉世间所有神灵的万神殿。少女要去那里，她伸手指了指。全世界最高的图书馆，九层塔高耸入云的威容，这里恰好可以看到……

琪普洛莎睁开了眼睛。

风声穿过了厚重的石壁。暖炉里的火好像熄灭了，尽管在被窝里，却感觉床单冷得像冰。她坐起来，从床底找出旧鞋套穿上。掀开帷帐起身，变短的睡裙唰地卷了上去。她拿起挂在椅子上的厚披肩，围在身上。身体还是暖和不起来。

她看了看暖炉，里面已经没有火了。尽管连蜡烛都没有，然而琪普洛莎还是熟练地找到门把手。推开吱吱嘎嘎的门，一阵寒气从走廊里扑面而来。她抿了抿衣角，走出门去。

鞋套不足以抵挡石头地面的寒气。如果换上带来的木跟软皮鞋，又不能悄无声息地走路。琪普洛莎沿着角落里狭窄的楼梯走下去了。楼梯弯弯曲曲地通向后院。琪普洛莎不喜欢和城门相连的中央楼梯，而喜欢这里。隔着十字孔可以看到暗淡的星星。晨光染绿了楼梯。

通往庭院的侧门像往常那样没有上锁。她终于换了鞋，把鞋套放在侧门后面的阴暗缝隙里。泥土气息和家畜粪尿的味道隐隐飘来。与此同时，她也闻到了另一种熟悉的味道。那是冬天的味道。住在杉松城的人都知道，琪普洛莎当然也很熟悉这种味道。

踏着被雾气浸湿的泥土，从塔旁绕过去，可以看到一个个的笼子。每个笼子里面都养着一只猎鹰。从速度飞快的白色小"惊羽"到几乎从未离开过笼子、身材笨重的"峦影"，琪普洛莎看也不看，径直走了过去。鸟儿们远远地注视着少女的背影。峦影拖着脚腕上的锁链，叫了几声。琪普洛莎依然没有回头。

经过笼子，就到了猎人们制作鹰食的地方，这里统称"鸟厨"。经过稻草堆，经过柴火堆，最后出现在眼前的是用黑色铁窗围成的巨大建筑。这里应该叫作监狱，或者鸟笼，高度达到成人的三倍，方圆有五十步，窗棂就有男人的胳膊那么粗。

琪普洛莎站在前面。

"睡得好吗？"

没有回答。几乎埋到翅膀里的脑袋纹丝不动，眼睛紧闭。

"我梦见你了。"

琪普洛莎站得很近，头快要探进去了。窗户很宽，可以探进头去。不过她知道，还是不要探进去为好，至少现在是这样。熟悉的味道迎面扑来。污水和烂草，腐烂的肉块和爬虫特有的腥味混合而成的味道，所有的人都讨厌，唯独琪普洛莎不以为然。也许是因为她几乎每天都到这里来，习惯了这种味道，最重要的原因还是她并不觉得这种味道是臭味。在琪普洛莎看来，这只是几十年来被关在逼仄监狱里，无法享受自由，也得不到别人关爱的囚犯的味道。遭受脏水玷污的表面背后藏着高贵的本质，对此她深信不疑。

"我和你一起在苍穹翱翔。你最快、最强、最美，可是你却被关在肮脏的监狱里。"

片刻之后，琪普洛莎焦急地敲起了铁窗。鸟儿仍然一动不动。只有斑斑驳驳，看不出本色的颈毛偶尔随风飘舞。

早在琪普洛莎出生之前，鸟儿就在这里了。人们都说这是传说中的雪鸟，也叫雪唤鸟。雪鸟活了一千多年，它飞落云端，环绕天空飞翔，大地上就雪花纷飞。它收起翅膀，蹲在积累了多年大雪的山顶。当山底下的村庄里涌起堕落的气息时，它就骤然飞起。每当这时都会发生雪崩，所以人们说雪鸟就是雪崩之鸟，甚至就是雪崩本身。据说雪鸟的叫声和雪崩的声音非常相似。因为雪鸟唤来雪崩之后，飞回山顶的时候发出了咆哮的声音。

在父亲比琪普洛莎还小的时候，雪鸟只是传说中的鸟，只存在于那些坚持说自己在雪崩发生当天亲眼见过雪鸟的人们的讲述之中。直到后来，琪普洛莎的大祖父和朋友真的把鸟儿抓回了家。

住在杉松城的人们，甚至连邻城的人们都跑来看雪鸟。抓来的雪鸟是幼鸟，比成年男子稍高，浑身都是雪白的羽毛。当它抬头，眨动翡翠色的眼睛，发出第一声鸣叫的时候，人们都浑身颤抖，也知道传说原来都是事实。在这片被巨尸般的高山俯视的土地上出生长大的人们，最害怕的就是雪崩的声音，而雪鸟的叫声和雪崩的声音一模一样。

当时的城主是琪普洛莎的祖父詹姆·戴伊尔。他宣称，大哥抓回的传说之鸟将成为守护者，使杉松城免受天灾和敌人的侵略。他还提出要为雪鸟造个笼子，让雪鸟在里面自由自在地飞翔，即使以后雪鸟长大了，也依然很宽敞。竟然用足够制造几百把刀剑的铁做鸟笼，真是疯了。人们议论纷纷，詹姆·戴伊尔充耳不闻。就这样，鸟笼建成了，也就是现在的监狱。人的眼睛无力看到几十年之后的情景，岁月流逝，城主詹姆·戴伊尔和抓来雪鸟的兰德里·戴伊尔都死了。起初为了不让雪鸟逃跑，要在上面盖一层网，可是现在，雪鸟在笼子里连翅膀都伸展不开了。

琪普洛莎初次见到雪鸟的时候，这只曾被人们视为传奇，让无数人偷偷祈愿的鸟，看上去很狼狈，甚至让人悲伤。自从鸟儿突然长大以后，谁也不敢进去打扫卫生了，笼子里堆积着很多腐烂的稻草、食物和排泄物。这种状况持续了几年。无法摆脱笼子的雪鸟当然也是同样的状况。原本白得耀眼的身体发霉了，脏兮兮的。长长的脖子总是卷起来，或者藏在翅膀里面。头上长着玲珑如贝壳的针，还有五个角，更有着不同于其他鸟类的威严。现在，它却在昏昏沉睡，犹如墙上的雕刻。

"早晚会有那么一天。"

琪普洛莎的自言自语和城里所有人们的期待截然相反。人们不希望这只鸟恢复自由，不是因为爱惜，而是因为恐惧。鸟儿被关了几十年，一旦逃出去，肯定会伤人。甚至有人认为，为了安全起见，应该把雪鸟杀死。前任城主宣称这只鸟是守护神，所以人们不敢随便乱说，只能抱怨鸟儿吃掉的肉太多，而且笼子里的味道难闻。

"哎呀，洛莎，你又和鸟儿说话了？"老练的猎手金说道。

他戴着厚厚的打猎手套，手里拿着箭。琪普洛莎以为这么早应该没有人妨碍自己，没想到枪兵队已经有人早早出去猎捕老鹰了。早在琪普洛莎出生之前，金就是领主的猎人。平时他们经常闲聊，但是这个时候见到他，琪普洛莎并不开心。金站在琪普洛莎身边，抬头看着雪鸟。

"你这孩子。"

这可真是个滑稽的爱好。这样睡下去，应该会睡上一整天。不感兴趣的人们都以为鸟儿从早到晚都不会变换姿势，然而琪普洛莎知道雪鸟真正睡觉和静止不动之间的区别。

"看来这里面挺舒服，要不然怎么会睡得这么香。"

金显然是在逗她。琪普洛莎还是不得不瞪了金一眼。金看了看琪普洛莎怪异的表情，打着哈欠说道：

"不是吗？要不然它可以直接飞出去呢。你看它的牙齿，完全可以不费吹灰之力咬断窗棂，但是它纹丝不动。"

"没有哪种生物会喜欢这样的地方。"

"怎么没有，蟑螂和老鼠就喜欢。"

"你是说雪鸟和蟑螂、老鼠一样？"

"这本来不可能，但是这个家伙从小就住在这里，对外面的世界一无所知。如此凶猛的家伙为什么不愿意粉碎窗棂？小时候试过，没有成功，后来干脆放弃了。笨蛋，身体都长这么大了，自己还不知道。"

琪普洛莎紧握拳头，纤细的手腕迸出了青筋。放在金胳膊肘上的惊羽用黄眼睛注视着琪普洛莎。这只鸟只是块头大而已，其实是个蠢货，肯定早就忘记在天空飞翔的快感了。如果说飞上天空捉到猎物之后再返回主人手上的猎鹰可笑，那么更可笑的应该是雪鸟。

琪普洛莎摇了摇头。这只鸟可不是普通的猎鹰，而是能唤来雪崩的神奇之鸟。只要雪鸟下定决心，你们，不，整座城市都将被雪崩埋没。当然也包括琪普洛莎自己。

正因为如此，雪鸟才更有魅力。当鸟笼塌陷的时候，鸟儿将会颠覆和消灭所有尚存的虚妄人生。几百年的历史将被埋葬，只剩下纤尘不染的雪地。啊，真希望这样的事情发生，越快越好。

"滚开。"琪普洛莎说。

金耸了耸肩膀，转身踉踉跄跄地走了。太阳从金的背后升起。该回房间了。如果赶在礼拜时间前来迎接琪普洛莎的人发现房间里没有人影，并告诉祖母，那么大清早她就要挨耳光。离开之前，琪普洛莎回头看了看雪鸟。雪鸟依然保持着刚才的姿势，连眼皮也不抬。她说：

"我要驯服你，我要和你去绚烂的首都。等着吧，一定要等我。"

罗西亚坐在礼拜堂最前面的椅子上。椅子用树桩做成，很重，恐怕三四名壮汉也搬不动。罗西亚的身材本来就很矮，坐在这个椅子上显得更小了。她面无表情地注视着礼拜堂的窗户在地面投下的白色阴影。天凉了，礼拜将要开始。时间并不固定，她站起来的时间就是礼拜开始的时间。

这是个五十八岁的矮小女人，身穿窄幅红礼服，系着细长的金腰带，头戴铁质王冠。三十年前，应该是圆圆地盘着满头的金色长发，也许还戴着面纱。现在，她的白发比金发更多，而且剪得很短。她甚至不记得最后一次用面纱是什么时候了。不过，罗西亚的头上戴了铁冠。她的椅子是守护杉松城的历代领主坐过的地方。

纳贝神掌管冬天。每年冬天即将到来之际，都要为纳贝做礼拜。生活在巨人之臂里的人们，从猎人到领主都不会忘记这个礼拜。凶恶的纳贝有时变成寒流，有时变成雪花，有时变成逃到悬崖边的小鹿，或者变成巧妙地隐藏在草原里的裂缝。纳贝毫无同情心，而且性情狡猾，喜欢捉弄人类。相比之下，掌管夏天的瑞普拉女神就不那么可怕了。夏天的灾难最多也就是映在巨人之臂的冰河过度融化，金水河泛滥，从而导致出行不便，仅此而已。

罗西亚身后是枪兵队的四名队长，接下来是八名副队长和七名家臣分两列站在后面。枪兵队队长都是老练的战士，年龄从四十岁到六十岁不等。副队长则是血气方刚的年轻人，个个健壮粗犷，他们在城里巡查的时候，人们都吓得躲在家里不敢出门。他们屏息静气，因为他们都知道，那个缺席者令罗西亚大为不悦，愁眉不展。

罗西亚的孙子詹姆站在家臣身边，他继承了祖父的名字。在沉沉流淌的时间里，少年近乎窒息。他几次瞥向空位置，然而站在旁边的母亲冲他使眼色，提醒他注意。詹姆注视的位置不在他们旁边，而是在礼拜堂最后面的角落——执事和侍女长中间的位置。

现在礼拜还不晚。大家都了解罗西亚的性格，早早到场等候。唯有一个人，并不把这件事情放在心上。罗西亚非常讨厌这样的放肆无度。这个人还以为不管什么时候开始，自己都可以最后到场，这种想法太过分了。

礼拜堂的门开了。詹姆心急如焚。尽管母亲拉住他的手，他还是立刻转过了头。身穿宽松黑裙的少女，褐色头发随意束起，她就是琪普洛莎。少女若无其事地站到执事和侍女长中间。罗西亚站起身来。詹姆预感到祖母的怒气，咬着嘴唇，耷拉着肩膀，却没有发出任何声音。罗西亚冲着主持礼拜的神官做了个手势。

供奉纳贝神的祭物是五种白色的动物，兔子、大鹅、山羊、蛇和白色牛犊。每种动物各象征冬天里的一个月份，因为冬天像兔子一样片刻不停，像大鹅一样凶恶，像山羊一样傲慢，像蛇一样狡猾，像牛犊一样肆无忌惮。罗西亚接过仪式专用短刀，泰然自若地砍掉动物的头。尽管她是年近花甲的瘦小老人，然而杀牛的动作却是无比敏捷。五种动物的血被盛入大碗，端上了祭坛。这时，所有的人都双膝跪地。罗西亚的声音在礼拜堂里回荡：

"没有慈悲的纳贝，冬之王，我们无异于掠过神灵衣角的灰尘，甚至没有机会成为神灵的玩物。请用我们进献的血润喉，请在冬天的积雪上面安心休息。我们害怕被神灵践踏。"

祈祷结束了。罗西亚拿起碗，喝了口血，然后把碗递给资历最丰富的枪兵队长乔伊尔。他也喝了一口，递给旁边的队长。就这样，经过队长和副队长，碗到达詹姆面前。他知道自己稍作迟疑，罗西亚就会大声怒吼，于是赶紧喝了下去，再递给母亲艾尔玛。从南方嫁过来的艾尔玛也难以承受腥味浓重的鲜血，不过对于年近四十的她来说，更可怕的还是罗西亚的愤怒。

碗递到七名家臣手中的时候，差不多就该空了。今天却不知道是怎么回事，家臣们都喝完之后，还剩三四口。年轻的巡查队长欧里第一次遇到这种情况，不知道该把碗递给谁。他迟疑着抬起头，和罗西亚四目相对，慌忙转头往后看。这时，他看到了站在执事和侍女长中间的琪普洛莎。他走到琪普洛莎面前，把碗递给她。他觉得这样做很合理。

罗西亚从来没在自己主持的仪式或礼拜中为琪普洛莎安排过任务。多年以来，琪普洛莎已经认为这是理所当然了。詹姆是将要继承罗西亚位置的重要的孙子，而琪普洛莎则是卑贱的女仆，是厨娘，是可恶的眼中钉。只不过这里是女仆绝对不能进入的地方，而她却有义务到这里来。尽管她只是站在执事和侍女长中间，然而她毕竟是罗西亚的长子所生的女儿，也算是罗西亚的孙辈。

琪普洛莎拿着碗，望着罗西亚。两个人的视线刚刚相遇，她就先避开罗西亚的眼睛，喝了口碗里的鲜血。她喝了三四口，碗里的血喝光了，然后走到前面，把空碗放回祭坛。琪普洛莎回到自己的位置，神官宣布仪式结束。礼拜结束后，罗西亚叫住了琪普洛莎：

"琪普洛莎。"

琪普洛莎再次来到祭坛前面。罗西亚打了她的耳光。琪普洛莎倒在地上，罗西亚转身离开了礼拜堂。没有说她做错了什么，也没有说让她以后怎么做。尽管年近六旬，然而久经沙场的罗西亚依然毒辣，琪普洛莎的脸颊立刻红肿起来。琪普洛莎摸了摸脸颊，站起身来。她既没问祖母为什么打自己，也没说以后会注意之类的话。队长和副队长们跟在罗西亚后面出去了，詹姆走过来。

"没事吧？"

"嗯。"

詹姆想帮她擦掉嘴角的血，琪普洛莎摇了摇头，后退一步。

"不是我的血，是动物的。"

"你刚才喝得真痛快。我经常喝，也还是咽不下去。"

"也没什么特别的味道啊。"

这时，艾尔玛走过来，手搭着詹姆的肩膀。

"走吧，詹姆。老师等你呢。洛莎你去针织房看看吧，奶奶说要晒毛线。今天阳光多好啊。"

琪普洛莎一声不吭地走了。艾尔玛望着少女的后脑勺，摇了摇头。

"怎么都不知道回答。我可不是这么教她的。"

詹姆觉得琪普洛莎无缘无故挨了耳光，而且接下来还要做半天苦差事，不可能愉快地跟别人打招呼。他只是心里想想，并没有告诉母亲。他对堂妹心生恻隐，却不能为她做什么。城里所有的事情都掌控在祖母手中，祖母为他安排了各种各样的学习，填满了他所有的时间，而堂妹则辗转于针织房、洗衣室和厨房之间，他们之间没有交流的机会。詹姆也没有勇气对祖母的决定说三道四，和生活在城里的大部分人一样。

只有一个人敢对祖母的决定说三道四。那个人趾高气扬地站在礼拜堂门前，见罗西亚出来，摘下帽子行礼，然后吹起了口哨。

"嘘！好久不见了，您还是那么美丽。可爱的夫人！"

如果换作别人，跟随在罗西亚身后的士兵们早就把他的脑袋砍成两半了。然而对方是戴妮斯特里，通称疯狂的魔法师。有些人无法接受她是魔法师的事实，就叫她疯狂的戴妮斯。

出人意料的是，罗西亚竟然回应了她：

"别在这里鬼混，还不如去做点儿鸟食。"

"哎哟，夫人竟然连鸟食都管啊？可是我要想做鸟食，总得有材料啊。如果夫人允许，您身后那些家伙的脑袋最合适了。"

"那不行。"

军官们板起脸孔。尽管他们是城里所有人都害怕的枪兵，然而唯独一个人不怕他们，这个人就是疯狂的戴妮斯。不管戴妮斯做什么，罗西亚都熟视无睹，哪怕她在下雪的日子站在塔顶跳舞，哪怕她坐在会议室中间啃鸡腿。如果是其他人，也许要挨打，或者吊在广场。但换作戴妮斯，那就没有任何问题。放肆的话语，无礼的玩笑，罗西亚全然不放在心上。冷若冰霜的罗西亚为什么唯独对戴妮斯如此宽容？很多人好奇不已。关于这个问题，只有谣传，没有人知道准确的答案。

罗西亚死去的丈夫詹姆做领主的时候，戴妮斯就来到了杉松城。她自称是魔法师，然而在人们的记忆之中，她从来没有施展过什么像样的魔法。用火刀囊点烟或者找到厕所里令人头痛的老鼠洞，这就是她最大的业绩，却是实在配不上魔法师这样宏伟的名字。戴妮斯比罗西亚还老，也不能说她正在修炼。除了针织房的哑巴奶奶，杉松城里再也没有比戴妮斯更年老的人了。

罗西亚的态度如此，除了罗西亚以外谁的话都不听从的枪兵队也不敢招惹戴妮斯。讨厌她的人们说，城里有两个饭桶，一个是后院的鸟，一个是疯狂的戴妮斯。有人说戴妮斯不是魔法师，而是戏子。戏子本来就是这样，不管做什么事情都不会受到指责。只不过戴妮斯的情况有点儿严重。

"既然夫人不同意，那就没办法了。"

戴妮斯往旁边让了让，请罗西亚过去。罗西亚走了，军官们跟在身后。望着挺胸抬头的年轻副队长们，戴妮斯笑嘻嘻地说：

"背上腰里都插了枪杆吗？姿势这么僵硬。这些家伙在床上也会这么硬的，小心点儿，弄不好会折断，嘻嘻嘻。"

枪兵们紧握拳头，却不能动手。他们走远了，詹姆和艾尔玛走了出来。戴妮斯连他们也不放过。

"哎哟，看看这个漂亮的小鸡。今天早晨妈妈的奶多吗？"

艾尔玛非常讨厌戴妮斯，却也不敢轻易跨越罗西亚设置的无形界限。她拉起詹姆的手，加快了脚步。戴妮斯笑嘻嘻地凑到詹姆旁边，说道：

"太漂亮了，我想把它按破。"

他们两个人也走了，最后出来的是琪普洛莎。戴妮斯看到她就放声大笑。

"你的脸怎么这样？像个半熟不熟的苹果。"

"你披散着头发，就像水母。"

琪普洛莎没见过水母。杉松城的人们应该都没见过。最近的大海每年冰冻三个月，这样的海里不可能有水母。

"你在图书室里看过比尔戈恩写的书吧。"

"很有意思。"

"只看图画吧？"

"你以为我是睁眼瞎吗？"

戴妮斯搔了搔白发，头皮屑四处飞溅。

"你不是睁眼瞎，难道你认识南方语言？"

琪普洛莎耸了耸肩膀，算是回答。她走了，戴妮斯跟在她身后。

"你学过南方语言吗？"

"学过一点。"

"为什么？"

"为了看父亲的书。"

戴妮斯顿了顿。琪普洛莎之所以爽快作答，因为对方是戴妮斯。琪普洛莎的父亲，罗西亚的大儿子莱文虽然还活在人世，却像死人。他沉迷于怪异的书籍，后来疯了。据说他从城里跑出去的时候，甚至没有回头看看妻子和刚刚出生的女儿。罗西亚失望至极，发誓即使儿子回来也不会原谅。从那之后，她不许任何人在自己面前提起莱文的事情。莱文的妻子抛弃女儿，回了娘家。琪普洛莎独自留下来，受人白眼也就理所当然了。

每次只要琪普洛莎说到"父亲"这两个字眼，罗西亚就会打她耳光。琪普洛莎也没有愚蠢到自讨苦吃。于是，人们都以为琪普洛莎对自己的父亲漠不关心。其实人们根本不知道琪普洛莎的心里是怎么想的。

"不要看那种书。"

"我愿意。"

"要是让你祖母知道了，她会剥光你的衣服，把你赶到雪地里。"

"你什么时候开始害怕我祖母了？"

"就算我不怕，你也应该害怕。"

"我当然害怕了，所以才只对你说嘛。"

她面无表情地说。不知道她是大胆，还是脑子不好使。不过可以确定的是，这个孩子的感情表达有些扭曲。她说害怕，事实上应该也害怕，然而她的表情和行动却看不出丝毫的恐惧。

"今天为什么挨打？"

"不知道，也许是因为喝了血？"

"谁给你血了？"

"欧里。"

"欧里都喝完了，竟然还有剩余？"

"是啊。"

戴妮斯立刻明白了当时的情况，但是没有告诉少女，只是说：

"什么事情都可能发生。"

经过走廊，上了螺旋楼梯，她们转了一圈，发生了奇怪的事情。一只大山雀飞进十字窗，落上琪普洛莎的肩头。她想甩掉大山雀，然而大山雀纹丝不动。戴妮斯一看，鸟的脚趾牢牢地缠住了琪普洛莎的披肩。眨眼间就缠得这么结实了。

"这是一种征兆。"

"什么征兆？"

"我要是知道，就不是魔法师，而是预言家了。"

琪普洛莎拿下鸟儿，放在手上，准备扔到窗外。鸟儿那么柔软，那么脆弱，她又不忍心扔掉。琪普洛莎把鸟放在窗台上面，自己下了楼梯。等它恢复气力，应该会飞走吧。针织房的独裁者哑巴奶奶讨厌所有的动物，无论是撕咬布料的老鼠，还是厨师饲养的肆无忌惮的狗。当然，她也不可能喜欢小鸟。

那天夜里，所有人都进入梦乡的时候，外面传来了敲城门的声音。声音很响，人的力量不可能制造出那么巨大的声音。很多人都从梦中惊醒了。他们以为是有人用攻城锤敲打城门，恐惧不已。

守门兵骂骂咧咧地跑了出去。戴白头巾的女人独自站在城门外，当然没有什么攻城锤，只有一匹白马站在旁边。看到有人过来，女人笑嘻嘻地拍了拍白马的屁股，送到他们面前。守门兵们手忙脚乱，试图抓住气势汹汹跑来的马，而女人趁机转身离开了。不一会儿，几个人跑去追赶女人，结果没有找到。难道女人融化在黑暗里了？

马鞍上面绑着篮子，绑得结结实实。篮子里面铺着柔软的布，一个婴儿在里面睡着了。

罗西亚的脸色冷酷得就像木头。往常越是气愤就越会安静的她，最近还是第一次流露出如此激愤的神情。

没有桌子，只有椅子摆成一圈。坐在椅子上的分别是两名枪兵队长、三名副队长、家臣、执事和儿媳艾尔玛。他们都从睡梦中惊醒，跑到这里，但是每个人都很清醒。会议室被五十支蜡烛照得通亮，中间放着个篮子。沉睡之中的婴儿白皙小巧，和罗西亚一样的金发如同光环般笼罩着小脸蛋。孩子的腰带上绣着几个字——"奥吉德娜，莱文的女儿"。

罗西亚有三个儿子，老二死了，老大和老三都不在城里。如果是老三送来的孩子，罗西亚的心情也不至于像现在这样。然而孩子是罗西亚最讨厌的大儿子，也就是莱文的女儿。那上面就是这样写的。

守门兵报告完毕，家臣凯恩说道：

"这些字未必可信，说不定是有人在搞恶作剧。"

另一名家臣说：

"应该抓住那个女人，要不要派人到城外的村子里去搜查？"

乔伊尔队长摇着头说道：

"这恐怕不行。那个女人肯定是魔法师。如果你还记得莱文是怎样离开的，应该不会觉得这件事有什么奇怪。"

不明就里的几个人显得很惊讶。巡查队长欧里问道：

"莱文不是因为精神失常跑出去的吗？"

另一名队长回答说：

"他竟然还跟不知哪个女人生了孩子。那女人肯定是莱文的新夫人。真够无耻。十多年杳无音信，突然送来个孩子。哭着鼻子跑回来求情都不够，他却……"

"既然孩子有母亲，那为什么不自己养育，送到这儿呢？"

"也许高贵的魔法师觉得自己不能做养育孩子这种无聊的小事吧。"

"魔法师？那么莱文……"

杉松城的人们见过的魔法师只有疯狂的戴妮斯。在他们看来，真正的魔法师是只有在南方大国才可能出现的罕见人物。说他们认识的某个人成了魔法师，听起来就像家里养的鸡变成了孔雀。欧里自言自语：

"魔法师，怎么能跟戴伊尔人生活在一起呢？"

乔伊尔又说："像凯恩先生说的那样，没有证据证明这个孩子是莱文的女儿。就算她是莱文的女儿，莱文已经被赶出家门，我们也没有理由把这个孩子当成领主的后代。最好是交给城里的其他人抚养。"

乔伊尔最懂得罗西亚的心思。别人却没看出他这么说的意图。另一名家臣说：

"这么说也有道理，不过我觉得这个孩子应该是莱文的女儿。如果有人想借离开城门的儿子的名义将孩子交给领主，那也应该是丹尼的名字，而不是莱文，因为这样更有利。借助莱文的名义，嗯，无异于是想置孩子于死地，不是吗？"

大家各执己见。

"也许这个人不太了解情况。莱文是长子，看起来更为有利。"

"如果不了解情况，根本就想不出这样的计划，更不可能付诸实践。"

"又不是当继承人，什么大儿子小儿子，有什么意义吗？"

"好了。"

092
冷杉与鹰

罗西亚一声令下，众人统统闭上了嘴巴。罗西亚叫了声艾尔玛。

"我也觉得这个孩子是莱文的女儿。"艾尔玛说。

罗西亚点了点头，示意她继续往下说。

"看看名字就知道了。奥吉德娜，只有给大女儿取名琪普洛莎的男人才能给女儿取出这么稀罕的名字。"

"我明白了。"

罗西亚站起身来，走向篮子，仔细观察着孩子的脸。不了解情况的人或许以为祖母看着孙女的脸肯定会心软，然而罗西亚并不是这种人。她拍了拍篮子，孩子醒了，开始哭泣。哭声越来越大，却没有人安慰孩子。罗西亚仔细看了看孩子哭泣的脸蛋，后退一步，看着会议室里的人们。

"扔到树林里去，不能让任何人捡到，让她成为恶狼的美食。"

乔伊尔沉重地闭上嘴巴，艾尔玛脸色苍白，但是他们都不敢反驳。就连枪兵队的粗鲁男人也都显得很为难。孩子似乎知道了自己的命运，更用力地放声大哭。应该执行命令才对，然而没有人站出来。罗西亚的洪亮嗓音穿透了孩子的哭声。

"我让你们把她扔掉！"

最年轻的枪兵队副队长奥普莱斯站了起来。尽管他也有个差不多大的小女儿，然而在这种情况下只能站出来了。他抱着篮子出去了，人们的目光纷纷投向罗西亚。谁都不说话，但是每个人的脸上都充满期待，期待罗西亚收回命令。当然，他们也知道没有这个可能。罗西亚用火焰般的目光瞪着他们，然后出去了。

艾尔玛跑到能看见城门的窗边，往下张望。不一会儿，她便看见了奥普莱斯副队长骑马出去的场面，马鞍上挂着篮子。艾尔玛望着奥普莱斯离开城门，渐渐远去的背影，身后传来琪普洛莎的声音：

"莱文的女儿？"

"莱文是你的父亲。"

平时只要提到莱文，艾尔玛就深恶痛绝，现在她也觉得孩子很可怜，情不自禁地说出了这句话。琪普洛莎眨了眨眼睛，流露出"那又怎么样"的表情。尽管艾尔玛养大了琪普洛莎，却完全不了解她的心事。感觉她就像捡来的小狼崽，给她食物，给她照顾，她却根本不懂感恩，而且无法与之交流。

"确定是莱文的女儿吗？"

"确定又怎么样？已经下令喂狼了。"

琪普洛莎猛地转身，跑下楼梯。脚步声越来越远，很快便消失了。此刻只有从狭窄窗户照进来的月光，但她还是毫不犹豫地跑了下去。尽管艾尔玛对这条走廊非常熟悉，却不能像琪普洛莎那样跑出去。只有像野兽的孩子才能做到。

像野兽的孩子，什么事情都做得出来。第二天早晨，守门兵向艾尔玛报告说，昨天夜里琪普洛莎独自出了城门。守门兵试图阻止，琪普洛莎却说："闭嘴，少管闲事！"

"她还说，如果你再说一句话，我就把你埋到护城河底下。"

艾尔玛所知道的琪普洛莎并不是有礼有节的少女，但她平时沉默寡言，很难相信她会说出如此粗鲁野蛮的话。不过，守门兵也没有理由说谎。生在杉松城，长在杉松城的琪普洛莎日落之后独自出城，这有多么危险，艾尔玛不可能不知道。杉松城周围的树林里到处都是牛犊般大小的野狼，诱惑活人的陷阱比比皆是。另外杉松林的每个地方都差不多，即使是在树林里穿梭过几十年的猎人，稍不注意也会迷路。

琪普洛莎真的去追赶奥普莱斯副队长了吗？艾尔玛找到奥普莱斯追问。奥普莱斯副队长回答说，自己放下篮子就回来了，没有看到其他人。艾尔玛犹豫片刻，最后还是向罗西亚汇报了情况。罗西亚并没有采取任何措施。

下雪了。

一天过去了，琪普洛莎还是没有回来。唯一采取行动的人是詹姆。下午的学习结束之后，他听说了这件事，于是带领几名士兵便要出去，最后和艾尔玛发生了争执。在艾尔玛看来，一个仅仅学过枪术的少女跑进树林，即使是白天，也无异于自杀。天黑了，疯狂的戴妮斯才回来。昨天她喝醉了，不知道在哪儿过的夜，现在才悄悄地回到城里。听说没有人去救琪普洛莎，她破口大骂说，所有住在这个城市里的人，从罗西亚到负责灶火的少年，都应该去下地狱。然后，她一瘸一拐地跑出了城门。她看到了在远处雪地里移动的黑点。

不一会儿，守门兵瞠目结舌地注视着琪普洛莎和她拖回来的战利品。琪普洛莎的头上和衣服上都沾满了血迹，现在几乎已经干涸。她看起来毫发无伤。鲜血来自她拖回的巨大的狼皮。鞣制得整整齐齐的狼皮里面包裹着酣睡的婴儿。孩子身上也沾有血迹，同样也没有受伤。

血淋淋的少女抱着同样血淋淋的孩子，拖着狼头还在的狼皮，仿佛刚刚从地狱出来，狼狈地走在街头。几十人跑来看热闹。听到消息跑来的艾尔玛觉得不可思议，却还是挡在前面，想听听事情的原委。琪普洛莎简单地说："走开。"

听说琪普洛莎把孩子抱了回来，奥普莱斯副队长如释重负，不过他还是把琪普洛莎带到了罗西亚面前。带回了领主下令流放的人，这是非常严重的叛逆行为。面对祖母的时候，琪普洛莎说：

"我打死一只狼，可是它有崽子。我要把它养大。"

罗西亚久久地注视着两名孙女，或者说不是孙女。抛入树林的奥吉德娜昨天夜里已经死了，琪普洛莎带回来的只是狼崽子。为了强调这点，她故意拖回了狼皮。尽管有些牵强，不过也算是个幌子，至少可以放婴儿一条生路。每个人都需要这个名分。奥普莱斯副队长和艾尔玛，以及所有的人都眼巴巴地望着罗西亚。

"好，从现在开始，这个孩子就属于你了。大家都记住了，这个孩子是琪普洛莎养的畜生。如果畜生咬人，随时可以杀死。"

就这样，奥吉德娜留在了城里。奥普莱斯副队长向队长们汇报情况的时候说，难以相信的事情发生了。罗西亚最讨厌的琪普洛莎颠覆了罗西亚的决定。怎么颠覆？因为这是每个人都想要的结果，说不定罗西亚也希望如此。如果是大家都希望发生的事情，那么牵强些也没关系。没有人教过琪普洛莎，她怎么会懂得这个道理呢？

琪普洛莎毫无经验，谁都担心，不知道她会如何照顾孩子。但是，琪普洛莎并没有因为独自养育妹妹而孤军奋战，针织房里的很多女人都把孩子带来，一边工作，一边抽空照顾孩子。奥吉德娜就在那些孩子中间，女人们不忍心看她哭泣，就让她吃自己的乳汁。不仅如此，过了几天，她把洗尿布的工作交给洗衣工，又从仓库里找来摇篮，让木工修理，还命令厨师煮粥。每次都是琪普洛莎对那些人下达命令，而那些人第一次面对这种情况，尽管有些不知所措，然而总不能因为领主的孙女让自己洗衣服就跑去找领主诉苦。尽管她的地位无异于厨娘，不过琪普洛莎毕竟是领主家的后代。

很多人都想知道琪普洛莎是怎样捉住狼的。除了戴妮斯，别人都没听到答案。准确地说，是戴妮斯做出猜测，琪普洛莎给予认可。果然使用了魔法，她让狼睡着之后，将它刺死了。

"从你父亲的书里学的吗？"

"嗯。"

"胆子真大。"

使用从书里学来的魔法，相信魔法行得通，再用刀子刺狼，这种行为不仅大胆，简直是鲁莽至极。她毕竟用这种方法救了妹妹，戴妮斯也不忍责怪。

"是幸运，也没用其他方法。"

"达到目的了，你肯定趾高气扬吧？将来想做魔法师吗？"

"看你这样子，魔法师恐怕是没什么前途吧。"

戴妮斯哈哈大笑，说道：

"对，没有前途，你千万不要尝试。"

"可是我父亲又是跟谁学的魔法呢？不会是你吧？"

"我会有那么差劲的徒弟吗？如果你想模仿那小子，还是趁早放手吧。要想学习魔法，你必须去世界之都。你在这个小山沟里，怎么努力都是白费。所以呢，莱文那小子也变得精神不正常了。"

琪普洛莎闭上了嘴。正如戴妮斯说的那样，她要去世界之都，她要驯服雪鸟。这一天什么时候才能到来呢？

"你也去过吗？"

"世界之都？当然去过。"

"学到什么了？"

戴妮斯又是哈哈大笑。

"学会了抓老鼠的方法，比捕狼更难点儿。"

"为什么？"

"要是在百步之外射箭，射中老鼠更容易，还是射中狼更容易？"

琪普洛莎瞪了一眼戴妮斯。

"照你这么说，抓麻雀比抓雪鸟更难了。"

"对。学会捉雪鸟之前，不要尝试去捉麻雀。莱文不知道这点，你不要忘记。"

三年后的冬天，琪普洛莎十七岁了。奥吉德娜紧紧跟在姐姐身后，鸟儿仍然做出熟睡的样子。

早早降落的雪已经结冰，通往杉松城的路更加艰险。那些不得不冒雪赶来的人通常是不受欢迎的客人，这一天也是如此。几十匹马组成的队伍来到城门前，气势汹汹，人和马都大口大口地喷着热气。他们是从北玛尔来的使臣团，借口来看传说中的雪鸟，其实不仅罗西亚，城里所有人都知道他们的真正目的是什么。

站在鸟儿紧闭双眼的锈蚀鸟笼前，使臣说，问题在于前年新上任的比斯肯亚领主诺威尔。罗西亚默默地听着。使臣滔滔不绝地说，诺威尔是个骄傲残忍、不知廉耻的人，他随心所欲地控制国境树林，肆意杀害北玛尔的猎人，当选新领主之后也没有出于礼仪而通知周边国家。这些无聊的话题没有丝毫价值，非但不会令雪鸟睁开眼睛，连老鹰都不会为之拍打翅膀。北玛尔和比斯肯亚的关系从来没有好过，每过几十年，他们就会派出各自统领的小领主发动激烈战争。这次算是特例，距离上次战争只有九年。

在九年前的战争中，罗西亚失去了二儿子希德瑞克。如果希德瑞克还在人世，罗西亚现在应该在后院悠闲地晒太阳、喂鸡，没有必要满头白发地紧握枪杆，等待小詹姆长大。罗西亚自始至终都像雪鸟似的闭着眼睛，直到使臣激情四溢地结束冠冕堂皇的演说。几乎每天都穿在身上的丧衣衣角贴着两枚丧章，一个是为丈夫，一个是为儿子。

"只要夫人率领的戴伊尔枪兵的枪尖闪过，这些放肆的家伙就会逃跑。"

这样的事情发生过几次了。无论是失去丈夫的战争，还是失去儿子的战争，抑或是罗西亚幸免于难的战争，都是如此。尽管罗西亚只是发誓对北玛尔忠诚的七名小领主之一，不过只有几千人的戴伊尔枪兵却是北玛尔最锋利的武器。克敌的武器总是想要拿出来使用，在这个过程中，折断几支枪对北玛尔国王来说也许并不算什么大事。为了把折断的枪尖重新磨得锋利，罗西亚在几十年里付出了巨大的代价。这种代价不仅仅是死去的人们。罗西亚睁开眼睛，看了看雪鸟。雪鸟动了动脖子，微微睁开眼睛。使臣从开始便对鸟儿漠不关心，现在也没有察觉。

"休息三天吧。这期间我会做出决定。"

使臣心满意足地点头，离开了。北玛尔的使臣团将在这三天里尽情享用杉松城储备的过冬粮食。为了让晚餐大厅暖和起来，原来足够用上十天的柴火已经用掉了大半。屠宰间里杀了十只肥羊。

那天晚宴，罗西亚宣布十八岁的詹姆为自己的后继人。使臣们用眼角的余光看了看他，纷纷称赞少年是天生的武人体魄，品行过人，一定能成为枪兵队的优秀领导者。

"如果年轻的后继者明年春天参加比斯肯亚讨伐战，必将率领队伍立下战功。我听说戴伊尔的领主首先要成为戴伊尔枪兵队的真正头目，也就是'杉松之王'才行。如果能用戴伊尔的枪尖挑回诺威尔的头，即使老练的枪兵也会认可年轻的詹姆·戴伊尔，愿意为之奉献忠诚，夫人也可以放心休息了，不是吗？"

詹姆默默地点头。在上次与比斯肯亚的战争中失去了父亲的少年，不可能为这种话冲动。使臣们觉得自己的想法很有道理，以为别人也会认可。另外詹姆给人的感觉像是学者，很难想象他领导戴伊尔枪兵队的情景。戴伊尔枪兵队向来不接受无能之人做指挥官。但是罗西亚也曾是杉松城最美丽的少女。有时候，形势也能造就人的品性。城里的人们确信詹姆日后将成为领主，也将领导枪兵队。不，应该说必须这样。现在，罗西亚已经六十多岁了，三个儿子都辜负了她的期待，离开了她的身边。她已经独自支撑了太久。

罗西亚什么话也没说，却在内心深处为詹姆的反应感到遗憾。使臣根本没有理会希德瑞克的死，他这番话是疏忽，也是傲慢的表现。如果詹姆勃然大怒，罗西亚可以在旁边假装阻止，同时指责使臣的无礼，或者雄心勃勃地宣布必将砍下诺威尔的头。这样也会给人留下气概不凡的印象。虽然詹姆没有愚蠢到被这种话激怒的程度，但是也没有勇敢地故意发怒。他把不满藏在心里，闭口不语。这不像戴伊尔继承者的形象。周围的大国之所以认可戴伊尔，就是因为恐怖的枪。对于杉松之王来说，冷静或谦虚都是徒劳的美德。

孙子什么时候能长大，并且懂得这些呢？罗西亚自己那已经衰老的身体还能撑到那个时候吗？想到这里，沉沉倦意汹涌而来。罗西亚求得使臣的谅解，先行离开了。

罗西亚睡着了，直到第二天凌晨才醒来。她感觉到左腿剧烈疼痛。二十多年前受过剑伤的膝盖周围不时疼痛，但是从来没像今天这样严重。她平生第一次无法自己起身。侍女听到呻吟声进来，最先听到的是"不要告诉别人"。到处都是北玛尔使臣团的耳目，不能让外人知道戴伊尔领主身体不适的消息。

秘密叫来的医生说，流淌在身体里的毒液因为旧伤聚集在膝盖处，要想重新走路，至少需要卧床一个月。罗西亚要了鸦片。

那天，使臣团没有察觉到罗西亚的病痛。他们只是觉得应该表现得愉快，这样更容易取悦对方。借着酒劲，使臣们倒头大睡，罗西亚叫来了詹姆。不是在常去的城里的房间，而是枪兵队的训练场。夜深了，只剩下几名哨兵。罗西亚身边站着去年从队长位置上隐退的乔伊尔。

"你拿起枪，攻击乔伊尔。"

乔伊尔和罗西亚同龄，不过凭他现在的实力还是可以轻而易举地战胜几名年轻的枪兵。詹姆知道自己不是乔伊尔的对手，却还是奋力进攻。詹姆败下阵来，罗西亚接过枪，攻击乔伊尔。经过几轮更为猛烈的攻防，罗西亚在决出胜负之前收回了枪。詹姆一头雾水地望着罗西亚，罗西亚说：

"你还不如你的父亲，也不如你的祖父，甚至连我都比不上。可是你要成为戴伊尔枪兵队的指挥者。指挥者不一定是最擅长用枪的人，但是你至少要在霸气和气势上镇住他们。刚才你尽力了吗？"

"是的，祖母。"

"你知道你和我的差别在哪儿吗？"

詹姆没有回答，罗西亚低声叹了口气。

"我的时代快要过去了。不，早就该结束了。我没有能力，纳贝和瑞普拉把我放到这个位置之后，我就没有过上一天舒心的日子。你祖父去世的时候，我没有做好准备，后来犯了很多错误。我盼着我的儿子们快点儿接过我的包袱，可是他们都以种种借口逃跑了。只有我，只有年老的我，仍然像系在枪杆上的旗帜，飘来飘去。"

詹姆瞪大眼睛，认真聆听。这是祖母第一次说自己老了。詹姆从来没有这样的感觉。祖母总是像铁枪，像栎木盾牌，不会折断，也不会粉碎。现在，祖母却说出如此脆弱的话，他不知该如何是好。

"我希望你在做好准备之后，接过这支沉重的枪。现在你还太小，的确太难为你了。你才十八岁。"

罗西亚闭上嘴巴。乔伊尔说：

"如果你只是枪兵队的普通成员，我们可以等你慢慢长大。我也是从不知天高地厚的年轻士兵开始，一步步走到今天的。这期间我亲眼目睹了已故的詹姆领主和希德瑞克大人发生的变化。他们也曾经和你一样。但是到了合适的时机，他们就向世人展示出戴伊尔之枪的威力。你继承他们的血统，我相信你也会像他们那样出色。不要忘记，你将成为如狼似虎的戴伊尔领主。"

真的会吗？向来很少赞美别人的乔伊尔说了这么多，然而詹姆却不敢轻易点头。他不是不相信乔伊尔，而是不相信自己。他之所以得到信赖，只因为他是戴伊尔领主们的后代，而他还从来没有证明过自己的价值。

最重要的是，他并不知道自己必须如此。詹姆九岁的时候，希德瑞克就死于战争。他曾经是一位和蔼可亲的父亲，让他振奋的不是詹姆手里拿起长枪的瞬间，而是他坐在书籍前的时候。不管祖母的命令有多么困难，詹姆都努力服从，从未提过异议。然而不知道为什么，他觉得今天应该可以提出他一直疑惑不解的问题。

"祖母，世界上不存在因为亲切而受到尊敬的指挥者吗？"

乔伊尔瞥了罗西亚一眼。罗西亚闭了会儿眼睛。詹姆觉得自己可能说了不该说的话，顿时垂头丧气。转眼间，他已经长得比罗西亚更高，但是正像罗西亚说的那样，他还很年轻。罗西亚睁开眼睛，说道：

"不存在。"

乔伊尔从罗西亚的眼神中读出了冷静。詹姆却没有，他只是点了点头，垂下视线。罗西亚朝詹姆做了个手势，示意他可以走了。

望着孙子的背影，没有说出口的答案在嘴里盘旋。

怎么会不存在这样的指挥者？如果是肥沃丰饶的土地，人们当然需要这样的领主。可是你不能做这样的指挥者。我们不过是冻土的小领主，人们为什么称我们是杉松之王，你知道吗？我们为了在这片恶劣的土地上生存，蓄积了很多力量，他们只是想借用我们的力量而已。枪是穿透敌人的武器，却无法耕耘土地。

"詹姆恐怕还需要时间。"

乔伊尔说，罗西亚点了点头。她已经决定该怎样答复使臣团了。她要趁着药劲消减之前赶回房间。

罗西亚睡下之后，酩酊大醉的使臣团的随行人员中有几个醒了，让人再拿酒来。下人们不敢擅自做主，枪兵们赶来，劝他们回住所，他们说戴伊尔没有助酒兴的活动，让他们带几个美女来，或者让副队长们表演枪术。北玛尔人非常傲慢，枪兵们不善言辞，于是发生了争执。一名随行员格外无礼，他说戴伊尔的家伙们简直就像你们的守护神雪鸟。这时，失去耐心的麦德斯副队长问他这话是什么意思。

"都说传说中的鸟儿怎样怎样，原来只是只臭气熏天的胖鹅啊？每天关在鸟笼里面，一动不动，以为鸟笼子就是全世界，岂不是像极了自以为是的枪兵队。面对南方大王国之间的战争，你们只是土里土气的乌合之众罢了。"

枪兵们忍无可忍。夜深了，没有人劝阻。随员们被揪着脖子带到鸟笼前。他们在寒风中终于清醒，恳请原谅。戴伊尔的枪兵却不可能稀里糊涂放了他们。他们把随员们统统踢进了鸟笼。随员们纷纷求饶，麦德斯副队长说道：

"让你们胡说八道。鸟儿要是醒了，不知道会发生什么事情。臭气熏天的胖鹅会让你们活到明天早晨吗？"

第二天早晨，人们听说这件事情之后，纷纷聚集到鸟笼前看热闹。随员们的狼狈模样成了巨大的笑料。为了活到早晨,他们蜷缩在鸟笼角落,身上盖着腐烂的稻草。鸟儿仍然闭着眼睛,保持着和昨天同样的姿势。

很多以前看不惯使臣团趾高气扬态度的人们都在心里叫好,然而事情却没有这么简单。闻讯赶来的使臣大声呵斥,要求立刻释放随员。管理员回答说,没有领主的指示,不能打开鸟笼。使臣恼羞成怒,破口大骂,还骂了在鸟笼里丑态毕露的随员。罗西亚没来,看热闹的人越来越多,使臣更加气愤,声称要杀死那只鸟。他拔出刀,扔进鸟笼里。刀刺中了鸟的后颈。不,看上去好像刺中了后颈。

鸟动了。

羽毛动了动,一侧翅膀半展,瑟瑟发抖。弯曲的脖子随之缓缓展开。城里的人们也都瞪大了眼睛。他们大多也是第一次看到雪鸟活动。人们交头接耳。这只鸟动了吗?看来还活着啊。

因为鸟笼尺寸的缘故,雪鸟的脖子无法伸直。弯弯曲曲的脖子左右转了几次,雪鸟睁开了眼睛。早已被人遗忘的眼睛原来是翡翠色的。充满感叹的窃窃私语声弥漫在四面八方,有人说道:

"好像在看那边……"

雪鸟张开嘴巴,露出满口锋利的牙齿。反应敏锐的人们产生了不祥的预感。正在这时,刚刚到场的詹姆大声喊道:

"放了他们!快点儿!"

管理员听到詹姆的命令,打开鸟笼。蜷缩成团的随员们正要起身,雪鸟的嘴巴已经落了下去,疾如闪电。

"啊!"

几个看热闹的女人连忙捂住了脸,其他人都僵住了。被鸟喙穿透腹部的人当场死亡,另一个人被雪鸟叼起来,断了一条胳膊。幸存下来的人们想要逃跑,不料蜷缩了一夜,身体僵硬,已经不听使唤了。他们拼命往门口爬去,中间摔倒在地,又牺牲了两个人。鸟笼重新关闭的时候,不仅使臣,所有的人都逃跑了,鸟笼前面空空如也。独自留下来的雪鸟泰然自若地撕咬着尸体。

"北玛尔的家伙要求杀死雪鸟。"

琪普洛莎默默地望着鸟笼。雪鸟依然像往常那样背对着门。周围散落着尸体的碎片，看上去它不像是在睡觉的样子。尸体应该收走，可是谁都不敢进去。

"怎么杀？"

"他们说是要在食物里下毒，真是不知廉耻。"

戴妮斯回答道。她的语气竟然像正常人。琪普洛莎没有看到早晨发生的骚动，但是她看到了使臣在罗西亚面前发狂的样子。不知道为什么，罗西亚看上去有些憔悴。使臣说这次的事情是巨大的侮辱，还说侮辱他就是侮辱北玛尔国王。使臣是北玛尔国王的弟弟。城里的人们都说，也许要和北玛尔发生战争了。过了片刻，琪普洛莎才说：

"这只鸟，为什么要把它抓到这里？"

戴妮斯没有立刻作答。听说是兰德里大祖父和朋友一起抓回了雪鸟。很多人都忘了，那位朋友就是疯狂的戴妮斯。更多的人已经忘了，正是因为兰德里介绍戴妮斯的时候说她是魔法师，所以人们直到现在仍然叫她魔法师。

"兰德里那小子……"

兰德里·戴伊尔，二十四岁离开杉松城，十年后回来，不久就死了。兰德里离开之后，弟弟詹姆做了领主。几乎没有人记得他为什么离开。这是四十多年之前的事了。

"他说想为杉松城做点儿事情。"

"这只鸟对杉松城有什么用处？"

琪普洛莎说出这种话，显得不太协调。戴妮斯笑了。

"当然没用，所以那小子让人失望。就因为这只鸟，詹姆不得不制作鸟笼。哥哥好不容易捉来的鸟儿，总不能置之不理啊。可是到现在为止，为这只鸟花了多少钱，付出多少辛苦？这次的事情又让罗西亚多么头痛？兰德里说给杉松城礼物，可是他说的礼物就是这个东西？这个东西不但算不上礼物，简直就是个大粪堆。"

"说得真难听，你们还是朋友呢。"

戴妮斯哼了一声，没有回答。只有腐烂的味道静静流淌。琪普洛莎说话了：

"我想养这只鸟。"

"不可能。"

"为什么？"

"这只鸟的寿命有一千年，你活不过一百岁。对于这只鸟的生命来说，你不过是昙花一现的火光。怎么可能把它驯服？"

"你和大祖父在一起多长时间？"

戴妮斯没有回答。琪普洛莎说得很对。兰德里和魔法师戴妮斯特里在一起的时间只有三年。也正是因为那三年，她成了疯狂的戴妮斯，来到了这个地方。从那之后，又过了三十多年。杉松城吞噬了她，不，是驯服。

那天下午罗西亚下达命令，第二天杀死雪鸟。她还答应使臣，明年春天出兵。使臣提出要求，必须全军出动。如果是全军出动，领主就要站在最前线。使臣笑着要求站在罗西亚身旁的詹姆率领枪兵队。

凌晨时分，琪普洛莎起床来到鸟笼前。彻底进入冬天了，她穿着毛线鞋，披上了斗篷。冰在脚下发出嚓嚓的响声。闻到熟悉的腥味，琪普洛莎深深地吸了口气。

"对不起。"

雪鸟仍然把头埋在翅膀里，一动不动。琪普洛莎站在那里，注视着白茫茫的空气。过了一会儿，她说：

"因为我没有守住承诺。"

管理员去睡觉了。琪普洛莎也知道怎样打开鸟笼的门，就像麦德斯副队长。问题是人可以进入鸟笼，雪鸟却出不来。雪鸟很小的时候进入鸟笼，此后一直生活在里面，再也没有出来过。当然也没有供它出入的门。

琪普洛莎高高举起双手，白色的火光在指尖摇曳。她的手抓住铁窗，稍过片刻，铁窗开始变宽。粗粗的铁棍在少女手中断为两截，窗棂和窗棂相互挤压，形成了门。

能让雪鸟出入的空间敞开了，雪鸟还是纹丝不动。琪普洛莎放开窗棂，后退了几步。

"我不知道你为什么停留在这里，是因为和某个人的约定吗？即便是这样，那个人也已经不在了。就算他还在，一定也不想让你继续留在这儿。谢谢你，这些年来一直守护着我们的城市。"

琪普洛莎又退了几步，靠在木柴库的栏杆上。她的呼吸变得急促。

"现在，你可以走了。"

琪普洛莎话音刚落，雪鸟抬起头来，通过琪普洛莎敞开的空间离开了鸟笼。少女注视着雪鸟展开翅膀的情景。羽毛无限伸展，冲向天空，又在黑暗中落下来。她流泪了，莫名地流泪。那么多的污物都去了哪儿？鸟儿雪白，仿佛从来就不曾脏过，仿佛从来就是雪的颜色。

"答应我，去世界之都，代替我在那里的天空飞翔，一定要答应我！"

雪鸟没有回答，径直飞上天空，渐渐远去了。尽管不像在梦中见过的那样，没有把城市带在脚下，但的确是琪普洛莎平生见过的最壮观的姿态。最后连白点儿也消失了，夜空渐渐露出鱼肚白。琪普洛莎回到房间。雪冻了，没有留下脚印。

仿佛城里所有的人都聚到了鸟笼前。望着弯曲的窗棂，每个人都是哑口无言。有人自言自语，说守护神离开了。每个人都在点头，仿佛忘记了曾经把雪鸟看成是难以处理的脏物。

使臣勃然大怒。但是罗西亚说，神奇的雪鸟到了离开的时候，既然它自己离开了，谁能阻止得了？使臣无言以对。昨天雪鸟还攻击了好几个人，撕咬尸体，很难想象有人会把它放走。之所以没有留下痕迹，或许就是因为那个人被鸟儿吞噬的缘故。使臣叮嘱罗西亚遵守出兵承诺，然后就回北玛尔去了。

第二年，春天到了。杉松城开始忙忙碌碌地为出兵做着准备。这期间，城里的人们也得知了罗西亚腿脚不便的事实。枪兵们以为这次出兵肯定由詹姆率领，当准备工作快要结束的时候，罗西亚却宣布要率领枪兵队。罗西亚已经六十岁了，这恐怕是最后一次出征了。

进入新年，除了某些特别的事情，罗西亚几乎不怎么出门，百姓们也很难见到领主。他们不知道，其实这时的罗西亚已经离不开鸦片了。没有鸦片，她寸步难行。包括乔伊尔在内的元老和队长们都阻止罗西亚出征，结果没有用。他们提议派詹姆前往，说这个年纪的詹姆已经可以率兵作战了。罗西亚只是固执地摇头。

春雨绵绵的夜里，有人敲打罗西亚的房门。罗西亚思忖片刻，回答说：

"开着呢。"

门开了，戴妮斯站在那里。门外只有一面墙，没有可以抓握的地方，戴妮斯就在那里，仿佛踩着风而来。戴妮斯迅速进来，走到床边。罗西亚说：

"随便闯入别人的房间。"

"开着呢，这句话不就是许可吗？"

罗西亚斜坐在床上。蜡烛亮着，但她不是在看书，也没有人和她说话。她只是独自注视着虚空。戴妮斯拉过椅子，坐在旁边，轻轻吟道：

"一个饭桶走了，另一个饭桶好孤独。"

"这是诗吗？"

"我是魔法师，怎么成了诗人？"

风从窗外吹来，烛光摇曳，雨也渗了进来。两个人都只是呆呆地看着，什么都不做。不一会儿，戴妮斯说话了：

"为什么这么固执？"

"好不容易才保住的枪兵队。"

戴妮斯不可能不知道。领主的美丽妻子罗西亚驯服了凶狠的枪兵，率领他们出征作战，然后在敌人的重重围困之中保住了杉松城。这个过程当然艰难。莱文厌恶这样的母亲，他被怪异的魔法吸引，离家出走。希德瑞克想要接过母亲的担子，却在第一场战斗中战死沙场。丹尼对母亲心怀恐惧，带着侍女私奔，还偷走了家里的金饰。罗西亚付出了如此惨痛的代价，总算保住了枪兵队。她成了杉松城的女王，然而这只是戴在头上的荆冠罢了。

"你这样会变成残废。"

"反正都是一死。"

"你为什么那么不相信你的孙子？那小子今年十九岁了。希德瑞克这么大的时候都生儿子了。"

罗西亚低声叹气。

"詹姆太弱，还不如洛莎。"

城里的人们都想不到罗西亚会说出这种话。戴妮斯笑嘻嘻地说道：

"原来你也知道。上次祭拜纳贝的时候，你是故意让她喝血的吧？"

"喝得很好。小丫头还挺泼辣。"

"那你呢？你有着和她一样的泼辣，所以才养活了这个城里的人们，不是吗？洛莎为了救妹妹而奋不顾身，像极了她的祖母。要不是她，雪鸟不知道会怎么样呢。"

罗西亚顺从地点头。

"这孩子捍卫了戴伊尔的自尊心。"

如果真的答应了北玛尔使臣的要求，杀死杉松城的守护神，那么戴伊尔领主就会名誉扫地。但是也要千方百计避免与北玛尔的正面冲突。鸟儿消失了，两个问题同时得到了解决。琪普洛莎是故意为之，还是单纯想救雪鸟，谁都不知道。不过，的确是她做了最重要的事。

"你之所以答应使臣杀死雪鸟，是不是知道洛莎肯定会这样？祖孙二人闭着眼睛也能配合得如此默契。对这样的孩子，你为什么那么残忍？都说人最讨厌酷似自己的面孔，看来这话不假。"

罗西亚转头看了看戴妮斯。城里的人们难得一见的微笑凝结在皱巴巴的脸上。

"这孩子哪里像我，简直就是兰德里的翻版。"

"是因为讨厌兰德里吗？你打洛莎的耳光，抛弃你的那个家伙就会在阴曹摔跟头？莱文一个就够了，不要连洛莎也……"

"少废话。"

已经是四十多年前的事了。如果说当时的愤怒还没有消解，那是说谎。如果说心里还怀着爱，那更是说谎。更为持久的还是责任感。兰德里年轻的时候就想离开杉松城，尽管不是按照预想的方式，最后终究还是离开了。相比之下，如今已不在人世的詹姆明明知道罗西亚腹中怀了哥哥的骨肉，却还是向她求婚，也接受莱文做自己的长子，甚至还把莱文当成王位继承人。罗西亚的父母失去了唯一的儿子，尽管这个儿子是流氓；戴伊尔领主夫妇因为杀人之后逃跑的儿子而声名扫地；罗西亚的恋人最终成为哥哥的敌人。所有的人都因为詹姆的宽容而得到了救赎。

罗西亚下定决心，今生今世都要忠诚于詹姆。即使在詹姆去世之后，她也努力维持詹姆留下的一切，甚至不惜代价。偶尔她也想到自己去阴间见到詹姆之后，詹姆为自己的变化惊讶不已的样子，于是情不自禁地露出凄凉的笑容。尽管这样，她还是要坚持到底。

109
雪鸟

他的城市必须永远安全。

"将来你会后悔的。"

"知道。明明知道，却还是见面就发火，真让人无奈。"

戴妮斯也知道，这是罗西亚能够做出的最坦率的回答，也就没有继续追问。罗西亚对莱文是又爱又恨，就像对兰德里又爱又恨。莱文为了引起忙碌的母亲的关注，变得越来越离谱。这时，她非但没有给予莱文理解和包容，反而继续威胁，甚至抛弃了他。罗西亚这样做，也是因为她对莱文的爱。丹尼和莱文同样都是离家出走，罗西亚可以原谅丹尼，却不能原谅莱文。

不管有没有天分，领主的位置都要由詹姆的后代继承，不能交给兰德里的子孙。琪普洛莎翻看父亲的书，学习魔法，这件事罗西亚也知道。她能猜出琪普洛莎想要做什么，但是没有理会。琪普洛莎酷似兰德里。城市必须由酷似詹姆的子孙守护。

"这孩子想要离开杉松城，看来我是顺其自然了。"

"洛莎比詹姆有天分，真是遗憾。"

"天分只是天分。兰德里不也是这样吗？大家都说他比詹姆更适合做领主，可是最后守护杉松城的人是谁？现在詹姆也长大了，他需要的只是时间。我要为他赢得时间。除了我，谁能帮他呢？"

琪普洛莎永远不会知道，罗西亚也曾想要离开。兰德里误杀罗西亚的哥哥之后逃跑的那天夜里，他冒险找到罗西亚，问她要不要一起走，罗西亚只是摇头。尽管腹中有了莱文。当时对于罗西亚来说，杉松城是她的全部，她无法想象离开这里的生活。

兰德里走了，罗西亚成了詹姆的妻子，后来她也曾无数次重新思考那天夜里的选择，每次得到的答案却都一样。她无法原谅兰德里，也无法原谅莱文。看到琪普洛莎流淌着同样的血液，流淌着和逃跑者同样的血液，她就更加讨厌琪普洛莎。守护者的位置有多么危险，没有谁比罗西亚更清楚了。不管有没有足够的能力，罗西亚都要保护那个将接过她担子的人。

"对了，戴妮斯，我问你一件事。"

"什么？"

"雪鸟不是走了吗？那现在你是不是也可以走了？"

罗西亚果然知道，她知道伟大的戴妮斯为什么留在杉松城，被人当成戏子和饭桶，度过几十年的岁月；也知道能够唤来雪崩的鸟为什么没有咬断窗棂，静静地待在鸟笼里。铁窗无法束缚这样的鸟，能够束缚它的只有承诺。

承诺者兰德里死了，承诺的力量传给了莱文，传给了琪普洛莎。因此，琪普洛莎可以把它放走。戴妮斯是这份承诺的守护者，也是见证者。守护杉松城的鸟，兰德里坚持要留给杉松城的礼物。事实上，这些年来真正充当着守护者角色的可能不是雪鸟，而是戴妮斯。

"那倒是。这只该死的鸟，洛莎说让它走，它就立刻飞走了。根本没把我这个夹在中间受苦的人放在眼里。不管怎么样，现在总算结束了，好轻松啊。"

"那你要离开吗？"

"你希望我走吗？我可以去的地方很多，而且我还能活上一百年。"

"一百年？不是一千年吗？"

戴妮斯看着罗西亚，神情微妙。

"看来你知道很多啊。"

"知道又能怎么样？你打算唤来雪崩吗？"

戴妮斯稍作停顿，大笑起来。她甩了甩头上掉落的头屑。罗西亚等着她的回答。

"现在，天气暖和了。你需要我做的不是这件事，而是别的吧？"

"是的。"

"自己应该做的事情却交给别人做，你这个可恶的老太婆。"

"因为我是可恶的老太婆，所以凭我的力量不可能做到。你去教她吧？"

戴妮斯点了点头，站起身来。

"就是洛莎。三十年，足够了。"

出征的日子到了。天色刚亮，整个杉松城立刻骚动起来。戴伊尔枪兵都是城里居民的丈夫、父亲或儿子。可以毫不夸张地说，这支史无前例的大部队与全城的人们都有关系。

琪普洛莎站到高高的塔上，俯视着聚集在下面的人群。罗西亚在阅兵，丝毫看不出腿疼的迹象。詹姆嘴巴紧闭，跟在祖母身边，什么都努力学习。自从接到命令，他要在罗西亚离开杉松城期间担任代领主职务之后，詹姆连续几天都紧张不已。他曾经瞒着祖母，在楼亭的庭院里教琪普洛莎识字，也曾经坦言自己最讨厌枪。这个瘦瘦的堂哥，也在渐渐长大。

詹姆的路就是罗西亚走过的路，是父亲、祖父、祖父的父亲走过的路。要想走上这条路，必须穿上前人脱下的沾满鲜血的衣服。即使不合身，即使讨厌血腥味，也没有办法。詹姆真能成为如狼似虎的戴伊尔领主吗？是的，他必须成为领主。望着为了保护自己而拖着麻痹的双腿走向战场的祖母，这位具有强烈责任感的少年肯定会这样做。

琪普洛莎从开始就被排除在这条路之外，她并不羡慕詹姆。因为她相信自己有另外的路要走。比起世界之都，杉松城就像个玩具，就像在梦里乘着雪鸟看到的那样。雪鸟走了，谁来拯救她？

城门开了。在晨光下，枪尖红得像高粱秆。

部队开始移动了。人们抛出去的春花被他们踩在脚底。血滴似的春花散发出花的腥味。这种事发生过多次，谁都不觉得新鲜。有几个人晕倒了，这也是常有的事。部队渐渐远去。琪普洛莎没有为任何人送行。罗西亚也不可能期待琪普洛莎为自己送行。

琪普洛莎和奥吉德娜一起来到久违的后院。猎人离开了，鹰笼静悄悄的。这是狼狈的少女悄悄走过的路，然而今天走在这条路上的却是散发着青春气息的琪普洛莎，还有犹如刻在八音盒上的小天使般的奥吉德娜。泥泞的土地上弥漫着铁的味道。

鸟笼里空空荡荡。污物已经清除了，鸟笼也只剩下半截。为了制造这次出兵需要的武器，人们拆掉了大部分的鸟笼。琪普洛莎站在平时经常站立的地方，像雪鸟在这里的时候那样仰望天空。她在脑海里回想着雪鸟睡觉的样子。从懂事开始，她就经常来这里看雪鸟睡觉，转眼已经过去了十几年。看得太多了，虽然现在鸟儿已经不在这里了，她仍然可以清晰地想象出来，仿佛鸟儿还在眼前。琪普洛莎小声自言自语。

"现在会在哪儿呢？"

"在哪儿？当然是在世界之都。"

突然出现在身后的戴妮斯站到琪普洛莎身边，仰望着鸟笼。琪普洛莎撇着嘴说道：

"你怎么知道？"

"我怎么会不知道？我不是魔法师吗？"

"对，捉老鼠的魔法师。"

"是啊，要不要我教你捉老鼠的方法？"

琪普洛莎没有回答。戴妮斯又说：

"兰德里也想去世界之都，你知道吗？"

琪普洛莎第一次听说这样的事，她看了看戴妮斯。

"那么，去了吗？"

"当然去了，所以才遇到我，不是吗？不过，我们第一次见面的时候，那小子患上了严重的思乡病。于是我问他，你的故乡是个什么样的地方，让你如此思念。他说，每年冬天有五个月，动不动就下雪，积雪堆到肩膀那么高，隔几年就会发生雪崩，每到春天，都会从积雪下面发现六七个死人。我问他，这样的地方你真想回去吗？他说，想得快要窒息了。"

"要是换成我，可能不想回来。"

戴妮斯笑了。

"你现在还想去吗？"

琪普洛莎从没在戴妮斯面前说过自己想去世界之都。见她不回答，戴妮斯伸手抓着只剩半截的鸟笼，另一只手伸开，在半空里摸索。金光在戴妮斯的手上蔓延，像是展开包在胳膊上的纱，然而她的胳膊上什么都没有，也不是反射的阳光。真的是金光，金色的风景。

"你看。"

无数的屋顶在眼前晃来晃去，像是在比谁更高。瓦是褪了色的紫色、青色和橘黄色。白色的方尖塔和贴了五彩瓷砖的水库从中间凸出。翠绿色的拱桥后面矗立着高大的城门。看不到尽头的队伍从下面经过。鬃毛被晨光浸染的马匹和围着绸缎条幅的骆驼，与顶着坚固坐台的大象相互混合。马车上面放着装有奇怪动物的笼子，珍贵的水果闪闪发光。市场里排列着红色和黄色的布帐，穿着各式衣服的人们如波浪般流淌。

"这里是……"

"世界之都，伟大图书馆所在的城市，德翡纳。"

琪普洛莎第一次听到这个名字。德翡纳，像音乐一样令人愉悦的名字。琪普洛莎蠕动着嘴唇，目不转睛地盯着戴妮斯描述的风景。悬挂绿旗的地方是图书馆的房顶，后面是植物园。那里到处都是珍贵植物，一株花就能换一捧宝石。那里的市场聚集了大陆的全部物产。只要有金币，连龙的眼珠也买得到。

琪普洛莎呆呆地听着，喃喃自语：

"比尔戈恩的博物志上提到的东西，那里都有啊。"

"比尔戈恩是德翡纳人，当然会这么写了。"

"你真的是魔法师，还有我父亲……"

"莱文不听我的话。自从他变成那个样子之后，谁都不愿意教他了。"

戴妮斯指着图书馆说：

"那里面有几百名教魔法的人，想要学习魔法的人大概有百倍之多。你以为随随便便就能做魔法师吗？下定决心来到这里，却无功而返的人不计其数。半途而废的人会给自己的故乡带来侮辱，你还想去吗？"

　　琪普洛莎久久地注视着戴妮斯。直到奥吉德娜拉她的手，她才回过神来，低头看妹妹。她拉过妹妹的手，紧紧地握在自己手里。

　　"我要去。"

　　戴妮斯点了点头。有人守护，有人前行，两者都是杉松城的子孙。

　　"我送你。"

　　兰德里·戴伊尔抓来的雪鸟被少女驯服了，这是三十二年前的事。

幻影之城

杉松城是矗立在戴伊尔高原上的枪尖，在寒冷荒凉的高原上独自发出锋利的光芒。

他们的领主也被称为"杉松之王"。论领地，论富有程度，论百姓数量，都不足以称王，然而却从没有人说这个名字不合适。他们本来是发誓效忠北玛尔王国的小领主，同时也是著名的精锐部队戴伊尔枪兵的指挥者。

杉松之王，詹姆·戴伊尔战死沙场，他的妻子罗西亚成为领主的时候，家里有三个儿子，也都离开了，谁也没有继承领主的位置。岁月流逝，罗西亚只剩下一个孙子和一个孙女，也就是与祖父同名的詹姆·戴伊尔，还有父亲借侧柏含义为她命名的琪普洛莎。

侧柏是象征坟墓、死亡和永恒之痛苦的树木，人们都呲着嘴说这个名字太奇怪了。琪普洛莎的人生比名字更悲惨。父亲被人们当成疯子，离开杉松城，母亲抛弃刚刚出生的女儿，回到了娘家。身为领主的祖母对她深恶痛绝，她在侍女中间长大，最后成了厨房丫头。

离开杉松城的父亲送来妹妹奥吉德娜的时候，罗西亚恼羞成怒，下令把孩子扔掉。琪普洛莎连夜独自出城，想要找回被抛入林中的孩子。她迷了路。天气寒冷，她走啊走，连猎人的帐篷都看不到。星光渐渐消失，高大的悬崖挡在面前，看来是彻底迷路了，这样下去别说救回妹妹，连琪普洛莎自己都会冻死。

琪普洛莎自暴自弃，沿着悬崖缓慢前行，终于看见了能勉强容纳成年人通过的裂缝。不管里面怎么样，总要好过外面的寒风凛冽，于是琪普洛莎走了进去。入口很窄，她摸索着往里走，谁知里面突然变得广阔。四周有灯光，琪普洛莎不敢相信自己的眼睛。这一切会不会是在寒冷和疲惫中倒下的自己死后的梦境？

洞穴里面是用淡绿色大理石建成的圆形大厅，灯光来自挂在墙壁上的灯。琪普洛莎在大厅转了一圈，发现一个拱形出口，于是进去了。经过走廊，她进入某个房间，顿时大吃一惊。那里竟然是她的卧室。更惊人的是，明明是同一个地方，风景却截然不同。壁炉里烧着火，旁边的床上铺着柔软的鹅绒被，被子上面放着一条从未被穿过的蓝色天鹅绒连衣裙。

琪普洛莎迟疑着摸了摸连衣裙。正在这时，她听见了敲门声。琪普洛莎僵住了，就像个被人发现的小偷。起先她不知道进来的人是谁。那个人看到琪普洛莎也并不惊讶，走过来坐到她身边，抚摸着她的头。

"你去哪儿了，怎么才来，洛莎？这么冷的天，你一个人出门，要是迷路，可就糟糕了。"

这个人是谁？为什么对我说这么温情的话？

琪普洛莎仔细观察着男人的脸，突然想起挂在城里的肖像画。

这个人太像兰德里大祖父临死之前留下的那幅肖像画了。琪普洛莎无比惊诧，只是眨着眼睛。她这才想起眼前的这个人是谁。他是长相酷似大祖父的父亲，莱文。

琪普洛莎刚刚出生便离开杉松城的父亲怎么会在这里？她不知道，但是看到亲切的莱文，琪普洛莎不由自主地感觉到暖流涌遍了全身，连肩膀似乎都舒展开了。父亲低头看了看琪普洛莎握在手里的连衣裙，笑着说道：

"针织房的奶奶急急忙忙地做好了衣服。你穿上试试吧。"

琪普洛莎赶紧摇头。这么漂亮的衣服不适合自己，而且针织房的奶奶不大可能给自己做衣服。最重要的是，她觉得如果自己穿了这件衣服，梦想就会粉碎。至少梦想，她还不想粉碎。不一会儿，父女走出房间，去了楼下。下楼的时候，莱文紧紧地拉着琪普洛莎的手。手的温度那么陌生，却又令她流泪。琪普洛莎的手紧紧地贴着那只大手。

下楼之后，琪普洛莎又一次震惊了。因为是第二次，她很快就猜到了。坐在椅子上的母亲起身拥抱琪普洛莎，然后帮她梳头。一家三口去了餐厅，已经去世的希德瑞克叔叔、逃跑的丹尼叔叔，甚至早在琪普洛莎出生之前就离开人生的祖父都在那里。祖母罗西亚让琪普洛莎坐在她身边，摸着她的衣角，微笑着说道：

"我的孙女怎么这么漂亮。"

杉松城的晚餐从来没有这样丰盛热闹过。父亲和希德瑞克叔叔在制订明天的打猎计划，丹尼叔叔在说笑话，遭到祖父的训斥，于是朝琪普洛莎使了个眼色，请求她帮忙。琪普洛莎不知道自己说了什么，祖父立刻哈哈大笑。

她什么时候这样笑过啊？琪普洛莎在心里回想。当她想起被冰冷寂静包围的杉松城的瞬间，她明白了这里是什么地方。影之城。父亲留下的日志里提到过这个地方，没错。

在位于森林深处的影之城，所有的事情都和杉松城截然相反。祖父没有牺牲，祖母也就不可能成为领主，父亲没有离开，叔叔也没有死。每个人都爱琪普洛莎。她从未有过这样的期待，也从未想过这种感觉竟是如此美好。她几乎下定决心，就这样在这里住下去了。这时，有人开门，进入了餐厅。

这次是她认识的人，艾尔玛婶母。她的怀里抱着个孩子。希德瑞克叔叔赶紧起身走过去，艾尔玛把孩子递给他，说道：

"吃饱了还哼哼，可能是想爸爸了。"

既然希德瑞克没死，那么艾尔玛再生个孩子也没什么奇怪的了。她静静地看了会儿孩子，突然觉得自己忘记了什么事情。那又是什么呢？

啊，想起来了。琪普洛莎望着父亲。

"爸爸，奥吉德娜呢？"

莱文慢慢地侧过头去，头偏向右边。他说：

"奥吉德娜？你说的是谁？"

琪普洛莎这才想起来。温暖的噪声又充满餐桌，琪普洛莎站起身来。她缓缓推开椅子，离开餐桌。她感觉迈不动脚，却转眼就到了门口。

在琪普洛莎读过的日志里，父亲试图寻找影之城，最后却没有找到。他试图借助魔法，于是固执地钻研。也许正是因为当时父亲使用了魔法，此时此刻琪普洛莎才有机会进入这个地方。这么说，父亲来过这里了。那么，他去了哪儿呢？

父亲在这里也看到了同样的风景吗？这样的风景也会让父亲感觉幸福吗？是不是因为没有感觉到幸福，所以才没有留在这里？还是……他留下来了，只是琪普洛莎没有看见？

如果真的是这样，他在哪里呢？

琪普洛莎理解父亲想要找到影之城的心情，琪普洛莎也是如此。

杉松城凄凉可怕，为了统治领地和指挥枪兵队而对儿子置之不理的罗西亚令人心生怨恨。然而留在影之城，一切问题就都解决了吗？琪普洛莎在这里没有找到真正的莱文、疯狂的莱文。琪普洛莎由此可以得到答案。

影之城并不真实，发生在那里的也不是事实。

在影之城，奥吉德娜永远不会出生。因为父亲不可能离开影之城，去找别的女人。如果琪普洛莎留在这里，在真实世界里被抛弃到树林的奥吉德娜就会死去。昨天夜里琪普洛莎冒着生命危险离开杉松城，寻找奥吉德娜，她不会这么轻易放弃。

离开影之城是容易的。这里和杉松城一模一样，只要沿着自己熟悉的路通过城门就行了。就像昨天夜里，琪普洛莎独自来到树林，回想着火光映照下的床和放在上面的蓝色天鹅绒衣服。那件她没有机会穿的衣服，还会永远放在那儿吗？或者适合那个地方的影子少女穿上衣服，她会开心吗？

下雪了，树林里白茫茫的。仿佛有人指引，琪普洛莎听见了婴儿的哭声。她甚至不知道昨天为什么会迷路。与此同时，远处传来了狼的咆哮。她不害怕。琪普洛莎加快脚步，看到了不远处放着的篮子，婴儿就在里面。她跑过去。杉树枝掠过衣角，冰冻的雪粉碎了，掉落下来。千万不要被冻死，一定要活下去。

右边的剑

吉恩原名伯利提莫斯。他用了九年时间才知道自己真正的名字。知道自己的原名之后，他也还是喜欢吉恩这个名字。这个名字简单而亲切，而且包含着他无比怀念的岁月。

吉恩出生在埃弗林，直到八岁才初次听到这个名字。母亲故意隐瞒着他。回到埃弗林之后，吉恩也忘不了映照着童年阴影的小巷子。他被禁止上街，而且自己也不敢出去。至少有六年时间是这样。

十四岁的某一天，吉恩忍受不了被束缚的生活，冲动之下翻过围墙，来到黑夜的街头。尽管不是在这里出生长大，然而走在人潮汹涌的夜市，他的心情还是莫名其妙地变得愉快起来。他不知道方向，只是漫无目的地走着，不知不觉就到了市场的尽头。

埃弗林非常炎热。太阳落山之后，咖啡厅或市场里依然生机勃勃。到了午夜，人们就匆忙关门回家了。午夜过后就是属于黑夜族类的时间，小偷、强盗、黑社会、禁忌宗教组织、鸦片贩子、人贩子、妓女，以及只要给钱就会使用任何咒术的咒术师、谁都可以去杀的杀手。

回到埃弗林之后，吉恩一直被关在家里，当然不懂这些。市场的尽头有家小酒馆，很像以前那位喜欢吉恩的酒馆老板的店铺。吉恩大着胆子走了进去。这里面有点儿叛逆的冲动。酒馆里面围坐着三四名彪形大汉，正在喝酒，没有其他的客人。吉恩打扮得像个阔少爷，一个男人皮笑肉不笑地说：

"出去。"

吉恩对男人的话置若罔闻，坐在角落的餐桌旁，点了咖啡。老板满脸好奇，送来了咖啡。吉恩一边喝咖啡，一边往窗外看。另一个男人叫他：

"小家伙，怎么回事？妈妈把蜜糖点心藏起来，不给你吃吗？"

吉恩回答：

"不但不给蜜糖点心，而且也不陪我睡觉。"

男人又说：

"那可太让人伤心了。我妈妈举着笤帚大喊大叫，不让我进门。"

吉恩说：

"我妈妈总说什么都是为我好，可做的却是我最讨厌的事情。"

男人身材高大，全身都是肌肉，肩膀和胳膊上带着无数的伤疤。通过体形来看，像是三十多岁的人，脸上却已经满是皱纹，看上去足有六十多岁。他年轻的时候应该很英俊，现在只有笑起来才给人以少许温柔的感觉。最后，男人哈哈大笑。

"全世界的妈妈都是为了折磨儿子而存在的，不是吗？"

男人倒了杯酒，递给吉恩。吉恩没有拒绝，喝了下去。这是他平生第一次喝酒。酒很辣，他忍住了。另一个男人扔来了他们吃剩的干枣椰。吉恩抓起斜抛过来的干枣椰，咬了一口。第一个男人耸了耸肩膀。

"小家伙，你身手不错啊。"

男人名叫裴伽，是个角斗士。这里是埃弗林都城市民最喜欢的红灯区，吉恩从来没去过竞技场。那天，裴伽和朋友们又喝了会儿酒，然后带着不想回家的吉恩去了角斗士的住所。他们都喝醉了，而吉恩只喝了一杯酒。他目瞪口呆，布帐被分割出多个房间，到处都散发着刺鼻的汗味和酒味。衣着暴露的女人们从四面八方走出来，笑着走过他们身边。裴伽把吉恩带到自己的房间，让他睡在床上。

吉恩在陌生的床上辗转良久，终于睡着了。凌晨时分，他被奇怪的声音吵醒了。吉恩眼睛微睁，发现裴伽已经起床，正坐在房间角落里磨剑。他精心地磨着两把剑，然后去了旁边的空房间。吉恩很紧张，准确地说是心里有点儿害怕。他盯着布帐外面。裴伽的影子做出攻击的姿势，然后挥、劈、砍、后退、转身、袭击。对手是空气。

吉恩屏住呼吸，注视着眼前的情形。尽管他一直跟随最优秀的老师学习，却还是被这些他从未见过的最快最有节制的动作征服了。裴伽的动作并不华丽，只是必需，动作和动作之间没有徒劳的衔接。裴伽终于停下的时候，吉恩的脑海里闪过一个念头。裴伽回到房间，吉恩扑腾站起，突然跪倒在地。裴伽笑了。

"没睡好吧？是不是后悔跟我来了？"

吉恩低下脑袋。这是面对师傅的姿势。

"请指教。"

果然不出所料，裴伽没有轻易被说服。整整一天，吉恩都追随着裴伽。他们还去了竞技场，吉恩第一次看到了竞技场面。那里有很多凶狠的角斗士，裴伽堪称最强。不过，他对这点并不满意。恰好在这时，某个年轻的角斗士向裴伽发起挑战。观众们都兴致勃勃地等待着他们的角逐。裴伽却感觉索然无味。他似乎觉得已经跪倒在地的对手连杀死的价值都没有。裴伽猛然踢向对方胸口。那人倒在地上。他大声说道：

"像我这种人，没人能够战胜！"

谁都觉得这是傲慢的呼喊，然而吉恩的想法却不这样。也许这句话说的就是事实。裴伽觉得自己没什么了不起，然而遇不到更有实力的人，为此郁闷不已。气愤的裴伽回到后台，不分青红皂白地打了吉恩的耳光。

"你怎么还不走？你在这里做什么？"

被打倒在地的吉恩站了起来。嘴角裂了，头晕目眩，他还是没有忘记自己想说的话。本来他想慢慢说，现在却因为挨打而愤怒，情不自禁地脱口而出：

"我要打败你！"

裴伽很惊讶。

"你说什么？"

吉恩用手背擦了擦嘴角的鲜血，瞪着裴伽。

"只要你愿意教我！"

沉默良久，裴伽终于露出牙齿笑了。他说：

"跟我说谎的人，我将怎样处理，你不想知道吗？"

突然，裴伽抬脚踢向桌子上的坛子。坛子落地之前，裴伽的剑穿透坛子，插在地上。酒从破碎的坛子里流淌出来。裴伽和吉恩四目相对。吉恩说：

"我没说过谎，所以和我没有关系。"

裴伽指了指地面，说道：

"这是盟誓酒，喝吧。"

吉恩毫不犹豫地趴在地上，舔起了流淌在肮脏地面上的酒。裴伽走过来，抓住吉恩的脖子，把他扶起来，抱了三次。

吉恩成了裴伽的弟子，条件是三天来一次，每次都是在夜里。

有时监视太严格，他无法脱身，但是几乎每次他都能遵守约定。即便是无法遵守约定的时候，他也会加倍练习。这样的日子持续了四年。四年的深夜外出不可能不被发现，可是十八岁的吉恩已经不再是从前那个需要听从别人命令的小孩子了。有时会遇到跟踪，不过他摆脱跟踪的能力更强。剑课进行得很顺利。不仅剑，什么武器在裴伽手里都被玩得无懈可击，这让吉恩无比震惊。裴伽也为吉恩的吸收速度感到惊讶。

这期间，吉恩也了解到裴伽的经历。裴伽出生在北方，年轻时光在世界之都——伟大的城市德翡纳度过。从二十八岁到四十岁，他在德翡纳是臭名昭著的人物。他是杀手，据说杀过几百人。虽然赚了不少钱，但是也都花光了。如果不能凭借两把剑赚出当天的口粮，他就打算自行了断。

现在，裴伽依然可以做到这些，只是全盛期的实力已经不见了。因为右手，准确地说，因为右手的小拇指飞了。他本来惯用右手，从那之后才开始练习左手。仅凭左手，裴伽在埃弗林也是罕逢对手，只是仍不如神出鬼没的右手。裴伽的竞争者不是别人，而是鼎盛期的自己。"右手剑"时期的他是德翡纳的绝顶高手。德翡纳是全大陆高手聚居的地方，他自然是全大陆最有实力的人。

失去手指之后，裴伽离开了德翡纳。他不想亲手毁掉这些年积累的声名。他干干净净地离开了德翡纳，直到现在也没有人知道他的行踪，甚至不知道他是生是死。裴伽不是他的本名，甚至也没有告诉吉恩。吉恩也没有把自己的真名告诉过他。

竞技场里流传着这样的说法，南部最出色的角斗士"红刃"来了。整个都城都沸腾了。大家都期待红刃和裴伽的对决。裴伽笑了。他真的期待能遇到强大的对手。吉恩知道裴伽的心思。裴伽已经六十三岁了。尽管他始终坚持严格护理自己的身体，然而他的身体还是日渐衰弱，尤其是眼睛，已经变得有些模糊。这样下去，用不了几年，说不定裴伽就会输给实力平平的竞争者。他无法忍受这样的耻辱。"既然要死，就要死在真正的强者手里"，裴伽常常把这句话挂在嘴边。

与红刃决斗的前夜，裴伽叫来吉恩，让他亲眼看着自己走向生命的尽头。吉恩坐在观众席最前排，比任何人都看得准确。然后，裴伽让吉恩到德翡纳转告某个人。他把那人的住址和姓名都告诉了吉恩。到了那里，应该就可以知道裴伽的真名了，吉恩这样想。

也许裴伽是故意这样说的。四年来，裴伽把吉恩当成自己的亲生儿子。曾经深深隐瞒的德翡纳往事连同僚都不告诉，现在却说给了吉恩，只是还没有说出本名和出身。裴伽死后，能够转述他的往事的人只有吉恩。准确地说，只有吉恩能够证明裴伽的存在。曾经震撼德翡纳的裴伽，如今他的才华烟消云散。吉恩继承了他的部分实力，自然有义务兑现他对裴伽的承诺。

说完，裴伽笑着补充说，我是说如果我真的失败的话。吉恩却笑不出来。

竞技场里座无虚席。好久没有这么大型的比赛了，兴致勃勃的观众们蜂拥而来，吉恩坐在他和裴伽说定的座位上。他板着脸，心里荡起混乱的旋涡。最好的办法就是这样看着吗？哪怕裴伽死在这里？

大大小小的比赛结束了，终于到了最后，裴伽和红刃的对决。裴伽的实力似乎丝毫没有褪色。红刃也很强大，不过转眼之间就受了三处伤。这样下去，胜者肯定是裴伽。吉恩放心了。看来自己是瞎操心。吉恩是最了解裴伽实力的人。这些年来吉恩也进步飞速，不过要想战胜裴伽，还差得远。虽然裴伽总说自己弱了，但那只是和自己的鼎盛期相比较。直到现在，他依然强大无比。

这时，裴伽稍微晃了晃。吉恩大惊失色，这不可能。裴伽试图转移方向，然而红刃不给他机会，继续发起进攻。不一会儿，裴伽又转了下头。紧接着，他的一条手臂受了伤。

吉恩回头看了看，有人在观众席上摆弄镜子。不，不是摆弄，而是卑鄙的作弊行为。他想立刻跑过去，无奈人太多了，跑过去也不容易。他拼命奔跑，这时裴伽又受了一次伤。他看了一眼，对方是个面带胆怯的少女。少女大概也看到了吉恩，很快便在人群中消失了。吉恩气喘吁吁地看了看裴伽。这时，局势发生了逆转。自从视力减弱之后，裴伽就受不了阳光。恐怖的想象掠过脑海。如果裴伽真的输了……

不可能，绝对不可能！裴伽期待的是怎样的决斗，他想要的是怎样的解决，怎么可能因为这种恶作剧而失败！

现在的问题不是寻找那个少女，而是要终止比赛。吉恩穿过人群。贵族们的特等席位看上去那么遥远。其实距离并不是很远，只是走起来要花很长时间。吉恩终于站在保护特等席位的卫兵面前，他对坐在内侧的大臣喊道：

"我是伯利提莫斯王子！这是命令，马上终止比赛！"

特等席位上发出混乱的骚动声。吉恩的打扮不像王子，于是卫兵们找来了认识王子的人。时间点点滴滴在流逝。国王的顾问，侍从安塔伦出现了。他在吉恩面前弯腰施礼。这时，特等席位上的全体贵族才起身行礼，安塔伦问道：

"为什么要终止比赛？"

吉恩摇着头，急得直跺脚。

"没有时间解释，马上终止！"

安塔伦一声令下，黄旗升了起来。这是宣告比赛结果无效的旗帜。两名角斗士没有立刻看到旗帜，那些应该终止比赛的人们也没有看到。人人都在手心里捏着汗，紧张地注视着比赛。反射光再次照到脸上，裴伽忽然失去视力，看错了方向。就在这个瞬间，红刃朝着裴伽的脖子下方刺去。吉恩发出呻吟，仿佛被刺的人是自己。

右边的剑

裴伽没有立刻倒下。胜利在望的红刃后退几步，把刀对准了裴伽。裴伽用右手解开胸甲的肩带。血如泉涌，他依然屹立不倒。不一会儿，胸甲掉落在地。裴伽转身朝吉恩的座位看去。吉恩第一次看到了裴伽背上的文身。脖子下面，肩胛骨之上，两扇展开的翅膀，一只凶恶的鸟头。

　　裴伽想要转身去看吉恩。吉恩意识到自己不在裴伽的视线范围之内。明明答应过他，现在想跑回那里已经来不及了，何况贵族们都在观望。犹豫几秒之后，吉恩喊道：

　　"我在这儿！"

　　裴伽倒下了。

　　吉恩跑下去了。现在，全体观众都为吉恩，也就是伯利提莫斯王子让路。他跑到竞技场上，冲向尸体。吉恩边跑边想，裴伽在最后瞬间没有听到自己的声音，也没有看到自己，肯定以为自己没有兑现承诺。

　　但是，吉恩一定会兑现承诺。他要把裴伽托付的事情传到德翡纳，而且迟早有一天，他会超越裴伽，从而证明世界上曾经有过像裴伽那样出色的男人。

　　想到这里，吉恩的泪水夺眶而出。

赤手空拳的黎明

　　年轻人看了看自己的臂肘。白色的卡肩背心下面露出肩膀，也露出胳膊。在男人当中，他的胳膊不算粗壮，但是肌肉很结实。皮肤晒得黝黑，很光滑。手腕上戴着金镯子，尺寸正合适。腕骨从握成拳头的手下凸出，又消失了。

　　年轻人慢慢伸手，手掌是经过锻炼的手掌。握剑、握枪、握缰时锻炼的部位各不相同。弹奏鲁特琴、握笔、拿针时锻炼的手指也不一样。他很清楚自己手上为什么会有那么多的老茧，也知道应该怎样使用。那些老茧本身似乎就是他的人生。

　　年轻人从窗台跳了下去。他关上窗户，拉上窗帘。庭院消失了。他喜欢从这个角度俯视庭院。准确地说，庭院的规划让他想起很久以前住过的村庄，那时他喜欢在旧城塔上面俯视城市。当时的城市风景是年轻人最大的希望。他梦想到那里做个养马人。准确地说，是做一名马夫。拥有十几匹马的城市富人索拉普给每一匹马都配一名马夫，不但要给马喂草，帮它梳理鬃毛，还要每天带马锻炼。这些都是马夫的责任。这样一来，马夫也就有了偷偷骑马的机会。索拉普有一匹黑马"夜星"，因为屁股上有白点而得到了这个名字。夜星奔跑的时候发出雷鸣般的声音，酷似复仇之神奥达努斯的黑手。母亲每天都会不停地念叨奥达努斯的名字，因此他最为熟悉。

年轻人没有骑过夜星。这个梦想消失在遥远的地方。他不知道以后是否还有机会再去那里，也许不会再有了。曾经那么美好的城市，如今只是个索然无味、寻常可见的小城市，王族们都不会光临。因为那里连个像样的旅馆都没有。

他穿过房间，打开门，坐在雕像底座上的弟弟面露喜色。

"哥哥！"

年轻人走过去，与弟弟击掌。弟弟笑了。年轻人说：

"既然来了，怎么不进来？"

"我看着门，感觉哥哥马上会出来。"

"跟着魔法师们学习，难道你学会透视了？"

"要是这样就好了。如果我会透视，我就不会看你的房门了。"

"那看什么？"

弟弟嘻嘻笑了，和善的脸上泛着狡黠。

"魔法师们根本不告诉我有用的技术。如果我会透视的话，即使无聊的宴会也会变得有趣多了。"

年轻人只是轻轻笑了笑。两个人经过走廊，来到宽阔的庭院。站在门口的卫兵立刻收回了长枪。弟弟走在前面，转头看了看，调皮地笑着说道：

"即使有了这种技术，西娅娘娘也会睁一只眼闭一只眼的，不用担心。"

弟弟迅速逃跑，年轻人追了上去，做出轻轻勒住他脖子的动作。

不一会儿，兄弟俩来到马厩前。见他们走近，马夫们紧张地跑了出来。老练的马夫夏普顿卑躬屈膝地说：

"伯利提莫斯王子，帕拉索斯王子，两位来了？"

伯利提莫斯的名字仍然像不合身的衣服，显得有些碍事。虽然是出生时候取的名字，但是年轻人第一次知道这个名字却是在他九岁的时候。在此之前，他是吉恩。简单而熟悉的名字。听说这个名字不能继续再用，他反而加倍喜欢了。弟弟帕拉索斯也知道。

"把我的马牵出来，还有哥哥的马。"

"要去骑马吗？'晨耀'和'半边'吃饱喝足，也休息好了，现在生龙活虎。"

年轻的马夫牵着两匹马，从后面走了出来。"晨耀"是吉恩的马，"半边"则是帕拉索斯的坐骑。马如其名，晨耀是匹白马。半边则有些不同，是一匹无可挑剔的苗条的灰马。帕拉索斯经常给自己的东西取怪异的名字，别人问他原因，他也只是微笑不语。

"我们走吧！"

王宫北门外的山脚下是兄弟俩经常骑马的场所。一到附近，两位王子就像比赛似的策马奔腾。很多人故意赶到附近，观看兄弟俩骑马的样子，有年轻女人，有孩子，也有老人。虽然是站在远处，但是只要两位王子出现，他们就会拍手欢呼，或者挥动手帕。这样的风景从几年前开始出现，王宫方面没有制止。因为他们越是热爱王子，也就越会热爱王国。尤其是那些还记得全国因为没有王孙而心急如焚的时代的人们，更加热爱两位王子。两位王子分别是二十一岁和十七岁，身材魁梧，长相酷似，正是埃弗林繁荣昌盛的象征。

人们站得远，看不清楚，不过都知道骑白马的是哥哥伯利提莫斯，骑灰马的是帕拉索斯。人们也知道哥哥总是更快。他年长弟弟四岁，这也是理所当然。人们交头接耳地议论纷纷，说弟弟不及哥哥。弟弟也很优秀，只是哥哥太过出类拔萃，没有办法。这样的话不能直截了当地说出来，因为两位王子的出身存在巨大的差异。吉恩是哥哥，他的母亲却是卑贱的舞女。帕拉索斯才是王后亲生的嫡传王子。

起先，他们只是轻轻地跑。天气很好，这个季节，风从山上吹来，不仅骑马，做什么都很愉快。很快就到夏天了，紧贴着马背会很热。因此，春天结束之前，王宫要举行兵车比赛、野外话剧和祭典。到了夏天，宴会就只能在夜里举行了。从去年开始，吉恩已经可以跟大人们喝加了蜂蜜的葡萄酒，参加通宵宴会。帕拉索斯还不行。

"哥哥，听说你要参加赞达尼族讨伐战？"

两匹马放慢速度的时候，帕拉索斯问道。吉恩点了点头。帕拉索斯把马赶到前面，回头看着哥哥。

"真的可以吗？第一次参战就去那么远的地方。"

"下个月就二十二岁了，这个世界上哪还有不能去的地方。"

"听说对方都很凶狠。"

"赞达尼族世世代代都是王子们的朋友。"

埃弗林有个不成文的规矩，成年王子至少要参加一次战争，立下战功。真正的王者不但要在宝座上发挥能力，还要在野战之中耀武扬威。当然，没有哪位国王愿意把刚刚成年的王子派往危险万分的战场，因而参加地方叛乱讨伐军最为合适。赞达尼族生活在埃弗林南部边境，每隔几年就会发动叛乱。只要发动两三场战争，就能轻而易举地镇压下去，最适合作为王子初次出征的对象。

"那倒是，父王也说过和赞达尼族交手的事情。不过他没说这是他参加的第一场战争。那我也会这样吗？"

"如果赞达尼族赶在你成年的时候想扩大交易权，或者需要新的狩猎场，又或者他们觉得自己得到上天的宠爱，天生就是统治埃弗林的命运。"

帕拉索斯哈哈大笑。

"他们不会是得到通知了吧？这次又有一名王子长大成人，需要让他吃点儿苦头，才能真正长大？"

"也许王子结束战争平安归来后，王室会送上几坛子黄金，以表感激。"

两个人就这样说着话，帕拉索斯放松了，神情轻松。

"那你就点到为止吧，不要太凶猛。"

"说不定我会狂奔到赞达尼城。"

赞达尼城是赞达尼族的都城，也是位于森林之中的城市。从赞达尼族的生活水平来看，与其说是城市，倒不如说是部落更合适。反正没有人去过那里。

"那种野蛮民族的洞穴里能有什么好东西？"

"听说那里有一种酒，喝上一口就可以去天堂。"

"是不是罂粟汁之类？"

帕拉索斯撅起下巴，吉恩笑了。

"我回来之后再告诉你。"

吉恩突然加快了速度。帕拉索斯兴致勃勃地跟在后面。他们沿着平缓的山坡奔跑，突然调转方向，闯入杂树丛，接着进入四周都是石头的山路。晨耀巧妙地挑选有土的地方行走，速度却丝毫不减。与平地相比，吉恩更喜欢这种带有冒险性的路线。这种时候，紧贴在马背上的吉恩和白箭似的晨耀就不再是骑手和马的关系，而是浑然交融。险路尚且如此，奔跑在平地上的时候速度快得可怕。帕拉索斯力不从心，笑着喊道：

"哎呀，哥哥！我知道你速度快，慢点儿吧！"

都说白马脑子笨，晨耀却是个例外，马夫们都摇着头这样说。只有从晨耀很小时就喂养它的年老夏普顿对这种说法嗤之以鼻。如果晨耀是这样的名马，就不可能落入吉恩手中了。王宫里最好的东西绝对不可能属于吉恩。

吉恩减慢速度，帕拉索斯追了上来。两匹马并驾齐驱。吉恩转头瞟了一眼，帕拉索斯说：

"你在配合我的最快速度，看来你很了解弟弟的实力。哎哟，老奸巨猾。"

"你要是不溜号，还会更快。试试看。"

"不行，那不是我的方式。一心一意，这是你的风格。像我这样的人，必须东张西望才行。"

吉恩立刻拉住缰绳，停了下来。因为惯性的缘故，晨耀滑出几步，帕拉索斯的半边又跑出几十步才停下来。帕拉索斯转头看着吉恩，大声嚷道：

"你干什么，这么突然！"

"你应该料到的。"

吉恩把马靠到帕拉索斯那边，伸出刚才抓缰绳的手。

"刚才我就一直这样抓着，所以立刻停了下来。"

帕拉索斯抽了抽鼻子。

"我观察的不是这个。"

"那是什么？"

"你看那里。"

帕拉索斯用肩膀示意的地方，都城的居民们像平时那样三三两两地聚集过来，看着两位王子，中间还有几个女人。帕拉索斯故意不往那边看，面带微笑说道：

"其中有个穿绿色衣服的女人，漂不漂亮？"

"在这里看不到脸啊。"

"刚才骑马的时候，我离她很近。"

"没看到。"

"所以我必须东张西望。现在你明白了吧？"

帕拉索斯迅速朝马腹踢了一脚，抢先冲了出去。吉恩立刻跟上，冲着半空做出揪住脑袋的动作。帕拉索斯笑出声来，马儿奋力奔跑。从远处也能看出，他们两个人在开玩笑。

　　"昨天你还说你喜欢艾希佩。"

　　"我改变主意了。现在我最喜欢绿衣服。"

　　"既然这么有兴趣，那就过去跟她说话吧。"

　　"不行。如果我跟她说话，她肯定会紧张得昏过去。我不能让她如此狼狈。"

　　"那么你小子的爱情就注定永远不可能实现了。"

　　"听你这么说，我突然有点儿伤感。我都十七岁了，竟然在从未拉过手的女孩面前失恋了。真的只能这么结束吗？可是不管我怎么说，母后都不会同意。啊，母后究竟在想什么。她到底想不想让我结婚？随便找个合适的女人就行了，有必要这么举棋不定吗？这样下去，她儿子就要和赶来观看王子的村姑结婚了。我要是带着绿衣服，找个洞穴过一夜，她会同意吗？"

　　吉恩无奈地笑了笑。他很清楚，别看帕拉索斯嘴上这么说，实际上他绝对不是这种草率的性格。只有在哥哥面前，帕拉索斯才无所顾忌地胡说八道。换作其他场合，他是所有母亲都喜欢的风度翩翩的少年。

　　"哥哥，你在笑吗？你不觉得不公平吗？你十二岁就和西娅娘娘结婚了。"

　　"结婚越慎重越好。"

　　"哎哟，你的意思是你的婚姻不够慎重吗？"

　　"慎重的婚姻要在二十岁左右才行。"

　　"是啊。西娅娘娘也这么想吗？"

　　"七岁的西娅，她自己能知道发生了什么事情吗？不说这件事了。"

赤手空拳的黎明

帕拉索斯耸了耸肩膀。既然吉恩不想说了，那么这个话题只能就此打住。不知不觉间，两个人已经到达了山的尽头。不远处就是北门了。看到站在北门前的人，吉恩立刻变了脸色。

"你先回去吧，我还想再骑会儿。"

没等帕拉索斯回答，吉恩立刻调转马头。吉恩走远了，帕拉索斯收起脸上的笑容，朝着北门走去。等在那里的人向他问好：

"这不是小王子吗？出来兜风吗？"

"是侍从啊。北门有什么事吗？"

安塔伦在距离国王最近的职位，也就是侍从的位置上坐了二十多年，如今已经年过花甲，不过依然腰板挺直，精神抖擞，眼神也很毒辣。只要看到他的目光，人们就会猜测他的性格，从而心生畏惧。事实上安塔伦性格温和，在王宫里没有任何敌人。当然，人们的第一印象也并非完全没有道理。只有极少数的人知道这点，年轻的帕拉索斯也在其列。

"我在等大王子，他好像突然想起了什么事。"

称呼他们为大王子、小王子的只有安塔伦。王后的心腹们常常看不惯，但他坚持这样，"称呼大王子为大王子，称呼小王子为小王子，这有什么不对？"作为当事人的帕拉索斯对这个称呼也没有丝毫不悦。

"可能是吧，那我先走了。"

"等一等，我可以问个问题吗？"

安塔伦叫住了帕拉索斯。帕拉索斯疑惑不解地皱了皱眉。安塔伦不可能对帕拉索斯提什么要求，而且王后对儿子千叮咛万嘱咐，让他不要听安塔伦的话。

"王后娘娘最近有没有同意接见外国人？我说的是听不懂我们语言的人。"

帕拉索斯做出努力思考的表情，眼睛悄悄地往旁边瞥了瞥。

"不知道。你问这个做什么？"

"啊，没什么。我听说最近有些骗子，专门寻找各国的高贵人物。"

"是吗？你觉得母后会被这些人欺骗吗？"

"谁都有可能受到这些人的蛊惑，因为他们带着甜蜜的礼物和美好的承诺。微臣去找大王子了。小王子慢走。"

安塔伦行了礼，走出北门。帕拉索斯耸了几下肩膀，拍了拍马背，加快速度回宫去了。他知道北门外面的山梁很长，不适合寻找骑马的人。安塔伦也不可能不知道。帕拉索斯年纪不大，对于宫里的人情世故却看得很清楚。

她侧身坐在等候室的长椅上，注视着天空。国王宠爱的女人，大王子的母亲，但她却不是王后。她就是艾瑞缇娜，都城里最华丽的贵妇人。她拥有一切，尽管因为出身而未能得到王后的名分，但是登上了贵妃的宝座，同样得到全国百姓的拥戴。最重要的是，她有个让国王骄傲不已的儿子，还有什么担心呢？未来属于她，时间也属于她。艾瑞缇娜年过四旬，却比十九岁初次走进国王寝宫时更有魅力。人们都说她像成熟的玫瑰，再走一步，花瓣就会丑陋地掉落。但是，这一步竟然用了几年的时间。王宫后院形成了玫瑰的丛林，外面是黑玫瑰，中间是红玫瑰。艾瑞缇娜在某个地方看到这种珍奇品种，说很像自己，于是国王就命令大臣种下这种玫瑰，连名字都叫"埃弗丽娜"，也就是"埃弗林的女人"。如果艾瑞缇娜是埃弗林的女人，那王后是什么呢？玫瑰枝繁叶茂，国王喜欢搂着艾瑞缇娜的腰肢闲步其间。玫瑰藤形成拱门，中间有条小路，那里笑声不绝。

宫女告诉艾瑞缇娜，王后到了。

艾瑞缇娜站起身，一名宫女赶紧跪下，为她整理衣角。萨米娜王后走进来，艾瑞缇娜弯腰施礼，面露微笑。她特有的微笑令男人不由自主地回头，令女人本能地产生戒心。萨米娜王后冷冰冰地回应了她的问候，坐在艾瑞缇娜坐过的椅子上。盘起的头发下面露出的后颈依然光滑，然而眼角和唇边却蠕动着由忧愁刻下的无数皱纹。腰部开始长出赘肉，手也失去了光泽，如今这一切都难以恢复。她也曾经美丽动人，只是已过半百的年纪想要掩饰起来绝非易事。

"看起来心情不错啊。"

"当然了，王后娘娘。"

"儿子要上战场了，你怎么这么高兴？"

"儿子是为了成为埃弗林真正的男子汉大丈夫而出征，我怎么能不高兴？"

"至于是成为男子汉大丈夫，还是成为懦夫，需要等回来才知道，不是吗？"

"臣妾相信儿子，所以没有必要等到那个时候。"

"你这是虚张声势，明明心里怕得要命。"

艾瑞缇娜莞尔一笑。

"也许有点儿吧，毕竟我也是母亲。不过，今天我感觉娘娘的脸色比我更苍白。您肯定不是为伯利提莫斯担心，难道您现在就开始为三年之后帕拉索斯的出征担心了？"

萨米娜王后这天的妆的确有点儿白。王后怒气冲冲地抬起头来，艾瑞缇娜深深地行了个礼，看也不看萨米娜王后的脸，径直走向门口。王后大声喝道：

"你竟敢在我前面出去！"

"正如娘娘所言，今天臣妾的儿子要奔赴死地，作为母亲，我想站在儿子身边，相信娘娘能够体谅臣妾的心情。"

门开了。等待在门外的宫女们赶忙撑开阳伞，展开羽毛扇。艾瑞缇娜昂首挺胸，迈开大步，雷鸣般的欢呼声和掌声爆发出来。都城的市民们为了祝贺王子首次出征聚集而来，纷纷注视着艾瑞缇娜走到台上的国王和吉恩身边。尽管只是短短的瞬间，然而人们心中都掠过这样的感觉，那就是他们三个人才是真正的国王之家。不一会儿，气得脸色苍白的萨米娜王后和帕拉索斯王子也走了出来。

侍奉胜利女神、埃弗林的守护神和战争之神的祭司们相继献上祝词，艾瑞缇娜的眼睛里泪花闪烁。国王抓着她的手。萨米娜神情僵硬地注视着前方。她已经不在意人们怎么看自己了。她的脑子里只有一个念头，那就是自己吃亏了。萨米娜不是傻瓜，她知道今天艾瑞缇娜的举动会带来怎样的效果。仅凭比帕拉索斯先成年而出征作战的吉恩，帕拉索斯的太子册封之争就已经很不容乐观，现在连身为王后的萨米娜也成了陪衬。

偏偏赶在吉恩出征的日子，这个问题又很难计较。这点更加重了萨米娜王后的愤怒。艾瑞缇娜会在很长时间里完美地扮演送子上战场的伤心母亲的角色，这时候自己说什么上台的顺序错误也无济于事，国王根本听不进去，反而会引起国王的愤怒。

艾瑞缇娜早就计划好了。王后在艾瑞缇娜面前吃亏也不是这两年才有的事。狡猾的女人，连自己儿子的出征仪式都没有浪费，反而巧妙地加以利用。如果换上萨米娜，肯定只顾为儿子担心，不可能想出这样的策略。艾瑞缇娜是个可恶的女人，也很可怕。面对这样的对手，自己真的能够帮助帕拉索斯保住太子的位置吗？

萨米娜这样想的时候，艾瑞缇娜完全没有考虑在内的那个人却阴沉着脸。他就是吉恩。

"干什么呢？"

艾瑞缇娜站在面前。她要给吉恩披上斗篷，然后是国王的授剑仪式。这个史无前例的滑稽程序都是艾瑞缇娜想出来的，不过看热闹的人们非常喜欢。吉恩盯着艾瑞缇娜。母亲的美丽丝毫不逊色于她身边的那些女孩，然而母亲的眼神显露出她似乎在强压心中的焦躁。她似乎在无声地说话，该做的事情必须要做好，你的心情没那么重要。吉恩突然产生了离开这里的冲动，他好想跳下台，消失在人群中。

不可能，即使做了也很快就会被发现。自己披着红色的绸缎斗篷，穿上铁甲，想藏身都难了。吉恩礼节性地抱了抱母亲，很快就分开了。艾瑞缇娜感觉到儿子推开了自己，但是在远处的人们眼里，他们只是舍不得分开的母子。

国王说：

"盼你凯旋，伯利提莫斯。"

吉恩知道自己什么都不用做，也会胜利归来，然而他还是默默地接过了剑。吉恩把剑握在右手，伸了出去。欢呼声更加强烈了。望着那些跺脚挥拳的人，望着挥舞花束哽咽不已的人们，吉恩努力不让自己笑出来。他们对首次出征的自己怀有怎样的期待？本来应该喂马或打扫卫生的愣头青担任指挥，被安排在他手下的那些人真是可怜。不，说不定选出来的都是身经百战的勇士。因为他们要照顾好指挥官，至少不让指挥官迷路。

"哥哥，今天你的表现酷极了。你要是这样出现的话，赞达尼族肯定会逃到赞达尼城去。"

"是吗？那你愿不愿意加入我的部队？"

"不，如果要跟你一起跑到赞达尼城，我谢绝。"

两个人窃窃私语。萨米娜王后恶狠狠地瞪着他们，帕拉索斯却毫不介意，笑了笑，像什么事也没有发生。这样的泰然自若令人羡慕，或许这种悠闲才真的是王子气质。

白发苍苍的贝勒修斯将军走上讲台。他是这次讨伐战的总指挥官。国王拍了拍吉恩的肩膀，吉恩走到将军身边，弯腰行礼。将军也弯腰回礼。吉恩将出任他的副官。将来的远征期间，将军不会在吉恩面前弯腰。吉恩跟随将军下台，加入到部队的行列。将军有四名副官，吉恩是第一副官。原来的第一副官肯定也在队列当中，那人眼里的吉恩是什么样子呢？应该是个令人恶心的家伙吧。明明是初生牛犊，却只因为王子身份就站到最前面。

吉恩不知道自己为什么总是这样想。只是因为不能太开心吗？自己只要按照立功程序去做就行了，拿出些许诚意，悠闲地走一趟回来都不行吗？吉恩漫不经心地转过身去，看了看讲台。一直盯着吉恩的帕拉索斯做出口型，对他说：

哥哥想得太多了。

天气越来越热。后院盛开着深红色的玫瑰，西娅却埋在房间里，不肯出去散步。手里拿着针，却没有丝毫进展。刚才宫女送来了西瓜冰露，她尝都没尝就放下了勺子。如此炎热的天气里，西瓜冰露简直就是美味，只要拿起勺子，肯定会吃光。西娅却觉得冰冷而粗糙。没有受到应有待遇的西瓜冰露慢慢融化，房间里萦绕着香甜的气味。

门外的宫女突然说道：

"本家母亲来了，可以进来吗？"

西娅宛如静物画的脸上终于有了表情，却是慌张。

"母亲？她在哪儿？"

"在门外。"

西娅不知所措，把手里织的东西藏到裙子底下。她多次叮嘱，如果母亲来了要尽快通报自己，然而宫女们觉得理所当然，很快就忘记了。怎么说也是母亲，有什么大不了的。如果西娅严厉训斥宫女，就不会到达这个地步了。不过，这样的日子再也不会有了。

母亲尼梅娅走进门来，干脆省略了对王子妃的**繁文缛节**，径直与西娅相对而坐，一把抓住她的手。

"娘娘，手怎么这么凉？上次给你的药还在吃吗？"

"……是的。"

"肯定没吃吧？你明明知道母亲给你煎药的时候是什么心情，

却嫌苦不吃。自己的母亲和兄弟姐妹们百般叮咛，都是为了娘娘好啊，你仍然像个小孩子似的，是吗？"

西娅确实在吃药。她反复说自己在吃，而且宫女们也站出来做证，谁知母亲还是不肯相信。她也不想多说了。如果吃了药，胳膊上长出一条线就好了。哪怕长个斑点也好。不过这些都没有用。尼梅娅不愿相信的事情，那就绝对不会相信。西娅的手依然冰冷，脸上没有血色，胸脯也没有挺起来，肯定没有吃药。

尼梅娅再次以自己的方式解读了西娅的沉默。西娅知道辩解也无济于事，然而这也不能成为安慰。

"母亲好难过，心急如焚。为什么我自己生的孩子，却连这件事都不肯听我的话，我真想拿头去撞石头。你不为自己的哥哥们着想吗？我跟你说过多次了，他们现在简直就是在出卖我们的家谱。"

西娅的哥哥们游手好闲，就等着哪里掉下官位让他们坐坐。他们只知道出卖家谱，从来不想工作。毕竟是王子妃的哥哥，也不能加入别人的商会或者去教别人家的孩子。因为他们是王子妃的哥哥，不管走到哪里都不会遭到驱赶。早饭在这家吃，午饭在那家吃，茶在另一家喝，晚上则混在别人家的亲友聚会上白吃白喝，玩到深夜。日子飞快地流走，只要脸皮厚点儿，这样的人生也算轻松了。人们对这几个不知廉耻的年轻人议论纷纷，这些议论传到了王宫的宴会上，让西娅抬不起头来。

"娘家人整天忧愁，有什么用？娘娘根本不心疼你的母亲和哥哥，只顾自己在宫里养尊处优。我身为王子妃的母亲，手上有没有个金戒指，你都置之不理吗？化妆盒和文件柜早就空了，你小时候玩过的玩具娃娃都进入商人的脏袋子里了！"

关于玩具娃娃的话题，从几年前到现在，西娅已经听过几十遍了。西娅自己没什么印象，尼梅娅却总是耿耿于怀。她以为自己耿耿于怀，西娅也会和自己心有灵犀，于是反复说起这件事。她边说边睽着西娅的脸色。西娅没有能力露出适应这种状况的表情。不过，不管她是什么表情，尼梅娅都不会满意。

"是的，你一点儿都不心疼，是吧？你自己枕着金枕头，吃着山珍海味，至于娘家的谷仓，怎么样都无所谓，是吧？你的一奶同胞们都卖身上战场了，你才高兴吗？"

那也没关系。西娅差点儿就说出口了。这时，有个机灵的宫女说，药准备好了。母亲和女儿都面露喜色。宫女端着黑色污水似的药走了进来，房间里立刻充满了难闻的气味。尼梅娅皱起眉头，拿出了手帕。西娅若无其事地喝了药，把碗递给宫女。宫女出去了，尼梅娅自言自语道：

"味道还真难闻。"

西娅默默地忍住了想要呕吐的冲动。喝上一次，嘴里要苦半天，这种药究竟是用什么做成的，又是怎么做成的，西娅很好奇，但其实连尼梅娅也不知道。有人偷偷告诉她，这种药用珍贵材料秘制而成，然后以高价卖给尼梅娅。女儿的话不相信，却轻而易举地相信别人的话，真是不可思议。当然这些都是为了西娅，更准确地说是为了她的哥哥们。据说只要吃了这药，脸上就能有血色，身体会变得丰满，期盼的月经初潮也会开始。当然，这些事从来没有发生。西娅倒真希望母亲说的是真的。

"母亲，我有点儿头晕，要睡会儿。请您……"

"头晕？只要你以前好好吃药，就不可能头晕！你到底什么时候能懂事？不过这样的日子也不长了。听说贵妃娘娘要在王子殿下回来之后物色新的王子妃。你才十七岁，为什么要娶新的王子妃？肯定是因为你太软弱。从来没听说王子有两名妃子，不过陛下对贵妃娘娘宠爱有加，不管她想做什么，哪怕破例也会纵容她，不是吗？"

西娅没有说话。尼梅娅喋喋不休，大概是口渴了，端过西娅留下的已经融化的西瓜冰露一饮而尽。她舔着嘴唇，接着说道：

"万一娶了好人家的新王子妃，有了身孕，你的地位会怎么样，这不难想象吧？从前王后娘娘没生帕拉索斯王子的时候，受到了多么恶劣的待遇，你当时年纪还小，可能不知道，我可是看得清清楚楚。直到现在，陛下也仍然宠爱着生了大王子的贵妃娘娘，不是吗？王子殿下一直在等待娘娘，现在已经到了血气方刚的二十二岁。现在他的等待应该得到回报了，可是娘娘仍然是这个样子……王子殿下的精力都用到骑马上了，算起来也是因为你，难道你不知道？"

吉恩不到三岁就喜欢骑马了，尼梅娅却信口开河，而且还提高了嗓门儿。西娅的脸上泛起了红潮。每次想起吉恩，她总是手脚发麻，嘴唇干燥。西娅害怕吉恩。一想起他是自己的丈夫，西娅就更害怕了。结婚十年了，可是在西娅眼里，吉恩的存在仍然很不真实。哪怕只是远远地看到吉恩，西娅也会浑身僵硬。如果他不是自己的丈夫，只要把他当成和自己毫不相关的人就行了，然而吉恩是自己的丈夫，西娅有一天会生下他的孩子。当然在此之前，她要成为女儿身才行。

西娅十七岁了，两个人还没有正式圆房，人们自然会议论纷纷。她自己也不是不知道。体弱多病的西娅真的能生孩子吗？走在后院的时候，窃窃私语声就从一步之外传来。这时她非但不会回头，反而加快脚步。只要不去后院就行了，可是来到面前的母亲却无法回避。西娅默默无语，尼梅娅终于忘记了礼节，使劲拍了拍西娅的手背。

"在此之前，不管发生什么事情，你们都一定要圆房。来，拿着这个。放在裙子里面，应该会有效果的。"

尼梅娅递过来一个像是香包的口袋。里面散发出的不是香味，而是奇怪的气味。西娅伸出手，问道：

"这里面是什么东西？"

"这是用曼陀罗草的果实做成的特殊药材。口袋是用生过七个孩子的女人的内裤，放在发情种马的尿液里浸泡而成的。"

西娅大吃一惊，连忙缩回了伸出去的手。尼梅娅一气之下，打了西娅的膝盖。

"你干什么？你的丈夫要被人夺走了！像王子殿下这样的男人，即使没有王子身份，也足以令天下女人趋之若鹜。就算你再不懂事，也不能身在福中不知福啊。哪怕王子殿下没有那种想法，全天下的女人也不会放过他。远征归来，王子殿下就要成为太子了。如果到时候你还没有做好同房的准备，就无法避免新王妃的到来了！"

"可是这个东西……"

"别说这个，更过分的事情你也要做！"

尼梅娅把口袋挂在西娅身上。放在裙子里面，几乎闻不到气味。然而想到这东西碰着自己的身体，西娅就觉得恶心。正在这时，尼梅娅看到了西娅藏在裙子里的东西。看到小小的袖子，尼梅娅不由得面露喜色。

"这是什么？"

拿出来一看，衣服太小了。尼梅娅以为是小孩子的衣服，原来是娃娃的衣服。尼梅娅咬紧牙关，还是没有忍住愤怒。

"你这死丫头，还没有扔掉娃娃！"

这不是作为王子妃该听到的恶语，西娅避开了尼梅娅的目光。从七岁进宫那天开始，娃娃陪伴她度过了很多孤独的日子。可是从几年前，尼梅娅就让她把娃娃扔掉。因为她坚信，身边有娃娃就不可能怀孕。而且不能扔掉小孩子的玩具娃娃，象征着长大成人的月经初潮就不会开始。看见尼梅娅恼羞成怒，西娅谎称去年就把娃娃扔掉了。现在又看到娃娃的衣服，尼梅娅不可能不生气。她把衣服撕成两片，双手瑟瑟发抖，像是要打西娅耳光的样子，然后猛地站了起来。

"藏在哪儿了？还不实话实说？"

尼梅娅打开文件柜和衣柜，一件一件拿出里面的东西。西娅抓住母亲的胳膊，尼梅娅却把她推开了。倒在地上的西娅担心被宫女发现，于是锁上了门。针线盒掉了出来，接着翻出来的是碎布和几套娃娃衣服，终于发现了娃娃，尼梅娅抓起掉在地上的剪刀，剪掉了娃娃的头。

"啊……"

西娅脸色苍白，尼梅娅毫不理睬。她用布包起断成两截的娃娃，带出门去。西娅失魂落魄地坐在椅子上，双手捂着脸。这时，宫女推门往里面看。

"娘娘？有什么事吗？"

宫女进来，准备整理散落在地的东西，西娅捂着脸说：

"出去吧。"

宫女点了点头，走出门去。不一会儿，西娅站起来，捡起留下的娃娃衣服，塞进文件柜里，又摘下尼梅娅帮她戴在身上的药袋，也塞了进去，然后关上门。

周围都是阳光，无处藏身，只能继续前行。人困马乏了，幸好太阳正在西斜。西斜的太阳比正午更热。向导说，今天傍晚就能到达涌泉城。对于饱受炎热困扰的人们来说，这当然是他们的希望。

涌泉城围绕着荒野之中的泉水，因此得名涌泉。这里最适合穿过荒野的人们停留。原来只是个村庄，后来发展成为城市，最近却又无人问津。南方的城市接二连三地被占领，不知不觉间，这里成了最前方与赞达尼族对峙的城市。涌泉城至今未发生过大规模的战争，不具备成为军事要塞的优势。贝勒修斯打算尽早赶到平原，排兵布阵。不过，对于长途行军将近一个月的部队来说，想要休息一天，这里是最适合的地方。自从商人不再光顾这里之后，城里的很多食宿场所都变得空空荡荡。里面应该有很多美酒、水果和储存的火腿。

吉恩在晨耀的背上摇摇晃晃，想起了这个季节在王宫里吃过的西瓜冰露。每次想到那种甜美凉爽的味道，他就忍不住口水直流。

马鞍上挂着水袋，然而刚才喝过的水热乎乎的，而且有种令人不快的皮革味。其他士兵可能感觉不到这种味道，吉恩自己也想努力忘掉，可是直到一个月后的今天，他还是没有成功。

吉恩相信身体有适应能力。他曾在肮脏的街头光着双脚，躲躲藏藏地长大，现在却能在向百姓公开的正式场合，嘴角不沾油地用餐，可见世上没有什么不可能做到的事情。行军途中，吉恩往水袋里放土或马饲料，甚至还放过马粪，努力让自己学会忍耐。他的确忍住了，只是没有忘记原来的味道，也没有喜欢上新的味道。也许是他努力得不够。吉恩这样想着，打开水袋，放在嘴边。他手下的士兵在晚饭之前，连这样的水都喝不到。

"看到大树了！"

和向导一起归来的侦察兵大声喊道。站在将军身边的副官们脸上顿时有了生机。将军转头看着吉恩。

"你先去通知我们已经到达，然后看看情况。"

"是，将军。"

吉恩低头回答，让五名部下跟上自己，然后抽出鞭子。吉恩一声令下，一道白光箭也似的射了出去。许久之后，部下们才追了上去。大家的眼睛都盯着地平线。尽管早就听说过王子的快马，然而这次行军途中还没有真正见识过呢，直到今天才有机会从近处看到，果然名副其实，真的是快马。

部队又开始行动了。距离将军稍远的副官达尼尔对另一名副官希斯特说道：

"真的很快。"

"要不然怎么能说是好马？"

"仅有好马就能这么快吗？"

"当然还需要有实力才行。身份高贵，每天除了骑马，没有其他事情可做。他需要种田吗？需要做生意吗？"

147

赤手空拳的黎明

"还需要和女人睡觉吧？"

两个人嘿嘿笑着，副官贝尔肯翘起嘴角，冷嘲热讽地说：

"那是因为你们还没见过王子妃娘娘。"

贝尔肯是萨米娜王后的四哥图安的儿子。提到王子妃，另外两个人似乎很感兴趣。很多贵族也很难见到整天藏在房间里的西娅。西娅甚至连出征仪式都没有参加。

"你见过吗？听说几乎没有人见过呢。"

"瘦巴巴的，让人倒胃口的小孩子，还不如抱着柴火好玩呢。"

这话有些过分，达尼尔和希斯特闭上嘴巴，环顾四周。发现没有人偷听，达尼尔先表现出好奇。

"啊，是吗？那可不行。可是除了王子妃以外，王子就没有别的女人吗？"

"那样的女人怎么可能成为王子妃呢？出身好像也没什么特别。"

贝尔肯没再说什么，而是加快速度，冲到前面去了。贝尔肯在这次远征队里是第四副官。本来是第一副官，因为王子的加入而沦为第四副官的人正是他。之所以没有成为第二或第三副官，是因为没有必要所有副官都更换自己指挥的部队，那样会增加混乱。第四支部队本来不存在，为了贝尔肯才紧急招兵。换句话说，这支队伍就是乌合之众。为了应付从底层士兵突然升为精锐兵的部属，贝尔肯在半个月的时间里遇到了无数懊恼的事情。出征之初他对吉恩的感觉是不快，现在已经近乎憎恶了。更何况他是萨米娜王后的侄子，平时也不可能对艾瑞缇娜和吉恩多么友好。

到达大树下面，吉恩吁了口气。其实他没有必要这么着急，但是长期的缓慢行军让他不想错过久违的驰骋机会。现在还不能尽情地策马奔腾，他没有忘记自己的任务。那棵大树是孤独地矗立在涌泉城前的枣椰树。站在那个位置，可以清楚地看到城门。看到城门，吉恩不由自主地发出了叹息。只要拔掉这棵大树，拍打几下，城门可能就会粉碎。

吉恩骑马往城门前奔去。城墙上面也没有看守的士兵。听到马蹄声，几个人探出头来。吉恩大声喊道：

"我们是远征军。我以光荣的伊斯坎特之星守护的，至高无上的国王陛下的名义，讨伐赞达尼族！打开城门，迎接远征军的到来！"

探头张望的几个人吓坏了，赶紧藏了起来。不一会儿，城门吱吱嘎嘎地开了。出来的是个骑着红马的女人。像大多数南方人那样，女人的帽子顶上带有长纱，身穿白色的连衣裙。三四名士兵从后面跑出来，他们甚至没有列队。女人停下马，望着吉恩，说道：

"至高无上的国王陛下万岁，我们翘首恭候各位的到来。我是涌泉城城主安德鲁的女儿，黛莎。"

黛莎走过来，吉恩惊呆了。看上去她比吉恩大三四岁，王宫里也很难见到这样的美女。这时，吉恩的部下也追上来，围住了吉恩。

"贝勒修斯将军派我先来通知您部队已经到达。大部分将在一小时之后到达。"

"知道了，我已经向城里发出通知。本应该由城主出来迎接，但是自从去年突然倒下之后，城主就行动不便了。请谅解。"

"知道了，我会向将军解释的。"

"谢谢。那么请进吧？"

在黛莎的带领下，吉恩走进城里。里面的情况比在外面看上去更加狼狈，城门外面还保留着城墙，然而往里一看，很久以前倒塌的建筑物都没有修缮，高度也参差不齐，到处是裂缝。有些民房比城墙更高，内部有大大小小的广场，沿着斜坡组成八字形。小广场对面是城主居住的内城。内城后面是深深的峡谷，城墙很高，不用担心从那个方向受到攻击。到达小广场，吉恩看了看四周，问道：

"士兵们在哪儿？"

黛莎尴尬地看了看跟在身后的几个人。他们也穿着像是铁甲的东西，但是比起吉恩身后的五名士兵，他们简直就像是看守农田的农夫。

"我们成立的士兵都是平民壮丁，除了值班士兵之外，其他人都在工作岗位。很久没有训练了，都不好意思称为士兵。"

"人数有多少？"

"五百人左右。只要四肢健全，从十五岁的少年到六十岁的老人都算在内。"

黛莎的回答非常直率，让人不忍取笑。如果置之不顾，明天可能就会被赞达尼族彻底消灭。那么，黛莎会怎么样呢？吉恩摇了摇头，努力摆脱这些乱七八糟的想法，然后说道：

"将军让我调查城里的情况。如果您能派几名向导，我的部下们会更顺利地完成任务。"

"好的。已经做好了迎接准备，队长请随我来吧。"

"我不是队长，只是将军的副官而已。"

黛莎的脸上露出微笑。吉恩不知道她为什么笑。

"是吗？我可以问您的名字吗？"

"吉恩。"

身处远征地，绝对不能轻易透露自己的身份。万一敌人知道了，可能会把他当成目标。黛莎又笑了笑，带领吉恩进了内城。

"这不是什么问题，反正又不是在这里战斗。"

听了吉恩的报告，将军这样说道。这话说得有道理，吉恩却还是感到遗憾。

根据考察过城内状况的部下报告，外城墙至少有十五处可以侵入的地方，不止是稍作修理就行的程度，很多地方都只是残留着城墙的痕迹。有位部下这样说道：

"兔子都能跳进来。"

城墙周围堆放着百姓家的稻草和杂物，万一有火箭飞来，城里会在刹那间被火焰吞没。重要据点之间毫无秩序地建起了很多房子，牲口圈或杂物堆挡住了道路，根本无法构建有效的联络网。士兵，准确地说是百姓们的武装，比铁锹和镰刀稍强，铁甲的普及率不到半数。

城主安德鲁自从去年病倒之后就半身不遂了，城市的统治全部交给了女儿黛莎。黛莎固然很漂亮，却不是具有统帅能力的代城主。她只有一名十二岁的弟弟。这个小家伙说自己是男孩子，真正的代城主应该是自己，大事小事都阻挠姐姐。这是他人生的意义。白天贝勒修斯将军进城之时，他就大呼小叫地说姐姐要把城市卖给外人，最后不小心碰倒了接待室的烛台，被关在仓库里哭个不停。

"行军时间太长，又忙于搭建宿营地，士兵们都累了。今天先养精蓄锐，明天再出兵作战，怎么样？"

作为副官，也只能说这么多了。不管走到哪里，副官都只能充当辅佐将军，连接各个部队，并不是军事会议的参谋。如果吉恩真的是副官，他可能会多说几句，然而情况并不是这样。他觉得如果自己再多说，那就是越权了。在远征期间，虽然将军只把吉恩当成副官，但是他在心里也不可能没有压力。

"知道了。那您好好休息吧。"

吉恩转身想要出去。将军突然说道：

"调查很辛苦吧？今天夜里你也好好休息，我不会再叫你了。"

这是意料之中的事。在将近一个月的行军途中，吉恩脸色苍白，下巴都尖了，皮肤也晒得黝黑。看到王子这副模样，将军似乎有些过意不去。吉恩默默地行礼，然后出去了。

突然来了数千人的部队，不过涌泉城的气氛和平时并无大的不同。城市体系乱七八糟，没有容纳部队的能力，士兵们就在城外搭建宿营地，住了下来。路上的期待落了空，士兵们连城市都没进去，很是不满。队长们也住在宿营地里，防止敌人的突袭。只有将军住进了内城准备好的宿舍，副官们也都在城里过夜。

吉恩来到大广场，士兵们笑呵呵地搬着酒桶。他叫住一名士兵询问，士兵回答说，鹰队队长下令给士兵们分酒。看来是为了平息士兵们的不满而采取的措施。酒被征用的酒馆老板和商人们愤愤不平，可是对方身上带着枪和剑，他们也不敢多说，只是三三两两地聚集着交头接耳。城主没有酒吗？吉恩问道。一名男子回答说：

"城主大人就是因为喝酒才变成这个样子的，于是黛莎小姐不让城里存酒。当时城主仓库里的酒都给我们分了。"

"既然是这样，再让你们拿出来，也不该有什么怨言，不是吗？"

"再拿出来？那些酒已经一滴不剩了，这酒是我自己新酿出来的！完全不一样！"

毫无忠心的商人们又自顾自地交谈起来。离开这里的时候，吉恩仿佛听见都城的市民们也在说同样的话。不，也许不仅是都城市民，而是埃弗林的全体百姓。他是他们的王子，将来有一天要成为国王，然而这一切又有什么意义？

他漫无目的地走着，不知不觉来到了外城墙附近。部下们已经观察完毕，向他报告了情况。他又走了一遍，看到了兔子可以翻越的地方。吉恩坐在那里，往城外看去。他看到了远处宿营地的灯光，后面是灰蒙蒙的树林。虽然看不真切，但是他有这样的感觉。树林另一端应该就是赞达尼城了。他想起出征之前和帕拉索斯的对话。当时吉恩在想，如果自己去了赞达尼城不再回来，那会怎么样？在出征仪式上，他也产生了同样的想法，只是没有说出口。如果自己逃跑，从此隐藏起来，那应该是母亲绝对不想看到的结果。不，也许正是母亲翘首以待的结果。

艾瑞缇娜在出征仪式上想要得到什么，吉恩不是不知道。那是绝好的机会。如果换作其他场合，人们会对她大加批判，说她越权。即将远征的吉恩是她最好的挡箭牌。如果自己负伤归来，艾瑞缇娜可能会更开心，因为可以被她利用。当然，艾瑞缇娜声称这一切都是为了让吉恩成为太子。但是，她从来没有询问过吉恩的想法。

如果自己失踪，父王说不定会觉得艾瑞缇娜可怜，从而让她成为王后。艾瑞缇娜还年轻，可以再生个孩子，将来让他成为太子。

"副官大人，您在这里做什么？"

明明知道这种想法说不通，然而吉恩还是沉浸在愤怒制造出的思绪里。回过神来，他发现部下们正笑嘻嘻地看着自己。查理克、赫本、盖拉德，他们都是平民出身的侦察兵和传令兵，聪明过人，最年轻的盖拉德也比吉恩大九岁。不过，他们都没有晋升的可能了。像现在这样辅佐从天而降的贵族出身的年轻上官立下战功，然后就会退役。这次是王子，也是初生牛犊。这样想着，吉恩凄凉地笑了笑。

"你们怎么不休息，到这里干什么？"

"风吹来了副官的气息。"

"我们通过这种气息判断出来，副官正在想，如果有哪个家伙带酒来，就让他做御林军。怎么样？"

查理克从怀里拿出一瓶酒，冲吉恩笑了笑。王室御林军是贵族年轻人的专职，他们只是单纯地开个玩笑罢了。吉恩笑着接过酒瓶。反正酒已经流入宿营地，今天夜里就算是允许喝酒了。

"听了你们的话，我理解为你们想长期和我在一起。"

"真的吗？要是真的能这样就好了。"

正如吉恩料想的那样，他负责的部队是优秀士兵的集合地。那些领导过他们的上官，大部分都借助他们的能力立下了赫赫战功，然后晋升，离开他们。前不久担任这支部队指挥官的贝尔肯得知这个变化之后，表现得格外急切。这些人都受够了贝尔肯的折磨。尽管还从来没和吉恩并肩战斗，但是大部分对吉恩都有好感。听说他是王子，大家都很紧张，但是吉恩不但比贝尔肯宽厚，而且他的洒脱也超出想象。

吉恩不喜欢总是守着其他副官或长官，而是更喜欢和平民出身的士兵交流。他们才是吉恩想要在战争中体验的新生活，而且吉恩出众的马术也赢得了传令兵的高度评价。赫本一直觉得自己是部队中骑马最快的人，于是他开玩笑说要和吉恩对决，但是白天跟着吉恩跑了一路之后，这句话自然而然地咽了回去。

他们围成一圈，逐一碰杯之后，开始喝酒。赫本拿出用作下酒菜的蚕豆，大家每人抓了一把，嚼了起来。吉恩看了看他们。

"你们都参加过多次边境战争。赞达尼族的情况究竟怎样，谁能跟我这个没有经验的新手说说。"

士兵们显得很尴尬。吉恩是唯一以这种方式说话的上官。老兵查理克说：

"我们虽然多次参加边境战争，但每次都是听从上官的吩咐，只顾忙于眼前，还能知道什么呢。"

"不，我问的就是这些。你们在最近的距离见过赞达尼族，不是吗？也和他们举剑相对过，怎么样？他们厉害吗？"

"这个……"

查理克迟疑不决。盖拉德说：

"说实话，面对近在眼前的他们，的确觉得很可怕。首先是块头大，力量也很强。单手举起犁耙那么大的镰刀，像转风车似的。其实我们不会一对一地和赞达尼族交锋，最好是两三人一组。最先跟他们交手的士兵不逃跑，就算谢天谢地了。"

"是吗？那我也以不逃跑为目标了。"

盖拉德面带疑惑。赫本打了下他的臂肘，他低头笑了起来。查理克说：

"我们真的很喜欢副官的性格。偶尔我们聊天的时候会说，副官为什么和其他贵族不一样呢？当然我们见过的贵族也不多。"

"王族就更是第一次见到了。可能因为副官是王族，所以不一样？我们也这样想过。"

"我们听说，副官以前在宫外生活过挺长时间。"

吉恩点了点头，又喝了几口酒。酒很烈，不像热带的酒。

"怎么会有这种事呢？也许我们不该问。可是，副官在九岁之前也像我们这样生活吗？"

盖拉德话音未落，查理克打了他的胳膊。

"喂，臭小子，像我们这样？怎么能跟我们这样的家伙……"

"是的。"

吉恩突然说道。盖拉德得意地冲查理克笑了笑。查理克继续说道：

"怎么会呢？我们小时候光着脚打架，掀开女孩子的裙子逃跑，还偷过邻居家的西瓜。有女孩经过的时候，我们爱说些难听的话，捉弄女孩，反正就是这样的浑小子。"

"岂止是说话，还唱歌呢。"

看到士兵们慌张的表情，吉恩觉得很有趣。盖拉德笑着说：

"那么副官大人，您能教我们唱首歌吗？"

吉恩又喝了口酒。酒劲很大，他红了脸，幸好被夜色遮住了。凉风吹来，心情好些了。他曾经很喜欢唱歌，那是母亲连夜缝缝补补的时节。回到宫里之后，唱歌就成了艺人的事。

隔壁的阿亚特抓住我的手

让我把手伸到里面

我伸进去了，那是什么东西

湿乎乎又软绵绵，感觉不舒服

我赶紧抽出手，打了他耳光，

哭着逃跑了。

我真不该把手伸进鱿鱼筐里。

起先士兵们瞪大眼睛，听到最后一句都笑出声来。吉恩也笑了。抬头一看，漫天星辰仿佛要掉下来了。

"啊，真的吓了一跳。副官怎么可能唱那种歌。"

"我学会了。等回到老家，要让它派上用场。"

"你们什么时候回老家？"

吉恩问道。士兵们面面相觑。不一会儿，查理克回答说：

"我们也不知道。已经十年没回去了，十五年？"

"为什么不回去？远吗？"

"一方面是因为远，另外回去就不能再回来了。没有回老家再回来的规定，所以要想回去，就要留下等级章。"

赫本说：

"我明年要回老家。如果让我留下等级章，那就留下好了。儿子举行成年仪式，我这个当父亲的不能不回去啊。"

他的儿子恐怕根本不记得从军十几年的父亲长什么样了。吉恩突然想起了父王，自己从父王那里得到过这样的爱吗？现在，父王的确对吉恩疼爱有加，然而九岁的他脏兮兮地回到宫里的时候，父王并不是这样对他的。那时的父王，所有的心思都在漂亮帅气的帕拉索斯身上。

"你要是回去了，儿子一定会很开心。"

"谁知道呢，会不会问我来找谁？"

赫本笑了，另外两名士兵也笑了。他们的处境都差不多。赫本又说道：

"我也不确定自己能不能认出我儿子。等副官大人生了孩子，就明白我的心情了。"

吉恩面带微笑地说道：

"应该会有这一天吧。不过像你们这样的传令兵也很少见，将军肯定会舍不得。"

"不，白天看到副官骑马的样子，我为自己以前的狂妄感到惭愧。以后我再也不会吹嘘我的马术了。"

吉恩摇了摇头。世界似乎也跟着轻轻地摇撼。盖拉德哼起刚才吉恩唱过的歌。查理克唱起了另一支歌，也是关于漂亮女人的歌。盖拉德听着，突然说道：

"在这样的山沟里，竟然还有名副其实的美女。"

"是吧？啊，真的名副其实。"

盖拉德笑了笑，问吉恩：

"副官大人觉得怎么样？这个城里的姑娘。副官在宫里见过很多漂亮女人，不是吗？到那里看看，也不感觉有什么特别吧？"

赫本说：

"谁能比得上王子妃娘娘啊？"

"啊，对，还有王子妃娘娘呢。"

如果拿西娅和黛莎做比较，谁也不能说西娅更漂亮。不过，士兵们也不可能有机会见到西娅。吉恩在这里暂时充当他们的上官角色，但是西娅终究是高贵的王子妃娘娘，不能随便谈论。士兵们不好意思对吉恩胡说八道，自己推理起来。

"那么漂亮的美女，这么大了还没结婚，肯定有原因吧？"

"会不会是因为没有准备好嫁妆？看这个城市的情况，肯定没什么钱。"

"那么漂亮，嫁妆算什么呀？如果换成我，哪怕一分钱不给，我也要行大礼把她带走。"

"哎哟，在老家等待你的老婆怎么办？"

"说不定早就另有新欢了。"

"不过这里的姑娘看到你这样子，可能连眼睛都不会眨吧？"

吉恩突然插话了：

"如果黛莎现在结婚，离开这里，城市肯定会变成贼窝。"

这话说得没错。士兵们不知所措，正在这时，黑暗中传来了声音：

"好像在说有意思的事情，可不可以算上我呢？"

说话的人是贝尔肯。士兵们立刻紧张地坐正了姿势。贝尔肯从来没有像吉恩这样无拘无束地和士兵们谈话或喝酒。没有人应允，贝尔肯还是找到适当的位置坐下了，从怀里拿出一瓶酒。

"今天你们聚会，肯定不能不提那个姑娘，我赌一瓶酒。"

说完，他打开酒瓶，大口喝了起来。吉恩知道贝尔肯是帕拉索斯的表哥，不想招惹。贝尔肯看了看吉恩，哈哈大笑。

"不过，黛莎看你的眼神可不同寻常啊？"

刚才大家提到了王子妃娘娘，所以士兵们不敢轻易开口，悄悄地观察着吉恩的脸色。吉恩又喝了口酒，回答说：

"应该是你看错了。"

"不会的。我在这方面很精通。看上去她也是个老处女，应该很渴望男人吧？看到从都城来的白马王子，当然会动心了。"

吉恩觉得贝尔肯是故意挑衅，自己没有必要自投罗网。吉恩稍微提高嗓音，说道：

"太无礼了。"

"对你？还是对那个姑娘？喂，我想帮善男信女牵线，你却对我的努力置之不理。没有必要拒绝自己中意的姑娘，对吧？今天是初次见面，可能有点儿害羞，如果你以王子身份不动声色地勾引她，今天夜里你的被窝肯定很暖和，你说呢？"

吉恩恼羞成怒。他想站起来，但是又忍住了。远征途中与同僚打架斗殴，这是等同于逃跑的重罪。这时，赫本说话了：

"副官大人，人家是高贵人家的姑娘，您的话太过分了。"

贝尔肯用不可思议的眼神看了看赫本。

"你小子有王子做后盾，敢不把前任上官放在眼里了？难道远征结束以后，王子还会让你跟在身边吗？"

赫本性情正直，而且明年就想退伍，所以更加胆大。吉恩不能再坐视不管了，猛地起身。

"贝尔肯，关于这个问题，你要是再多说一句，我绝不放过你。"

"哎哟，那还能怎么样？王子下令了，我当然得闭嘴。"

"这里不论身份，难道你忘了？"

"是的，是的，副官大人。"

贝尔肯乖乖闭嘴，大口喝起酒来。一瓶酒被他一饮而尽，然后他笑嘻嘻地胡说八道：

"我这么说都是为了王子，不，都是为了副官大人。好伤心啊。我以为你肯定需要。男人理应……不，哦，副官大人也是男人。我也是结过婚的人，老婆再怎么漂亮，过段时间也会厌倦。何况本来也不怎么漂亮，更是如此。不对，不是的。你们还没有圆房，那就不用多说了，肯定是要多郁闷有多郁闷。趁着出远门的时候好好放松……"

星星低垂，仿佛马上要掉落下来。刚才感觉四周摇晃，现在却又感觉天地相连了。站在两者之间，他感觉无比压抑，近乎窒息。如果说是喝酒的缘故，那有点儿奇怪。不，不是因为酒，而是因为愤怒。

贝尔肯仍然不停地说话，更加惊人的话题从他嘴里冒了出来。很久以前，贝尔肯的祖父，也就是大富豪埃克劳斯的家里经常是食客不断，有个食客的妻子叫尼梅娅。尼梅娅很想让自己的女儿嫁给埃克劳斯的某个孙子，如果不能做夫人，那就做妾室也好。有一天，尼梅娅带来了自己的女儿西娅，看到西娅的悲惨长相，贝尔肯大惊。至少要长得漂亮才能带来，可是这个女儿竟然惨不忍睹。听说尼梅娅要把西娅带进王宫，大家都以为她是在开玩笑，没想到西娅真的成了王子妃……

士兵们愣住了。虽然贝尔肯是富豪之子，也是王后的侄子，然而对方毕竟是王子，而且话题是王子妃。如果他没有发疯，怎么可能说出这种话？虽然他们所了解的贝尔肯傲慢而且野心勃勃，可至少还没有发疯。此刻他们实在难以理解。

吉恩缓缓站起身来。贝尔肯笑嘻嘻地看着他。

"贝尔肯，你侮辱了我的妻子。"

声音很冷静。贝尔肯故意瞪大了眼睛。

"所以我要杀死你。"

吉恩拔出剑。第一次参战，第一次挥剑，竟然是面对这样的人，这是吉恩万万没有想到的。现在，他已经没有别的选择。贝尔肯敏捷地站起身来，也拔出剑，大声叫道：

"你先拔剑，我才拔剑，仅此而已。不要忘了！"

通过声音可以判断，贝尔肯根本就没有喝醉。要说喝醉，也是吉恩醉得更厉害。两个人面对面站着，士兵们也跟着站起来。吉恩摆了摆手，示意他们不要插手。盖拉德转头看了看查理克：

"要不要找人，找人来阻止他们？"

"你疯了吗，要是将军知道了……"

同僚之间拔剑相向，不管什么原因，都要按照最严酷的军纪处置。士兵们不知该怎么办了。这时，贝尔肯的剑瞄准吉恩的右侧直刺过去。紧接着，贝尔肯跪倒在地。吉恩躲开了贝尔肯的攻击，转身从后面砍掉了对方大腿部的肌肉，整个过程发生在转眼之间。这样迅速的攻击，这样的溃败，士兵们都是闻所未闻，见所未见。不需要什么准备动作，而是直接出剑，这样的动作不像王子们学过的剑术，更像是杀手们的攻击方式。

吉恩回到贝尔肯面前，把剑高高举起。这时，赫本大声叫道：

"王子殿下！"

不是副官，而是王子。这个称呼立刻把吉恩唤回现实。正要砍掉贝尔肯脑袋的剑在空中戛然而止，接着又动了起来，在贝尔肯脸上划了两条射线。两条射线在脸颊中间交叉，交叉之处溅出鲜血。贝尔肯这才回过神来，摸了摸自己的脸。看到湿漉漉的血，他顿时呆住了。吉恩翘起了半边嘴唇。

"现在你这张脸，已经没有资格对别人的外貌评头论足了。"

脸颊中间划了个十字，走到哪里都很难抬头。吉恩收起剑，转过身去，说道：

"你是帕拉索斯的表哥，所以我留住你的脑袋。"

吉恩受到处分。他并不气愤，只是有点儿失落。

第二天，部队出发了，唯独吉恩和他手下的二十多人没有出发。他们艰苦行军，到达这里，却连赞达尼族的枪影都没有看到。

与同事斗殴的处分是禁身。相对于犯下的过错，这算是较轻的处分。换个角度看，倒像是某种特权。不过对吉恩来说却并非如此，他以王子身份参加战争，渴望建功立业，绝不是为了在后方逍遥散步。想起在出征仪式上欢呼的人们，他不由得面红耳赤。如果战争很快结束，他就只能屈辱而归。当然，他也不能期待战争时间拉长。带着沾满战友鲜血的剑回国，却要得到凯旋的称颂，他能承受得了吗？

贝尔肯的大腿肌肉被砍掉，不能走路，也无法参加战斗。他没有被留在涌泉城，而是转移到了附近的城市。大概将军认为，如果把他们两个人留在同一个城市，说不定还会发生第二次冲突。他的想法非常正确。贝尔肯脸上的刀痕很深，恐怕不容易抹去了。如果杀死他，问题可能会更严重，但是给贝尔肯留下生路，其结果是给自己制造了永远的敌人。

贝尔肯手下的士兵们全部参战。给吉恩留下士兵，或许也是为他考虑。如果将他单独留下，感觉像是受罚，于是就安排他们保护涌泉城。其实从战略上看，涌泉城根本没有防守的必要，尤其不值得留下二十几名士兵。不过对于这点，谁都没有提出异议。

部队离开后，涌泉城突然空了。面对着黛莎，吉恩感觉像是某种偶然。

"听说您留下来保护我们。"

黛莎郑重行礼，吉恩却只想立刻离开。黛莎好像很想和吉恩散散步。

"第一天您看过了城里的情况，感觉怎么样？即使赞达尼族闯进来，也能牢牢守住吗？"

真不知道这个女人凭什么这样说话。吉恩坦率地回答：

"不，如果有人闯进来，最好的办法是放弃守城，赶快逃跑。"

"内城也是吗？"

"内城好点儿，不过也只能撑上半天。如果与敌人对峙，很难后退，还不如从开始就远远地逃跑。"

两个人并排朝城门走去。黛莎点头行礼：

"谢谢您的指点。"

"这不算什么好建议。我只是纸上谈兵，不排除胡说八道的可能。"

"没关系，反正我们无法按照您说的去做。"

吉恩觉得这个女人可能是在嘲笑自己，于是猛然转头看她。黛莎面带微笑地说：

"父亲不但不能骑马，连乘坐马车都有困难。"

吉恩再次无地自容。世界上不存在放之四海而皆准的战术，任何战术都要取决于当时当地的条件。他连对方的条件都没弄清楚，就开始指手画脚了。

"是我太鲁莽了。我向您道歉。"

吉恩赶紧说道。黛莎似乎在强忍笑容。吉恩还没等听到理由，就看见一名士兵从城门方向飞奔而来。

"副官大人！大事不好！看到部队了！"

吉恩一下子没明白过来，反问道：

"部队？将军回来了吗？"

"不是！是赞达尼族的部队！"

吉恩瞪大了眼睛。赞达尼族的部队怎么会来到这里？他们从驻地到达这里需要两天时间，而且是在赞颂河对面。今天出发的部队在渡过赞颂河之后，还要宿营一夜。难道他们先出发，双方走岔了路？即便这样，也应该是在河对岸伺机攻打渡江的埃弗林军队更有利，为什么要渡江来到这里呢？

"规模如何？"

"还不确定，应该有千人左右。他们掀起的灰尘看不到边。"

吉恩情不自禁地咬紧了牙关，下巴瑟瑟发抖，随后发出的命令近乎高喊。

"快去关闭城门！让其他士兵都到内城前来！黛莎，你去敲钟！百姓们应该知道钟声的意义吧？所有能打仗的人都到小广场集合！谁也不能登上城墙！快叫查理克！快！"

吉恩也转身朝内城跑去。他边跑边想，自己竟然对不是部下的黛莎下了命令。代城主不是吉恩，而是黛莎。虽然自己是从都城来的部队成员，却也只是副官，没有权力对代城主指手画脚。如果说出王子身份，情况倒是会有不同……

猛然间，吉恩意识到不能这样。如果赞达尼族知道埃弗林王子就在被包围的城里，那会怎么样？肯定会觉得天上掉下了大馅饼，高兴得手舞足蹈吧？或者杀死王子报仇，或者捉为俘虏，借以要挟埃弗林，不管怎样他们都会欣喜若狂。相反，都城里将会一团糟……

想到这里，父王、王妃和母亲的脸庞立刻浮现在眼前，耻辱感让他涨红了脸。刹那间，他已经下定了决心：与其被俘虏，成为讨价还价的祭品，还不如白白送死呢。

进入小广场的时候，钟声响起。也许是很久没有敲过的缘故，钟声有点儿奇怪，中间夹杂着咣当咣当的声音，甚至有点儿滑稽。更让人尴尬的是人们听到钟声之后的反应。几个人冲着钟楼方向指指点点，几个人摇了摇头，继续做自己的事去了。甚至还有人捂住耳朵，也有人笑着议论纷纷。

"发生什么事了？难道黛莎小姐要结婚了吗？"

吉恩到达内城门前，查理克正在那里等他。看到吉恩过来，查理克冲他行礼。他也很紧张。

"我已经传达了全军集合的命令！现在除了五个人之外，其他人全部到场！一个人在瞭望台，另外四人向本地士兵传达集合命令去了。副官大人，请指示！"

说是全军，其实也只有二十二人，根本无法进行战斗。涌泉城的士兵们完全不能称其为士兵，即使他们对黛莎言听计从，人数也不到敌军的一半。

"放弃外城，让女人、老人和孩子进入内城。武将在小广场集合，其他人在内城门前形成壁垒。从小广场周围的人家征收需要的物资和器械，全部转移到内城。现在最重要的是向将军报告情况，谁愿意去？"

还没等目光对视，赫本就走上前来。

"我去，您的亲笔书信……"

吉恩从手上摘下戒指。

"没有时间写信了，你把这个交给将军，请他立刻回来。现在马上出发！"

赫本接过戒指，戴在手上，朝马厩跑去。其他士兵也散开了。

这时，黛莎回来了。吉恩问她：

"内城蓄积的粮食有多少？"

"原有居民和您的部队加起来，可以吃五天。没有可供全体百姓食用的粮食，百姓们需要自备粮食。"

黛莎的语气略带讽刺，吉恩顾不上这些。

"你是代城主，马上指挥征收粮食，没有必要脱离小广场。凡是离得远的，不管什么，都要放弃。"

"看来您要放弃外城。虽说这是理所当然，但是直接放弃未免有点儿可惜。"

"这是什么意思？"

"我们丢弃的东西，将全部归赞达尼族所有，他们岂不是要举行宴会庆祝？既然要丢弃，也应该让敌人有点儿损失，才能减轻我们的遗憾。"

吉恩皱起眉头，不是因为阳光。

"你是想放火烧了外城吗？人们还没全部逃出来呢。"

"连钟声都听不到的聋子，现在想跑出来也晚了。如果不能及时进入内城，即使还活在外面，也会落入赞达尼族之手，变成肉饼。"

"他们是你的百姓！"

"刚才你是怎么说的？小广场之外的东西，不管是什么，都要放弃？"

吉恩瞪着黛莎。这时，百姓们已经蜂拥到了小广场。女人们看到黛莎，纷纷跑来跪下，大声说道：

"小姐，现在我们该怎么办啊？女神会保护我们吧？小姐您也会保护我们吧？"

吉恩突然想起来了，因为太过忙乱，还没来得及跟黛莎交流指挥体系的问题。黛莎对女人们说：

"当然会的。现在，你们最好还是向他祈祷。因为现在保护我们的不是女神，而是这个人。"

女人们看了看吉恩，觉得他这么年轻，而且只是副官，似乎不太信任。老人们走过来，亲吻着吉恩的手背，说道：

"请诺伊女神保佑副官。"

"好年轻啊。这么年轻，却要照顾我们这些笨手笨脚的老人。"

吉恩看了看黛莎。

"你是代城主，应该由你担任总指挥。我只指挥我的部队。"

"不，那只会造成混乱。在城市恢复安全之前，我把权力交给您。我只是作为协助者，强烈主张刚才提到的战略。这是让进入内城的百姓活下来的唯一方法。"

谁也不知道将军什么时候回来。这样艰难支撑，说不定没等援军到达，涌泉城就全军覆没了。这取决于赫本的快马和士兵们的血汗，以及赞达尼族展开的进攻强度。一块石头，一支箭，就能让全部努力化为乌有。想到这里，吉恩下定了决心。

"查理克，放火焚烧外城。挑选六名士兵，三名从东侧城墙过去，三名从西侧城墙过去，等候在城门左右。赞达尼族的第一名士兵穿过城门进入外城的瞬间，立刻放火，然后跑回来。为了诱敌深入，不要彻底关闭城门。对了，小心兔跳区间。"

查理克面带微笑：

"明白了。我负责这件事，您放心吧。"

查理克跑去呼唤士兵，黛莎突然抓住吉恩的手。

"您接受了我的权力，请戴上这个。"

黛莎摘掉手上的大戒指，戴在吉恩的手指上。从形状来看，那个戒指应该不属于黛莎，而是城主的标志。黛莎放开吉恩的手，露出奇妙的表情。

"你的结婚戒指不见了？"

交给赫本的戒指的确是婚戒，但是吉恩没有告诉过黛莎，也没有跟她说自己结过婚。像吉恩这个年纪的人，结婚的不多。还没等吉恩说什么，黛莎已经消失在内城了。

城市着火，钟声停止，赞达尼族占领了小广场。

内城挤满了前来避难的百姓。孩子的哭声、争吵声、打骂声、祈祷声从四面八方传来，连命令都很难顺利传达。吉恩想让没有战斗力的人们到地下，然而女人们哽咽着说害怕，老人们说我又没有犯罪，为什么要让我下去。内城的地下曾经做过监狱，现在已经没有囚犯了。唯一能够躲避战争的地方只有那儿，可是不知道他们为什么这么不听话。

真正的战斗兵力只有二十多人，夹在几百人中间维持秩序并不容易，而且指挥者只是个副官，很多人都不愿意服从命令。吉恩倒是可以叫来黛莎，不过他们也有可能不服从黛莎的命令，而且刚才黛莎已经去了城主的房间。她似乎很担心父亲突然听到战争的消息，受惊而死，因此请求吉恩，不要让任何人进入城主的房间。

"哪怕赞达尼族派一个人到这里，我们都肯定要全军覆没。"

某个士兵的话代表了全体士兵的情绪。但是，赞达尼族还没有人进入内城。如果他们趁乱闯入，内城也会轻易陷落。扑灭外城的火，包围内城之后，他们就笑嘻嘻地仰望天空，好像在等待什么。

吉恩终于有机会近距离观看赞达尼族了。士兵们说的大致都对，他们身材高大，擅长骑马。外城着火的时候，他以为马匹肯定会受惊，谁知并没有发生期待中的大混乱。不过还是给赞达尼族带去了不小的伤害。

地位较高的战士是主力，全身都用水彩画了花纹，脖子上戴着由许多动物牙齿串成的项链。听说赞达尼族非常重视动物牙齿，甚至当作新娘的嫁妆。对于他们来说，马和动物牙齿都是货币。尤其是狮子的牙齿最为宝贵，雄狮的一颗犬齿是相当于二十匹马的贵重财产。捕捉到雄狮的人，不论年纪大小，一下子就能升为最高级的战士，同时也将拥有财富。

这种战士并不形成队列，而是随意混在部族士兵中间，却受到周围人们的尊敬。还有几个女人比战士更受人尊敬。吉恩猜测她们可能是咒术师或预言家，可是就连战士都对她们小心翼翼，仿佛面对的是公主。不过她们并没有受到保护，而是像战士似的随意混杂在队伍中间。

吉恩看了看外面，扫了一眼窃窃私语、斜着眼睛看自己的百姓们，然后让武装的涌泉城士兵站在大厅中间。他们手里拿着武器，意识到战争即将开始，因此比较服从命令。他们保持距离列阵以待，布满了大厅，其他人只能紧贴墙边，或者躲到楼梯间。这时，全副武装的吉恩部下们冲下楼梯间。百姓们不由自主地聚集到通往下层的楼梯旁边。吉恩没有理会，站到最前面。

"黛莎小姐把这个城市的战斗指挥权交给了我，我叫吉恩，大家可以叫我副官。现在，我要把你们编成十人一组，我的部下们将成为十人组的队长。站在最前面的人就是你们的队长，必须绝对服从他们的命令。他们掌握着你们的生杀大权，不要忘记。这一切都是为了你们的生存。我们的目标就是坚持到援军到来。"

涌泉城的五百多名士兵中间，真正能参战的只有二百名左右。他们站在队伍的前面。

"遵命！"

听到尖锐的喊声，涌泉城的士兵们感到惊慌的同时，也很紧张，身体都僵住了。吉恩扫视他们，说道：

"干什么呢？队长说遵命，你们却不声不响？"

"遵……命！"

"遵命！"

"遵……遵命！"

四周爆发出喊声，尽管有些不自然。这时，被挤到角落里的人们悄悄下楼去了。吉恩使了个眼色，队长们带领各自的队伍，往吉恩指定的位置跑去。剩下的三百多人都是非武装士兵。准确地说，他们是用镰刀、铁耙、棍棒武装起来的人们，大多数都是年纪太大或太小的。吉恩对他们说：

"你们是候补部队。这边的一半在一层大厅准备参战。那边的一半先把守城装备搬到楼上，然后在一层搬运制造出来的进攻器械，中间抽空参加二层和三层的战斗。最前面的五个人，你们是传令组，跟在我身边，把我的命令传达到各个地方，向我汇报战况。"

吉恩指着的五个人都是少年，他们的回答也铿锵有力：

"是！"

"各就各位！"

士兵们散开了，吉恩往内城门口走去。正在这时，他看到了站在那里的士兵，顿时脊背冰凉。

"赫本！"

赫本立刻转头，跑过来跪在地上叩头。

"我力量不够，未能及时冲破包围网。我是传令兵，应该坚持到最后，但是我想与其被赞达尼族杀死，还不如在这里做些什么，于是就回来了。您可以说我卑鄙，我没有什么好辩解的。等胜利之后，您把我的头颅挂上城门，我也毫无怨言。"

难道向将军求援的路彻底断绝了吗？吉恩感觉眼前发黑，咽下去的都是苦水。他忘了自己正站在少年传令兵面前，差点儿就掩面哭泣了。赫本的话也没有听进去，只听到"您把我的头颅挂上城门"，吉恩猛然清醒了。

吉恩了解的赫本，绝对不会置命令于不顾而苟且偷生。他完全可以不停地跑下去，直到被抓住，直到死亡，但是他想起了以二十敌一千的吉恩和战友们。如果不能把消息传达给将军，即使回来也是白白送死。他想在死亡之前做些事情。对于这样的士兵，吉恩无

赤手空拳的黎明

法责备。赫本在归来途中好像肩膀中了箭。吉恩故意大声说道：

"知道了，你加入一层的战斗，可以从这边的候补队伍中挑选士兵。"

"遵命！"

吉恩正要转身，忽然又说道：

"你辛苦了。"

吉恩转过身，没能看到赫本的表情。吉恩走远了，赫本仍然久久地注视着他的背影。

二层先传来了交战的消息。涌泉城的士兵情绪高涨，没有得到指示就把沸腾的油泼到外面，战争从此拉开了序幕。吉恩跑过去察看的时候，两名涌泉城士兵中箭倒地。盖拉德把毯子挂在窗上，用来抵挡飞箭。一看到吉恩，盖拉德笑了。

"看看能收集几支箭。"

盖拉德从容地回答，其实情况并不乐观。内城不独立，左右两侧还有其他建筑物。一名赞达尼士兵爬到房顶，抛下绳套，系在内城顶端的凹凸部位，一口气就跨过来了。涌泉城的士兵们尖叫着纷纷后退。盖拉德说"不逃跑就算谢天谢地"，果然不假。盖拉德一跃而起，挥剑出去。他还说过，"最好是两三人结成一组"。

吉恩拔剑冲上前去。对方在赞达尼族中间也算身材高大，站在他面前的吉恩和盖拉德看起来就像小孩子。盖拉德抵挡对方攻击的时候，吉恩朝对方肋下刺去。不料对方像是背后长了眼睛，回头一看，顺势用缠在胳膊上的厚毛皮接了一剑。不过吉恩更快，他旋转半周，朝对方胸口以下的部位刺了下去。对方血流如注，轰然而倒，声音很像树桩倒地。

这时，另外两名赞达尼族战士又跨过来了。看见倒地的同伙，他们发出了怪异的尖叫。现在，吉恩和盖拉德只能各自捉对厮杀了。直到这时，两名涌泉城的士兵才赶过来。吉恩一边作战，一边喊道：

"上去把绳子剪断！到楼下观察战况，向我报告！"

士兵们手忙脚乱地行动起来。吉恩刚刚打倒敌人，转头去看盖拉德。正在这时，一名正要跨过来的赞达尼族士兵从半空坠落。涌泉城的士兵们安心的叹息声传到吉恩耳边。与此同时，传令组的少年飞奔而来：

"楼下的战争已经开始了！野蛮族人数非常多……"

少年说着，突然闭上嘴巴，想了想又大声说道：

"九人牺牲，五人负伤，还不需要支援。查理克队长说的！"

吉恩是副官，查理克却成了队长，不过吉恩并没有指出来。他点了点头，随即朝着盖拉德对手的肩胛骨缝隙间刺去。敌人倒下了，吉恩拍了拍盖拉德的肩膀，爬上了内城最顶端。涌泉城的几名士兵手持斧头，等待绳索飞过来。吉恩冲他们微微一笑，从凹凸中间往下看去。乱糟糟地挤满小广场的赞达尼族宛如怒涛，纷纷涌向内城门口。里面应该也是这样。双方对峙的地方血肉横飞，从二层倒下来的沸油不时中断。吉恩很清楚，情急之下在内城门口形成的壁垒有多么松垮，在前面阻挡的防御阵有多么软弱。尽管暂时还能撑住，然而那也只是依赖于鸡蛋膜程度的弹力罢了。只要穿透一处，就会被撕扯得粉碎。

恐惧扑面而来。吉恩情不自禁地摸了摸后颈，后颈冒出了鸡皮疙瘩。那是因为乏力感。回到王宫之后，他艰苦训练了几年，具备了保护自己的能力。仅凭这点儿力量，却还不足以扭转眼前的局势。他被卷入战阵，性命只能取决于薄弱的防御阵。他先是恐惧，继而愤怒，接下来是悲伤。不是因为将死的人们，他还没有把百姓的生命看得和自己同等重要。他现在不是国王，也不是涌泉城的城主，他只想在自己被卷入的战争之中尽力而为。

但是，二十二名部下在他心目中的地位却不一样。这使他平生第一次有了责任感。吉恩低头看了看自己的手，这是两只经过锻炼的手，但愿这双手里面藏着什么。吉恩在心里自言自语：

"查理克，我来了。"

刚才可能不需要，但是现在肯定需要支援。吉恩正要跑下去，不知从哪里传来了喇叭声。

呜呜呜呜呜……

人们都不知道是从哪里发出的声音，也不知道这声音意味着什么。赞达尼族的举动停止了，原本集中的兵力开始后退。难道是后退的喇叭声？这个时候？吉恩盯着广场对面，也就是外城墙和两个广场相接处的哨塔。声音从那里传来。因为在高处，所以才能判断出来。接着，一名赞达尼族战士出现在塔顶。全身密密麻麻地刻着白色的条纹，戴着三层牙齿项链，肩上披着狮子皮，透露出某种王者的威严。当他开口的瞬间，吉恩瞪大了眼睛。他说的竟然是埃弗林话。吉恩万万没有想到。

"出来吧，埃弗林的王子！"

爬上顶端的部下大惊失色，望着吉恩。他们怎么知道的呢？连涌泉城的百姓都不知道。"得到神谕的人！我想知道你是不是战士！出来打吧！我们不会做卑鄙的事情！"

吉恩也知道神谕。很久以前，他还没有出生之前，在素以预言闻名的芦苇群落神殿里得到过神谕。吉恩也和其他人一样参拜多个神殿，尊重祭司，然而他从来没有真心相信过神谕。神灵从来没有满足过他的心愿。他认为灵验之神只有一个，那就是被人追杀期间，母亲日日夜夜呼唤的黑色复仇者，奥达努斯。

赞达尼族怎么知道他得到了神谕？

"王子啊，出来吧！出来打吧！"

那个人又用赞达尼族的语言大喊重复，所有的赞达尼族跟着齐声高喊。喊声在广场里荡起回声，士兵们都呆住了。他们大多没明白发生了什么事情，还有些知道真相的人迟疑不决，不知道是否可以说出口。这时，赞达尼族退到小广场后面，形成弓形横队。登上哨塔的赞达尼族战士下来了，所有的人都为他让路。不知道他是王，还是战争指挥官，或者只是受人尊敬的战士。埃弗林与赞达尼族多次交锋，却没有人见过赞达尼族的王者，也没有人见过说埃弗林话的赞达尼族人。

吉恩想起了和帕拉索斯的玩笑。一名王子长大成人，赞达尼族就要站出来为王子举行成年仪式。现在，这种说法听起来不像是玩笑。直到这时，吉恩才隐隐地感觉到内奸的身影，从都城到涌泉城。

那个人走到横队前面，脱掉狮子皮，手里拿着剑。那把剑不像赞达尼族的武器，倒更像是埃弗林战士的剑。士兵们不用这样的剑，但是竞技场里经常可以看到。吉恩曾经跟随都城的老角斗士学过剑术。越是身材高大的角斗士，手握大剑就越是有利。那么这个人的武器选择应该算很正确。可是，他为什么选择敌军的剑作为自己的武器？

吉恩这样想着，突然产生了某种预感，猛地朝一层跑去。走下螺旋楼梯的时候，那个人的声音时大时小地在耳边回荡。

"出来！站出来打吧！"

到达一层，所有的士兵都转头去看吉恩，窃窃私语声戛然而止。吉恩找到赫本。目光对视的刹那，赫本立刻跑过来。

"副官大人，这……"

"赫本，马放在哪儿了？"

赫本咽下想说的话，马上回答：

"内城后墙和保护墙之间。"

"从保护墙可以到达城墙后面吗？"

赫本瞪大了眼睛。若想翻过保护墙，首先要上到三层，再从三层窗户沿着墙壁下去。保护墙下面是波涛汹涌的峡谷，到达最底下的高度是三层楼房的五倍。万一被敌人发现，肯定会死得很惨。不过，赫本还是毫不犹豫地回答：

"可以。"

"好，带着绳子，一口气下去。你应该能让你的马从外城墙缝隙逃出去，万一被赞达尼族杀死，你就去贝尔肯被护送到的城里借匹马。如果没有人愿意借给你，就用我给你的戒指买马。"

"明白了，现在马上就去吗？"

"不。"

吉恩转头看了看门口。刚才赞达尼族就使劲跺脚，周围充满了响声。吉恩握住剑柄，又放了回去，拍了拍赫本的后背。

"我出去吸引他们注意力的时候。"

小广场空空荡荡，只有一名赞达尼族的士兵。

吉恩朝那个人走过去。他回想起从前站在竞技场上的情景。吉恩是王子，从来没在竞技场上和人比过剑法。他和师傅比过几百次，每次都取胜。师傅最后一次站在那里的日子，吉恩跳上了竞技场。从那之后，吉恩再也没有去过竞技场。

那天的记忆和今天的场景毫无关联。之所以想起那天的事，应该是因为铺着黄土的空荡荡的广场，还有无数双盯着自己后脑勺的眼睛。那并不全是为自己助威的视线。涌泉城的很多人都充满恐惧和疑惑。吉恩真的是王子吗？如果是，万一吉恩死了，涌泉城会怎么样？就算幸存下来，会不会也因为没能保护好王子而招致国王陛下的愤怒？各种各样的说法如烟雾般飘荡。所有的人都在回想，自己有没有对吉恩做过无礼的举动。不过，看到王子昂首挺胸走上前去，回应敌人的呼唤，人们也感到很自豪。尤其是被吉恩选为传令兵的少年们激动得握紧了拳头。有个少年站在二层往下看，说道：

"王子殿下，不，副官大人，不，王子殿下应该会赢吧？"

涌泉城的士兵自言自语：

"那家伙比王子殿下高一头，剑也长两倍。"

"那王子也一定会赢？对不对？"

"哎哟，谁说王子不会赢了？我只是担心嘛。"

盖拉德手撑窗台，目不转睛地注视着吉恩，脱口而出道：

"副官最擅长一对一了，收起你们的担心吧。"

盖拉德说的是真心话。他从来没见过像吉恩这样能轻松而有效地制伏敌人的男人。

吉恩和赞达尼族战士相对而立，赞达尼族中间爆发出欢呼声。内城的士兵们也不甘示弱，跟着大喊起来。两个人只隔着三步远的距离。赞达尼族战士说：

"基洛斯。"

应该是他的名字。吉恩也说：

"我是吉恩。"

也许对方知道他是伯利提莫斯，吉恩并不介意。基洛斯嘴角上扬，同时挥起了剑。吉恩也抽出剑来。他的剑比普通的长剑稍短。师傅使用两把剑，却只教给他右手剑。他说自己左手剑的实力太糟糕。师傅本来就是右手剑士，当然是在右手被砍掉一根手指之前。

第一剑从吉恩肩头掠过，削掉了胸甲的带子。这时，吉恩伸剑刺向对方的上臂。对方也避开了。位置发生了变化。吉恩移动更多。他的剑短，没有办法。两人之间的距离拉开了，基洛斯利用大剑的长度，瞄准吉恩的胳膊。吉恩转身躲避，基洛斯的剑突然变换方向，朝吉恩刺去。这次是脖子和胸甲相连的部位。因为就在耳边，吉恩听得清清楚楚。唰唰。鲜血溅到地上。

后背立刻湿了，看来流了不少血。吉恩意识到自己是在拖延时间，然而基洛斯却不是容许对方拖延时间的软弱对手。现在，他只能全力以赴了。拖延时间越长，对负伤的吉恩越是不利。

距离缩小了，基洛斯迫不及待地冲上前去。吉恩躲开，旋转身体，与此同时，剑沿着半圆弧线刺了下去。没有刺中，感觉好像稍微远了点儿。正在这时，对方突然跃起，猛烈地刺过来。吉恩没有躲避，敞开胸怀，直到最后的瞬间，他才侧身滑向旁边。沙尘飞溅。他们第一次近到可以听见彼此的喘息声。距离近的时候，短剑更为有利。吉恩突然把剑翻转，反握在手，高高抬起，同时后退。对方的胸口被划出了红色的伤痕。

远处的呐喊声不知道来自哪方，感觉像竞技场的观众席那么遥远。吉恩陷入了某种错觉，以为自己身在竞技场。他的嘴唇在轻轻抖动。他曾做过这样的梦，成为一名以剑糊口、不想明天的角斗士。尽管不像马夫梦那么迫切，但也好过做王子。这样想着，什么涌泉城，什么被包围，这些事实都被忘到九霄云外去了。与此同时，吉恩的动作充满了活力。眨眼间，他已经刺了三四剑，后退，接连刺向对方的肩膀、大腿和手腕。虽然不是致命伤，但对方已经彻底落入防守状态。涌泉城的人们，赞达尼族都默默无语，张大了嘴巴。盖拉德下意识地握紧拳头，自言自语：

"受到这样的攻击，那个家伙还没死，真让人难以相信。"

基洛斯仍然苦苦支撑，却只是忙于防守。吉恩的脸上露出笑容之后，他的脸就涨得通红，像是受到了侮辱。和处于弱势相比，对手的笑容带给他的刺激更加剧烈。凶猛的长剑瞄准了吉恩的脖子，好几次差点儿刺中，却都被吉恩躲开了。基洛斯突然快步后退，大声喊了几句。他说的是赞达尼族的语言，吉恩不知道是什么意思，听起来像是祈祷。接着，他在半空中抓了一下，朝吉恩抛了出去。吉恩什么也没看到，身体却摇晃起来，像是被什么击中了。仿佛空气袭击了吉恩的腹部。吉恩抬起头，看到一个女人从赞达尼族的阵营中站起来，抬起双臂。难道对手得到了咒术师的祝福？吉恩脸上的笑容消失了。

"若要成为赞达尼族的战士，还需要学会魔法。"

西斜的太阳炙烤着大地，广场变成了铁匠铺。汗水浸湿了后背，额头流下的汗珠挂在睫毛上。刚才还在说，如果你是战士，就出来比试，现在他却借助神秘力量，这让吉恩大为不快。吉恩右手握剑，转到身后，伸出空空的双手，指了指基洛斯。这是挑衅，你想上就上吧。基洛斯的脸孔变得狰狞扭曲。

长剑对准吉恩的头顶刺来。吉恩抬起反手握住的剑，劈开基洛斯的腹部。与此同时，他使劲蜷缩上身，甚至摇晃起来。他的头部避开对方的长剑，缩身退到旁边。这样的动作需要高度的柔韧性。基洛斯的身体倒在吉恩刚才站过的位置，沙子上面出现了巨大的红色斑点。

"赢了！"

盖拉德紧握的拳头高高举起，整个涌泉城都高喊起来，不知道是尖叫，还是欢呼。这时，查理克已经做好了迎接吉恩的准备。两支十人组冲过来，形成半圆形，紧紧包围住吉恩。赞达尼族的横队也散开了，他们开始移动。吉恩抓起基洛斯的长剑，指着赞达尼族，大声说道：

"基洛斯输了！基洛斯，兑现你的承诺！"

大部分赞达尼族都听不懂埃弗林的语言，但是从基洛斯的例子来看，肯定会有人转达。果然不出所料，一名战士走出来，指着吉恩说：

"尤姆巴南！"

所有赞达尼族人同时举起武器，高喊起来：

"尤姆巴南！尤姆巴南！"

吉恩不知道这句话是什么意思，听起来应该没有恶意。这时，涌泉城里传来一个女人的声音：

"副官大人，回来吧！他们不会再进攻了！"

吉恩回头看去，黛莎从二层窗户里探出头来。吉恩带着基洛斯的剑，回到内城。两支十人组包围着吉恩，走进城里。赞达尼族一直在高呼"尤姆巴南！"

吉恩刚一转头，就看到了查理克。查理克面带微笑。

"赫本呢？"

"出去了，现在应该沿着峡谷走远了。"

吉恩知道，刚才广场里充斥着最后时刻的紧张气氛时，一匹没有骑手，也没有马鞍的马从内城后面跑了出去，翻过了外城墙。优秀骑手赫本的马果然听懂了主人的命令。众人都专注于吉恩和基洛斯的对决，赞达尼族和涌泉城的士兵谁都没有注意到马是否出去。

保护墙下面的峡谷与赞颂河相连。沿着峡谷前行的时候，按照计划，马应该听得懂赫本的口哨声。现在，剩下的事情就是坚持到援军到来。吉恩也不知道到底需要多少时间。他把长剑扔到一层大厅地上，说道：

"赞达尼族第一勇士躺在这里，小心伺候吧。"

士兵们笑了。这支长剑可以鼓舞士兵们的斗志。相比之下，吉恩自己却感觉到了疲劳。只是还没到休息的时候，他便没有表露出来。比起出血的情况，伤口本身并不严重，这是不幸中的万幸。女人们找来了止血草药和毛巾。吉恩谢绝了绷带。不需要绷带，他也能撑得住。而且他不想总是让敌人想起自己受伤的事。吉恩接受简单包扎的时候，士兵们将他团团包围。一名士兵迟疑着问道：

"您真的是王子殿下吗？"

"是怎么样，不是又怎么样？"

"以前我们有没有过什么无礼的举动？"

"没有。"

回答得太简单了，士兵们面面相觑。治疗结束，吉恩往楼梯走去，想看看二层的情况。这时，黛莎从二层下来。看到吉恩，她的脸上露出灿烂的笑容。这样的时候，相视而笑未尝不可。谁知黛莎一个箭步冲上前去，抱住吉恩的脖子，在他脸上亲了一口。分开时，两个人都红了脸。黛莎说道：

"尤姆巴南是'第一勇士'的意思。对于赞达尼族来说，这是最高的赞美。"

"你怎么知道？"

"这里是边境。"

黛莎又回二层去了。吉恩不想跟她过去，就转头回到一层。一名士兵向他报告：

"赞达尼族好像在布阵。"

守城时间必然会拖得很长，今天下午、晚上，还有明天凌晨都是难关。赫本找到将军的部队，部队调转方向回来，最快也要等到明天下午。如果赫本找不到自己的马，先去邻城的话，那么还要多花一天时间。不管怎么样，都只能坚持了。吉恩又看了看自己的手。不管是生是死，明天一切就都该结束了。因为时间短，反而可以全力以赴。

距离凌晨竟然还有那么远，远得超乎想象。不，仿佛永远都不会到来。是因为等待吗？等待的东西本来就不会来吗？难道真的存在没有凌晨的日子？难道可以跨过凌晨，直接开始新的一天吗？

疲劳让大脑混乱如麻，各种各样的奇怪问题层出不穷。也许根本就不存在答案，而且他也没有时间思考。已经十二小时了，他一刻也没有休息。铁甲和护腕都失去了光泽，裤子和长靴沾满血迹，已经变了颜色，硬邦邦的。如果不是深夜，看到吉恩的人们肯定会吓一跳。如果西娅看到他，说不定会昏厥过去。

想到西娅，吉恩的脸颊不由得抽搐起来。婚戒不在吉恩手里。如果进展顺利，戒指还会回来，但说不定也会为了换一匹长了癞癣的马而戴上某位商人的手指。如果一定要找回来，倒也不是不可能，只是吉恩意识到自己并没有那么强烈的欲望，但也不是可有可无的程度。远征出发之前，他留下了所有会暴露身份的贵重物品，唯独没有摘掉结婚戒指。难道是因为他预感到了会有这样的事情发生？

"副官大人！吉尔翰队长牺牲了！又退了两阶！该怎么办？"

吉恩是副官，士兵是队长的笑话依然在继续。大家都看出来了，如果称呼吉恩为王子殿下，吉恩会感到不悦，于是涌泉城的士兵们也不动声色地恢复了最初的称呼。刚刚杀死敌军士兵的吉恩，头也不回地说道：

"换上盖拉德。现在他的新手指应该长出来了。"

盖拉德一直和吉恩并肩作战，左手两只手指刚刚被砍掉，此刻正在二楼的房间里缠绷带，还不到十分钟。传令兵跑向二楼，不一会儿，盖拉德冲了出来。盖拉德的十人组全部牺牲，他接管的吉尔翰的十人组，估计也所剩无几了。不过，只要右手健全的盖拉德站在身边，吉恩就能感觉到巨大的力量。连续苦战一天一夜后，吉恩看出盖拉德是战斗力最强的部下了。

一层已经失守，内城顶部和三层也被侵占。现在只剩二层了。活下来的士兵不到一百人，而赞达尼族的人数大概是他们的五倍。基洛斯好像也不是赞达尼族之王。如果王死了，他们应该不会毫不动摇地继续作战，而且野蛮民族似乎也不容易感到疲劳，他们的进攻强度丝毫没有减弱。

吉恩把兵力分为两组，分别守住通往一层和三层的楼梯。查理克和六名十人队长分在一层方向，吉恩和两名十人队长守住三层方向。盖拉德被调到另一组，现在只有两个人率领几名涌泉城的士兵守在三层方向。敌人的攻击在一层方向更为猛烈。如果不是楼梯狭窄，包括吉恩在内的全部人马恐怕早在昨天傍晚就已变成挂在墙上的尸体了。赞达尼族占领一层，继而占领内城顶部之后，剩下的人数依然很多，还有部分留在广场。窗外传来扔石头的声音，好像还夹杂着听不懂的呼喊。

两段楼梯并未相连，而是分别位于走廊的两侧尽头，也许是为了阻止人们不经城主许可擅自去往内城顶部。若要在这种结构之中到达顶层，必须经过二层的城主房间门口。吉恩为这种怪异的结构暗自庆幸。他已经确定了做最后抗争的位置。

五名少年传令兵只剩了两名。他们在吉恩身边，很容易成为攻击对象。剩下的两名少年，阿萨贝眼疾手快，身体敏捷，善于概括情况。吉恩想把这名少年带回都城，做自己的侍从。当然，前提是他和阿萨贝都活下来。

"副官大人！小心！"

吉恩陷入沉思的刹那间，黑暗中飞来敌人的斧头。他猛地转头，斧头扎进了墙壁。守在这边的兵力要对付从楼上下来的敌人，存在诸多不利因素。吉恩后退一步，等待敌人下来。赞达尼族虽然英勇善战，却还不够狡猾，很容易陷入圈套。可是这次，敌人也在等待。吉恩感觉到了，对付自己的赞达尼族越来越慎重。他们对吉恩心存恐惧。

吉恩冲着站在身旁的十人队长使了个眼色。他向前迈出一步，同时挥剑刺出，敌人也立刻迎战。吉恩迅速砍掉了敌人的手臂，并且抬脚踢向敌人的膝盖。他避开朝前倒下的敌人，踩着他的头颅，把剑刺向他的脖子。转头看时，另一名对手刚刚杀死一名涌泉城的士兵。现在，他们这边只剩十几名士兵了，而对方的人数是他们的三倍。还能坚持几分钟呢？

这时，阿萨贝从走廊里跑来，大声喊道：

"副官大人！一层的楼梯被突破了！正在后退！"

失败比想象中来得更快。吉恩咬着嘴唇，大声说道：

"大家向预备位置移动！快跑！"

士兵们朝着走廊跑去。吉恩往后面看了看。也许是因为走廊光线暗淡的缘故，敌人们没有追上来。这大概也是因为他们的慎重。吉恩转身跑开了。目的地是二层中央的房间，那个房间有着最坚固的门。刚才还关闭的门很快就敞开了，里面传来黛莎的声音。

"快进来！"

从一层楼梯后退的士兵们展开了激战。进入宽敞的走廊，赞达尼族开始毫不手软地屠杀士兵。看来他们要弥补只能容纳两人的狭窄楼梯上苦战数小时的遗憾。吉恩加入他们的战斗。查理克就在身边，他的脸在流血，狼狈不堪。吉恩大声说道：

"进到里面！"

"副官先走！"

"你不走，士兵们也不会走的！"

"好！大家同时转身快跑！一！二！"

信号发出，所有的人同时转身，冲向房门。落在后面的几名士兵被乱刀砍死，还有几个人被敌人扔出的武器砸倒在地，不过大部分人都进了房门。先进入房间等待的士兵们关上门，再用木板锁好，然后堆起了从其他房间挪来的东西。查理克看了看士兵们，微笑着说：

"我们暂时可以不看那些涂着白水彩的脑袋了。"

连续奋战十二小时，终于可以休息了。士兵们纷纷坐在地上。吉恩使劲咳嗽了一会儿，然后做了几次深呼吸。放下剑，这才感觉到虎口火辣辣地痛。吉恩觉得不可思议，笑了起来。一个月之前，他还只是个纸上谈兵、偶尔在小巷子里打架的愣头青，今天却杀人无数。涌泉城的士兵们大多也跟他差不多。幸存下来的人们都做了平生想都不敢想的大事，如果有机会炫耀今天的光辉事迹就好了。

门响了。咣，咣，咣。

黛莎跑过来，跪在吉恩面前。吉恩摘下戒指，递给黛莎。

"请交给城主。"

这是城主的戒指，理应戴在城主手上。这里正是城主的房间，有着最坚固的房门。城主好像死了似的，一动不动地躺在床上。黛莎没有接过戒指，说道：

"父亲想见见副官。"

现在见面有什么用？吉恩一直在为护城而战，却还没见过城主。吉恩正想摇头，突然改变了主意。面对即将到来的死亡，城主肯定也是百感交集。尽管最后几年像尸体似的卧床不起，然而人终究是人，城里发生了这么大的事情，他也不想作壁上观。反正注定要死，为什么不能满足城主的心愿呢。

吉恩走过去，安德鲁城主动了动手指。吉恩说道：

"我是贝勒修斯将军的副官，吉恩。"

吉恩把戒指戴在城主手上。吉恩刚刚放下城主的手，城主便闭着眼睛说道：

"瑟瑟内。"

吉恩眨了眨眼睛。他没想到城主连话都说不清楚。突然，吉恩明白过来，如果城主可以说话，即使半身不遂也没必要交出统治权，只要坐着轿子或椅子就可以了。黛莎说，父亲说谢谢你。吉恩点了点头。

"谢谢。"

"挺然样我。雨果不系心体介个样几，也不序区介种系情。"

"父亲说，请你原谅他，如果不是身体这个样子，也不会出这种事情。"

"不是的。"

两个人都快死了，没有必要说这些客气话。城主深呼吸，很快又开口了。站在旁边的黛莎脸色难看。

"王吉站下，塔要夺起你的西恩梦。挺然样我。"

吉恩看了看黛莎。没有黛莎的解释，吉恩完全听不懂。黛莎避开了吉恩的目光。城主继续说道：

"夷果你必宁乔缺，我金滴哈伊年过。"

黛莎突然眼含热泪。吉恩目瞪口呆，不知道怎么回事。

"吉言多系不露拉多，你何其罗阳恩居厄……"

越到后面，发音越是含糊，吉恩根本猜不出他在说什么。黛莎什么话也没说，低头在城主耳边小声说了几句话。城主突然瞪大眼睛，发音稍微清晰了：

"光荣的伊斯坎特之星守护的至高无上的国王陛下万岁。"

最后这句话吉恩也听懂了。"光荣的伊斯坎特之星守护的至高无上的国王陛下万岁。"城主低下了头。吉恩以为他死了，大吃一惊。黛莎说道：

"父亲是累了才这样的。您走吧。"

咣咣的声音越来越响亮，仿佛要彻底摧毁整个城市。门上出现了多道裂缝，折页好像马上就要掉落。吉恩心乱如麻，却摇着头，努力让自己平静下来。最后的恶战近在眼前。城主说了什么，自己可以到阴曹去问他。士兵们都站了起来，拿着武器，紧盯房门。吉恩站在他们中间。咣，咣，咣，中间的木板终于裂开了，一把斧头飞了进来。吉恩猛然转头看了一眼，发现所有的人都望着自己。查理克说：

"说句话吧。"

吉恩低下头，很快又抬起来，笑着说道：

"大家都辛苦了。十分钟之后，王子将大摆筵席，犒赏各位。肉和葡萄酒无限提供，敬请期待。"

这场宴会恐怕要在阴间举行了。士兵们嘴唇翕动。他们没有心思笑，每个人都是同样的心情。

"开宴之前，我们来热热身吧。让那些笨蛋进来。"

高高举起的剑刃上凝结着紧张的气息，伴随着呼吸的节奏上下起伏。没有时间擦剑，血干了，留下黑乎乎的痕迹。门上的洞越来越大，各种武器纷纷飞来。与此同时，野兽般的咆哮也传了进来。看来赞达尼族已经恼羞成怒了，吭，吭，吭，吭。

"打啊！"

一个人的上身探进来，士兵们的剑齐刷刷地刺了过去。左边的门摇晃了几下，折页终于掉落。无数的手汹涌而上，摘下了门扇。无数只脚踢向堆在门口的杂物。杂物对面的走廊也被挤满了。这时，一名涌泉城士兵冲上去，刺死了最前面的赞达尼族士兵。一支长枪伸进来，穿透了士兵的身体，举起来，然后扔到地上。士兵们纷纷冲上前去，吉恩也不例外。武器穿过杂物的缝隙刺来，相互交织。正在这时……

呜呜呜呜呜呜……

这样的声音曾经听过，是赞达尼族的喇叭声。上次是撤退的喇叭声，这次不可能。

呜呜呜呜呜呜……

赞达尼族出现了混乱。有人从楼下跑上来。紧张的喊声此起彼伏。吉恩听不懂，应该是发生了什么惊人的事情。喇叭声再次响起。赞达尼族突然像潮水般后退。一名士兵瞪大了眼睛，自言自语道：

"去哪儿？"

胜利近在眼前，再过十分钟就能把这三十多人全部消灭了。然而就在这个时候，赞达尼族却主动撤退了。不一会儿，走廊里空空如也。士兵们挪开了堆在门前的杂物。吉恩也跑到走廊，往窗外看去。他看到了小广场后面，充满大广场的长枪和旗帜，接下来是看不到尽头的埃弗林部队。他还看到天亮了。

"副官大人说谎了。"

这话没错。吉恩难为情地冲着空中眨了眨眼睛。他的手上拿着个杯子。

"真的，我相信。"

盖拉德哈哈大笑，伸出杯子。吉恩与他碰杯。两人举杯痛饮，里面装的却是薄荷茶。盖拉德大声说道：

"啊，这茶真好喝！"

吉恩只好笑了。多么艰难的胜利，却没有庆祝胜利的美酒。焚烧外城的时候，所有的东西都烧毁了，内城当然没有酒。正因为如此，幸存的士兵们怨声载道。几个人交头接耳，说是不是黛莎小姐不喜欢喝酒。她料到会有这种情况，因此提议焚烧外城。

"我也很期待肉和葡萄酒。"

坐在吉恩脚下的阿萨贝自言自语。盖拉德做出揪头发的动作。

"你小子还没到喝酒的年纪呢。"

阿萨贝笑嘻嘻地逃跑了。转了一圈，他又回到吉恩身边。吉恩说道：

"现在，你不用跟在我身边了。"

"啊，已经习惯了。"

回头看看，感觉就像一场梦。也许是刚刚醒来的缘故，这种感觉分外强烈。半天前还从没想过会有这样的未来。虽然喝的是薄荷茶，却有种醉酒的感觉。当然，喝不到酒的遗憾并没有彻底消失。如果是酒，萦绕在鼻尖的血腥味应该会干干净净地飞走。

他们洗了澡，换了衣服，血腥味依然无处不在。原因在于他们没换长靴。皮革商的工房烧毁了，因此没有找到合适的替换品。看到斑斑点点的长靴，昨天夜里的情景就会浮现在眼前，令人不寒而栗。坐在对面盯着吉恩的查理克环顾四周。

"哎呀，你们怎么那么多牢骚。围坐在凉爽的城墙边，举杯闲聊，这不就是天堂的风景吗？比起不限量提供肉和葡萄酒的阴间，我还是喜欢这里。"

"啊，查理克，你果然是我的朋友。"

吉恩做出拥抱的动作，查理克笑着伸出杯子。两个人碰了杯。正在这时，一个人在身后说道：

"副官大人，将军叫您过去。"

吉恩扑腾站起来，转身喊道：

"让将军等会儿，你快来坐！"

吉恩身后的人是赫本。昨天接受突围的任务之后，他们直到现在才见面。埃弗林部队彻底歼灭了剩余的赞达尼族，进入内城。吉恩和士兵们终于放松下来，随之是扑面而来的疲乏，甚至没有了站立的力气。听说赫本也平安归来，吉恩就倒下睡着了。傍晚醒来，赫本被将军叫走了，始终没有露面。刚才，他悄悄地来到吉恩身后。

"将军让您快点儿去……不过，先喝杯薄荷茶应该没问题吧。"

吉恩使劲抱住赫本。放开他时，赫本因为肩伤而皱了皱眉。吉恩同样眉头紧皱，赫本碰疼了他后颈的伤口。伤口真的很可笑，打斗的时候丝毫感觉不到，反而在闲下来的时候令人难以忍受。

吉恩把杯子递给赫本，阿萨贝往里面倒茶。

"难道你的脚上长了翅膀？"

盖拉德踢了一下赫本的脚，茶水洒出一点儿。赫本面带惋惜，边喝边回答：

"副官大人和你们是不是不死之神？说实话，我……"

赫本停下来，看了看吉恩。两个人四目相对。赫本策马飞驰的时候，也是心急如焚。他说自己都没有停下喝口水，因为恐惧，不知道吉恩和战友们能不能支撑下来，会不会所有人都在眨眼间牺牲……

吉恩突然站了起来。

"好了，我有话要说，我不能放过你们。尽管各位对军旅生活有所不满，但是……"

赤手空拳的黎明

赫本瞪大眼睛，然后嘿嘿笑了。他已经从军十几年，从来没有回家，连儿子长什么样都忘记了。吉恩也笑了。

"你们所有的人都要留在我身边。御林军规矩太多，肯定很郁闷。你们就当我的武官，在我出宫时保护我。如果你们愿意，可以把你们的家人也接到都城。不过请转告他们，很抱歉，是我让他们背井离乡。对了，我不会征求你们的意见，我要按照我的意愿去做。王子可以行使这个权力。"

每个人的脸上都笑容绽放。阿萨贝说：

"我呢？"

"你当然不能做武官。"

阿萨贝很失望，垂下了肩膀。正在这时，吉恩接着说道：

"你还是适合做传令兵。你就当我的侍从吧。"

"谢谢！"

接着，吉恩起身去找将军了。将军的桌子上也放着薄荷茶。吉恩走进来，将军点了点头，开口问道：

"休息好了吗？"

"是的。"

"伤口怎么样了？"

"没事。"

浑身上下都是或大或小的伤口，许多伤口都是醒来之后才发现的。将军靠着椅子，双手托腮。

"你们只有五百二十二人，却杀死了七百名赞达尼族的敌人。你们当中还有五百人是没有经过训练的肉店老板、农夫和书记员，还有腆着将军肚的酒吧老板。我想说句实话。"

将军欠身离开靠背。

"我真没想到王子殿下是这样的人。"

将军又靠回了椅背。吉恩没有说话。将军喝了口茶，皱起眉头。

看来将军也需要酒。

"有件事我想不明白，你为什么不逃跑呢？像赫本那样逃出来不就行了吗？这里跟你又没什么关系，你却冒着生命危险去战斗，有什么原因吗？"

"没有。很自然。"

"很自然？不是责任感？"

吉恩想了想，回答说：

"与其说是责任感，倒不如说是不想表现得太过龌龊。"

虽然吉恩做了回答，但是他自己也不确定。他当然不想初次出征就落得个逃兵的下场。不过，这种信念就足以让他付出生命的代价吗？

"幸存的士兵非常拥戴你。从结果来看，牺牲的士兵应该也是这样。这是你第一次出征，他们都从军好几年了，却能与你水乳交融。我向赫本打听过你的情况，他对你的评价是'谦虚'。他们是平民士兵，你是王子！你觉得这符合常理吗？"

"也许是因为我以前并不是王子。"

将军没想到他会这么说。母亲坚决不允许他这样说。想到这里，吉恩想要回答的欲望反而更加强烈。说这种话时，他有种奇妙的快感。

"如果生来就是王子，有些事可能永远都不会了解。我有种暴发户的感觉，这种感觉使我懂得了很多。"

黛莎知道吉恩是王子，也没来找他。

吉恩手上的戒指又回来了。赫本还给了他。吉恩躺在床上，回想着戒指的曲折经历，情不自禁地笑了。他开始想念西娅了。以前从没有过这样的感觉，也许是因为身在远方，而且经历了各种艰险。

七岁的西娅真的很瘦弱。这样一个孩子穿着厚重的礼服，盘起头发，吉恩甚至怀疑头顶的装饰会不会将她压扁。第一夜，他们相对而坐，七岁的女孩和十二岁的男孩不知道该做什么，面面相觑。吉恩受不了这种无聊的感觉，说了几句话，西娅竟然哭了。其实吉恩也没说什么，只是说你肯定想念父母了吧。幸好吉恩以前碰到过各种各样的孩子，他预料到自己很难和这个七岁的女孩友好相处，于是准备了哄她开心的玩具。

这时，有人敲门。已经深更半夜了。吉恩立刻起床。因为昨天的事情，那种深入骨髓的紧张感依然没有缓解。

"谁？"

门开了。吉恩不由得目瞪口呆，来人是黛莎。

"幸好您还没睡。"

"什么事？这个时候了？"

"看来我妨碍您了。这么晚了，您在等人吗？"

吉恩只是因为白天睡了会儿，晚上睡不着而已。他眼神慌张地注视着进来就关门的黛莎。黛莎走过来，笑着说道：

"我不是赞达尼族，不要用这种眼神看我。"

"时间太晚了。"

"这是我父亲应该担心的事情，副官大人替我父亲担心了。"

"你父亲身体不便，总要有人为你担心才行啊。"

黛莎没再回答，而是坐到了旁边的椅子上，从怀里拿出一样东西。原来是长颈瓶和杯子。

"这是给副官大人的特别奖励。"

黛莎打开瓶盖，倒了一杯，递给吉恩。芳香而微辣的气味散发出来。

"这是几年前我酿的苦艾酒，厨房角落里还剩下一瓶，也不知道是谁藏的。虽然违背了命令，但是我也不打算追究了。"

吉恩接过酒杯。他很开心，只是不想表现得过于欣喜，于是故作生硬地问道：

"为什么只奖励我自己呢？"

"因为你守住了我们的城市。"

"啊，是的。"

吉恩把酒杯放到嘴边。黛莎在旁边的桌子上放好酒瓶，后退一步，说完再见就出去了。看来贝尔肯这家伙的确是胡说八道。吉恩觉得自己紧张兮兮的样子很滑稽，接连喝了几杯酒，很快就睡着了。

醒来时已经是白天了。四周明亮，地面却在剧烈摇晃。床不可能摇晃，难道是城里出了什么事？吉恩连忙起身。正在这时，有人说话了：

"王子殿下，您醒了？身体怎么样？"

又不是大病初愈，为什么要这样问呢？吉恩半坐起来，头痛欲裂。他这才看到四周的风景，自己躺在马车上，护卫兵骑马跟随在左右两侧。吉恩以为自己还在做梦。

"这是什么地方？我怎么会在这里？"

同坐在马车上的是个医生。他说这是通往都城的荒野路，从涌泉城已经出发三天了。吉恩睡得太沉，一直没醒，于是直接把他放到马车上了。起先怀疑他患上了地方病，于是找来医生和咒术师，大家手忙脚乱。医生和咒术师都判断没什么特别的事情，只是睡着了。于是他们准备去大城市。

连续睡了三天，吉恩难以相信。他派人去找查理克，过了很长时间，查理克才出现。看到吉恩醒了，查理克面露喜色。查理克的说法和医生一模一样。吉恩迟迟不醒，所剩无几的吉恩部队解散了，士兵们分别加入了查理克、赫本和盖拉德的部队。这是战争结束后的归途，少个副官也没有什么影响，只是吉恩却觉得很难过。本来说好以副官的身份出征，可是在战争的最后，因为疲惫而摧毁了这个决定，又变成了受人保护的王子。身上的衣服也不是睡觉时穿的普通衣服，而是绸缎家居服。他睡着了，大家没有必要给他穿上铠甲。当他意识到这一切的时候，就像男扮女装似的羞得满脸通红。

吉恩下令牵来自己的战马，医生说：

"您最好继续休息一段时间，因为我们还判断不出您出现这种症状的原因。如果不是地方病，说不定就是因为邪恶的咒术。据说即将到达的城市里有魔法师，在此之前……"

医生这样说着，吉恩已经脱掉上衣，跳下了马车。查理克牵来晨耀，吉恩立刻跳上马背，冲到队伍的最前面。当他赶上将军坐骑的时候，将军也很惊讶。吉恩说，谢谢您对我的照顾，但是我要回到副官身份。将军皱着眉头说：

"没有这个必要啊，这样已经足够，不，已经过了。你想让我在陛下面前挨骂吗？"

"如果我以这副滑稽的打扮回宫，那么让王子以副官身份出征的意义就大打折扣。请允许我恢复副官身份，服侍在将军身边吧。"

既然是僵持状态，就肯定是身为王子的吉恩取胜。他找来盔甲穿好，率领起只剩五个人的部队，这才感觉呼吸顺畅了。吉恩突然想起阿萨贝，赶紧向身边的人询问，得到的回答是没有带他回来。当时吉恩突然意识模糊，人们手忙脚乱，没有时间讨论要不要带上那个小孩子。守城时，人们把查理克和盖拉德等人称为队长，事实上他们不过是没有发言权的普通士兵。吉恩说，我肯定会遵守承诺，让他来到都城，不用担心。事实上，他不可能因为那个孩子而停止行军，也不能让阿萨贝独自来到都城。情况似乎有点儿复杂。

"可是您怎么睡了那么久？睡觉之前有没有发生什么奇怪的事情？"

赫本问道。吉恩想起黛莎送来的酒，脸色发生了变化。其实从开始他就有些怀疑，只是现在已经从黛莎所在的地方出发三天了。他不是没想过回去追问黛莎，可是如果真的是值得追究的阴谋，黛莎肯定已经逃跑了。如果不是，他也不想因为私事而改变行军方向。最重要的是，他不想让别人知道这件事情的来龙去脉。如果说出黛莎深更半夜来找自己的事情，所有的人都会产生同样的怀疑，不，几乎可以确定。

赫本又说：

"我们老家有过这样睡着的人，这叫蛹睡，蝶蛹的蛹。短则一天一夜，长则睡上三天左右。据说蛹睡醒来的人是接到了某种使命，祭司或咒术师会问很多问题，根据回答内容，可能被带到神殿里做祭司。偶尔也有蛹睡之后永远不再醒来的人。所以我也很为副官大人担心……"

"问什么问题？"

"关于梦，通常都会对梦境记得很清楚。"

吉恩努力回想自己在梦里看到了什么。突然间，他的眼前变得苍白。

荒野和太阳消失了，面前是被陌生植物交错的围墙。白花和腐烂的茎，绿色的叶子和黄色苔藓，密密麻麻地包围着很久以前的墙砖。有多久了？千年？万年？阴冷的气流钻进来，身体瑟瑟发抖。凝结着露珠的植物似乎在吐气，吐出的气体变成了雾。随后又是未知的树林，就在墙后面。那是个完美的乐园。就连想要进去的想象似乎都会破坏这种完美，他连想都不敢想，只是静静地看着。墙壁中间有一扇门，门没有关，仿佛只要轻轻一推，就能进去……

"副官大人？"

吉恩回过神来，转头看了看赫本。他正要开口，却又闭上了嘴。不知道为什么，他觉得这个梦不能告诉别人。他也不确定应该告诉谁。祭司？吉恩转头往前看去，然而刚才浮现在眼前的情景——通往完美乐园的门，仍然挥之不去。梦里的自己碰到门了吗？

对于某些人而言，吉恩的凯旋却是个坏消息。萨米娜王后的心猛地沉了下去，尼梅娅也吓得六神无主。她们两个人最先预感到了即将来临的混乱。

国王下令准备凯旋纪念仪式，连续三天举行宴会，为百姓分发葡萄酒和面粉，免费开放大浴场和竞技场，并释放百名囚犯。国王说，伯利提莫斯王子终于成为真正的男子汉，成为完整的军人，证明了自己完全有能力成为王位继承人。这是国王在大臣齐聚的御前会议上说的话。王位继承人？卑贱的舞女之子？

如果这句话说出来，就算是王后也会掉脑袋。凯旋消息传来后，国王整天只想着伯利提莫斯，连政事都抛开了。别人说话，他也常常听不到。最适合与国王分享喜悦的人当然是艾瑞缇娜。无论是在艾瑞缇娜的离宫，还是在玫瑰花园，每天都会多次传出他们的笑声。

因为艾瑞缇娜的软磨硬泡，国王下令，邀请全体名门闺秀参加为王子举行的凯旋宴会。这意味着要正式选择新的王子妃。

吉恩十二岁的时候迎娶西娅为妃，这是萨米娜王后自以为做得最正确的事情。那时候，吉恩和艾瑞缇娜的处境就是这样，即使王后随心所欲地选择王子妃，他们也无力拒绝。彼时，游荡多年的吉恩还是个不懂礼节、不懂规矩，也不认字的瘦巴巴的孩子。随着这个孩子渐渐发生的变化，越来越多的人家开始垂涎三尺。萨米娜突然想起出入娘家的没落贵族夫人，想起那个女人瘦弱苍白的女儿，萨米娜使劲拍了拍膝盖。

那天的先见之明如今变成了徒劳。新王子妃进宫之后，生孩子是迟早的事。这是自己千方百计要阻挠的事情。萨米娜忍无可忍，派人向国王进谏，说在王宫里可以同时拥有两个以上的女人是国王的特权，王子有两名王子妃是史无前例的。不料，她得到的回答出奇的简单：

"如果这有什么问题，那就只留一名好了，不是吗？"

194

冷杉与鹰

这也是史无前例的事情。事实上，废除西娅的可能性微乎其微。既然国王已经这样说了，谁也不敢提出异议。萨米娜意识到自己已经无路可退，现在该做的事情只有一件。

西娅在后院前的椅子上呆坐无语。有人说晒太阳对身体好，于是她每天都要在阳光下坐两小时，结果却只有头晕。几只鸟飞到脚下，啄食着撒在地上的米粒。这些没心没肺的家伙，只顾吃东西，连头都不抬。西娅闭上了眼睛。

风吹来宫女们的窃窃私语声。她们以为西娅睡着了。这种情况经常发生，她坐在这里睡着了，宫女们也不叫醒她，而是直接把她背回房间。她们的话在风中飘荡。

"……那我们的娘娘就变成傀儡了。不过，我早就料到会有这么一天的。"

"娘娘的确可怜，可是话说得没错呀，怎么会这么晚？我甚至同情王子殿下。"

"虽然说好饭不怕晚，可现在也太迟了。不过早晚有一天还会绽放。"

"花开也是有时节的。要是下过雪了再开花，还有什么用？"

"说实话，看到连阳光都受不了的娘娘，感觉她可能不等开花就直接凋谢了。"

"嘘。"

西娅甚至没有力气站起来责备她们，慢慢地进入了白日梦。她曾经站在北门前面，等待骑马出去的吉恩。听到马蹄声，紧张的心脏开始间歇性地狂跳。呼吸困难，面色苍白。最后西娅忍无可忍，只好藏到附近的殿阁柱子后面。不知为什么，骑马进来的吉恩停下马，四处张望。西娅很想站出来，可是，如果吉恩问她出来做什么，她又不知道该怎么回答。如果吉恩问她为什么藏起来，那就更答不上来了。她就使劲咬着薄薄的嘴唇，同时注视着吉恩的轮廓，像枪尖。

他的马像风。如果捧起他的脸，西娅的手似乎会被划破，想要抓他，好像也只能抓到空气。

不一会儿，吉恩走了。西娅低头望着自己空荡荡的手。她想抓住什么。从那之后，她再也没有到北门前等吉恩。有一天，西娅在走廊里偶然和吉恩相遇，吉恩拉起西娅的手。西娅大吃一惊，慌忙抽了回来。吉恩看了看自己的手，径直走了。

每次听吉恩和帕拉索斯对话，西娅都很开心。帕拉索斯怎么那么容易就能逗笑吉恩呢？帕拉索斯经常想把西娅拉入对话，可是不知不觉，又成了两个人在说话，西娅在旁边听。有一次，西娅说了几句什么，两个人都静静地听着，西娅羞得红了脸。其实与吉恩相比，西娅感觉和帕拉索斯说话更轻松。帕拉索斯也经常逗西娅笑。笑归笑，却又不像听到吉恩突然说句话时那样心跳加速，紧张兮兮，呼吸急促。西娅觉得吉恩很可怕。他们也会像其他夫妇那样一起睡觉，生下属于他们自己的孩子吗？也会争吵，也会互相说我爱你吗？

想起在宫里的十年，偶尔西娅会有种奇怪的心情。她就像即将熄灭的野火，偶尔迸出火花，最后还是变得暗淡。回想起来的时候，还是有什么东西在闪光。如果知道那是什么，她说不定会试图抓住。

西娅十二岁那年，吉恩送给她一个漂亮的蝴蝶簪。当天夜里西娅就想戴上，可是头发太少，蝴蝶簪总是滑落下来。第二天，她换上了平时用的贝壳夹子，盘起头发出了门。吉恩远远看到，转身走了。西娅慌了神，眼睛都红了。正好被帕拉索斯看到，说，我们的西娅娘娘是个哭鼻子虫，并且让她上了马，坐在自己前面，带她在山脚转了一圈。不一会儿，吉恩也来了，帕拉索斯恳求哥哥，让他带着西娅和自己赛马。吉恩假装推脱不掉的样子，让西娅上了自己的马。他们在山脚下又跑了一圈。太阳落山了，白花被染红了。

后来，西娅睡着了。一行清泪从脸颊流下来。宫女们看到了，谁都没有出声，悄悄地把她背回了离宫。

夏天的宴会不能没有水。凉爽的水和花瓣，还有烛光沿着宴会场周围的四角水路流淌。水路中间的小喷泉喷射出带有藏红花粉的饮料。餐桌上散发出玫瑰、桂皮和小豆蔻的芳香。四周金光闪耀。艺人的歌声不绝于耳。

吉恩斜坐在餐桌前的长椅上。他穿着感觉不太适合的绸缎衣服和凉鞋，戴着金镯子和戒指。他没有食欲，只是喝了点儿加了蜂蜜的葡萄酒。对面有个女人跟他搭讪，他也没有理会。只有在心情非常糟糕的时候，吉恩才会如此无礼。今天的吉恩，很想回到从前，看哪个家伙不顺眼，就伺机在泥潭里把他绊倒，推开一切，扔掉一切，把周围弄得乱七八糟。他低头看看自己的手，上次战斗的伤痕依然隐约留在手背。他慢慢地握起拳头，然后放开。他是王子。女人们是他的客人。他应该像招待客人那样招待她们，尽管不是他邀请她们来的。他从来没有邀请过哪个人进入自己的人生，然而还是有各种各样的人充斥了他的人生。是的，她们都是母亲的客人。母亲喜欢客人。

背后响起了笑声。

"哥哥现在变成真正的男子汉了，是吧？"

吉恩欣喜地转过头去。绸缎衣服和饰物在帕拉索斯的身上都显得那么自然，很适合他那张光滑而且富贵气十足的脸庞。

"十七岁的小家伙来到夜宴场做什么？"

"赞达尼族的征服者，我想借你的威风，嘿嘿。"

帕拉索斯在吉恩对面坐下了。吉恩这才拿起一个带有杏仁的枣椰，吃了下去。帕拉索斯上身前倾，眨着眼睛说：

"说说战争的故事吧，我很想听，实在忍不住了。听说你在一夜之间杀死了七百名赞达尼族士兵？那就是一小时杀死一百人？"

今天的宴会场上流传着各种夸张的谣言，帕拉索斯的玩笑听起

赤手空拳的黎明

来不过是撒娇罢了。唯一能够确认是否属实的吉恩闭口不语，谣传就像封闭饲养的大鹅，变得更加丰满。吉恩的双臂交叉在胸前。

"不是，我们是在两小时里统统杀光，剩下时间睡觉。"

"那你的部下们做什么了？"

"每杀死一个人，他们就在墙上画一道线，必须准确计算人数。"

吉恩胡说八道起来，酒开始发挥作用了，这才像参加宴会的感觉。帕拉索斯笑嘻嘻地说：

"啊，我要是也和你一起去就好了。那样我就可以不费吹灰之力成为赞达尼族的征服者。哎呀，你怎么拿这种眼神看我？我的能力至少可以从后面保护你。"

吉恩低头笑了。

"谢谢。不过最后的瞬间，我身后只有连话都说不清楚的老城主。"

兄弟俩齐声大笑。帕拉索斯喝了口葡萄酒，立刻红了脸。他轻轻摸了摸脸，靠在椅子上。斜坐的姿势只属于成人，不过他模仿得很像。

"我不是开玩笑，我真的想过好几次，要是能在身边亲眼看到你打仗的样子就好了。"

"说实话，没什么好看的，非常残忍。"

"那肯定是了。听说你能活着回来，简直是奇迹。战争真的很可怕，是吧？"

"是的。"

"不过，我还是有点儿遗憾，没能看到哥哥作战的样子。"

吉恩又喝了一口葡萄酒，回答说：

"如果你看到了，可能都认不出来那是我。"

帕拉索斯没有继续说什么，只是看着吉恩。他大概在想象威风凛凛地扭转战局的勇士之类的形象。吉恩没有多说什么。总有一天，帕拉索斯也会经历这些事，没有必要粉碎他的想象。不，帕拉索斯可能不用经历这样的残忍。

"到底是哥哥，只有你能做到。如果换成我，可能马上就被杀死了。"

"那是因为你还小。"

"即使我长到像你这么大，恐怕也做不到你这种程度。怎么说呢，你和我有着本质的不同。啊，不是那种本质。"

宫里常说的本质指的是嫡生和庶生。吉恩也知道帕拉索斯不可能那么说。

"哥哥身上有王族和贵族没有的东西，很难说得清楚，就是那种坚忍、执着的东西。即使置身于那种情况，你也能做好自己该做的事。"

"这也未必是好事。"

"没关系，我喜欢。我知道自己无法赶上你。不过没有你，我可能连这些东西的存在都不知道。"

这时，一名侍从走过来，在吉恩身边弯下腰去。他说了句话，吉恩没有听。他知道侍从会说什么，没有必要听得仔细。吉恩站起身来。

"我该走了。"

"哥哥活着回来，我很开心。"

吉恩点了点头，帕拉索斯直起上身坐正，接着说道：

"我知道哥哥的实力，所以并不担心。其实，我也担心，不过还是对不起。"

吉恩想问他这话是什么意思，只是恐怕说来话长，就先走了。吉恩跟在侍从后面，树影似的女人们毕恭毕敬地行礼，从她们身边经过，吉恩故意不看她们。她们紧张兮兮地等待着这样的瞬间，然而吉恩不想把他现在可以做出的唯一表情做给她们看。她们是母亲邀请的无辜客人。吉恩想要公正地对待她们，同时又想变回从前那个可恶的孩子，两种感觉展开了拉锯战。吉恩加快了脚步，试图摆脱她们。

到达宴会场边缘，吉恩才环顾四周。他在不需要担心别人看到自己表情的地方寻找西娅。说不定她也来了，同时他又觉得西娅不太可能过来。果然没有找到西娅，他看到了另外的面孔。吉恩怀疑自己看错了，瞪大了眼睛。

"黛莎？"

女人走过来。她盘着头，露出后颈，戴着紫水晶项链，穿着长长的亚麻连衣裙，如同鸢尾花般优雅。果然是在宫中成群的美女中间也不逊色的美丽。嘴角泛起伶俐的微笑，和在涌泉城里看到时同样魅力四射。

"你怎么来了？"

"我知道像我这样的村姑没有资格到这里，于是我花了点儿钱。我很有钱的。"

吉恩不知道她在说什么。据吉恩的了解，自从因为赞达尼族的横行霸道而没有商人问津之后，黛莎的家族势力大幅缩水，甚至没钱修理被焚烧的外城。他还想着回到都城以后，出于对自己下达的放火命令负责，要给他们一笔援助金。现在黛莎穿着昂贵的裙子出现在都城，吉恩想问这话是什么意思，但很快又意识到还有更重要的问题应该先问。

"等一下，你不是有话要对我说吗？那天夜里……"

"你想知道什么？不过好像有人在等待王子殿下。"

这是事实。带领吉恩的侍从正用目光催他。吉恩始终坐着不动，父王派来侍从，带他在宴会场转上一圈。看到吉恩停留在一个女人身边，而且是不知来历的莫名其妙的女人，侍从着急了。吉恩摇了摇头。

"不，我必须听你说。喝了你的酒之后，我……"

"关于这件事，我可能要在更合适的场合告诉您。"

吉恩想要抓住黛莎的手腕，但是被黛莎轻轻推开，行礼之后，迅速消失在其他女人中间。吉恩想追上去，但是人们，尤其是女人们都用好奇的目光看着他。他只好放弃了。

瞬间，吉恩的脑海里充满了梦里见过的神秘之门。想起那扇门，刚才席卷自己的愤怒和叛逆都像露水般干枯了，仿佛初秋时节冷飕飕的雾气般扑面而来。这个梦过去一个月了，他仍然清晰地记得梦中的情景。吉恩好想知道那是什么地方，想知道梦的实体是什么，还想去那里看看。他必须问问黛莎。除了她，没有人能解答他的疑惑。

吉恩走后，帕拉索斯又喝了杯酒，然后悄悄地瞥了瞥入口。入口有好几个，她果然站在某个入口前。藏在阴影里，随时准备逃跑的瘦弱少女。帕拉索斯站起来，正要往那边走去，少女像看到了什么似的脸色骤变，后退着出门去了。帕拉索斯追上了她。

从一开始，西娅就盛装来到宴会场。她不敢到吉恩身边。今天的宴会是为了给吉恩选择新妻子而特设的，西娅的心里也很清楚。如果她站在吉恩身边，每个人都会用同情的眼神看自己。西娅没有勇气承受这些视线。

但是，她也没有离开。尼梅娅说，即便是这样的宴会，西娅也应该成为女主人。也许有的女人会为自己的丈夫选择新妻子，然而西娅不想这样。她也没做好准备。如果她逃跑，就等于连正当的权利也放弃了。即使尼梅娅不说什么，她也觉得不能这样。那天，西娅平生第一次坚持站在使她想要逃跑的场所。大概因为她觉得这是最后一次？这是全新的体验。不像想象中那么难，好像以前都没有必要逃跑。

当她看到吉恩和某个女人说话的时候，尽管只是说几句话，西娅的自控力却彻底瓦解了。回过神来一看，自己已经在宴会场门外了。她抓住阳台栏杆，刚才喝的饮料都吐了出来，然后猛烈咳嗽。正在这时，有人在后面拍打她的后背。

"没关系，都吐出来吧。"

当她明白是谁的时候，眼泪夺眶而出。西娅又呕了几次，然后回头看去。

"对不起。"

"这有什么啊，宴会上每个人都可能肠胃不舒服。"

西娅吁了口气，栏杆下面的风景尽收眼底。白花被黄色的液体覆盖，看上去很凄凉。帕拉索斯来到旁边，陪她往下看。

"有黄水，原来你喝了藏红花果汁。"

"只喝了一点儿……"

"谁让你只喝一点儿的，尽情喝吧，那些都属于西娅娘娘。"

西娅想要强颜欢笑，然而只是嘴唇颤抖了几下。帕拉索斯侧头去看西娅。两个人同岁，不过从表面看，西娅好像要比帕拉索斯小两三岁。

"不管发生什么事，这些都是娘娘的。那些女人都列队等着服侍你呢。既然这样，一下子选出二十多名，怎么样？让她们擦地、拔草……"

西娅的表情不像是笑，也不像是哭，奇怪得近乎滑稽。帕拉索斯叹了口气，挠着后脑勺说：

"这种话无法安慰你，是吧？我也知道。"

西娅又流泪了。帕拉索斯蜷缩着肩膀，说道：

"我们的哭鼻虫，西娅娘娘。"

"西娅娘娘"，这个称呼来自帕拉索斯，只有他这么叫西娅。西娅突然想起来了，过去的十年里，帕拉索斯呼唤她的次数比吉恩更多。与此同时，吉恩呼唤"西娅"的声音在她耳边回荡。仅仅是听到吉恩的声音，就足以让西娅心痛难耐了。西娅紧紧咬着嘴唇，说道：

"我只是他的绊脚石。贵妃娘娘和陛下肯定也都这么想。我不知道像我这样的人怎么会成为他的另一半。太可笑了，我们是多么不般配。他完美无瑕，我却一无是处……"

帕拉索斯摆了摆手，打断西娅的话，抓住她的双肩。

"不仅西娅娘娘，我也是哥哥的绊脚石，好在哥哥并不介意。他根本不在乎。哥哥真的不在乎，不在乎那些东西，真的！娘娘根本不了解哥哥。他现在马上就要爆发了，他多么讨厌自己的样子，对于被女人包围的状况有多么深恶痛绝，你一点儿也不知道。我再问你，你这个样子怎么成为哥哥的另一半？"

西娅抬头望着帕拉索斯。她擦了擦眼泪，眼泪却又流了下来。

"我不知道，我不知道他在想什么，不知道他喜欢什么，讨厌什么，一点儿也不知道。我，我害怕他。只要听到他的声音，我的心就像要爆炸。我好想逃跑。我不想知道发生了什么事。随便去哪里都好，不管是北边，还是南边，只要什么声音都听不见就好……"

"我第一次听到娘娘说这么多话。"

说完，帕拉索斯拉过西娅，将她抱在怀里。西娅大吃一惊，身体僵住了。虽然他们同龄，经常开玩笑，并且相识十年，然而这样的全身近距离接触还是前所未有的。丈夫的弟弟怀里散发出淡淡的香气。帕拉索斯抱着西娅，小声说：

"你应该逃离的不是王子妃的位置，也不是宴会场，而是你心灵的地狱。我帮你好不好？我很擅长的。你愿不愿意跨过这步？"

西娅说不出话来，浑身颤抖。当帕拉索斯捧起西娅的脸，寻找她的嘴唇的瞬间，西娅却使出平时从未想过的力量将他推开了。分开之后，帕拉索斯嘴角带着微笑。西娅已经紧张得连话都说不清楚了。

赤手空拳的黎明

"我……我真的……这……这个……"

"我们的娘娘并不是特别柔弱。很幸运,但是我也有点儿遗憾。"

帕拉索斯若无其事地说道。西娅第一次感觉帕拉索斯好可怕。回过神来,想想刚才的事情,在帕拉索斯目光的注视下,西娅连站的力量都没有了。她好不容易说了句话:

"我不知道该怎么面对这件事……"

"还能怎么面对,忘掉就行了。或者偶尔哥哥惹你生气的时候,你就想起来,当成是对他的报复。以后这种事还会很多。哥哥和我不一样,不太懂女人的心思。你这个样子算什么?因为这点儿事就浑身发抖。你明明知道哥哥今天夜里不可能一个人过,为什么还要这个样子?"

西娅没有再说什么,只是一会儿握拳,一会儿把手伸开。红色的气息在她白皙的手上蔓延,像网。

"不要误会,我很喜欢哥哥。哥哥和我截然不同,但我的确喜欢他。当然我也喜欢你。"

帕拉索斯迅速拉过西娅的头,在她的额头上亲了一口。西娅有些茫然,脚步踉踉跄跄。帕拉索斯后退几步,微笑着说道:

"不过,西娅娘娘,你要变得强大起来,为哥哥生个孩子吧。这样下去,你绝对不可能成为哥哥的女人。瘦小可怜的西娅娘娘,哥哥是老鹰,是狮子。你这样软弱,连老鹰的脚指甲,连狮子的牙齿都受不了。"

吉恩坐在床上,一个月前贝尔肯说过的话总是在脑海里回荡。不知道为什么,他有些无奈,又有些焦躁。吉恩突然感觉别扭,脱掉上衣,扔了出去。这时,黛莎拿着银盆进来,露出兴致勃勃的表情。

"没想到你这么心急。"

"我只是讨厌绸缎衣服。"

204
冷杉与鹰

"啊，是吗？那么今天夜里，你打算什么都不做吗？"

"不，我要听你讲故事。"

"是吗？我只是被叫来讲故事的女人，如果讲不出有趣的故事，明天早晨说不定会被砍头。"

"我没有这个权力，因为我不是君王。好了，说吧，那瓶酒究竟是什么酒，不，不是酒，是毒药吧？"

吉恩谢绝了国王和艾瑞缇娜选择的名门闺秀，而选择了黛莎，就是想听她解释。他以为是这样，但是他不确定这是否出于真心，反正今天夜里必须和某个女人同床共枕。拒绝国王准备的礼物，意味着对国王的侮辱。尤其是王子，绝对不能做出这样的举动。但是他也不想以这种方式配合艾瑞缇娜迎娶新王子妃的计划，像傀儡般跳舞。边境贫困人家出身的黛莎不可能是艾瑞缇娜期待的新王子妃，这也不能说对他的选择全无影响。

黛莎放下盆子，坐在吉恩脚下，抓住他的脚。这是与高贵王子共度初夜的第一步。盆子里的水散发着橙花的芳香。

"的确是酒。我说是我酿的，这是说谎。我也不知道怎么酿出来的，恐怕整个埃弗林都没有人知道。我只是知道使用方法。这酒叫'第一神花'。啊，翻译成我们的语言就是这样，本来是'菲尔提德尤姆巴兰特'。

吉恩熟悉这个单词的语感。见吉恩皱起眉头，黛莎点了点头。

"一下子就听懂了，是的，是赞达尼族的语言。"

"难道那是赞达尼族的酒？怎么会在你手里，还给我喝了？"

"至于得到这种酒的过程，我等会儿再告诉你。不过，这酒对于赞达尼族来说也是非常宝贵的……"

"这个先别说了，喝了这酒之后，都会睡上三天吗？"

黛莎抬头看了看吉恩，笑呵呵地说道：

"如果我有所隐瞒，看来你真的要砍了我的头。不，不会的。

赤手空拳的黎明

通常是睡一天，偶尔也有人根本睡不着，也有人永远不再醒来。"

"等一等，那不是毒药吗？"

黛莎又笑出了声。

"对于某些人来说可能是毒药，其实只是祭祀用酒。赞达尼族每隔几年都会举行一次祭天仪式，就用这种非常珍贵的酒。"

在祭天仪式上，"第一神花"只献给刚刚获得尤姆巴南，也就是"第一勇士"资格的人。尤姆巴南是荣誉称号，整个赞达尼族获得这个称号的人只有十名左右。尤姆巴南喝过酒之后入睡，偶尔有醒不过来的，就代表不具备"尤姆巴南"的资格。王位继承人的选择也要经过同样的过程。吉恩突然问黛莎，赞达尼族有没有王。黛莎告诉他，有一位女王，只负责与神灵沟通，从不离开赞达尼城。

"这种酒是神灵和人交流的通道。睡着的人会做梦，梦境就是神灵对人说的话。尤姆巴南清晰地记得梦境，刻在墙上，成为壁画。赞达尼城有很多这样的壁画。"

"我也做梦了。难道那个梦是赞达尼族的神灵对我说的话？难道那个地方不是实际存在的场所？"

"等一下，场所？你看到什么了？"

"我看到了一扇门。周围是植物覆盖的围墙……"

听吉恩解释梦中的风景，黛莎不由得目瞪口呆。吉恩说他相信门里面是乐园，黛莎摇了摇头。

"我第一次听说这样的梦。尤姆巴南们看到的通常是自己的过去或未来。说是未来，其实也就是自己在梦中做了什么，还从未听说谁去了从未见过的陌生场所。而且那个场所……究竟是什么地方呢？听王子的说法，好像不是真实存在于世界上的地方。"

"我也这么想……"

吉恩很失望。他很想知道那是什么地方。如果只是赞达尼族想象中的乐园，他真会失望至极。吉恩没有特别虔诚的信仰，连埃弗林的神灵也不是很相信，所以并不期待赞达尼族的神灵能为自己做什么了不起的事情。

"知道了，这个话题到此为止。你为什么要把这种酒给我喝？"

"算是考验吧……哎呀，不要做出这样的表情。我也没有选择余地。只有让王子殿下喝些东西，才能得到修理城墙的钱。"

"这是什么意思？"

黛莎从连衣裙内侧拿出一个绸缎口袋。解开带子，倒在手上，里面滚出七颗拇指般大的宝石。黛莎拿起一颗，递给吉恩：

"与王子殿下得到性命相比，太便宜了吧？"

宝石放入吉恩手中。吉恩默默地注视着宝石。他不是没有料到这一天，但是亲眼所见，还是感觉无比苦涩。吉恩要去国王和艾瑞缇娜的视线到达不了的地方，王后肯定不想错过这个难得的机会。计划的第一步就是贝尔肯。他故意侮辱吉恩，引诱他使用暴力，结果是得到了让吉恩独自留在城里的命令。避开将军和士兵们的视线之后，黛莎秘密地让吉恩服下毒药，然后将他引到城外。将军和部队回来时，就说吉恩受不了留在后方，独自追赶部队去了。王子太固执，谁都阻止不了。这样说就行了。周围到处都是赞达尼族的埋伏，就算吉恩下落不明，谁也不会觉得奇怪。

"我说我不想一下子要了你的命，我会准备让你慢慢死去的药。只有这样，王子殿下才能离开城里。想让你离开也不是什么难事。就说赞达尼族的信鸽落在我手里，得知将军的部队落入陷阱。即使王子殿下半信半疑，肯定也会立刻出发。怎么样？这个计划听起来还不错吧？而且王子殿下是全军最出色的骑手。"

恐怕真的会这样。倒是可以派出部下，但吉恩肯定觉得自己去最快。听到自己彻底坠入陷阱的故事，吉恩心情很糟糕。如此完美的计划出现的第一个偏差就是贝尔肯伤势过重，被转移到其他城市。贝尔肯离开之后，黛莎就脱离了他的监视，可以自由自在地实施计划。虽然她接受了王后的密令，但是什么时间、怎样执行却是她的自由。她想在杀死吉恩之前先做个试验。这里就出现了第二次变数。

"赞达尼族内部流传着王子是得到神谕之人的说法。期待大战的赞达尼族战士们，听说王子殿下留在城里，就转移目标，冲进来了。如果没有王子殿下，我就无法守城。所以计划推迟到战斗之后进行。"

"这么说，城里发生战争都是因为我？"

"感觉到自己的责任了吗？如果不是这样，这次受打击的就是和将军同行的部队。当时赞达尼族为了突袭涌泉城，带来的兵力不到总人数的一半。如果赞达尼族全军布阵，埃弗林军队想要跨过赞颂河，肯定要遭受重创。"

听了这些，吉恩的心情很奇怪。正好黛莎帮吉恩洗完脚，撤走了盆子。她爬上床，吉恩问道：

"赞达尼族怎么知道我在远征军的队伍里面，又怎么知道我独自留在后方？难道通过咒术透视远方了？"

"这个我过会儿再告诉你。反正赞达尼族向王子挑战失败了。我从头到尾目睹了这个过程，觉得我不能杀死这样的人。最神奇的是，我什么都没说，父亲却知道了我想做什么。如果父亲说话清楚，王子殿下可能当时就会砍掉我的脑袋。这都应该归结于幸运吧。"

因此黛莎没有给吉恩服用毒药，而是用"第一神花"代替。这是只献给有资格的人，让他们体验神圣梦境的酒。没有资格喝这种酒的人会死亡。黛莎想知道吉恩有没有未来，有没有需要他活下来完成的使命。如果吉恩幸存下来，她要像现在这样找到他，向他坦白。

"真正的尤姆巴南生前肯定要做伟大的事情。有的也会像基洛斯那样，在临死前把任务交给其他尤姆巴南。我很想知道王子殿下的未来是什么。不知道我是否有机会了解。"

"我不是赞达尼族的尤姆巴南，也不关心尤姆巴南的命运，而且我对赞达尼族的评价也不高。实话实说，我对他们有点儿失望。

主动要求一对一作战，却借助咒术。"

"王子殿下在决斗过程中有没有笑？他们认为在战斗中脸上带笑的人是被恶魔附了体。如果不能立刻祛除恶魔，就会摧毁决斗的公平。"

吉恩回想起来，好像的确是这样。他耸了耸肩膀，问道：

"可是我又没死，你怎么得到报酬了？"

"我拿到预付金，的确让王子殿下喝下了可能置人于死地的酒。只是王子殿下活过来了。我给王后娘娘写信，说毒杀对王子殿下没有效果，以后不要尝试了。我说他服了毒药，睡了三天，又死而复生了。"

黛莎愉快地笑了，发出银铃般的声音。这时，两个人坐在触手可及的位置，但是吉恩还没有碰过她的身体。黛莎把手放在头后面，摘下簪子。浓密的头发流淌下来，遮住耳朵，又恢复了在涌泉城见过的美丽女人的面孔。

"可是王子殿下，不，副官大人，我当时拿着酒去找你的时候，你一点儿也没有期待像今天这样的夜晚吗？"

吉恩没有立刻作答，黛莎又凑近了一点。

"我不是想戏弄你。我是为了我的自尊心而问。说实话，副官大人表现出来的坚定令我多少有些吃惊。当然，那时候我也没有和你上床的想法，因为试验还没有结束。"

那天吉恩想起了西娅。今天吉恩的手上没有戒指。宴会目的明确，他无法戴着戒指出来。西娅现在睡了吗？还是辗转无眠？

"过了一会儿，我去清理酒瓶，你已经睡着了。你睡觉的样子非常可爱，一点儿也想象不出昨天你在鲜血横飞的战场上的神勇。我觉得男人这点非常有趣，所以当时就亲了你的嘴唇。"

黛莎用食指和中指轻轻戳了一下吉恩的额头。这对王子来说是无礼之举，然而吉恩却不知道是应该笑，还是应该发火。这时，黛莎扑进吉恩的怀里，亲了他的嘴巴。稀里糊涂地接吻之后，吉恩马上说道：

"我不可能娶你为王子妃。"

"我知道。"

"所以我不能让你上床。我连你的父亲都见过了。"

"父亲会很开心的。如果没有王子殿下，他的女儿可能到死也尝不到同房的滋味。"

"这是什么意思？"

黛莎富有弹性的身体扑进了吉恩的怀抱。他推开黛莎，黛莎笑了。

"你想知道原因，好吧。因为王子殿下是尤姆巴南。"

随后，黛莎又透露了令人震惊的事实，她有一半赞达尼族血统。很久以前，城主的姐姐被赞达尼族俘虏，生下黛莎。黛莎五岁那年，丈夫去世，城主的姐姐回到涌泉城，不久也死了。城主收养了无父无母的黛莎做女儿，将她抚养成人。

问题是赞达尼族仍然把黛莎当成同族。赞达尼族女人只能和得到认可的战士结婚。如果和别的男人结婚，战士们会感觉自己受到侮辱，从而会杀害那个男人。成为赞达尼族战士的办法有两种，一种是猎捕狮子，另一种是和已经被认可为战士的男人进行正式的决斗。

"对于埃弗林男人来说，这两种方法都很难做到。我不管和谁结婚，最后都会变成寡妇，所以年纪这么大了，还是无法接受别人的求婚。当然我也可以和赞达尼族结婚，可是我现在已经拥有了文明的眼睛，不是吗？"

吉恩和尤姆巴南基洛斯单打独斗，最终取得胜利，于是成为唯一可以和黛莎结婚的埃弗林男人。吉恩觉得不可思议，眼睛盯着黛莎。黛莎说：

"刚才我看到王子妃娘娘了，年纪很小，很柔弱，我不会威胁到她。王子殿下之所以选择我，也正是出于这种考虑吧？因为国王陛下想要的新王子妃不是像我这样的女人。我只是出于自己的意愿，想和王子殿下同床共枕。想要再遇到我的心灵和命运同时许可的男人，恐怕并不容易，所以我不想错过这样的机会。"

　　"我以为贤淑的女人一辈子只需要一个丈夫。"

　　"埃弗林的贤淑女人是这样吧，可是我身上还流着野蛮民族的血。基洛斯是我儿时的伙伴，很多赞达尼族战士都是我的老朋友。赞达尼族的女王一辈子和无数男人结婚，一方面是因为赞达尼族男人很容易死于战争，不过更重要的是，像女王这样高贵的人有义务照顾更多的男人。女王心地慈悲，尽可能把感情分给更多的男人。尽管如此，女王神圣而庄严、纯洁如雪的事实也不会改变。我不是女王，但是我也不想终生孤独，只要心里知道自己的丈夫是谁就行了。啊，不要误会。这个丈夫有时会变，我还年轻嘛。对了，你想知道，我为什么喜欢你吗？"

　　黛莎突然伸出手，抚摸着吉恩的后颈。她的手碰到吉恩愈合的伤口，轻轻地抚摸。

　　"最有魅力的地方，就是你的命运曾经掌握在我的手中。我手里握着你的命运，心想要不要结束你的性命，那段时间我很开心。渐渐地，我被你吸引了。那天，你是涌泉城最强大的男人。但是，我已经触及你的要害。如果你知道事实，也许会要了我的命，谁知道你却把剑插回剑鞘，站在我的面前。你什么都不知道，还在认真听我说话。想到这里，我就无比自豪……"

　　吉恩使劲抓住黛莎的手腕。

　　"不管什么事，你都随心所欲。你想杀我，后来放了我，又把这件事告诉我。如果我现在大发雷霆，杀死你，你怎么办？"

　　"你想吗？我不会拒绝。"

黛莎的手像鱼一样翻过来，抓住吉恩的手腕，拉向自己的身体。

"我不否认，王子殿下有这个权利。你可以做出不同于我的选择。"

黛莎曾肆意玩弄吉恩的生命，现在又把自己的生命交于吉恩之手，呆呆地望着他。也许是因为她相信吉恩不可能杀死自己，也许是她觉得即使真的被杀死也无所谓，也许是因为她还有另外的阴谋……

这个瞬间，吉恩理解了黛莎曾经感受到的魅力。面对着能够置之于死地的对象，他的心里却产生了爱之护之的欲望，这是黛莎教给他的。世界上有各种各样的关系，除了爱与恨，除了忍受与逃跑，还有其他。

吉恩感觉头晕目眩，仿佛被大雾包围了。这个命运奇妙的女人有着难以言传的力量。起初只是觉得她很美丽，然而在这个瞬间，吉恩感觉她像女神。是的，黛莎像女神，像占领夜空的女神，从来不会伤害任何人，一次次归来，一次次获得新生，谁也不能杀死她，谁也不能玷污她。某个瞬间，她又重新变得完整。她能决定自己的命运。相反，吉恩却总是生活在别人的决定之中，此时此刻也是这样。突然间，他很想和黛莎分享这种力量。

黛莎微微地笑了。

"我相信你不会拒绝我，也不会侮辱我。"

吉恩把黛莎推倒在床上。黛莎抓着胸前的衣带，对吉恩露出了微笑。

凌晨时分，吉恩醒了。隐隐约约而又心满意足的梦消失了，吉恩伸手摸了摸旁边，空空如也。就像昨天夜里说的那样，黛莎独自走了。

昨天夜里，黛莎给吉恩讲了一颗星星的故事。别的星星都按照固定的路线反复旋转，只有这颗星星，我行我素地游走到了很远的地方，数十年后才回来。越是接近自己的位置，它就越是明亮，最后这颗星星在白天也可以发光。它改变了世界。吉恩也见过，那颗星星在奔跑，辉煌的斗篷随风飞舞。

从一个善良的儿子变成优秀的王子，并非没有别的道路。以前他以为不能脱离那条道路，于是倍加忍耐，以为这样做是为了所有的人，却唯独忘记了属于自己的路。为什么要忍呢？为什么不能冲出去？

吉恩叫来侍从，吩咐拿来远征期间穿过的衣服。他系上腰带，穿上长靴，上面还依稀保留着血迹。离开豪华的房间，吉恩穿过后院，去了母亲艾瑞缇娜的离宫。

艾瑞缇娜的别宫被称为乐园茅草屋。这是国王亲赐的名称。这个茅草屋有七个华丽房间，有飘着玫瑰、茉莉花和薰衣草的浴场，有容纳十几人的餐厅，还有保存着南北方各种调料的厨房。到了门口，宫女们慌忙行礼。天还没有大亮，而且吉恩已经很久没来母亲的住所了。

门里面有动静，看来已经起床了。吉恩站在门前，宫女们本应向艾瑞缇娜报告王子的到来，却犹豫不决。

"请稍等会儿。娘娘还没有化好妆。"

"没关系。"

没有理由因为没化好妆而不见儿子。吉恩不但见过艾瑞缇娜的素颜，而且无数次见过艾瑞缇娜连夜缝缝补补，眼神空洞，披头散发的样子。母亲真的没有必要在儿子面前在意这些形式。父王不可能来。昨天夜里，父王在宴会上喝了太多的酒，倒头就睡。

"很抱歉，我们是贵妃娘娘的宫女，贵妃娘娘有命令……"

"贵妃娘娘今天玉体欠佳……"

听着这些蹩脚的借口，吉恩不耐烦了。他只想马上见到母亲。

他有话要说，不想等待。吉恩向前迈步，打算直接推门进去。宫女们大惊失色，慌忙挡在前面。吉恩哭笑不得，怒视着她们。

这时，门开了。

"大王子殿下，昨天夜里过得好吗？"

吉恩盯着向自己行礼的高大男人。只见他油乎乎的脸上皱纹如同血管般延伸，旋涡的中心镶嵌着焦黄的眼睛。那双令人窒息的眼睛今天却心满意足地涣散开来。意识到这个事实，吉恩猛然涨红了脸。

"那我先退下了。"

安塔伦又行了个礼，走向门口。吉恩愣住了。宫女们看到他的肩膀在颤抖，吓得悄悄走开了。这时，里面传来艾瑞缇娜的声音。

"让他进来。"

艾瑞缇娜披着白色的长袍，侧身而坐。黑色的发丝弯弯曲曲地披在肩头，嵌在苍白素颜上的红嘴唇真像后院里的玫瑰，"埃弗丽娜"。

十几年前，母亲艾瑞缇娜被王后派遣的追击者驱赶，也承受着恐惧和贫穷的折磨，那时候母亲最多的不是美丽，而是惹人怜惜。母亲故意往脸上抹灰，披头散发，神情呆滞而愚蠢，努力掩饰自己的美貌。那时候，只要能给母亲带来安慰，吉恩什么事都可以去做。母亲让他偷，他就去偷；让他扔，他就扔；让他穿女孩子的衣服，他就穿。母亲拿着要缝的衣服睡着了，他曾多次代替母亲做针线活。母亲累得流泪，他就抱住母亲，给母亲唱歌。安塔伦找到他们，告诉吉恩他是王子的时候，他也丝毫没有责怪母亲为什么没有事先告诉自己。母亲担心年幼的吉恩不小心泄露秘密，引来追踪者，所以独自保守着秘密。

现在，她是国王的女人，也是王宫里的强者。回到宫里，吉恩只见过一次艾瑞缇娜流泪的样子。那是在为回宫的吉恩举行宴会的夜里。国王没有在宴会厅停留太久，艾瑞缇娜在空荡荡的宴会厅里拉着吉恩说，我一定要让你成为真正的王子。吉恩不知道真正的王子意味着什么，却能感觉到母亲迫切的心愿，于是点了点头。从那之后，艾瑞缇娜再也没有流过眼泪，取而代之的是微笑。母亲越来越美丽了。几年后，吉恩沉浸在对往事的回忆之中，突然看到母亲，他吓了一跳。仿佛岁月倒流，母亲笑靥如花，嘴唇仿佛含着露珠，眼神宛如绿色的旗帜。当时吉恩不知道，这一切都是因为母亲过于锋利。

"这么早就起床了。"

"您起得更早。"

"我本来睡眠就少，经常在这个时间起床。以前也是这样，不记得了吗？"

"以前是担心有人威胁我们的性命，现在没有这个必要了。"

"不，现在还是这样。我一刻也不能休息。"

艾瑞缇娜拿出化妆盒，看了看自己的脸，转头看了看吉恩，微笑着说：

"我们的王子殿下长大了，妈妈却老成这个样子。听着这次远征的故事，我觉得好神奇，好惊讶，我的儿子什么时候变了这么多。昨天士兵们说，战场上的你就像战神。可是你赖在妈妈怀里不肯离开的情景仿佛就在昨天。"

昨天，艾瑞缇娜把吉恩带回都城的士兵们叫到宫里。这是王后应该做的事情，艾瑞缇娜却做得自然而然，她是想通过这种方式展示自己的力量。

"只有你独自留在城里，野蛮民族偏偏来到那个城市，这似乎透露出阴谋的气息。戴着莲花冠的影子无处不在，但是我的王子已经足够强大，甚至凭借自己的力量战胜了阴谋，我真的没想到，做梦都想不到。啊，我越想越得意。"

莲花冠是王后头冠的别称。艾瑞缇娜开始梳头了。平时都是宫女帮忙，但是好久没和儿子聊天，她大概想自己梳头。不，她是故意让吉恩想起从前的往事，尽快平复心情。吉恩突然说道：

"我以为您至少是知道羞耻的。"

艾瑞缇娜没有停下梳头的动作。

"我？什么羞耻？我是保护儿子的母亲。这一切都是为了你，有什么好羞耻的？"

"为了我而背叛陛下？如果陛下知道了……"

"陛下给了你肉体，但是没有给你未来。未来需要我们自己去开创。安塔伦可以帮助我们，而且他也很爱惜你。他贯穿了我们的命运。他把我带到陛下身边，找回被人追杀的我们。只有他能帮助我，让你成为太子。我永远都需要他。"

"我不需要这样的帮助！我会努力得到自己想要的东西！"

"你以为那么容易吗？你忘记刚进宫的情景了？两年多的时间里，陛下看都不看你一眼。但是昨天，陛下为你举行宴会，对你感到心满意足，喝得酩酊大醉。你不知道我有多么激动。你以为只要静静等待就会得到这一切吗？"

"是吗？于是第二天凌晨，您瞒着陛下偷情？"

"如果我早早得到安塔伦的帮助，你就不用和西娅这样的丑女子结婚了！"

一听到西娅的名字，吉恩就感觉心底的某个角落被刺痛了。昨天夜里的事情横亘在他们中间，吉恩感觉自己不再是西娅的丈夫了。如果说有错，那也是自己的错。愤怒情不自禁地发泄了出来。

"不要侮辱我的妻子。我对西娅没有任何不满。十年来，她从来没有做错什么。如果有错，那也是我的过错。"

"没有不满？没有做错什么？那个孩子像只生病的小狗，还没有为你生孩子，以后也不能。王后第一次把她带到你身边的时候，就知道是这样的结果。王后挡住了你的后代，正在心里窃喜，但是我不会放任不管。新王子妃已经选出来了。我向陛下禀告，一个月内就要举行国婚。昨天在宴会上，我本想让你自己选。既然你的眼光低到对西娅都没有不满的程度，就只能我来挑选了。"

"西娅只有十七岁，而且昨天的宴会烦透了。你以为找来一群女人，我就会喜欢吗？"

两个人都不甘示弱。母子二人逃亡的时候，因为居无定所而没有朋友，他们只能彼此照顾，对于彼此的心事了如指掌。但是，艾瑞缇娜是母亲，对于儿子了解得更多。

"难道你什么都没做吗？怎么了，昨天夜里不开心？看来不行。昨天只要你说话，那么多女人，你想挑选十个都可以啊。"

吉恩涨红了脸。这时，艾瑞缇娜已经化好了妆。结了婚的女人丝毫不管盘头的规矩，满头黑发长长地披在肩上，五颗埃弗丽娜的星星闪闪发光。尖部轻轻弯曲的五角星，埃弗丽娜星是王族女人的象征。按照传统，这是未婚王室女子戴的饰物，但是艾瑞缇娜因为自己喜欢就经常戴在头上。

"伯利提莫斯。"

回宫以后，艾瑞缇娜就不再叫他吉恩了。吉恩没有回答。

"你消灭赞达尼族，取得了战争的胜利。如今你长大成人了，可是在我眼里，你依然是从前那个扑在我胸前撒娇的小孩子。岁月漫漫，你是我唯一的希望。现在还没有结束，你看看妈妈，我们要走的路还很长。现在不是我们争吵的时候。我们今后还要像从前那样继续努力。只要走错一步，等待我们的就是万丈悬崖。我感觉我们像是在走钢丝。"

"走钢丝的人是您，您要是坠落，我也要跟着坠落。"

"是吗？你觉得我们现在的位置很安全吗？你觉得王后像掉了牙齿的老虎吗？她不是这样的人。她绝对不会放弃。对于自己看不惯的东西，这个女人必欲先除之而后快！"

突然间，艾瑞缇娜的眼角有什么东西在闪烁。她及时擦掉了。吉恩以为自己看错了。

"你不要假装今天才知道。我早就知道，你也已经猜到了。猜到没问题，亲眼所见就无法忍受了？这么软弱，怎么能成为一国之君？"

艾瑞缇娜说得不错。吉恩早就知道了，因此不愿意面对安塔伦。看到安塔伦毕恭毕敬的微笑，他就像被剥光了似的无比难受。说是安塔伦想要帮助他、保护他，看起来却像是想把吉恩据为己有。这让吉恩无法忍受。

明明知道，却装糊涂，他一次次想要否认这个事实，于是总渴望逃离自己的位置。相比王宫，他感觉在平民士兵中间更舒服。因为他是王子而赋予他的全部东西，都不像是真正属于自己的。吉恩突然说道：

"妈妈，我们去那里吧。"

艾瑞缇娜最后摸了摸自己的头发，擦了擦化妆盒，漫不经心地问：

"哪里？"

"不要明知故问了。我三岁之前住过的地方。"

吉恩出生六个月的时候，母子二人被驱逐出宫。三岁之前，他们都在那个地方定居。那时候的事，吉恩能记住的不多。他在院子里骑木马，也在邻居的农场里骑小牛，结果遭到训斥等，这些事情隐隐约约地留在记忆深处。除此之外，还有个不记得面孔的人。流浪时节，只要吉恩提起这件事，艾瑞缇娜就哭。哭着哭着，艾瑞缇娜最后总会呼唤复仇之神奥达努斯的名字。回到宫里，每次吉恩提起那些事，艾瑞缇娜就大发雷霆，让他以后再也不要说出口。艾瑞缇娜没有告诉吉恩那个人的名字，也坚决不肯说那是什么地方。

"我不明白你在说什么。人生很忙碌，不要记那么久以前的事了。"

"那里有盛开的向日葵，还有马和驴，还有小猫，院子里有木马……"

艾瑞缇娜皱紧了眉头。

"我说过，我已经忘了。"

"不要说谎！"

吉恩站起来，抓住艾瑞缇娜的手。艾瑞缇娜转头盯着地面。不，不是地面，她在低头看自己的臂肘。那里有个很大的伤疤，是她毕生的缺憾。

"不光是我自己疲于这种生活，您肯定也会怀念那个时候。我们去吧。不要国王，也不要太子，我们走吧。我们不会有危险的，现在我可以保护您了。您的儿子只用一把剑就守住了城市。我会誓死保护您。我们一起走吧。我想念那个教我骑马的人。"

艾瑞缇娜慢慢地抬起了头。母子目光对视。艾瑞缇娜站起身来。她的嘴唇瑟瑟发抖，连声音都颤抖了。

"你要是再说这种话，妈妈就吊死算了。"

下雨了。夏天的暴雨经常持续半天。这天的雨，到日落时分更加猛烈了。

吉恩浑身湿漉漉地从北门进来。他把晨耀送到马厩，马夫们张罗着去取轿子。吉恩拒绝了，一个人走回住所。来来往往的宫人都不见了，只有风声雨声在咆哮。雨势猛烈，等吉恩到达住所门前时，却又戛然而止。

宫人们跑了出来，帮吉恩脱掉湿漉漉的外套，换上干净衣服。走进卧室的时候，有人正在等他。宫人们似乎早就知道了，他们放下灯和水杯，连忙退下了。

吉恩默默地坐在椅子上喝水，投下长长的影子。宁静的房间里流淌着微弱而急促的喘息声。

　　"你怎么来了？"

　　吉恩开口说道。西娅大吃一惊，甚至能听见自己的心跳声。

　　"我是为了成为……殿下的妻子而来的。"

　　吉恩回头看去。西娅低垂着头，看不到她的脸。

　　"你已经是我的妃子了。"

　　"我……殿下远征的时候……我有了，有了那个……现在……"

　　房间里洋溢着怪异的沉默。吉恩默默地咬着嘴唇。西娅的呼吸加速了，终于开口说话了：

　　"我想成为殿下真正的妻子。"

　　又是沉默。吉恩感觉到了西娅的不安。房间里只点了一盏灯，深深的阴影遮住了彼此的表情。吉恩说话了：

　　"是谁？"

　　"什么？"

　　"是谁教你的？是谁教你说这种谎话。"

　　吉恩站起身来。西娅抬起头，第一次露出了面孔。她充满恐惧，眼睛看起来有平时的两倍大。吉恩更加难以忍受。既然这么害怕，为什么还要做？

　　"西娅，我以为至少你不会沾染宫中的谎言。"

　　吉恩站在西娅面前，西娅不敢看他的眼睛。她的肩膀在颤抖，好像马上要哭出来。以前西娅哭的时候，吉恩有时哄她，有时不哄。今天会是怎样呢？吉恩想拍拍西娅的肩膀。他伸出手，又收了回来。吉恩感觉自己不能碰触西娅。不是因为她，而是因为自己。

　　"你觉得我最喜欢你哪点？用谎言讨我欢心的人，我见过无数。你不是这样的人。你犹豫不决，磨磨蹭蹭，而且不会说谎。看来你也不是永远这样，你也要长大。怎么样？是吗？"

吉恩脱口而出。西娅有什么错？难道自己不知道西娅为什么颤抖着来到这里，跟自己说这些话吗？如果没有昨天的事情，西娅还是西娅，把她变成这样的正是吉恩，现在他却在责怪她。

"现在你长大了，我也应该把你当成大人对待。起来吧。"

西娅站起身来，看着吉恩。出人意料的是，她还没有哭，只是眼角有些红肿。看到西娅紧咬嘴唇的样子，吉恩心如刀绞，满怀怜悯。吉恩的手刚要放在她的腰间，却在她的裙子缝隙里摸到了陌生的东西。拿出来，发现是香囊，奇怪的味道扑面而来。吉恩知道那是什么。催淫香，妓女勾引有钱男人的时候经常使用这种麻醉剂。跟着角斗士师傅在小巷穿梭的时候，他闻过这种气味。这东西和西娅是多么的不搭调。吉恩夺过香囊，扔出窗外。

"以后不要再做这种事了，知道吗？"

吉恩抛下西娅，自己躺下了。他越想越气愤，同时也憎恨发怒的自己。吉恩几次想要起来安慰西娅，却又觉得这种举动本身就是虚伪，最后他也没有理会西娅。

西娅静静地坐着，没有叫吉恩。不一会儿，吉恩睡着了。骑了一下午的马，身心都很疲惫。

听到吉恩均匀的喘息声，西娅站起身来。她走到床头，低头望着熟睡的吉恩。她想伸手抚摸吉恩的头发，却又迟疑不决。最后，她没有碰吉恩，只是帮他盖了薄被子。

最后一次拥抱西娅是什么时候了？远征前夜，吉恩来到西娅的住处，亲吻了她。西娅硬邦邦的，像木桩。想到吉恩要去战场，西娅就害怕，而且前天她还做了噩梦。死去的吉恩被运送回来，她只是远远地看，却无法走上前去。她想恳求吉恩，让他不要上战场，却又知道这样不行，于是强忍住了，道别的话也没有说。离开之前，吉恩只是说，像跟木偶接吻。

221
赤手空拳的黎明

梦里的事情没有发生。吉恩立下大功，在人们的赞扬声中凯旋，还跟别的女人上了床。那天夜里，西娅彻夜无眠，帕拉索斯说过的话萦绕在耳边。像狮子、像鹰的男人，却有着瘦小软弱的妻子，究竟哪里出了差错？怎样才能变得强大？

　　今天西娅来到吉恩的住处，完全是出于自愿。听了吉恩的责备，她的眼泪几乎夺眶而出。她忍住了，这是第一次。吉恩发火，她也没有逃跑，没有哭泣。她要让自己强大起来，站在吉恩身边。为此，她下了多么大的决心。

　　如果就这样离开，所有的坚持都将成为徒劳。已经走到这一步，再也不可能回到最初了。西娅决定等到早晨。说不定一觉醒来，吉恩就会改变主意了。

　　夜深了，仿佛落入了深井的夜里，只有吉恩偶尔翻身的声音，连夜莺的叫声都听不见了。西娅茫然地坐着发呆，一会儿看看熟睡的吉恩，一会儿看看窗外。月光渐渐改变了方向，深深地映入房间，这时西娅看到了放在床底的熟悉的东西。箱子。

　　西娅知道那个箱子。很久以前，两个人走进这个房间时见过箱子，从那之后就再也没见过。她来过多次，却从来没有停留，也就没有机会看到床底，没想到箱子还放在原来的位置。

　　西娅轻轻走过去，蹲在地上，伸出手。箱子上面很干净，好像有人擦掉了上面的灰尘，也没有上锁。西娅心里充满期待，脸上露出微笑。还是原来的样子吗？西娅打开盖子。

　　破布和棉花做成的娃娃还在。十二岁男孩和七岁女孩共度初夜时，西娅哭了，吉恩从箱子里拿出两个娃娃。一个是头戴蓝帽，身穿绿色背心的娃娃少年；另一个是头戴红帽，身穿白裙的娃娃少女。

　　西娅七岁那年离开家门，稀里糊涂地参加了复杂的仪式，面前是陌生的少年。她紧张得浑身颤抖。少年拿来娃娃，她才平静下来，玩了很长时间。回头想想，吉恩该有多么无聊。他一直拿着娃娃少年，扮演西娅的搭档。周围的杯子、书、盘子都被吉恩拿了出来。西娅第一次笑的时候，吉恩也跟着笑了。最后西娅终于打盹了，吉恩把娃娃塞进她的怀里，告诉她下次再玩。

很长时间，西娅都珍藏着那个娃娃，还做了好几套衣服。后来，两个人再也没有一起玩娃娃的机会了。十二岁的少年不好意思在宫人面前玩弄娃娃，而且西娅也没有勇气主动提出玩娃娃的要求。后来吉恩看到西娅仍然拿着那个娃娃，就叮嘱她不要说是自己给的。也许他觉得这不是男孩子该做的事情。西娅守住了承诺。

现在，娃娃少女已经不见了。她被尼梅娅夺走，又用剪刀剪碎了。娃娃少年依然无恙。西娅面带微笑，心想等吉恩醒了，我要问他为什么说话不算数，这个说谎精。

月亮躲到云层后面，房间里又变暗了。西娅抱着娃娃，蜷缩着进入了梦乡。吉恩在战场上打仗的身影浮现在眼前。虽然听说过无数次，但她还是难以想象。吉恩滴血未流，轻而易举地击退了野蛮民族的大量士兵。这样的战斗，西娅觉得自己也应该加入帮忙。突然间，有个敌人从后面靠近了吉恩。西娅立刻勇敢地冲上前去，从后面抱住了敌人。吉恩转过头来。与吉恩目光相遇的瞬间，西娅突然感觉毛骨悚然，连忙睁开了眼睛。

梦境与现实相互交错。半梦半醒之间，西娅看到某个影子正朝窗边走来。影子没有注意到蜷缩在窗边的西娅，低头看了看吉恩，举起了什么东西。西娅仿佛着了魔，起身抱住了那个影子。

这不是梦。影子并不像梦中的敌人那样脆弱，难以想象的力量推开了西娅。后背碰到墙壁，西娅窒息了。她勉强支撑，只要不放手就行了。交叉的手指像着了火，身体扭曲了，脖子冰凉。

吉恩睁开眼睛，看到刺客正用匕首割西娅的脖子，就像奇妙的皮影戏。吉恩顾不上去取挂在墙上的剑，径直跑过去，抓住那个人的手。匕首掉了，西娅也倒下了。吉恩赤手空拳，扭住了刺客的脖子。也许不该这样，但是愤怒使他控制不住自己的手。令人窒息的几秒钟过后，刺客垂下了脑袋。

"西娅！"

西娅的半边脖子被割断了，倒在血泊之中。吉恩跪着爬过去，抓住西娅的手。西娅一句话也说不出来，嘴唇艰难地翕动，却发不出任何声音。她的眼睛注视着吉恩。吉恩亲吻西娅的手背，闻到了铁的味道。脉搏疯狂地跳动，一次，两次，西娅的眼睛失去了焦点。

死一般的宁静。

宫人们从外面跑进来，然而吉恩什么声音都听不见了。西娅姿势怪异地低垂着头，看上去像断了头的娃娃。真正的娃娃掉落在身边。当吉恩捡起娃娃的时候，闻到了刺鼻的怪味。这是他从未闻过的臭味。不是尸体的气味，也不是血腥味。他在战场上杀敌无数，却没有过这样的气味。他喘不过气来了。与此同时，他又感觉自己在哪里见过这样的场景。不可能！吉恩还是努力想让自己清醒。在哪里呢，在哪里见过？

* * *

小房子四周长着茂盛的无花果树。前院可以摆放三张桌子，二十个人围坐起来就满了。这栋二层小楼足以容纳三四家人，事实上只有两户人家。一家是夫妻带着两个女儿，还有妻妹；另一家是夫妻和一儿一女。第二户人家的妻子正怀着身孕。两位丈夫都是军人，更是亲密的好朋友。妻子们是去年才相识的，很快也成了好朋友。

今天，小院里举行了两家人住到这里之后最豪华的盛宴。塞满咸肉的烤乳猪、烤香肠、塞了核桃的鱼，还有芹菜和松子，加入了葡萄酒和橄榄油的汤料、煮鸡蛋、海芋、面包，作为餐后点心的干果上面放了酸奶油，布丁上面撒了昂贵的黑胡椒。生橄榄和桃子、石榴、无花果当然也少不了。

这天是第二户人家的大儿子举行成年礼的日子。对于平民来说，这样的成年礼显得过于奢华。当然，两家人谁都不这么想。女人们穿上最漂亮的衣服，头上还插了花。成年礼的主角，少年头戴橄榄冠。食物都准备好了，却没有人坐在餐桌旁，大家都在餐桌周围转来转去，掩饰不住兴奋。

客人没带侍从，直接进了门。没有人通知他的到来，起先大家都没认出他。年纪最小的女孩惊讶得大声叫喊，众人才朝那边看去。

"是他！"

两家的孩子们都认识客人。花季少女们脸颊绯红。不加修饰的打扮，随身带着宝剑的吉恩微笑着说道：

"因为我，大家都在这儿站着吗？快都坐下，尽管这话不该客人说。"

同来的赫本弯下腰，伸出了胳膊。

"贵宾到这么寒酸的地方来，不胜惶恐。"

"不寒酸啊。"

身怀六甲的女主人走过来，想要亲吻吉恩的手背。吉恩把手抬到眼前，因为他知道对方弯腰困难。吉恩坐下了，宴会开始。赫本坐在吉恩右侧，长大成人的赫本之子坐在左侧。另一名男主人查理克去远方执行任务了，说好今天回来，现在还没到家。

"准备得很充分啊。是不是我说要来，给你们增添了不少的压力？"

"不是的，王子殿下。我们经常这样吃。这才算是一顿饭嘛。"

自从和家人生活在都城之后，赫本也学会开玩笑了。吉恩夹起一块肉，说道：

"是吗？那我以后每天都到这里吃饭。"

"好啊，我妻子也会感到荣幸。王子殿下的脸色也会更好。"

吉恩比去年远征期间更瘦了，下颌和颧骨显得锋利，怎么看都不像王族。再加上他也不喜欢打扮，经常独来独往，很多人都认不出来。不过，吉恩经常来这里，邻居们也都知道，站在门口张望的人也增加到了十几个。查理克的妻子指了指门外：

"都是来给塔本庆贺成年礼的吧？快进来！肯定不是空手来的吧？"

塔本坐在吉恩身边，吃着久违的美食，紧张不已。吉恩看了看少年。

"去年你父亲对我说，等到今天，他就要放弃军人身份，卖面包或者做皮革匠。"

"什么……什么？"

"哪种更好呢？还是继承家业更好吧？"

赫本的父亲是皮革匠。塔本瞪大眼睛，不知怎样回答。赫本看了看儿子，说道：

"快认错。"

塔本稀里糊涂地站起来，趴在地上。

"我错了！请原谅！"

吉恩无奈地笑了，赫本也笑了。吉恩说道：

"对象错了。应该向你父亲行礼，谢谢他把你抚养成人，当然还有你的母亲。"

宴会气氛正浓，邻居们也加入进来，情绪更为高涨了。后来，盖拉德也带着妻儿来了，今年初到都城的阿萨贝也来了。盖拉德走到吉恩身边，汇报说：

"我完成了您吩咐的调查。调查范围缩小到五个地方，皮罗瓦最有可能。明天我去那里看一看。"

"辛苦了，好好休息。"

天黑了，孩子们回家去了。邻居们大部分也离开了。塔本喝了几杯酒，胆子也大了，缠着吉恩，让他讲和赞达尼族战士决斗的故事。

吉恩简单说了，塔本仔细想了会儿，问他现在那把长剑在哪儿。

"还能在哪儿，当然放在涌泉城了。"

"送给别人了吗？"

"不是。"

"那么可不可以送给我？"

"这个倒是无所谓，只是说不定已经被别人拿走了。"

这时，查理克出现了。家人都站起来，吉恩也站了起来。长途归来的查理克全身都是灰尘。吉恩拥抱查理克之后，说道：

"你累了，先吃饭吧，慢慢报告。"

"不，有好消息。"

塔本让开，查理克坐到吉恩身边。盖拉德也凑了过来。查理克的妻子为四个人拿来了新的葡萄酒。查理克润了润嘴唇，说道：

"根据传说，这地方有过记录。"

吉恩的眼神变了。查理克也紧张起来。历时一年半的调查终于有了成果。为了寻找梦中乐园的大门，他们从赞达尼族居住的地方开始，仔细搜索了南方的王国，谁知连相似之地的传言都没有发现。最后，他们把调查转向北方。查理克刚刚从被称为世界之都的伟大都市——德翡纳回来。那里是全大陆的人物聚集的地方，不但有供奉全部神灵的万神殿，还有保存所有书籍的图书馆。比起相对熟悉的南部，北方还有很多未知之地，不可能每个地方都去细细调查，那么选择位于南北中间的德翡纳是最自然的方法。

"据说，那里的图书馆保存着各种各样的书籍，不过只有普通书库向市民开放，贵重书籍仅向特殊人群开放。图书馆里还存在所谓的学派，他们研究各种学问，最具实力的学派的学者可以看到贵重书籍。书里面的故事通过学派的弟子传播出来。我见到了这样的弟子，听他讲述了被称为世界之脐的地方。"

据说世界之脐有个神秘的乐园，完全不同于世界上任何其他的

赤手空拳的黎明

地方。那里叫作"庭院"。从世界之初直到现在，这个地方始终不变，只是总关着门，除非有资格的人来。门里面同时存在着永恒的夏天和永恒的冬天。有人说，只要进去，就永远出不来。也有人说，要到几百年后才能出来。还有人说，里面太好了，没有人想要出来。

吉恩仍然清清楚楚地记得梦中的风景。查理克了解到的传说，是他了解到的最接近梦境的内容，除了没弄清位置。如果找到在图书馆里看过贵重书籍的人，说不定可以发现更多的线索。

吉恩点头，拍了拍查理克的肩膀。本来他也要去德翡纳，角斗士师傅临死之前，托付吉恩办一件事。吉恩打算等实力增强，能够展现师傅般实力的时候，再去德翡纳兑现自己的承诺。也许这一天不远了。

"王子殿下，再过几年，我们会去德翡纳生活吗？"

"也许会吧。"

"我很期待，听说那是很了不起的地方，而且对孩子的教育很有利。"

盖拉德的儿子不像父亲，对学问很感兴趣。曾经连家人的面都很难见到的他们，如今开始担心孩子的教育了。吉恩笑着举起酒杯。查理克吃得差不多了，餐桌撤了下去。后面是成人们的夜宴时间，上来的是烈酒和简单的下酒菜。经过吉恩的允许，盖拉德抽了支烟。吉恩静静地瞪着灯。

"王子殿下变了很多。"

盖拉德说道，另外两个人也点头。远征期间，吉恩还是努力做好成人本分的少年形象，不知不觉间，他已经成为任何人都不敢小觑的男子汉大丈夫。成为吉恩的心腹，出入王宫的三名士兵听说了种种传闻：吉恩和母亲，也就是贵妃娘娘的关系明显恶化；王后指责吉恩率领的小规模直属部队，吉恩直接去找王后提出警告；王子对自己的举动有着明确的意志，连国王在下达命令之前都要询问他的意见，如此等等。这些变化的最大结果就是国婚的无限期拖延。即使是少有财产的平民，二十三岁仍然未婚的情形都很罕见，王子却依然单身，这不能不说是令人尴尬的事情。他们知道，共度十年的王子妃为了保护吉恩而死。除此之外，他们就什么也不知道了。

"王子殿下，我斗胆问您个事，可以吗？"

赫本冷不丁地说道。吉恩点了点头。

"您应该建设自己的家庭，哪怕不是现在。"

大家都有同样的想法，只是不敢说出口。吉恩没有回答。

"处于王子的位置，也许会给心爱的家人带去很多伤害。其实像我们这样的家伙，也有这种情况。如果没有王子殿下，我们不可能有今天这样开心的日子。儿子会抱怨不在身边的父亲，老婆会为空手而归的丈夫而愁眉不展。我也可能因为忍无可忍而每天喝廉价的酒，然后耍酒疯。"

"这不像你的风格。"

"我是平凡的丈夫，平凡的父亲。伤害无处不在，只是形式不同罢了。再说了，有伤就有药嘛。"

吉恩点了点头，不是同意赫本的说法，而是接受他的心意。吉恩问过自己，是不是因为心里爱着西娅，所以才这样。他也问过自己，是不是打算永远这样。哪个问题都无法轻易找到答案，就像他很难决定，要不要为了报复王后而和帕拉索斯成为冤家对头。吉恩把结婚戒指做成项链，戴在胸前。有时候他觉得自己太多愁善感，有些滑稽。同时他又觉得如果西娅知道了，一定会很开心。那个从床底下找出娃娃，抱在怀里的西娅，肯定会很开心。

毋庸置疑的是，从今往后吉恩再也不可能生活在别人为他描绘的命运地图中。如果他再次结婚，也一定是因为自己想结婚，而不是为了满足母亲或国家的需要。做太子，或者成为国王，也要完全出于个人的意愿。

赤手空拳的黎明

夜深了，酒劲开始发挥作用。吉恩靠着椅背，闭上眼睛。部下们谈笑风生的声音在耳边回荡。他突然听见了盖拉德的话。困意袭来，盖拉德的声音仿佛从天边传来。

"要是去了德翡纳，会不会有漂亮的姑娘在等着呢？坚强又聪明的姑娘，不介意他是不是王子，两个人真心相爱。"